東西古典戀詩

김갑기 | 박윤희

제이앤씨
Publishing Corporation

序

시는 문학의 한 장르이고, 문학의 가장 진지한 담론은 사랑이다.
그러므로 시는 사랑의 모놀, 혹은 다이얼로그다.

　인간의 감성 중 지고지순(至高至純)한 사랑, 인류가 창조한 말씀 중 가장 성스러운 언어, 언제 들어도, 언제 불러도 늘 황홀하고 설레는 사랑이야말로 우리의 영원한 이상이자, 고결한 생명수다. 그러기에 사랑은 늘 욕망하고, 그 욕망은 언어적 재현을 부추긴다. 거부할 수 없고, 말하지 않고는 견딜 수 없는 갈망, 그것은 본능이기에 양(洋)의 동·서(東西)는 물론, 시(時)의 고·금(古今) 없이 사랑의 화소는 진작 언어예술로서의 문학만의 범주를 넘어 전 예술의 기본 패러다임, 혹은 그 키-워드임은 두루 아는 바와 같다.

　그러나 사랑은 또 얼마나 다양한 얼굴로 우리 앞에 다가오는가. 우주 생성 운운하는 형이상적 원리는 차치하더라도, 범박하게 말하자면 사랑은 이성간의 만남으로부터 비롯한다. 만남에서 희열과 신뢰를 확신하고, 그러므로 잠시라도 그리워 다시 만나야 되겠는 그런 사이로 발전하여 정이 들면 '내가 님을 그리워할 뿐만 아니라, 님도 나를 그리워하는 관계,' 이른바 사랑이란 성스런 언어는 생금(生金)의 영롱한 빛과 숭고한 생명력으로 다가온다.

　그러나 '사랑도 사람의 일이라, 이별을 염려하지 않을 수 없다'했다. 워낙 불가(佛家)에서는 '만남은 이별이 정해져 있다[會者定離]'하지 않는가. 그러나 부정할 수 없는 이 진리는 또 이자필회[離者必會]라는 반상(反常)의 논리를 전제한다. 실제로 이별의 쓰라린 정한(情恨)이 없는 만남의 기쁨을 상상할 수 있는가? 무엇보다 보고 싶고, 가까이 있고 싶은데 외오 두고 애태우는 그리움보다 더 진솔한 사랑이 있는가? 기다려도 기다려도 오지 않는 님보다 더 야속하고 원망스런 그 무엇이 또 있을까? 그러다 못해 앵토라진 원망을 사랑으로 감싸지 않을 님이 없기에 그 만남은 더 위대한 사랑으로 승화한다. 그러므로 사랑의 싸이클은 '만남 → 사랑 → 이별 → 그리움 → 원망 → 만남 → 사랑'이란 환상(環狀)의 틀 속에서

4

오가는 정한(情恨), 그것이 바로 연정(戀情)이요, 그 정조미(情操美)를 언어의 연금술사가 재현이란 욕구의 본능으로 읽어낸 언어의 미학, 그것이 연시(戀詩)다.

이처럼 인간 정서의 아카타이프인 사랑, 그것으로 말미암는 일체의 애환을 동서양 고전시가를 통해 바르게 음미 이해하므로 인간정서를 순화하고, 나아가 대비 분석할 자료를 제공하므로 학문적 심화에 이바지 하고자 한다.

이를 위해 제 1부 동양고전에서는 동양고전의 원형이라할 『시경』「국풍」편에서 8국 24풍 67장의 애정시편을 현토와 함께 주해, 해설을 곁드렸고, 『초사』에서는 우리 고전 중 충신연주의 남상이 된 굴원(屈原)의 「사미인思美人」 1편을 가렸다. 이어 당시(唐詩)를 대표하는 이·두(李杜) 외 몇 편의 연시와, 청(淸) 대 '망부석' 고사의 원형을 살폈다.

한국고전은 한시를 위시해서 국문시가, 그리고 익재와 자하의 소악부에 나타난 연시를 중심으로 우리 선인들의 연시를 통해 그 낙천성과 사랑의 숭고미를 탐색코자 했다.

제 2부 서양고전에서는 주로 Courtly Love 전통에 입각하여 쓴 중세 및 르네상스 시대 연가(戀歌)를 중심으로 총 120편의 서정시에 나타나는 사랑의 여러 형태를 논의의 대상으로 삼았다. 또한 사랑의 두 주체라 할 수 있는 남성과 여성의 관계에 집중하여 과거 서양의 남성중심 사회에서 생성되었던 사랑의 개념과 여성의 이미지를 조명했다.

서양의 연가(戀歌)는 11세기 경에 프랑스 남동부 Projence 지역에서 활동하던 서정(抒情) 시인(troabadour)들에 의해 시작되었다고 추정되는 Courtly Love 전통에 그 뿌리를 두고 있다. 궁정(宮廷) 중 사랑, 또는 기사도적(騎士道的) 사랑으로 번역되는 Courtly Love(Amor cortese)는 수세기 동안 서양 서정시에 이어 온 가장 중요한 전통 중의 하나로서 시대의 변천을 통해 이러한 사랑의 개념과 그 안에 주체가 아닌 객체로서 단지 '화려한 포장 속에 재현되었던 여성 이미지의 실상을 파악하고자 한다.

애오라지 이 저술이 아름다운 사랑의 심성을 지닌 인간의 사랑으로 풍만한 인성을 가꾸는데 작은 기여가 되기를 희망하며, 어려운 출판환경을 무릅쓰고 흔쾌히 출판에 응해주신 제이앤씨출판사 사장님과 관계자분들께도 감사드린다.

김갑기 · 박윤희
2006. 4. 30

<目次>

제 2 장
동양고전 작품론

제 二 부
서양고전 연시

제 1 장
서양고전 연시론

제 2 장
서양고전 작품론

제 一 부 동양고전 연시

제 1 장
동양고전 연시론

Ⅰ.

동양고전, 그 배경론

　　동양 문학, 특히 시문학의 원형*Archetype*은 중국 북방문학을 대표하는 『시경詩經』과 남방문학을 대표하는 『초사楚辭』다. 『시경』이 중국의 전통적 유가사상을 기저로 한 북방문학의 상징이라면, 『초사』는 민간의 신선술과 노장의 자연철학을 사조로 한 남방문학의 대표다. 따라서 북방문학이 기건한 사실적 현실문학이라면, 남방문학은 애상적 색조를 띤 낭만문학이다. 게다가 춘추전국 시대는 물론, 잦은 전란이 남북 문화의 조화로운 교류에 크게 기여했고, 더욱 이른 시기에 도입된 불교의 심오한 내세관까지 융섭된, 이른바 유·불·도(儒佛道) 3대사상이 혼융해 한문화라는 커다란 동양문화의 틀이 형성되었던 것이다.

　　뿐만 아니라 오랜 역사민족이자, 물질문명과 정신문화면에서 선진한 중국은 대국답게 물리적이기보다는 문화적 세계정복이라는 교화(敎化)내지 평화적, 혹은 거시적 선린정책으로 동양제국의 하나하나를 문화 속국으로 잠식해 갔다. 그들의 천자국으로서의 위엄과 막강한 국력, 그리고 풍요로운 물산은 물론, 일찍이 2차에 걸쳐 정리된 한자[1]는 선진 문화국으로서의 자존과 긍지에 부족함이 없었다. 그러므로 라틴어에 의한 서양문화권과 한자어에 의한 동양문화권의 라틴어와 한자어는 양대문화권의 보편문자이자, 선진문화, 혹은 선지식의 상징이었음은 물론, 특히 한문화권 속의 우리는 아예 '자국의 무문자(無文字)'라는 인식 자체가 비공비례(非恭非禮)였던 철저한 존상(尊尙)의 적(的)이 되어 정음 창제 이전은 물론, 그 이후에도 전혀 남의 나라 문자라는 의식조차 없이 우리의 생활문자가 되어 유전된 문화유산이 한우충동(汗牛充棟)이다.

　　이 같은 문화적 배경과 문자 인식 하에서 창작되고 유전된 우리 문학, 특히 한국 한문학을 한 때 민족주의 운운하던 국수적 문학관에서 벗어나 우리 문화권, 나아가 동양문화권 속에서 대칭 개념으로서의 서양문화와 대비하고, 그 공통상이점을 논의할 때 우리 문학의 특질과 세계 속에서의 우리문학의 위상은 명확해질 것이다.

---

1) 金甲起 : 『韓國漢詩文學史論』韓國漢詩文學略史, 1, 漢文學과 韓國漢文學, p15. "그들의 문자 역시 秦代에 와서 그 이전 「先秦」의 篆字가 隸書字로 정리되었고, 漢代에 다시 오늘날의 자체인 漢隸로 정착되었다." 이회문화출판사, 1998.

고전연시로서의 『시경』과 『초사』

두루 아는 바와 같이 『시경』은 춘추시대 노(魯)나라 공자(孔子)가 악부(樂府) 소장 2,000~3,000여 편의 민요 가운데서 305편을 산정(刪定)한 중국 상대의 민간가요집이다. 물론 중국문학사에서 시편의 수수(首數)에 대한 이론이 없는 바 아니지만[2] 주제의 유형으로 풍(風)·아(雅)·송(頌), 수사 유형을 비(比)·부(賦)·흥(興)으로 분류하고 이를 『시경』 육의(六義)라 일컬어 온 것은 사실이다.[3] 그 중 아·송은

> 모두 주나라 전성 시대에 조정과 교제사 및 종묘제사에서 연주하고 부르던 노랫말이다. 그 말이 화하면서도 장엄하고, 그 뜻이 너그러우면서도 조밀하여 그 지은 자가 간혹 성인을 쫓던 무리였으니, 진실로 만세의 법이 되어 바꿀 수 없는 것이다. 아·송의 변한 것에 이르러서는 또한 모두 한 시대의 현인과 군자가 시대를 민망히 여기고 풍속을 안타까이 생각하여 지은 것인데, 성인께서 그것을 취하셨으니, 그 충후하고 슬퍼한 마음과 선을 베풀고 악을 막은 뜻은 후세의 말에 능한 선비들의 미칠 수 있는 바가 더욱 아니다. 이는 시의 법이 됨이 인간의 일이 아래에서 무젖고, 천도가 위에서 갖추어져서 한 이치도 구비되지 않음이 없는 까닭이다.[4]

라 하였듯이 그 향유시기는 주나라 전성시대며, 용처는 궁중 및 교묘제사요, 의의는 화이장(和而壯)·관이밀(寬而密)하고, 창작 담당 층은 상류 식자층이었다.

---

2) 시편 首數에 대해서는 '2~3,000 여 수를 대상으로 공자가 산정했다'는 견해와, 그렇다면 왜 하필 305냐. 소장된 작품 전편을 대상으로 주제 유형상 風·雅·頌, 수사상 比·賦·興 六義로 분류 명명했다는 견해와, 『中國文學發達史』<중화서국인행> 제2장 「周詩發達的關係」에서는 워낙 311편이었으나, 「南陔·白華·華黍·由庚·崇丘·由儀」 6편은 樂舞를 중심으로 하던 周代의 笙詩로 詞는 散失되고 305편만 남았다 했다.

3) 姜希孟 : "詩有六義 苟能緣文求義 庶得作者之意---"<東人詩話>「序」

4) 朱熹 : "若夫雅頌之篇則 皆成周之世 朝廷郊廟樂歌之詞. 其語和而莊 其義寬而密 其作者 往往聖人之徒 固所以爲萬世法程而不可易者也, 至於雅之變者 亦皆一時賢人君子 閔時病俗之所爲, 而聖人 取之 其忠厚惻怛之心 陳善閉邪之意 尤非後世能言之士 所能及之. 此 詩之爲經 所以人事浹於下 天道 備於上 而無一理之不具也"<詩經大序>

한편 풍은 민풍, 혹은 국풍으로 정작 『시경』 산정의 본 의의가 여기에 있었음을 알게 한다. 곧

　　국(國)이라는 것은 제후들이 봉한 지역이요, 풍(風)이라는 것은 민속가요의 시이다. 풍이라 이르는 것은 천자의 교화를 시로 만들어 낸 것이니, 시의 노랫말이 또 족히 사람들을 감동시킬 수 있으니, 마치 사물이 바람의 움직임으로 인하여 소리가 나고, 그 소리가 또 족히 사물을 움직일 수 있는 것과 같다. 이 때문에 제후들이 (시를) 골라서 천자에게 바치고, 천자가 그것을 받아서 악관(樂官)에게 펼쳐놓는다. 그리하여 그 풍속에서 숭상하는 것들의 아름다움과 추악함을 살펴서 정치의 득실을 알게 되었다.5)

가 그것이다. 그러나 집안 [閨門]과 마을 [鄕黨] 및 나라 [邦國]에 사용해서 천하를 교화하고자 했던 정풍(正風)의 이남 [二南 : 周南 · 召南] 이후의 변풍은 한낱 여항(閭巷)의 민속 일반사, 곧 동양 상대의 민풍인 죽지사(竹枝詞)와 멀지 않은, 그러므로 본 저의 연시(戀詩)와 상합하는 바 있다. 곧

　　내가 들으니 무릇 시 가운데 풍이라는 것은 여항 가요의 작품에서 생겨난 것이 많으니, 남자와 여자가 서로 더불어 읊조리고 노래하면서 각각 그들의 정을 말한 것이다. 오직 주남과 소남만은 친히 문왕의 덕을 입어서 사람마다 모두 자기들의 성정(性情)의 바름을 얻었다. 그러므로 그 말에 발한 것이 즐거워하되 음란함에 넘치지 아니하고, 슬퍼하되 상함에까지 미치지 않아서 이로써 두 편만이 국풍시의 바른 법이 되었다. 패풍으로부터 차차 내려가면 각 나라의 잘 다스려짐이나 어지러움이 같지 않고, 사람들의 어질고 그렇지 않음 또한 달라서 그 느낀 바를 나타낸 것이 사정(邪正) 시비(是非)가 같지 않으니, 이른바 선왕의 영향이라는 것이 여기에서 변화한 것이다.6)

---

5) "國者 諸侯所封之域 而風者 民俗歌謠之詩也. 謂之風者 以其被上之化 以有言 而其言 又足以感人 如物因風之動 以有聲而其聲 又足而動物也. 是以 諸侯采之 以貢於天子 天子受之而列於樂官 於以考其俗尙之美惡 而知其政治之得失焉". <仝上>

6) "---吾聞之 凡詩之所謂風者 多出於里巷歌謠之作, 所謂男女相與詠歌 各言其情者也. 唯周南召南 親被文王之化 以成德 而人皆有以得其情性之正故 其發於言者 樂而不過於淫 哀而不及於傷. 是以二篇 獨爲風詩之正經, 自邶而下則 其國之治亂 不同人之賢否, 亦異其所感而發者. 有邪正是非之不齊 而所謂先王之風者 於此焉變矣.---"<仝上>

라 했는가 하면, 진풍(陳風) 10편 26장 말미에 동래여씨(東萊呂氏)는 "변풍이 진영
공(陳靈公)에서 끝났으니, 그 사이에 남녀와 부부의 시가 한결같이 이리도 많은
가?"라고 자문하고, 이어

　　천지가 있은 연후에 만물이 있고, 만물이 있은 연후에 남녀가 있고, 남녀가 있
　는 연후에 부부가 있고, 부부가 있는 연후에 부자가 있고, 부자가 있은 연후에 군
　신이 있고, 군신이 있은 연후에 상하가 있고, 상하가 있은 연후에 예의를 시행할
　곳이 있으니, 남녀라는 것은 삼강의 근본이요 모든 일의 우선이다. 정풍이 바름이
　되는 것은 그 바른 것을 들어서 권면했기 때문이요, 변풍이 변함이 되는 것은 그
　바르지 못한 것을 들어서 경계했기 때문이다. 도의 오르고 내림과, 시대의 다스려
　지거나 어지러워짐과, 세속의 더러워지거나 융성해짐과, 백성들의 죽음과 삶이
　여기[남녀]에 달려 있어 번거롭게 모두 기록한 것이니, 편(篇)의 중복됨이 있다고
　해서 어찌 의심하겠는가?[7]

라 하므로 『시경』의 「아·송」과 「풍」장의 정풍은 물론, 변풍, 이른바 남녀 상열
(相悅)의 「죽지사」까지 교화, 혹은 효용론적 재도·원도문학(原道文學)으로 그 위
상을 자리 매김 했다. 그러므로 본디 『시』가 경(經)으로 추존될 그 당위를 확보
한 셈이다.
　이제 정풍과 변풍의 몇 작품을 통해 동양문학으로서의 원형심상 및 그 원류(源
流)로서의 의의를 탐색해 보자.
　먼저 주남편(周南篇)「관저關雎」장이다.

[1-1-1] 關雎　　　　　　　　물수리

關關雎鳩ㅣ　　　　　　　꾸욱꾸욱 우는 징경이
在河之洲ㅣ로다　　　　　　하수의 모래톱에 있도다

---

7) 東萊呂氏曰 "變風終於陳靈 其間男女夫婦之詩一何多邪" 曰 有天地然後 有萬物 有萬物然後
有男女 有男女然後 有夫婦 有夫婦然後 有父子 有父子然後 有君臣 有君臣然後 有上下 有
上下然後 禮義有所錯 男女者 三綱之本, 萬事之先也. 正風之所以爲正者 擧其正者 以勸之
也, 變風之所以爲變者 擧其不正者 以戒之也 道之升降 時之治亂 俗之汚隆 民之死生 於是
乎在 錄之煩悉 篇之重複 亦何疑哉 <仝上>

窈窕淑女ㅣ   요조로운 숙녀가
君子好逑。ㅣ로다   군자의 좋은 짝이로다.
　興也ㅣ라.   　흥이다.

[1-1-2]

參差荇菜를   들쭉날쭉한 마름풀을
左右流之ㅣ로다   왼쪽 오른쪽으로 찾도다
窈窕淑女를   요조스런 숙녀를
寤寐求之ㅣ로다   자나 까나 찾도다
求之不得ㅣ라   찾아도 찾을 수 없는 지라
寤寐思服하야   자나깨나 생각하고 생각하여
悠哉悠哉ㅣ라   한도 없는지라
輾轉反側。하소라   이리 뒤척 저리 뒤척 하노라.
興也ㅣ라.   　흥이다.

[1-1-3]

參差荇菜를   들쭉날쭉한 마름풀을
左右采之로다   왼쪽으로 오른쪽으로 캐도다
窈窕淑女를   요조스런 숙녀를
琴瑟友之로다   거문고와 비파로 벗삼아 놀도다
參差荇菜를   들쭉날쭉한 마름풀을
左右芼之로다   왼쪽으로 오른쪽으로 데치도다
窈窕淑女를   요조스런 숙녀를
鐘鼓樂之。로다   종(鐘)과 북으로 즐겁게 해 주도다.
　興也ㅣ라.   　흥이다.

위낙 수사법으로서의 흥(興)이란 먼저 다른 것[物事]을 노래하여 읊고자 하는 것을 환기시키는 수사법이다. 곧 주나라 문왕이 태어나면서부터 성스러운 덕이

있었고, 성스러운 여자 태사씨(太姒氏)를 얻어 배필로 삼으니, 궁중 사람들이 태사 가 처음 궁궐에 왔을 때 그녀의 그윽하고 한가로우며, 곧고 고요한 덕이 있음을 보았으므로 이 시를 지어 말하기를 "저 관관(關關)하고 우는 물새가 서로 더불어 화답하며 하수 모래톱에서 지저귀니, 이 요조로운 숙녀는 어찌 군자의 좋은 짝이 아니겠는가"라 하였다. '(부부간에) 서로 더불어 화목하고 즐기면서도 공경함이 또 한 징경이처럼 정이 지극하면서도 분별이 있는 것과 같다'는 말이니, 이후 무릇 흥(興)이라고 하는 말은 그 문장의 뜻이 모두 이와 같다고 할 수 있다.

한나라 광형(匡衡)은 "요조로운 숙녀가 군자의 좋은 짝이라는 것은 능히 그 정숙 함을 지극히 하여 그 지조를 변치 않아서 정욕의 느낌을 외모에 두지 않고, 즐겁게 노는 뜻이 정동[靜動 : 남녀간의 사랑 행위]간에 나타나지 않음을 말하였다. 대저 그 러한 뒤에 가히 써 임금[至尊]의 짝이 될 수 있고, 종묘의 주인이 될 수 있으니, 이것이 바로 인륜 제도의 으뜸이요, 왕교(王敎: 왕이 백성들에게 미치는 교화]의 시 작이다. 라고 하니 시를 잘 설명했다고 말할 수 있다"8)라고 평했는가 하면, 문학 비평의 효시자라 할 공자는 이 「관저편」에 대해 "즐기되 음란하지 않고, 슬퍼하되 (마음을) 상하게 하지 않는다.(樂而不淫 哀而不傷)"고 평하므로 '중용(中庸)의 미학(美 學)'이란 유가(儒家)의 전형적인 재도, 혹은 효용론적 문학관을 확립하였다.

다음은 소남편의 「초충草蟲」장이다. 지면상 제 1절만 인거한다.

[2-1-1] 草蟲　　　　　　오지 않는 님

喓喓草蟲ㅣ며	요요히 우는 풀벌레 소리며
趯趯阜螽ㅣ로다	뛰고 뛰는 큰 메뚜기로다
未見君子ㅣ라	군자를 보지 못한지라
憂心忡忡호라	근심하는 마음 두근거리노라
亦旣見止며	또한 이미 보았으며
亦旣覯止면	또한 이미 만났다면
我心則降。ㅣ로다	내 마음 가라앉을 것이로다.
賦也ㅣ라.	부이다.

---

8) 漢匡衡曰 窈窕淑女 君子好逑 言能致其貞淑 不貳其操 情慾之感 無介乎容儀 宴私之意 不形 乎動靜 夫然後 可以配至尊而爲宗廟主 此 綱紀之首 王敎之端也 可謂善說詩矣.

상대 민요체 노래문학의 공통된 특질을 보여주는 전형적 시가다. 곧 구조상으로는 반복과 병치의 원리를, 시어의 소박한 민중적 일상성, 그리고 관습적이며 공상성으로 일관한 표현법이 그러하다. 일련의 점층적 사건의 전개로 상황의 급박함, 혹은 정조의 긴밀성을 노정하고자 하거나, 궁극적으로는 구술에 의한 전이성이 전제된 배려라 하겠다.

남국이 문왕의 교화를 입어서 제후의 대부들이 부역에 나가 밖에 있음에 그의 아내가 홀로 있어 철마다 사물의 변함에 감동하여 그 님을 생각함이 이와 같으니 또한 주남(周南)의 「권이(卷耳)」와 같다.9) 했다.

다음 변체 중 위풍(衛風)의 「기욱淇奧」과 정풍(鄭風)의 「풍우風雨」장 각각을 1수씩 예시해 보기로 하자.

[3-1-1] 淇奧   기오 물굽이에서

瞻彼淇奧한대   저 기수 물굽이를 바라보니
綠竹猗猗로다   푸른 대나무 파릇파릇 아름답구나
有匪君子ㅣ여   멋진 님이여
如切如磋하며   깎고 다듬은 듯
如琢如磨ㅣ로다   쪼고 간 듯하여라
瑟兮僴兮며   늠름하고 엄숙하며
赫兮咺兮니   빛나고 빼어나니
有匪君子ㅣ여   아름다운 그대여
終不可諼兮。로다   끝내 잊을 수 없어라.
　興也ㅣ라.   흥이다.

[3-1-2]

瞻彼淇奧한대   저 기수 물굽이를 바라보니
綠竹靑靑이로다   푸른 대나무 푸르고 푸르구나
有匪君子ㅣ여   멋진 님이여

───────────────
9) 南國 文王之化 諸侯大夫 行役在外 其妻獨居 感時物之變 而思其君子 如此 亦周南之卷耳也.

充耳琇瑩이며	옥돌 귀막이에
會弁如星이로다	빛나는 구슬 고깔
瑟兮僩兮며	늠름하고 엄숙하며
赫兮咺兮니	빛나고 빼어나니
有匪君子ㅣ여	아름다운 그대여
終不可諼兮。로다	끝내 잊을 수 없어라.
興也ㅣ라.	흥이다.

[3-1-3]

瞻彼其奧한대	저 기수 물굽이 바라보니
綠竹如簀이로다	푸른 대나무 빽빽이 우거졌는데
有匪君子ㅣ여	문채 나는 님이여
如金如錫이며	황금 같고 주석 같으며
如圭如璧이로다	홀 같고 옥처럼 빛나도다
寬兮綽兮하니	너그러우며 넉넉하니
猗重較兮로다	아, 重較로다
善戲謔兮하니	농담을 잘 하나
不爲虐兮。로다	지나치지 않도다.
興也ㅣ라.	흥이다.

위나라 사람들이 무공의 덕을 찬미하였는데, 푸른 대나무가 처음 나올 때의 아름답고 성함으로써 그 학문과 수양이 날로 진전함을 비유「興」한 것이다. 『대학』의 전에 "여절여차(如切如磋)는 도학을 말한 것이요, 여탁여마(如琢如磨)는 수양을 말한 것이요, 슬혜한혜(瑟兮僩兮)는 두려워하는 것이요, 혁혜훤혜(赫兮咺兮)는 위의(威儀)요, 유비군자 종불가훤혜(有匪君子 終不可諼兮)는 아름다운 덕과 지극한 선을 백성들이 잊지 못하는 것이다."[10] 라고 하였다.

---

10) 衛人 美武公之德 而以綠竹 始生之美盛 興其學文自修之進益也. 大學傳曰 如切如磋者 道學也, 如琢如磨者 自修也. 瑟兮僩兮者 恂慄也, 赫兮僩兮者 威儀也, 有匪君子 終不可諼兮者 道盛德至善 民之不能忘也.

마치 우리의 상대 시가 「황조가黃鳥歌」의 문학사적 평가를 문면(文面) 그대로 최초의 개인 서정시로 읽는 견해와, 관련 기술물 및 상관 정황론을 들어 서사시로 단정하듯 「기오淇奧」 역시 유가(儒家)의 도덕적 문학관은 무공(武公)의 찬미장으로 귀납했다. 그러나 문면 그대로 '이상적 남성미에 끌린 한 여인의 연정이 승화된 아름다운 시편'으로 대할 때 그 공감대는 훨씬 배가한다 할 것이다. 절차탁마(切磋琢磨)라는 고사성어는 이 시로 말미암은 것이다.

[4-2-1] 風雨   비바람 치는 밤

風雨淒淒ㅣ어늘   비바람 서늘한데
鷄鳴喈喈로다   닭울음소리 꼬끼요
旣見君子호니   이미 그대를 보았으니
云胡不夷。리오   어찌 평안치 않으리오
　賦也ㅣ라.   　賦이다.

[4-2-2]

風雨瀟瀟ㅣ어늘   비바람 몰아치는데
鷄鳴膠膠ㅣ로다   닭울음소리 꼬끼요
旣見君子호니   이미 그대를 보았으니
云胡不瘳。ㅣ리오   어찌 병이 낫지 않으리오
　賦也ㅣ라.   　賦이다.

[4-2-3]

風雨如晦어   비바람 불어 어두컴컴한데
鷄鳴不已로다   닭울음소리는 그치지 않네.
旣見君子호니   이미 당신을 보았으니
云胡不喜。리오   어찌 기쁘지 않으리오
　賦也ㅣ라.   　부이다.

15국풍 전 작품을 통해 가장 음란하다고 한 정풍「풍우」장이다. '비바람[風雨]'
은 운우지정 '雲雨之情 : 남녀의 정사'의 다른 상징적 표현이라 했다. 시어의 '처처
(凄凄)'를 운우지정을 즐기는 성사(聲寫), 개개(喈喈)를 그 신음소리로, 그리고 3절
의 '회(晦)'는 주자(朱子)도 '음란을 즐기는 순간'의 묘사라 했다. 차갑고 서늘한 비
바람 몰아치는 늦가을 밤, 사모하는 님 그리워만 하며 홀로 지내기엔 너무나 모
진 형벌의 시간이다. 대저 이런 밤은 하늘이 부부의 금슬을 돕는 밤이건만---. 그
렇다. 무심치 않은 하늘이어서 오랜 밤 그리던 님이 오셨다. 방정맞은 닭 울음소
리이긴 하나, 꿈같은 한 밤을 지냈으니 왜 아니 행복하겠는가? 정 둔 날 아침 행
복에 겨운 여심이 '왜 아니~ 하겠는가?(云胡~)'라는 관용구의 자배(字背)에 홍건
하다. 이른바 남녀상열지사(男女相悅之詞)의 전형적 예인 셈이다.

그렇다면 우리는 여기서 성리문풍(性理文風)을 주도한 조선조 사대부들에 의해
고려조 속악 대다수가 '남녀상열, 혹은 사리(詞俚)하다'는 이유로 '수록되지 못하거
나 [不載], 폄하(貶下)된 까닭이 무엇이었을까'에 대한 분석적 재고가 있어야 할
것으로 사료된다. 그들 역시『시』를 경(經)으로 존숭(尊崇)할 뿐만 아니라 필독서
로, 혹은 얼음에 박 밀 듯이 암송했음은 물론이기에 말이다.

우선 필자는『시경』-「정풍」까지도 - 과 속요의 두 가지 차이점을 그 이유
로 제시한 바 있다. 첫째는 표현 매체의 차이다. 주지하는 바와 같이 표의문자인
한자는 함축을 생명으로 하는 시어로서는, 그 다양한 함의(含意)와 상징성으로 가
장 적실한 문자로 평가된다. 따라서 한자를 매체로 한 시는 결국 수사의 다양성
을 지니게 되니, 이것이 그 두 번째 이유일 것이다. 예컨대『시경』을 대표하는
남녀상열지사 정풍의「풍우」와 속요「쌍화점」을 대비해 보자.

風雨凄凄ㅣ어늘　　　　비바람 서늘한데
鷄鳴喈喈로다　　　　　닭울음소리 꼬끼요
旣見君子호니　　　　　이미 그대를 보았으니
云胡不夷。리오　　　　어찌 평안치 않으리오

앞에서 예시한「풍우」장이다. 편의상 1절만 인용했으나, 이해를 돕기 위해 2 ·
3절까지의 구조는 물론, 보조관념과 원관념 및 수사와 주제를 도식화하고, 이어

같은 방법으로 「쌍화점」을 대비 분석하므로 두 작품의 수용미학적 가능성을 비교하기로 하자.

절	배경	시어	보조관념	원관념	수사법	주제
1	비바람·밤	凄凄	서늘함	운우상태 성사	부(직서)	男女相悅
		喈喈	닭울음 소리	운우상태 신음		
		胡不夷	평안함	마음의 평정		
2	〃	瀟瀟	비바람 소리	운우상태 성사	〃	〃
		膠膠	닭울음 소리	운우상태 신음		
		胡不瘳	병이 나음	마음의 평정		
3	〃	如晦	캄캄 어두움	정사의 절정	〃	〃
		不已	깊은 밤	정사의 진행		
		胡不喜	기쁨	행복 만끽		

표 1, 「풍우장」

이상의 분석이 말하듯 「풍우」장은 4언4구라는 전형적인 『시경』체의 3절 시편이자, 대표적인 남녀상열[性狀描寫]의 노래다. 한편,

> 雙花店에 雙花사라 가고신딘
> 回回아비 내손모글 주여이다
> 이 말슴미 이店밧긔 나명들명
> 죠고맛감 삿기광대 네 마리라 호리라
> 긔자리예 나도 자라 가리라
> 긔잔딘 ᄀᆞ티 덦거츠니 업다.
>
> 三藏寺애 불혀라 가고신딘
> 그뎔 社主ㅣ 내손모글 주여이다
> 이말ᄊᆞ미 이뎔밧긔 나명들명
> 죠고맛감 삿기 上座ㅣ 네 마리라 호리라.
> 긔자리예 나도 자라 가리라

긔잔디 ᄀ티 덦거츠니 업다.

드레우므레 므를 길라 가고신딘
우믓 龍이 내손모글 주여이다
이말ᄉ미 이우믈밧긔 나명들명
죠고맛간 드레바가 네 마리라 호리라
긔자리에 나도 자라 가리라
긔잔디 ᄀ티 덦거츠니 업다.

술풀 지븨 수를 사라 가고신딘
그짓아비 내손모글 주여이다
이말ᄉ미 이집밧긔 나명들명
죠고맛간 싀구비가 네 마리라 호리라
긔자리에 나도 자라 가리라
긔잔디 ᄀ티 덦거츠니 업다.

<樂章歌詞·쌍화점>

련	배 경	시 어	보조관념	원관념	수사법	주 제
1	쌍화점	회회아비	만족 남성	성적 대상	직설법	男女相悅
		긔자리	운우지정	동 침		
		덦거츠니	덥고 거침	침실 묘사		
2	삼장사	사주	주지 승	성적 대상	〃	〃
		긔자리	운우지정	동 침		
		덦거츠니	덥고 거침	침실 묘사		
3	우 물	우물 용	신적 존재	성적대상	〃	〃
		긔자리	운우지정	동 침		
		덦거츠니	덥고 거침	침실 묘사		
4	술 집	술집 주인	상점 주인	성적 대상	〃	〃
		긔자리	운우지정	동 침		
		덦거츠니	덥고 거침	침실 묘사		

표 2. 쌍화점

는 전사구(塡詞句) '다로러거디러'와 '더둥성 다리러더러 다리러디러 다로러거디러 다로리'를 제외한 「쌍화점」의 분석이다.

『시경』 「풍우」장이 동일 배경과 수사로 남녀상사라는 주제를 노래하되 점층적 보조관념으로 원관념의 의상(意想)을 심화하는 것과는 달리, 「쌍화점」은 배경과 성적 대상만 바뀔 뿐 보조관념과 원관념이 동일하므로 시적 긴장의 해이는 물론, 난잡한 음란성만 점증시킨다. 더구나 수사법으로서의 부체(賦體)와 직설법이 대동소이하겠지만, 표현매체인 표의문자로서의 한자와 표음문자인 정음의 시어로서의 상징성은 이처럼 달리 인식되어짐을 실감하게 된다. 이에 못지 않게 성인 공자의 산정인데다, "시 삼백 편은 한 마디로 그 생각에 사특함이 없다(一言而蔽之曰 詩三百 思無邪)"는 합평도 그 효용론과 함께 작용했으리라. 물론, 속요 중 그 음란성이 「풍우」장과 가장 유사한 「만전춘별사」의 제 1련

　　　어름우희 댓닙자리 보와 님과 나와 어러주글만뎡
　　　어름우희 댓닙자리 보와 님과 나와 어러주글만뎡
　　　情둔 오ᄂᆞᆳ밤 더듸 새오시라 더듸 새오시라

의 '얼음 + 대자리 + 님 〉 죽음'이라는 등식의 '영원지향적 순간 쾌락 회구'라는 절절한 소망 역시 「쌍화점」에 비해 크게 다를 바 없는 직설적 어법과 단순구조임을 읽게 된다.

한편, 남방문학을 대표한 『이소』는 전국시대 초(楚)나라 시가로 남방 특유의 유미 낭만적 기질은 이후 북방문예의 건조미와 불교의 심오한 인생철학과 잘 융섭하므로 중국문예의 질을 높이는 촉매 역할을 하였다 할 것이다.

흔히 굴·송(屈宋)으로 대표되는 『이소』의 정조미를 가늠하기 위해 굴원의 「추사抽思」 1절과, 송옥의 「추천秋天」 1부를 감상하기로 한다.

　　　有鳥自南兮　　　한 마리 새 남으로부터 와
　　　來集漢北　　　　한수 북에 깃들었도다
　　　好姱佳麗兮　　　아름다운 경치를 좋아함이여
　　　牉獨處此異域　　이 낯선 곳에 홀로 있으나
　　　旣惸獨而不羣兮　아무도 짝해 주려 하지 않는구나

又無良謀其側	또 좋은 중매쟁이 곁에 없어
道卓遠而日忘兮	임 계신 곳 아련히 높아 날로 잊게 되고
願自申而不得	심중의 말 사뢰려 하나 뜻 같지 않아
望北山而流涕兮	임 계신 북산 향해 눈물 흘리다
臨流水而太息	흐르는 물가에 앉아 한숨쉅니다
望孟夏而短夜兮	초여름 밤 짧기나 했으면 바라는 마음이여
何晦明之若歲。	어쩌면 하루 밤낮이 일 년만 같은고

<抽思> 부분[11]

회왕(懷王)을 그리워하는 굴원의 연주지정이다. 님 계신 곳은 아득히 높아 바라만 볼 뿐이요, '좋은 중매가 없다' 함은 자신의 청렴결백을 변호해 줄 지기가 없음이다. 한없는 고독과 애상으로 주체할 수 없이 흐르는 물에 임해 단충(丹衷)을 실어보내지만 물처럼 무심한 것이 또 어디 있는가. 전전반측의 '초여름 밤 하루 밤낮이 일 년만 같다'하므로 그 감상적 낭만의 색조는 그의 대표작 「이소・사미인・천문・초혼・구가」 등에 공통된 기저로 흐른다. 한편 송옥은 당륵(唐勒) 경차(景差)와 함께 굴파(屈派)의 전국말기의 작가이자, 천재시인으로 일컬어 온다. 『사기』 「굴원열전」에는 굴원의 후배라 하고, 혹은 제자라고도 하나, 확증은 없고 다만 그의 작풍 역시 굴원의 낭만성을 계승하고 있음을 알 수 있다.

悲哉秋之爲氣也	슬프도다, 소삽한 가을 기운이여
蕭瑟兮草木搖落而變衰	나뭇잎 소슬히 지고 성글어 가는데
燎慄兮若在遠行	두렵기 자못 먼 길 나섰다
登山臨水送將歸	높은 산 깊은 물 건너 돌아가야 하듯
泬寥兮天高而氣淸	텅 빈 하늘 기운은 맑기만 하고
寂寥兮收潦而水淸。	요요히 소리 없이 흐르는 물 맑기만 하구나.

<秋天> 부분[12]

송옥의 「추천」 역시 '가을을 슬픈 계절로 인식하는 전통적 인식' 위에 자못 구

---

11) 굴원의 例詩는 中華書局印行 『中國文學發達史』, 第四章 「南方的新興文學」, 三, 屈原及其作品, P91에서 재인용함.

12) 宋玉의 例詩 역시 주 11) 引用書 P 101에서 재인용함.

양수의 「추성부」를 연상케 하는 상정(傷情)이 주조를 띠고 있음은 마찬가지다. 그러므로 굴원이나 송옥, 기타 많지 않은 초사 작가 층에서 본 저가 의도하는 연시를 찾기란 쉽지 않다. 그러나 본문에서 연군지정을 노래한 굴원의 「사미인」 1편을 다룬 까닭은 그것이 임금을 사모하는 정리를 '소박맞은 부인이 지아비를 그리는 정념'에 비유했고, 무엇보다 수많은 우리 '충신연주지사의 전형'이라는 점, 그 원형을 제시하므로 이후 원류론적 작품 연구의 자료에 이받고자 함이다.

고전연시로서의 한시

한시란 한자로 쓰여진 중국의 시문학이다. 한국한시는 우리나라 사람이 한자를 빌어 중국의 시식(詩式)에다 우리의 삶을 노래한 시다. 좀더 범박하게 말하자면 중국 글자로 중국의 문예 형식에 우리의 생활정서와 역사 체험을 써 담고 향유해온 식자인 중심의 시 형식인 것이다. 그러므로 '우리 문학이 아니라'고, 아니 '한자도 중국 어문이니 우리 말글만 배우고 가르쳐야 한다'는 국수논리는 잠깐 민족 고유의 전통문화를 송두리채 망기(忘棄)할 뻔했다. 분명한 것은 문자와 시식은 도구일 뿐이다. 그 정신, 곧 정서가 우리 것이면 우리 문학인 것이다.

다만 안타깝기로는 불합리한 사회제도가 교육, 곧 지식의 독점체제화로 대중화하지 못하고 귀족화 했다는 점이다. 특히 오랜 유학적 전통과 가치관을 기반으로 한 동양문화는 '가부장적·사대부적 권위, 내지 근엄함'으로 위계, 혹은 체통을 중시해 군자의 미덕으로 치부해 온 것이 사실이다. 이 같은 결과는 남성 위주의 문학, 그러므로 대의명분·우시연군·위국충정·호연지기·강호가도 등등 군자연(君子然)하기 일쑤였다. 따라서 남녀간의 연정, 혹은 부부간의 사랑을 노래한 시나 문은 극히 적은 편이다. 그러므로 대표적 유형은 대인작(代人作)이거나, 객관자적 거리에서, 혹은 도망(悼亡 : 아내의 죽음을 애도하는 시)시가 고작이고, 진솔한 애정담은 주로 기녀와의 담론에서 보인다. 그러나 기왕의 사대부 연시 중에서 조강지처에게 준 연시가 백미다. 이백과 두보를 위시한 한국 한시 중 몇 편을 가려 먼저 소개하기로 한다.

Ⅲ-1. 그리운 당신

❶ 중 국 편 – 이백과 두보의 러브스토리

시문학이 있어온 이래 성당만큼 찬란하게 꽃피운 때가 없었고, 시인이 있어온 이래 이·두(李杜)처럼 위대한 시인은 없었다. 오죽하면 시선(詩仙)과 시성(詩聖)으로 통칭되는 쌍벽이며, 그러므로 이 선(仙)과 성(聖)은 그 경지를 넘볼 수 없다[13]. 넘볼 수 없는 지경의 우열은 논 밖의 일이다. 그러므로 청대(淸代) 왕정지(王靜之)는 『이두비교론李杜比較論』에서 우열불가론(優劣不可論)으로 결론지었다.[14]

그들의 조강지처를 향한 사랑의 노래로 우열의 가늠은 가능할까?

南流夜郎寄內　　　　야랑 유배 중 아내에게

夜郎天外怨離居　　　하늘 밖 야랑에 헤어져 사는 외로움
明月樓中音信疎　　　달만 휘영청 밝은 다락 님의 소식 없구려
北雁春歸看欲盡　　　봄에 돌아가는 북녘 기러기 다 보냈건만
南來不得豫章書。　　올 때 예장의 그대 편지 받지 못했나보오

<李白>

이백은 유년기와 청년기를 민산(岷山) 대파산(大巴山) 무산(巫山) 등으로 둘러싸인 촉(蜀) 지방에서 지냈다. 장안과 외진 이곳 벽지에서 학업을 연마하고 검술을 익혔는가 하면, 신선술에 심취해 한 때 민산에 은둔하기도 했다. 신선, 혹은 시선으로, 대당제국의 정치 현실에 불문불문(不聞不問)했다는 등 정치와 무관한 듯 일러오지만, 두 번의 장유(長遊)와 한 번의 출척, 두 번 째는 유배를 겪게 된다. 첫번 째 장유에서 이백은 삼협을 벗어나 십여 년 간 장강 일대의 명승지를 유랑하며 맹호연 등 유명 시인들과 문명을 떨친 결과 드디어 현종의 부름을 받고(742) 대조한림(待詔翰林)의 벼슬을 받았으나, 2년 만에 첫 번째 출척을 당해 장안을 떠나게 된다. 동남 땅으로 정처 없는 만유의 길에 오른 10여 년, 안·사의 난(755)이 일자 숙종의 아우 영왕(永王)을 도운 죄로 피체되었다가, 야랑으로 유배되었다. 위의 시는 바로 그때 예장에 있는 아내를 그리워하며 지은 시다. 바야흐로 북녘에서 왔던 기러기도 월동하고 고향으로 돌아간다. 소무(蘇武)의 고사이래 기러기는 음신(音信)의 상징인데 북녘에서 왔던 기러기 다 돌아가도록 기다리던 님의 소식은 전하지 않고 갔다. 휘영청 유배지 객창으로 비쳐드는 달빛, 지금쯤 아내도 저 달을 바라보며 나를 기다리고 있겠지, 언제쯤이면 처절한 고독의 야랑 객창을

---

13) 李穡 : "---門墻高數仞 後來徒比肩 何曾望堂奧 矯首時茫然"<牧隱詩藁·八> 참조
14) 王靜之 : 『李杜比較論』, 第一章,「李杜比較論」, PP.1~46, 참조. 商務印書館. 中華民國 20년.

벗어나 님과 함께 저 달을 바라보며 오늘의 이 그리움의 눈물자국을 말리려나---. 라는 애절한 연심을 읽기에 족하다.

다음 역시 안·사란으로 장안에 감금되어 있던 두보가 부주의 아내를 그리워 하며 지은 「월야月夜」다.

月夜   월궁의 랑데부

今夜鄜州月	오늘 밤 부주를 비추고 있을 저 달
閨中只獨看	아내는 다만 홀로 바라보고 있겠지
遙憐小兒女	안쓰러워라, 아직 어린 자식들은
未解憶長安	장안의 아비 그리는 정 알지 못하리
香霧雲鬢濕	삼단 같은 아내의 머리 향내로 풋풋할 테고
淸輝玉臂寒	여보, 맑아한 달빛에 옥 같은 팔 시리겠오
何時倚虛幌	언제나 환히 밝은 달 한 휘장에 의지해
雙照淚痕乾。	마주 바라며 그리움의 이 눈물 자국 말리려나.

<杜甫>

두보는 워낙 장안 서북쪽 110km 지점 두릉현 출신으로 북방문학을 대표하는 인물이다. 곧 봉유수관(奉儒守官)을 생활신조로 살아온 대표적 유가인 셈이다. 그러므로 엄전한 사대부는 아녀자, 특히 조강지처에게 '사랑' 운운하는 법이 아니다. 백년해로의 가약을 맺었으니 '불하당(不下堂)'은 엄연한 예법 이전의 강상(綱常)인데, 다시 입에 올림은 경박일 뿐 의연치 못하다. 그러나 두보와 부인 양씨(陽氏)는 중국 오 천년 문학사상 유별난 잉꼬부부였다. 그러므로 아내에 대한 시적 접근부터 남다르다. 이백이 님 그리는 달 밝은 다락에서 애타게 아내의 소식을 기다리다 지친 하소로 연정을 노정했다면, 두보는 그 휘황한 월궁에서 랑데부한다. 장안의 달로 부주의 아내를 보고, 아내는 부주의 달로 장안의 남편을 불러 둘은 월궁에서 목하 데이트 중이다. 그런 사랑의 묘리(妙理)를 모르는 어린 자녀들을 가련하다 했다. 그러나 이 시의 묘처는 후 4구에 있다.

"아내의 향긋한 체취가 묻어난 안개로 삼단 같은 머리에선 싱그런 체취가 풋풋할 테고, 옥 같은 아내의 팔은 달빛에 시리겠네(香霧雲鬢濕, 淸輝玉臂寒)"라 하므로 두시 전 편에서 가장 선정적 표현이자, 사실성을 초월한 상징적 에로다. '청휘'는 파리한 '달빛', '옥비'는 아내의 '팔'이다. '寒' 1자에 담긴 아내에 대한 '애정·사랑'은 필설이 부질없다. "언제나 한 휘장 마주하고, 서로 마주 바라보며 오늘의 이 눈물자국을 말려 볼 것인가(何時依虛幌, 雙照淚痕乾)"는 1련의 '다만 홀로 바라봄「只獨看」'이 안·사의 반란 때문이기에 '언제[何時]나 이 난리가 끝나 오늘의 이 이별의 설움일랑 잊고 지난날의 화평한 성세를 맞을 수 있을까'라는 우국 연민의 충정까지 잊지 않았다.

2. 한 국 편 - 그리운 당신

우리네 지아비들의 아내 사랑은 깊고 은근했다. 삼종지도(三從之道)니 칠거지악(七去之惡)이야 가부장제의 폐단이거니와, 워낙 조강지처는 불하당(不下堂)이 강상(綱常)의 원리이기에 유별(有別)의 도덕율에 충실할 뿐, 달리 '속내를 드러냄'은 그 자체가 경박함이었다. 다음의 예시 몇 편은 아내에 대한 심원한 동양적 정서[信義]를 잘 대변해 준다.

懷妻	그리운 당신
膝下孩兒新學語	슬하의 아이는 말을 갓 배우겠고
竈門老婢舊懸瓢	주방의 늙은 종은 끼니거리 없다 하겠지
林園廖落生秋草	뜰 정원은 스산히 가을 풀만 황량할 테고
想見容華日日凋。	날로 야윈 그대 모습 눈에 선하구려.

<奇遵>

기묘사림으로 온성에 유배되었다가(1519) 익년 모친상으로 잠시 귀향해 상례를 모신 후 다시 유배되어 교살된 기준이 규양지에서 아내를 그리며 쓴 시다. 귀양 올 때 뱃속에 있던 아이, 이젠 제법 아장아장 걷기도 할 테고, 더러는 말 시늉도 옹알거릴 테지. 지아비 없는 살림살이야 뻔하지 않은가. 주인 잃은 정원은 온통 잡초로 우거졌을 것이고, 이 온갖 시름을 짊어진 초췌한 아내, 가여울 뿐이다. 이 번뇌와 회한으로 하얗게 지샌 밤은 또 얼마였을까! 모든 책임은 자신으로부터 비

롯되었건만 그 죄 값마저 아내에게 전가한 못난 지아비, 언제나 남부럽잖은 지아
비와 애비 노릇 번듯하게 할 수 있을까. 그러나 끝내 그에게 그런 복은 있지 않
았다. 그러나 일심동체(一心同體)의 부부이기에 굳이 '사랑하노라', 하지만 '미안하
다'는 어설픈 변명이 없다. 나날이 시들어 갈 아내의 시름을 대신 시름하는 지아
비, 여기에 잣단 사설이 자리할 틈도, 필요도 없기에 덤덤히 굳은 표정, 그것이
동양인의 의지이자, 신념의 표상이었다.

瀋獄寄內南氏　　여보, 당신만 믿소

琴瑟恩情重	부부란 사랑이 중요하건만
相逢未二朞	결혼한 지 두 해도 못 채운 채
今成萬里別	만리 타향에 서로 떨어져
虛負百年期	백년 기약 헛되이 저버렸구려
地闊書難期	편지인들 이르리까, 머나먼 땅
山長夢亦遲	꿈길조차 더디다오, 산이 높아
吾生未可卜	살아 돌아갈 희망조차 없으니
須護腹中兒。	여보, 당신 뱃속의 아이 부탁하오

<吳達濟>

절의의 삼학사 오달제의 유서 같은 시참(詩讖)이다. 이들 삼학사야말로 15～6
세기 전반, 그러니 조광조·김정·기준 등 기묘명현(己卯名賢)으로 대변되는 도학
선비의 의리정신을 이받은 대표적인 절의파 선비라 할 것이다. 이른바 『소학』의
여러 덕목, 특히 대의명분을 행동강령으로 삼아 의를 위해서라면 목숨도 흔쾌히
바치며, 왕도정치의 실현, 삼대의 지치(至治)를 재현하고자 했던 선비들이다. 그러
기에 최명길 등 주화파에 맞서 결사항전을 부르짖다 척화신으로 심양 감옥에서
형장의 이슬로 산화되었다.
　위의 시는 심양 감옥에서 점점 다가오는 죽음의 그림자를 의식하며 지금쯤 만
삭이 되었을 아내에 대한 미안함과, 뱃속 아이에 대해 당부한 시다. 부부의 연을
맺은 지 2년도 채 안된 신혼, 더구나 만리 이역 적국의 사형 대기수다. 그러니
'백년해로'하리라던 맹서는 진작 헛되이 저버렸고, 가서(家書)는 고사하고, 꿈길도

산이 높아 더디다며 "살아 돌아갈 희망조차 없으니, 여보, 당신 뱃속의 아이 부탁하오"라는 당부는 부인을 향한 사랑의 신념이자, 당당한 지아비, 나아가 시대가 추구하는 선비상이자, 민족혼을 일깨운 목탁이라 할 것이다.

한편 여류 한시작가라고 사랑을 노래한 시가가 없을 수 없다. 워낙 한국 여류 문학 담당층의 양대 맥은 규방문학과 기방문학이다. 흔히 신사임당(申師任堂)과 허난설헌을 전자의 대표로, 황진이와 이매창(李梅窓), 혹은 이옥봉(李玉峰)을 후자의 대표로 치지만, 실은 난설헌과 황진이로 압축된다 할 것이다. 물론 국·한문 시가의 경우이다.

우선 규방문학을 대표하는 허난설헌과 기방문학의 1인자인 황진이의 작품을 임의로 1수씩 가려 읽기로 한다.

寄夫江舍讀書   제비도 돌아오건만…

燕落斜簷兩兩飛   처마 끝 비껴나는 짝지은 제비
落花撩亂撲羅衣   하늘한 날개 짓 꽃잎만 어지럽게 지는데
洞房極目傷心處   행여나 오시려나 기다리다 지친 마음
草綠江南人未歸。   강남이라, 풍정에 팔린 님 오지 않네요
                                    <許蘭雪軒>

초당(草堂) 오보수(五寶樹)로 통칭되는 허엽(許曄 : 1517~1580)과 그의 삼 남일녀(筬·篈·筠·蘭雪軒)로 봉의 동생이자, 균의 누이인 허난설헌이 지아비 안동 김성립(金誠立)에게 보낸 시다. 어릴 때부터 타고난 미모에다, 오빠와 동생의 틈에서 어깨너머로 익힌 글재주로 오보수 중 제 1의 칭을 들었으며, 8세에 「광한전백옥루상량문廣寒殿白玉樓上梁文」을 짓는 등 천재성을 발휘했다 한다. 15세에 안동(安東) 성립에게 출가했으나, 원만치 못한 부부 관계로 남편은 노류장화에 빠지고, 고부간 갈등과 해 걸러 사랑하던 남매와 뱃속의 아이까지 잃자, 실의와 절망 속에서 유선의 세계를 동경하다 27세의 젊은 나이로 요절했다.

위의 시는 강사에 독서를 핑계하고 나가 돌아오지 않는 남편을 기다리는 여인의 정한을 가려린 여성적 필치로 묘사한 걸작이다.

詠半月　　　　허공에 던진 얼레빗

誰斷崑山玉　　　어느 누가 곤륜산 옥을 캐다
裁成織女梳　　　직녀의 얼레빗을 만들었는가
牽牛一去後　　　견우 한 번 떠나자
愁擲碧虛空。　　시름겨워 허공에 던져버렸나 봐.

<黃眞伊>

　　위의 「영반월」은 엄격하게 말하자면 영물시다. 그 기발한 착상과 참신한 유추
가 한·당(漢唐)에 버금가야할 이유가 없다. 그것이 소품이기에 더욱 그렇다. 칠
석이 지난 맹추의 드높은 허공에 걸린 반달, 그것을 여인네의 반려인 얼레빗으로
유추한 것도 참신하거니와, 잠깐 만나고 간 님[견우], 그 님을 위해 정성스럽게
단장했는데,--- 이제 또 1년을 기다려야 하니 그 동안 얼레빗은 무용지물이다. 그
래서 '앙탈 처럼 허공에 던져버린 것,' 그것이 반달이라는 상징적 수사는 님에 대
한 원망, 그러나 앙증맞은 사랑의 투정이어서 곱다.
　　이상의 시편에 담긴 동양적 연정은 조강지처에 대한 뿌리깊은 사랑의 확신과
운명적 동반의 신념으로 맺어진 연심(戀心)임을 알 수 있다. 물론 님 그린 여심
역시 가녀리나, 문예미적 정조미는 오히려 승함을 알겠다.

Ⅲ-2. 선명자(善鳴者)의 대리 체험 - 「代人作」

❶ 중 국 편 - 그까짓 벼슬이 뭐 길래

　　대인작이란 시적 주체가 객관자적 거리에서 타인의 체험적 사실을 자신의 체
험처럼 기술한 시다. 대체로 시사시(時事詩), 변새시(邊塞詩), 연정시 등에서 산견
된다.

子夜吳歌   자야오가

長安一片月   장안성 달 밝은 밤에
萬戶搗衣聲   집집마다 다듬이 소리로다
秋風吹不盡   끝없이 불어오는 가을 바람은
總是玉關情   고향 그리는 변방의 향수런가
何日平胡虜   언제나 오랑캐 쓸어 없애고
良人罷遠征。   우리 님 원정길에서 돌아오실고

<李白>

전국시대 양자강 하류 오(吳) 나라의 자야(子夜)라는 여인이 오언육구(五言六句) 형식으로 지어 불러 유행시킨 민요체 변새시다. 이백이 이 시식을 이용해 출정나 간 지아비를 기다리는 지어미의 심정을 대신해 노래했다. 때도 때지만, 워낙 이웃 월(越) 나라와는 '먹느냐, 먹히느냐'는 살얼음 같은 전시상황이었다. 오죽하면 오월 동주(吳越同舟)랬는가. 따라서 잦은 출정과 수자리 생활로 한 시도 편할 날이 없었고, 그러므로 민초들은 언제나 이별과 기다림 속에서 가슴 조여야 했다. 그런 시대의 민심은 물론, 전편에 내재한 당대 여심의 애절한 그리움이 동일 유형의 시가 지닌 대표적 주제이다.

閨怨   님, 그 열정의 눈뜸

幽閨少婦不知愁   갓 시집온 새색시 시름일랑 모르다가
春日凝粧上小樓   봄날 곱게 단장하고 자그만 다락엘 올라
忽見陌頭楊柳色   문득 길섶 파랗게 물든 버들가지 보고는
悔敎夫壻覓封侯。 서방님 벼슬 찾아 떠나보낸 걸 후회하누나.

<王昌齡>

갓 시집 온 새아씨, 근심 걱정이 있을 리 없다. 아니 시름을 모른다는 편이 낫 다. 어쩌면 온통 세상은 아름다울 뿐이다. 더구나 엄동설한도 지나고, 막 화창한 춘삼월 수양버들 휘늘어지고 만화가 방창할 것이다. 싱그런 봄바람도 쐴 겸 동산

자그만 다락에 올랐다. 아니나 다를까, 거리마다 물오른 버들가지들이 파릇파릇 봄옷으로 갈아입고, 오가는 발길들마다 예사롭지 않다. 문득 춘심(春心)이 동한 새아씨는 스스로 천지 가운데 홀로인 자신을 발견한다. 벼슬 찾아 객지를 떠돌 지아비가 그립고 아쉬워진 여심이다. 그까짓 벼슬이 뭔데. 봉후의 사업이 비록 남정네의 일이라지만, 아녀자에게 진정 필요한 것은 지아비의 따습고 포근한 사랑이다. 자고로 "선비는 자기를 알아주는 사람을 위해 목숨을 바치고, 지어미는 자기를 즐겁게 해 주는 이를 받아들인다"했다. 시적 화자는 참사랑을 깨친 여심을 마치 자신의 체험처럼 객관화시켰다.

이 외에도 이백의 「장간행長干行」「채련곡採蓮曲」, 두보의 「신혼별新婚別」 등은 본문을 통해 감상하기로 하자.

2. 한 국 편 – 야속한 님

征夫怨   당신 아들이예요

一別年多消息稀   일거에 무소식, 몇 해잰 줄이나 아셔요
塞垣存沒有誰知   변방에 계신 당신, 생사조차 알 길 없어
今朝始寄寒衣去   오늘 아침 겨울옷 부쳐드리고자
泣送歸時在腹兒。   전송할 때 뱃속에 있던 아이 눈물로 보냅니다.

<鄭夢周>

사랑하는 남편의 겨우살이를 위해 눈물과 그리움의 실로 땀땀이 한(恨)을 결어 지은 솜옷을 변방 수자리 사는 남편에게, 그도 유복자 편으로 보내는 어미의 한을 대작한 변새시다. 「규원閨怨 · 원별리怨別離 · 새하곡塞下曲 · 도의가擣衣歌 · 정부탄征夫嘆」 등이 그것이다.

예로부터 가을이면 북방 오랑캐들의 식량 약탈을 막기 위한 변방 수호[防秋]에 여념이 없었다. 더구나 포은 정몽주(1337~1392)가 살던 고려 말은 대륙의 원 · 명(元明) 교체와 반도의 왕조교체[고려에서 조선으로]로 변방 수자리 교대는 물론 불규칙했고, 따라서 숱한 애환의 문예가 무늬져 있다. '생사조차 알 수 없는 님'에게, 그도 떠날 때 '뱃속에 있던 아들 편에 보낸다'하므로 비극의 역사 체험을

함께 한 민족적 비장미가 극화되어 있다.

怨詞   야속한 님

妾有菱花鏡	제가 지닌 마름꽃 무늬 거울
憶君初贈時	황홀했죠, 당신께서 사랑의 징표로 주실 때
君歸鏡空在	그대 떠나신 후 쓸모 없이 남아 있다오
不復照蛾眉。	다시는 제 얼굴 비출 필요가 없으니.

<崔奇南>

　거울을 소재로 한 여심을 여인의 위치에서 노래한 최기남의 「원사」다. 물론 거울의 용도는 다양하다. 사대부의 거울은 의관을 정제하여 용의(容儀)를 엄숙 정제하기 위함이요, 여인의 거울은 곱게 단장한 미모로 님을 기쁘게 해 드림이다. 선비의 엄정한 외용(外容)은 곧 내경(內敬)의 필수, 이른바 내외합일(內外合一)이란 거경(居敬)의 원론이거니와, 상대 중국의 고시 악부는 물론, 두보의 「신혼별」에서도 "그대 앞에서 화장을 지우고, 길이길이 돌아오실 날만 기다리겠어요(對君洗紅 粧 與君永相望)"라 했음도 같은 맥락이다.
　다음은 신혼의 사랑 투쟁을 포착한 이규보의 색다른 대인작이다.

折花行   귀여운 앙탈

牧丹含露眞珠顆	진주처럼 고운 아침 이슬 머금은 모란꽃
美人折得窓前過	새색시 꺾어들고 창 앞에 찾아와
含笑問檀郞	함빡 미소를 머금은 채
花强妾貌强	여보, 꽃이 예뻐요? 제가 더 예쁘죠?
檀郞故相戲	신랑 희롱 삼아
强道花枝好	짐짓 '꽃이 훨씬 예쁜걸' 하자
美人妬花勝	'꽃이 더 예쁘다'해 질투 난 새색시
踏破花枝道	길바닥에 꽃가지 밟아 뭉개며
花若勝於妾	'꽃이 더 예쁘다면'

今宵花輿宿。　　　오늘밤부터 꽃과 주무셔요

<李奎報>

　　이규보(1168～1241)는 고려 후기, 이른바 무인 집권기 이후 신진사대부 문학을 대표하는 치인이자, 시인 문사다. 위 시는 바로 그의 「절화행」이다. 물론 시가의 제목에 행(行)자가 붙은 것은 악부체다. 이 작품은 신랑의 능청과 신부의 앙탈을 소재로 신혼의 파노라마를 회화한 사랑의 변주곡쯤으로 읽어두자. 『대동시선』에서 가렸으나, 그의 문집 『동국이상국집』에는 진작 보이지 않는다.

　　이상의 한·중 대인작은 시사시·변새시·연정시 등에서 흔히 접할 수 있으며, 대체로 객관적 거리에서 타인의 체험을 주체적 화소로 진술하므로 기휘, 혹은 사대부 체모를 지키는 한 방편으로 애용되었다.

怨別離　　　내 나이 이제 열다섯이예요

妾年十五嬌且癡	제 나이 열 다섯 곱고 순진해 터져
見人惜別常發嗤	남들의 안쓰런 이별 빈정거리곤 했죠
豈知吾生有此恨	어찌 상상이나 했으랴, 님과의 생이별을
靑鬢一夜垂霜絲	검은머리 하룻밤 새 하얗게 세었구요
愛君無術可得留	사랑하는 님 잡을 길 없으니
滿懷覩是風雲期	마음 속 회포 덧없는 기약 뿐
男兒功名當有日	사나이 공명도 때가 있다지만
女子盛麗能幾時	여자의 미모란 한 때 아닌가요
吞聲敢怨別離苦	흐느끼며 이별의 고통 원망하다
靜思悔不相逢遲	우리의 만남 늦지 않았던가 후회한다오
歸程已過康城縣	총총한 발걸음 강성 고을 지나실 테지만
抱琴久立南江湄	거문고 품에 안고 남강 물가에 섰노라니
恨妾不似江上雁	서러워라, 물 가 기러기만도 못한 신세
相思萬里飛相隨	만리에 내닫는 정 날아 따를 수도 없다오
牀頭粧鏡且不照	안방의 화장 거울 비출 일도 없고
那堪更着宴時衣	고운 옷인들 누굴 위해 다시 입을 건가

愁來唯欲徑就睡	시름겨워 애오라지 잠을 청해
夢中一笑攜手歸	꿈에서나마 환히 웃으며 손잡고 돌아오련만
天涯夢魂不識路	아득한 변방이라, 꿈길조차 알길 없으니
人生何以慰相思。	어찌 달랠꼬, 그리운 이 마음.

<鄭浦>

「원별리」역시 악부체다. 주로 변방에 정부(征夫)로 출정 나간 남편을 그리는 젊은 여인의 애절한 그리움을 호소한 노래다. 천하에 부러울 게 없던 님의 사랑 속에 철없이 마냥 행복했던 열다섯 꽃다운 나이, 사랑을 갈라놓는 이별은 남의 일인 줄만 알았다. 무참히 깨진 사랑의 꿈, 사나이 공명이 때가 있다지만, 여인의 젊음이야 순간인데 싫어요, 이별은. 그러나 시적 주체는 기러기만도 못한 현실에 좌절하며, 전통적 정조미로 자신을 다짐하나, 한 가지 달래지 못할 것은 사랑하는 님을 향한 그리움만은 어쩔 수 없다고 하소했다. 대체적으로 두보의 「신혼별新婚別」을 의양한 대인작(代人作)으로, 젊은 부부의 뜻하지 않은 이별의 한을 객관적 거리에서 사실적으로 묘파한 수작이라 하겠다.

Ⅲ-3. 내가 죽고 그대 살아서 - 「悼亡」

'망자(亡者)를 애도함', 곧 죽은 사람을 보내는 만시(輓詩)는 산 자의 망자를 위한 이 생에서의 가장 숭엄한 마지막 의식이다. 그 가운데 특히 각별하기야 부부의 연을 맺고 고락을 함께 했던 부인을, — 언제나 후회가 더 많게 마련인, 먼저 보내는 지아비의 슬픔은 언어로 표현할 수 없고, 겪어보지 않고는 모른다. 그러기에 "내가 죽고 그대가 살아 내 심정이 되어봐야 알리라[易地思之]"는 충정만큼 은근한 사랑의 깊이를 체감할 수 있는 말은 없을 것이다.

悼亡	마음의 봄은 언제나 …

粧匳蟲網鏡生塵	장염엔 거미줄, 거울엔 먼지 끼고
門掩桃花寂寞春	문 닫힌 채 복사꽃 핀 쓸쓸한 봄

依舊小樓明月在　　자그만 다락 밝은 달은 예로운데
不知誰是捲簾人。　　알지 못케라, 발 걷을 사람 그 뉜고

<李達>

한문당시(漢文唐詩)라는 목룽성세(穆陵盛世)의 시단을 주도한 손곡 이달이다. 이른바 정통 한시문학의 고격한 시품(詩品)으로 평가받아 왔다. 그러니 아내가 쓰던 분대(粉黛)며 화장용 거울 등 일체가 주인을 잃고 방치되자 무정한 거미가 낭자하게 주인행세를 하고, 쓰잘 데 없이 된 거울은 먼지투성이라니 비감할 만하다. 게다가 주인 없는 안방 앞엔 죽은 아내만큼 화사한 복사꽃, 그러나 시적 주체도 복사꽃도 자연의 질서에 순응할 뿐, 이미 마음의 봄을 상실한 적막춘(寂寞春), 그러니 "시절을 감상하니 꽃이 눈물을 뿌리는 듯하고, 한스런 이별을 하고 보니 아름다운 꾀꼬리 소리에도 가슴이 철렁 내려앉는 것 같다(感時花濺淚 恨別鳥驚心)" <杜諺十·春望>는 정조가 절로 무르녹았다. "여보, 언제나 우리는 달 밝은 밤이면 휘장을 걷어올리고 함께 저 달을 감상했었지…"라 했으니 금슬도 대단했다. 이 역시 "언제쯤 한 휘장에 의지해, 서로 다정히 바라보며 이 이별의 그리운 눈물자국 말려본다지(何時依虛幌 雙照淚痕乾)" <소上>라고 한 두시 「월야月夜」의 결구를 의양했다. 이런 용사의 자묘함으로 핍당(逼唐)의 칭을 받았던 이달이다.

정녕 시로야 깔끔한 당시풍의 걸작이다. 문제는 타자 체험, 타설적 수사라는 데 삽의하지 않을 수 없다. 행간에 내재한 문화의식, 예컨대 장염[粧奩]·거울[鏡]·주렴[簾] 등은, 설령 한 시대를 독보한 삼당의 1인자일지라도 이달과 그의 아내가 향유하고 체험할 문화용품이 아니었다. 물론 미적 과장과 연상적 상상은 문학의 전유물이기에 그 자체가 시적 긴장에 방해가 되거나 찬란한 비장미의 심화를 저해하지는 않는다. 어쩌면 그것은 한시문학의 풍웅을 과하던 목릉의 문풍으로 이해할 일이다.

悼亡　　　　벽오동 심은 뜻은 …

玉貌依稀看忽無　　여보, 꿈에 아련 보일 듯 이내 사라지고
覺來燈影十分孤　　멍하니 대한 등불 그림자 더욱 외롭구려
早知秋雨驚人夢　　진작 가을비 구성져 시름일 줄 알았더면

不向窓前種碧梧.   창문 앞 저 벽오동은 심지나 말았을 것을.

<李瑞雨>

　백년해로를 기약한 부부가 딸의 혼수용 장롱 감으로 벽오동나무를 심는 풍습이 있었다. 얼마나 미더운 삶의 설계며 아름다운 미풍인가. 그러나 아내는 이미 백년의 기약을 저버렸고, 지금은 가뜩이나 고독한 홀애비의 가을 꿈까지 깨운다니, 「장한가長恨歌」의 아이러니라 하겠다. 두루 아는 바이지만 오동잎 한 소리로 천하에 슬픈 가을[悲秋 : 만상을 조락케 하는]이 왔음을 안다 했다. 그것이 지어미 잃은 지아비의 을씨년스런 삼동(三冬)을 예고함이고, 질척거리는 저 가을비가 그것을 재촉함일 때 왜 아니 원망스럽겠는가!

　그러나, 오동잎에 듣뜨는 빗방울 소리도 자연의 질서다. 정작 원망스럽기야 백년을 기약하고 먼저 간 님에 대한 원망이요, 그 원망조차 운명이라면 가신 님에 대한 그리움, 못 다한 사랑의 미련을 자배(字背 : 글자 속)에 감춘 애절한 고백이 시적 화자의 작시 동기일 것이다.

伊人不可見矣　　　님은 어디에 …

　今年我是去年吾　　금년의 나 지난해 나 그대로인데
　情況胡然入室無　　정든 사람 어찌 집에 와도 없는가
　丁字簾前人不見　　丁자 발 앞에 이 사람 보이지 않고
　靑虫相對絡絲約.　　벌레들 차지가 된 신발코엔 거미줄만 어설켰구나.

<申緯>

　조선조 500년 문예를 총집대성한<金澤榮・申紫霞詩集序> 신위다. 워낙 자유분방했던 작자이므로 기상천외한 증시(특히 기녀)가 많지만 연시이기보다는 희증이기에 위의 작품을 가렸다. 계실 조씨와의 사별, 그도 유배 중 임종도 못한 채 보낸 아내에 대한 절절한 비통을 흥체(興體)를 빌어 감발케 했다. '귀여운 꽃당혜', 그것은 바로 사랑스런 아내의 상징이요, '어설킨 거미줄'은 가신 님에 대한 상정(傷情)이자, 인생에 대한 무상심(無常心)이다.

配所輓妻喪　　　내가 죽고 그대 살아 …

聊得月老訴冥府　　월하노인 통해 염라국에 하소해
來世夫妻易地位　　내세에는 그대와 나 서로 바꿔 부부 되어
我死君生千里外　　천리 밖서 이별한 뒤 내가 죽고 그대 살아
使君知有此心悲。　내 마음의 이 슬픔 그대 알게 했으면.

＜金正喜＞

　추사(秋史)가 57세 되던 1842년 12월 15일, 유배지 제주도에서 부인 예안 이씨(禮安李氏)의 부음을 듣고 지은 만시(輓詩)다. 만리 밖 절도에 위리안치된 가장(家長), 조강지처의 부음을 받고도 갈 수는 물론, 상례도 이미 끝났다. 무엇을 할수 있는가! '사랑했지만, 고생만 시켜 미안하다' 할까? '임종은 물론 마지막 가는길 배웅도 못해서…'. 다 부질없는 세속어다. 말 밖의 말이 시의 언어가 아닌가. '내세에도 다시 만날 우리의 사랑'이기에 군말이 따로 있을 수 없고, 그 사랑하는님과의 '사별의 슬픔'을 어찌 세속의 말로 대신하랴. 역지사지(易地思之), 이 한마디 밖에 더 진실한 말은 없다. 진실로 그의 시는 체험의 시학이자, 실사구시라는 현실적 미학의 실천이었다. 조선 중기의 몰지각한 학당 시풍을 풍자한 "이백과 두보 다시 태어난다 해도 예대로 쓰지는 않으리. 이르나니 바로 배우는 길은당송 시인의 시대정신을 배움이라(李杜若晚生 亦自易矩規 寄言善學者 唐宋皆吾師)"는 그의 자주적 시학의 상징적 웅변이었다.

Ⅲ-4. 기방의 연가 – 봄밤은 어이 이리 짧기만 한고

　한국 여류문학의 한 축을 담당했던 기방문학 연구는 아직 그 양과 질을 문학사에 명쾌하게 정립시킬 만큼 천착되지 못했다함이 솔직한 고백이다. 물론 수사및 구성의 유사성, 주제의 획일성이 한계일 수도 있다. 만남과 사랑에 이은 이별과 기다림, 그리고 원정(怨情), 혹은 재회의 순간적 열락(悅樂), 더러는 순절의 비장미로 점철된다.
　그러나 돌이켜 보면 기방은 음주가무가 아우른 입체적 종합예술공간이었다. 시

[한시] · 개[시조창]의 수창(酬唱). 악[관현악기] · 무[춤]가 있고, 가곡[판소리]까지 연행했던 당대의 일류 식자층이자, 예인들의 한 판 고급 문화의 향연장이다. 주체는 사대부지만 주연은 해어화(解語花)들이다. 그 넉넉하고 멋드러진 풍류의 장에서 신명으로 만나 끼로 싹튼 사랑과 연정의 문예, 그 정조미의 달고 맵고 시린 한시미학을 감상하기로 하자.

留贈巫山張玉娘   옥랑에게

香濃綉被元央暖   향그런 자수이불 정겨운 원앙 한 쌍
寶釵落枕玄雲亂   베갯맡엔 뽑힌 비녀 흐트러진 검은머리
絳燭搖紅風捲幔   붉게 흔들리는 촛불 장막조차 걷힐 듯한 바람
瓊樓西畔低銀漢   구슬다락 서편 낮게 드리운 은하수
鳥啼月落夜將半   산새 우짖자 달 지고 밤도 막 지새는데
十二巫山春夢短。   무산이라, 열 두 봉우리 봄밤은 짧기만 하구나.
                                                    <許筠>

『순오지』에 의하면 허균이 애첩 장옥랑과 수작한 시라 한다. 원 시제는 「藍田日暖玉生烟」7자를 운자로 삼아 무산 장옥랑에게 주다用藍田日暖玉生烟七字爲韻 留贈巫山張玉娘」이다. 예교(禮敎)에 구속받지 않고, 이단(異端)을 숭상하며, 당대의 지배질서 따위를 철저히 부정했던 한 시대의 문제아이자, 혁명가였던 허균. 성리학의 명분으로 합리화된 일체의 가치와 허울뿐인 명분론을 가능한 한 거역하고자 한 그는 정통 문학관 역시 철저히 부정하였다. 예컨대

禮敎寧拘放   예교가 어찌 성정의 분방함을 구속하랴
浮沈只任情   희노애락은 다만 정에 맡길 일
君須用君法   그대들은 모름지기 그대들 식으로 살고
吾自達吾生。   나는 스스로 내 삶에 충실하리.
                                                    <罷官聞作>

가 그것이다. 예교의 부정은 물론, 절대선의 성(性)보다 삶의 체험 속에서 얻어진

희노애락의 정에 맡긴, 이른바 삶의 진솔한 정(情)을 자연스럽게 표출한 것이 진
정한 문학이라 했다. 따라서 작품의 평가 기준도 '도'가 아니라, 정서의 미적 공감
에 있음을 웅변으로 제시한 개량논자였다. 따라서 시가 수식이나, 윤리 도덕을 싣
는 재도지기(載道之器)가 아님을 "아름답고 곱기만 하거나, 풍화(風化)에만 이른다면
그 바른 기류(氣流)를 해치거나, 교화만을 위주로 하는 잘못을 저지르니 이 어찌
시도의 재앙이 아니겠는가'15)라고 했는가하면, 「유재론遺才論」에서는 천부의 재능
을 신분이라는 인위적 제도로 막는 것은 역천(逆天)이라며, 당시의 신분제도에 도
전하므로 천기론(天機論)을 옹호하는 중인문학의 당위성을 주장하기도 했다.16)

　그러므로 당대 사대부들이 꺼리던 남녀간 무산운우(巫山雲雨)의 정을 과감하게
묘파해 내고 있다. 자못 고려 속요 「쌍화점」이나 「만전춘」을 연상케 한다. 원앙
금침을 베고 누운 연인, 풀어헤친 삼단 머리며, 흔들리는 촛불, 거친 숨소리, 이
윽히 저무는 은하수 등은 끝내 봄밤의 짧음으로 열정의 회포를 대변했다. 참으로
단정엄숙한 선비이기 전에 진자연인, 그러니 도성(道性)이 아닌 인성(人性) 문학에
서 풍기는 허균의 인간미를 십분 느낄 수 있다. 실로 '사랑하는 이여, 봄밤은 어
이 이리 짧기만 하다지!'라는 저 아쉬운 여운이 이제도 귓가에 쟁쟁하다.

小鑷子	귀여운 노리개
銀錯烏銅小鑷子	은과 구리로 만든 작은 노리개
美人之貽匪汝美	님이 준 것이기에 더욱 아름답다오
光化門外石橋西	광화문 밖 돌다리 서쪽
鄭雪艶家醉如泥	정설염의 집에서 만취했을 때
解出鑷子親手贈	노리개 풀어 손수 주기에
何以報之純金鎞	무엇으로 보답할까? 순금의 칼을 주었지
不見雪艶旦見鑷	그미는 볼 수 없고 노리개만 있어
六時摩挲淚盈睫	진종일 매만지노라니 눈에 가득한 눈물
如今鑷子亦不見	이제 만일 이 노리개마저 없었더라면

---

15) 許筠 : "至綺麗風化 傷其正流 而貽敎化主之誚 此豈非詩道之尤耶)"
　　<惺所覆瓿藁 · 5 · 題唐絶選序> 참조
16) 金甲起외 : 『漢文學史』, 第 3部 · 제 2장, 조선후기 한문학, P376참조 새문사, 2003,.

淚流滂沱滿我頰。　　　흐르는 눈물 두 뺨에 그득히 흐르리.

<金鑢>

　김려는 1797년 강이천(姜彛天)의 비어사건(飛語事件)에 연류되어 함경도 부령에 유배되고, 1801년 신유사옥으로 다시 진해에 이배되었다. '사유'란 바로 진해 적소의 편액 이름이며, 『사유악부』란 그가 부령에서 겪은 인정·풍속·사건 등을 회고하여 악부체로 지은 작품 모음집이다. 상권 147수, 하권 143수 총 290수가 그의 문집 『담정유고潭庭遺稿』 권5·6에 수록되어 있다. 매 편 첫 구는 "問汝何所思 所思北海湄"로 기필(起筆)한 칠언 절구며, 끝에는 시의 내용에 대한 간단한 해설을 실어 독자의 이해를 돕고 있다. 한편 끝에 실린 「자서自序」에서 그는 "이 작품들이 도학적·형이상학적 생활과 사고를 담지 않고, 직접 보고 겪은 일상적인 생활 속에서 우러나온 생각의 산물임"을 밝히고, "내용이 비록 비루하지만 자신의 일을 읊었기 때문에 「오유」나 채구(蔡謳)와 같은 중국 시가와는 구분되는 독자성을 가진다"며 대단한 자부심과 주체의식을 드러낸다. 그의 말에 의하면 "사유(思牖)란 내가 유배지에서 빌려 살던 집 오른쪽 문에 붙였던 편액이다. 내가 북쪽 유배지에 있을 땐 남쪽을 생각하지 않는 때가 없었더니, 이제 남으로 내려와서는 다시 북쪽을 생각하지 않는 날이 없다. 생각이란 참으로 시간에 따라 변하는 것이다. 그러나 생각할수록 고통은 더욱 심해지니 남쪽 창이란 뜻의 유(牖)를 이름으로 삼은 것은 여기에서 시작되었다." 했다.

　위의 시는 부령에서 만난 애기(愛妓) 연희와의 애틋한 사랑의 추억을 회상하며 연연해하는 시다. 사랑의 징표로 주고받은 선물, 부령과 진해의 천리 연정을 이어주는 유일한 사랑의 징표, '이마저 없었더라면 어쩔 뻔했느냐는 '요행스런 만족 뒤엔 가없는 허허로움이 너털거리고 있다. '그리워 공그른다지만, 공그를수록 그리운 님'을 어이하랴. 그러니 시편 모두의 기필을 "묻노라, 무엇을 생각느뇨? 오로지 북녘 물가, 거기 눈에 삼삼 지울 수 없는 연희를 생각지「問汝何所思 所思北海湄」"라고 풀어서 전혀 가당찮은 실례는 아닐 듯하다. 이 밖에도 「복사꽃桃花紅等」<사유악부·하> 등 적지 않고 식지 않은 연정이 전해있다.

賦得別日何易　　　이별은 쉽고
　　會日難　　　　만나기는 어려워라

邂逅樂相樂　　만남의 낙 즐기고 또 즐길 일이요
別離悲莫悲　　이별의 슬픔일랑 슬퍼하지 말자
誰知行雨日　　그 뉘 알랴, 그대 비되어 오는 날
遽是作雲時。　문득 내 구름 일으키는 때 일 줄을.

<金鑛>

　　김려의 아우 김선의 「이별의 날은 어이 그리 쉬 오며, 만남의 날은 어려운가」 라는 악부체 시다. 김선은 순조 20년(1820)년 정시문과 병과로 급제하고 승지를 역임했으며, 문명이 높았다 한다. 김려의 문학 노선을 추종했던 반전통적 문예개량주의자였다.

　　워낙 이별은 사랑이 전제될 때 진정한 이별인 것이다. 사랑하지 않는 이와의 이별은 무의미한 헤어짐 그 자체일 뿐이다. 흔히 불가(佛家)에서 '만남은 이별이 정해져 있다[會者定離]'한다. 이 거역도 부정도 할 수 없는 진리는 또 이자필회(離者必會)라는 반상의 논리를 전제한다. 실제로 이별이 없는 만남의 기쁨을 상상할 수 있는가? '사랑 → 이별 → 그리움 → 원망 → 만남 → 사랑의 환상(環狀) 가운데 오가는 애환, 그것이 바로 '사랑의 미로'이자, 드라마틱한 연정(戀情)이며, 그 정한의 시문이 연시다. "네가 비가 되면 나는 문득 구름이 되리니 또 다른 이별일랑 잊고 운우의 정을 즐기고 또 즐기자."는 현실적 낙천, 혹은 쾌락의식을 읽을 수 있다.

　　다음은 조선조 후사가 중 한 사람인 이덕무(李德懋)의 시 「선연동嬋娟洞」으로 '기방의 연가'를 아끼고 싶다.

　　　嬋娟洞　　　　　선연동에서

嬋娟洞草賽羅裙　　선연동이라, 파란 풀 비단치말런가
剩粉遺香暗古墳　　이제도 남은 향내 무덤 가에 자욱해라

現在紅娘休詫艶   미모를 뽐내는 여인들아 예쁜 체 마라
此中無數舊如君。   예 묻힌 숱한 여인도 젊어선 그대처럼 고왔느니.

<이덕무>

청장관 이덕무가 평양 북녘에 조성된 기생들의 공동묘지를 소재로 쓴 시다. 워
낙 풍광이 명미(明媚)하면 인물이 나는 법이어서 자고로 평양은 색향(色鄕)이다.
따라서 감사 자리도 평양은 언제나 엄지손가락에 꼽혀왔다. 선비의 풍류와 기녀
의 재예는 언제나 상보관계다. 그러나 꽃은 화사한 한 순간 후면 쉬 시들고, 시
들면 한없이 가련하다. 기생을 '말할 줄 아는 꽃'이랬다. 물론 그 '말'의 말속엔
또 다른 많은 말이 함축되어 있으리라. 이른바 사대부 지식인들과 가무와 시문
수창, 곧 고급 풍류문화의 향유가 가능한 꽃, 그러나 꽃은 꽃이다. 가장 고상하고
순결한 백합의 이운 악취와 추함이 박꽃보다 나을 법도 없다. 해어화의 행운아
몇몇 외에는 실로 여섯 자 단신 하나 치워줄 변변한 주변이 없다. 그래서 마련된
것이 '말할 줄 아는 곱디고운[嬋娟] 꽃 중의 꽃'을 위한 묘역이 조성되었고, 그러
니 풍류객이라 자칭하는 시인묵객 치고 흥미롭고 싱숭하지 않을 수 없다. 청장관
역시 내로란 풍류객이다. 총총한 묘역의 푸른 풀을 생전에 입던 비단치마로 시상
을 일으키고, 향긋한 분내음이란 후각에 이끌리는 환상에서, 문득 인생무상을 들
어 '짧고 허망한 인생, 잘난 체들 하지 말라[休詫艶]'는 감계(鑑戒)로 맺었다.
　풍류객의 발길이 먼저 알고 걸음을 재촉하는데 배겨낼 장사는 없다. 평안평사
부임길에 황진이부터 만나려던 임제(林悌), 딴엔 '물만난 고기'처럼 심편을 펴리라
의기양양 당도한 즉 '선연동에 먼저 갔다'는 말을 듣고 아쉬운 나머에 내쳐 달려
가 누운 진이의 무덤의 창 앞에서 비감하게 부른 한 곡 세레나데

　靑草 우거진 골에 ᄌᆞ논다 누엇논다
　紅顔을 어듸 두고 白骨만 뭇첫논다
　盞잡아 勸ᄒᆞ리 업스니 글을 슬허ᄒᆞ노라.

<병와가곡>

가 멋진 풍류 한담일지언정 목민관 부임 첫걸음에 들를 곳은 아니었다. 그렇다고
파직된 벼슬자리에 더 이상 연연하지도 않았으니, 정작 풍류객의 금기(襟期)는 또

그렇다.

　단 기녀들의 한시는 자하 신위가 우리 시조 40수를 「자하소악부」에서 한역한 바 중복을 피하기 위해 시조문학과 함께 다루기로 한다.

Ⅲ-5. 기방의 한시

　한국 여류문학의 한 축을 담당했던 기방문학, 누가 그들을 일러 기녀라 할 것인가. 신분이야 사대부 중심 사회가 자기 편의적으로 만든 인위적 제도일 뿐이며, 그들도 해어화(解語花)라 칭했다. 여인을 꽃에 비유함은 예나 지금이 마찬가지지만, '말 = 語文, 곧 문화를 아는 여인'이라 한다면 당대 식자층 사대부와 문화를 공유할 수 있는 신여성에 다름 아니다. 그녀들이야말로 미모는 물론, 정절을 갖춘 예인(藝人)이자, 당대 문화의 꽃이다. 가무는 물론, 기악(器樂)·시율(詩律)로 사대부와 수창이 가능했던 지성인이었다. 그러니 그들을 어찌 천박한 직업여성이라 할 것인가! 그러나 그럼에도 불구하고 넘지 못할 '신분의 벽'은 언제나 한의 실마리였다. 한 번 기적에 오른 이상 관령(官令)이 지엄했고, 자유로운 사생활이 있을 수 없었다. 고작 풍류 한량의 소실이 정해진 운명이거나, 그나마 허구한 기다림과 외로움에 몸부림쳐야 했던 그 정한의 문학이 바로 기방문학이다. 그러니

| 明宵雖短短 | 내일 밤은 비록 짧고 짧더라도 |
| 今夜願長長 | 원컨대 님 오신 오늘밤은 새지 마소서. |

<李玉峰·別恨>

라는 절규를 음사(淫辭), 혹은 사리(詞俚)라고만 운운할 것인가? 가장 진실한 체험의 미학임에 분명하다. 그리운 님을 기다리는 그 '기다림의 한과 고통', 그것은 정녕 대리체험으론 승화될 수 없는 주체적 회소다. 중인 작가 조수삼(趙秀三)의 다음 시는 당대 기녀들의 애환과 진정을 대변해 주는 좋은 예시가 될 것이다.

錦城月　　　　　열녀 금성월

珠裳寶髻賣千金　　구슬치마 보배론 비녀 님께서 주신 선물인데

塡海孤禽只苦心　　님 가고 짝 잃은 원앙 아픈 마음 달랠 길 없어
寃債先於公債了　　원한의 세월 속에 스스로 목숨 끊었으니
香生烈血潤鴛衾。　　향기로운 삶 끓는 피 원앙금침 적셨도다.

　　그녀는 자신을 사랑하는 어떤 남자와 결혼해 남부럽지 않은 행복한 삶을 살았다. 그러던 중 그녀의 남편이 죄를 짓고 죽임을 당하게 되자, 탄식하며 말하기를 "남편의 나에 대한 사랑은 천하에 둘도 없는 것이었다. 그러니 내가 남편의 사랑에 대해 천하에 둘도 없이 갚으리라."하고는 가슴에 칼을 꽂고 자결했다 한다. 당시 사람들은 그녀를 열녀라고 칭찬했다. 조수삼은 『추재기이』에서 "금성월이 비록 천한 기생의 신분일지언정 사대부가의 아낙 못지않은 고결하고도 아름다운 지조를 지닌 여인이었음을 남달리 기리고자 한다"고 기술하고 있다. 이른바 '베풀어준 사랑'에 대해 사랑의 정조로 보답한 '사랑의 승화'라 하겠다. 그녀들의 한시 몇 편을 예시하기로 하자.

佳人　　　　　　　귀여운 내 사랑

抱向東窓弄未休　　동쪽 창가에서 포옹한 채 애무할 제
半含嬌態半含羞　　교태인 듯 수줍음인 듯 품안으로 드누나
低聲暗問相思否　　귓가에 대고 살짝 너도 내가 그립더냐 물었더니
手整金釵小點頭。　　황금비녀 매만지며 고개만 끄덕끄덕.

＜未詳＞

　　'이리 보아도 내 사랑, 저리 보아도 내 사랑', 교태도 교태지만 홍조 띤 얼굴로 부끄러운 척 가슴속으로만 파고드는 사랑의 몸짓, 요즈음이야 풍기 문란일 것도 아닌 다반사지만, 의관을 정제한 남정네와 연분홍 치마 저고리 입은 조선조 여인네의 한 바탕 밀애 현장을 시문학으로 엿보는 재미는 담장을 뛰어넘고 들어간 이도령과 춘향의 초야를 연상하기 어렵지 않다. 짐짓 "너도 내가 그리웠더냐"라는 말 같잖은 사내의 수작은 분명 사랑의 유희를 유도하는 전초적 전략이다. 그러니 정녕 님이 주셨을 황금 비녀만 매만지는 응낙[點頭]은 수동적인 듯 실은 적극적 능동태, 이른바 흐트러진 머리카락을 쓸어 올리며 생략법으로 말한 시문학

의 함축미다. 사설이 더 이상 길어지면 그것은 이미 시가 아니다.

閨情   기다림

有約來何晚	오신다 약속하곤 어이 이리 늦으신다죠
庭梅欲謝時	뜰 안의 매화꽃 막 지려 하는 이 때
忽聞枝上鵲	문득 울타리 나뭇가지에서 까치라도 울라치면
虛畵鏡中眉。	부나케 거울 보며 부질없는 단장이라오

<李玉峰>

'오시겠다던 약조', 분명 '뜰 앞 매화 필 무렵'이었을 테고, 벌써 매화는 하나 둘 흩날리는데 … 행여나 때까치 방정맞게 까걱거릴 때마다 호들갑스레 '오늘에야 오시려나 보다'며 있는 정성 없는 정성 다 해 몸단장이며 얼굴 화장하기를 하마 몇 차례였던가. '허화(虛畵)' 두 글자 속에 담긴 정한(情恨), 그 쓰라린 비장미를 기녀 시학의 한 특질이라 하겠다.

閨情   그리움, 그 울어 예는 강물…

平生離恨成身病	한 평생 이별의 한 병이 되어
酒不能療藥不治	술로도 약으로도 다스릴 수 없어
衾裏泣如氷下水	이불 속 울음 얼음 밑 물 같아서
日夜長流人不知。	하염없이 흐르는 이 눈물 누가 알랴.

<李玉峰>

옥봉 같은 재예인(才藝人)을 버려 둬 이런 정한의 비장미를 낳게 한 조원(趙瑗), 한 때의 그 열화 같은 사랑이 혹 다른 님에게로 옮겼는가. 그녀로 하여금 좀 더 내밀한 열정을 노래하게 했더라면 옥봉의 담시는 더 화사한 꽃으로 피어났을까? 아니면 현실적 향락에 취해 정작 고신(苦辛)의 작시 따위는 팽개쳤을까? 난공불락 (難攻不落)이란 수성(愁城)도 한 잔 술이면 술술 풀리는 법이요, 편작(扁鵲)의 처방 전으로 고치지 못할 병이 없다 하건만, 님 그리는 상사(相思)의 병이야 님의 따사

로운 입김 아니고는 풀릴 까닭이 없다. 기다리다 지친 독수공방, 홀로 누운 원앙 금침은 얼음 같은 냉기뿐이다. 그러니 얼음장 밑으로 울어 예는 차운 물, 그것이 얼음장 밑으로 흘러 흐르는 소리 아니 들리 듯 '이불 속에서 흐느끼며 우는 눈물 을 누가 알겠느냐'는 절규는 가여울 뿐이다. 한퇴지[韓愈]의 논리대로라면17) 조원 은 어찌하여 옥봉의 주옥같은 시편으로 하여금 사랑의 승자가 되어 '사랑은 행복 과 생명의 원천'임을 찬미케 하지 않고, 되려 이별과 기다림의 애환으로 '애간장 녹아나는 시름의 불행'만 노래하게 했을까?

　이처럼 기방문학은 한결같이 이별과 기다림의 정한(情恨), 그 쓰라린 비장미가 주조를 이루는 한 특질이라 하겠다.

---

17) 韓愈 : "抑不知 天將和其聲 而使鳴國家之盛邪, 抑將窮餓其身 使愁其心腸 而使自鳴其不幸 耶"<韓昌黎集十九·送孟東野序>

고전연시로서의 국문시가

3,000년 문학사에 비해 반 천년 남짓한 국자 창제의 지각은 순수 국문학의 영성을 감수할 수밖에 없다. 그렇다고 음주가무를 즐기는 민족성마저 묶어 둘 일은 전혀 아니었고, 또 문자가 없었지 의사소통의 언어 수단마저 없지는 않았으며, 워낙 영민한 민족이라, 무문자의 불편을 선진 문자로 대체, 혹은 차자법으로 능히 이겨냈다.

정음창제 이전의 연가로 상대 신화, 혹은 전설적 화소는 물론, 민요체 노래 중 한역으로 전해온 작품군을 상대 시가로, 그리고 향찰 문자에 의한 기술물 및 구전으로 전해오다 조선조에 정리된 시가군을 삼국시대의 시가로 정리하고, 정음창제 이후 조선조 시가로는 시조문학을 중심으로 정리해 우리 연시문학의 사적 전개와, 그 특질을 살피기로 한다.

Ⅳ-1. 상대 민요체 한역가

「구지가·공무도하가·황조가·도솔가」로 대표되는 우리 상대 시가중 「도솔가」는 부전가요이고, 「구지가」의 전이형으로 신라 수로부인과 관련된 「해가사」를 함께 논의할 수 있을 것이나, 「헌화가」와의 중복을 고려해 신라 향가에서 다루기로 한다.

「구지가」 역시 관련 기술물대로 가락국 건국신화의 일환으로 수로왕 탄생설화며, 더욱 모계사회의 다산을 기원하는 성상(性象)일지언정 순수 연가로 다루기엔 무리다. 그러므로 「공무도하가」와 「황조가」에 나타난 연정을 탐색하는 것으로 고전연시로서의 국문시가의 장을 열기로 한다.

公無渡河歌   님이여, 어찌하오리까?

公無渡河   님이여, 그 물을 건너지 마소서
公竟渡河   님은 기어이 건너시다가
墮河而死   아아! 빠져 돌아가시니
當奈公何。   님이여 장차 어찌하오리까, 나는.

<해동역사 · 17, 예문지>

　　상대시가 중 「구지가」라는 민족 공동체 심상의 서사물에서 사랑하는 '님과의 사별'에 이은 '동반 자결'이란 비극적 사랑, 아니 영원한 사랑의 승리로 서정화한 최초의 작품이다.

　　그 배경 설화는 이렇다. 옛 조선의 뱃사공 곽리자고가 새벽에 배를 손질하고 있는데, 그때 머리 허연 광부가 머리를 풀어헤친 채 술병을 끼고 거세찬 물 속으로 뛰어들었다. 뒤따르던 아내가 만류했으나, 미치지 못해 남편은 물에 빠져 죽는다. 그의 아내는 갖고 온 공후로 「공무도하」라는 노래를 지어 불렀는데, 그 소리가 매우 구슬펐다. 노래를 마친 아내도 스스로 몸을 던져 자결했다. 이를 목격한 뱃사공 자고가 이 사실과 노래를 아내 여옥에게 전했고, 여옥도 감격하여 공후로 그 노래를 모사해 불렀더니 듣고 눈물 흘리며 울지 않는 이 없었다 한다, 이어 이웃 여용에게도 가르쳐 온 나라 안에 퍼졌다 한다.

　　물론 이 작품의 1차 화자는 백수광부의 아내며, 2차 전달자는 곽리자고, 그리고 여옥은 3차 모사자(模寫者)일 뿐이다. 따라서 메시지도 1차 화자의 몫이다. 술병을 들고 물로 뛰어든 백수광부, 그를 주신 박카스라 하자. 그렇다면 죽음을 만류하려던 아내는 그 위급한 상황에도 작지 않은 공후를 버리지 못한 악신(樂神)일까? 그럼직 한데, 그들은 왜 죽음을 택했으며, 물 속으로 잠겨든 그 허허로운 물 자리는 무엇을 상징하는가? 씨족사회에서 부족국가 건설이라는 전환기적 시대 가치관의 변모? 술과 풍악이란 반퇴폐현상에서 온 자괴감일까? 그런 교화적 노래라기엔 너무 이른 시기다. 더욱 선인들도 곽리자고도 그렇거니와 여옥 · 여용이란 여인의 이름으로 이들을 아주 한인(漢人), 혹은 중국 내의 지명 조선을 들어 중국의 민요로 단정하기도 한다. 아직 우린 우리 상대 시가의 국적조차 단정하지 못한 것일까?

黃鳥歌   미물도 짝이 있건만 …

翩翩黃鳥   폴짝폴짝 나니는 꾀꼴 새
雌雄相依   암수가 다정도 한데
念我只獨   외로울싸, 홀로 짝 잃은 이 몸
誰其與歸。   장차 뉘와 함께 돌아갈꼬

<三國史記 · 13, 高句麗本紀>

　우리 문학사상 최초의 개인 서정시가로 일반 문학사는 정리해 왔다. 혹은 '한 · 한(韓 · 漢) 양 민족 간의 국경 분쟁으로 고뇌하는 제왕의 갈등심상이다.'라고 규정하는 견해도 만만찮아 국학 연구 초기부터 양론이 팽배해 온 「황조가」다. 물론 작품의 문면을 중심으로 보자면 '뿌리치고 간 님, 쓸쓸히 돌아오는 고독의 심상 표출'이니 이른 시기에 고급한 『시경』체 홍법으로 노래한 서정시다. 그러나 배경 설화에 근거한 반론 역시 주목을 요하는 바 없지 않다. 물론 유리왕대의 주변 지정학적 관계도 그렇거니와, 농경사회 정착기의 화희(禾姬)와 한족 변방 수렵 민족의 상징인 치희(稚姬)로 후궁을 삼은 것은 치자로서의 유리왕의 정략적 결론일 가능성도 없지 않다.

　그러나 보다 분명한 것은 이들 노래들은 오랜 세월 동안 구구전승해 오던 민요가 특정 호사가의 손에 의해 한역되어 전해진 귀한 우리의 문화유산인 것이다.

IV-2. 신라 향가

　문화의 흐름은 물과 같아서 선진 고급 문화는 후진 하급 지역으로 스며듦이 실로 자연스런 현상이다. 그 주체는 인간이요, 특히 인간의 문화에 대한 향유 본능 때문이다.

　신라인들은 무문자 시대, 동양의 보편문자인 한자를 수입하되 비판적으로 분석하고 자국의 언어 현실에 맞도록 재창조하므로, 기술문화 향유에 대한 욕구 본능을 성취했다. 이른바 한자의 음(音)과 훈(訓)을 빌어 자국어의 기술 문자인 향찰문자를 재창조하여 자국의 노래인 향가를 기술해 냈음이 그것이다. 외래 사상인 불교의 수용, 곧 미래불교의 호국불교화 역시 신라인만의 외래문화에 대한 적극적 수용 역량의 결과였다.

주지하는 바와 같이 불국토 건설을 지향했던 신라 천 년의 노래 문학, 곧 향가는 향찰로 쓰여진 불성문학(佛性文學)이다. 그러므로 세속적 연정의 문학은 초기 「서동요」와 「헌화가」 정도에서나 찾을 수 있다.

薯童謠 서동요

선화공주님은
남 몰래 사랑을 맺어 놓고
맛둥 방을
밤마다 몰래(알을) 안고 가다.

<필자 의역>

善化公主主隱	善化公主니믄
他密只嫁良置古	눔 그스지 얼어 두고
薯童房乙	맛둥바올
夜矣卯乙抱遣去如.	바미 몰 안고가다.
<三國遺事・2, 紀異・武王>	<양주동・고가연구>

현전 25수의 향가작품 중 신비로우리만큼 로맨틱하기로는 「헌화가」를 제 1로 꼽을 일이지만, 가장 다이나믹하고 터프하기로야 「서동요」를 능가할 작품이 있을까? 물론, 담론의 주체를 '낯설게 하기' 위한 신이적(神異的) 탄생설화라지만 부계(父系)도 불분명한, 고로 공주의 배필이 될 수 없는 맛둥[薯童]이가 선화공주를 꼬여낸 지략[器量難測]하며, 또 첫눈에 흘려 동행 잠통(潛通)한[18] 과단성은 신라 조의(朝議)와 서동・선화공주의 애정관 차이가 자못 오늘의 기성세대와 신세대의 그것을 방불케 하는 바 있다. 이른바 그 지략으로 신분상승은 물론, 신라와 백제

---

18) 第三十武王 名璋. 母寡居 築室於京師南池邊 池龍交通而生. 小名薯童 器量難測, 常掘薯蕷 賣爲活業 國人因以爲名. 聞新羅眞平王 第三公主善花(一作善化) 美艶無雙, 剃髮來京師 以 薯蕷 餉閭里群童 群童親附之. 乃作謠誘群童而唱之---참조 <三國遺事・2, 紀異・武王>

의 국경을 무늬는 사랑의 승자가 되었으며, 갖가지 신통력으로 제왕[19]의 자리에 까지 올랐으니 다이나믹하고 터프한 사랑의 결실인가 한다. 단 4구 '卯乙'의 '卯'를 '卵'자의 두 점이 탈각(脫刻)된 것으로 전제하고, '알남성[性象語]'로 보는 견해가 있으나, 2구의 '그스지'와 호응관계상 전혀 무리가 없으므로 개의치 않기로 한다.

獻花歌　헌화가

자줏빛 바위 가에
잡고 오던 암소 놓게 하시고…
나를 아니 부끄러워하시면
꽃을 꺾어 바치오리다.

<필자 의역>

紫布岩乎邊希	딛배 바회 ᄀᆞᆺ히
執音乎手母牛放教遣	자ᄇ온손 암쇼 노히시고
吾肹不喩慚肹伊賜等	나ᄒᆞᆯ 안디 붓ᄒᆞ리샤ᄃᆞᆫ
花肹折叱可獻乎理音如.	곶ᄒᆞᆯ 것가 받ᄌᆞᆸ보리이다.
<유사·2, 紀·수로부인>	<梁柱東·古歌硏究>

신라 성덕왕 때 순정공이 강릉 태수로 부임하기 위해 동해 가 어디쯤 경치 좋은 곳에서 점심 식사를 하던 중 문득 그의 부인 수로가 절벽에 만발한 철쭉꽃을 보고 꺾어 줄 것을 요청했으나, 모두 '사람이 접근할 수 없는 절벽'이라며 응하지 않을 때, 마침 암소를 끌고 가던 노인이 그 꽃을 꺾어 바치며 부른 노래라는 기술물[20]과 함께 전해온 민요체 향가다.

참으로 신비롭고 로맨틱한 노래다. 도대체 소는 왜 하필 암소며, 젊은이도 못

---

19) 帝王(제왕) : 백제 무왕을 칭함. 옛 전적에는 '武康'으로 기록되었으나, 제 35대 武寧王의 오기일 듯.<임기중, 우리의 옛노래, 서동요 P23> 참조.

20) 聖德王代　純貞公赴江陵大(太)守[今溟洲]　行次海汀晝饍　傍有石㟽　如屛臨海　高千丈　上有躑躅花盛開. 公之夫人水路　見之　謂左右曰 '折花獻者其誰.' 從者曰 '非人跡所到' 皆辭不能. 傍有老翁　牽牸牛而過者　聞夫人言　折其花　亦作歌詞獻之. 其翁不知何許人也---.<仝·水路夫人>

오를 절벽을 뿌르르 기어올라 백주에 남편까지 옆에 있는 유부녀에게 바치는 용기하며, 또 '나를 부끄러워하지 않으면 주겠다'니 그 남편 따위는 숫제 안중에도 없다. 이 점이 모권사회 운운의 빌미이지만, 수로부인의 미모는 동해 용왕도 잠깐 넋을 잃고 용궁으로 납치한 사건이 있어 상대 시가 「구지가」의 전이형을 낳기도 했다. 예컨대,

龜乎龜乎出水路	거북아 거북아 수로부인을 내 놓아라
掠人婦女罪何極	남의 아녀자를 빼앗다니, 그 죄 얼마나 큰 줄 아느냐
汝若悖逆不出獻	만약 거역하고 내놓지 아니하면
入網捕掠燔之喫。	그물로 잡아 구워 먹으리라.

<유사 · 소 · 해가사>

가 그것이다. 이 신이한 고전적 화소 역시 상대 시가의 주력관을 견지한 공동체 집단시가의 패러다임이다. 미당 서정주의 「수로부인의 얼굴」은 고전의 현대적 수용이란 측면, 혹은 설화의 현대시화라는 차원에서 일 독을 권할 만하다.

Ⅳ-3. 백제계 노래

우리 문학, 아니 문화사 전반에 걸쳐 진실로 불가사의한 바는 백제에 대한 미스터리다. 엄연한 삼국의 하나로 근 678여 년이란 짧지 않은 역사와, 요동반도를 통한 중국과의 활발한 해상 외교는 물론, 일본과도 수준 높은 문화 전달 국으로서의 문화유적도, 문학 작품도 영성하다는 사실은 참으로 뜻밖이다. 근자에 주거 유적지 운운하지만 아직은 기다려 볼뿐이다.

백제 계 작품으로 알려진 국문시가라야 「정읍사」 1편 외에 들리는 바 없고, 한시도 유득공(柳得恭)의 「21도회고시二十一都懷古詩」 백제 조 4수 외에 쉬 접할 수 없는 듯하다.

그러한 가운데 「정읍사」가 지아비를 그리는 지극한 연정을 노래하고 있어 다행스럽게 예시할 수 있었다.

井邑詞 정읍사

둘하 노피곰 도ᄃ샤
어긔야 머리곰 비취오시라
어긔야 어강됴리
아으 다롱디리

全져재 녀러신고요
어긔야 즌ᄃᆡ롤 드듸욜셰라
어긔야 어강됴리

어느이다 노코시라
어긔야 내가논ᄃᆡ 졈그롤셰라
어긔야 어강됴리
아으다롱디리.

<악학궤범・5, 舞鼓>

통일신라시대 백제 지방 어느 행상인의 아내가 행상 나가 오래도록 돌아오지 않는 지아비의 무사귀환을 기원하며 지어 불렀다[21]는 속악가사다. 속악가사란 『악학궤범・악장가사・시용향악보・양금신보・대악후보』 등의 가집에 작품이 현 전하는 민요계통의 궁중무악 또는 연악과, 『고려사』 「악지」・속악조에 제목과 유 래가 전하는 민요 계통의 실전 속악가사(일부 악부체 한역가 포함) 등을 총괄해 일컫는 말이다.

본 「정읍사」의 문학사적 가치는 현존 백제 가요의 유일 작품이란 점이다. 그 것이 백제가요란 확증도 『삼국사기』의 '전주는 본디 백제 완산이니'[22]에 의거할 뿐이나, 신라가요와 판연히 구분됨은 분련체 시가란 점이다. 각 연의 주제를 요약 하면, 제 1연은 '남편의 안녕 청원', 제 2연은 '야행범해(夜行犯害)의 염려', 제 3

---

21) 井邑 全州屬縣. 縣人爲行商 久不至 其妻登山石以望之 恐其夫夜害, 托泥水之汚以歌之. 世 傳有登岾望夫石云. <고려사・37 악지 2>

22) 全州本百濟完山, 眞興王十六年爲州 二十六年廢, 神文王五年復置完州 景德王十六年 改名, 今因之.. <사기・35, 지리 3>

연은 '남편의 무사귀가 기원'이다. 그러나 제 2연의 "어그야, 즌더룰 드더욜셰라"
의 '즌더'에 대한 견해 차이는 '드더욜셰라'의 서술어까지 새로운 뉴앙스를 함의
(含意)케 한다. 이른바 '즌더'의 원관념을 '진창, 혹은 물웅덩이'가 아닌 '홍등가,
또는 새로운 연인'으로 유추하면, ― 그럴 개연성은 상대 시가, 예컨대 「서경별곡」
등에서 흔히 접할 수 있기 때문이다. ― 의구형 종결어미 '드더욜셰라'는 '님을 향
한 지어미의 지순한 애정'의 차원을 넘어 '불신·번뇌·질투'의 화소가 된다. 그
러나 다음 3연의 '내가논더 졈그룰셰라'라던가, 기술물 말미에 산마루에서 기다리
다 지쳐 '망부석'이 되었다는 전설, ― 물론 전형적 기술물이지만, ― 등으로 미루
어 문면 중심의 이해로 족할 듯 하다.

Ⅳ-4. 고려 속요

고려조 문화, 특히 문학을 이해하기 위해 우리는 태조의 「훈요십조訓要十條」에
유의할 필요가 있다. 그것이 건국주의 유훈(遺訓)일 뿐만 아니라, 거기엔 고려의
미래상이 그려져 있기 때문이다.

먼저 문화, 혹은 문학의 사상적 저변을 형성하는 사조의 편폭이 확대된 점이다.
곧 신라 천 년 문화의 근간이 불교사상 일변도였고, 조선조 역시 성리학이란 재
도문문학관으로 일관한데 비해 「훈요십조」에 나타난 고려의 경우는

구분	내　용	의　식	비　고
제1조	부처의 가피에 의해 건국	연등행사	호불 정책
제2·5조	풍수지리 민간신앙	팔관의식	풍수·민간신앙
제3·10조	치국의 도로 유학 수용	과거·사학 성행	유학 수용

와 같이 사유의 폭이 넓어졌고, 이는 바로 다양한 문예의 형태를 형성했다. 곧
인사제도 개혁의 일환으로 실시된 과거제도는 귀족 식자층을 중심으로 사학[12공
도]의 발달과 함께 유가사상을 바탕으로 한 한문학의 융성을 낳았고, 중·후기의
잦은 외침과 정치 사회적 혼란으로 인한 현실적 불안은 하층민들로 하여금 순간
적 향락에 탐닉케 한 결과 속요의 유행을 낳게 하였다. 이들 민속가요는 곧 '만

남과 사랑, 이별과 그리움, 원망과 재회의 열락 등 숱한 애환으로 얼룩진 이른바
연정의 노래문학을 대표하는 인성문학(人性文學)으로 일컬을 만하다.
　　한편 사대부 계층을 중심으로 한 경기체가·시조·가사 등 새로운 장르에의
모색이 시도되기도 하였으니, 이 다양성은 곧 고려조 사조의 확대와 무관하지 않
다 하겠다.
　　이제 속요를 그 발전단계별로 초기 '민요체 형성기의 속요, 발전기의 속요, 완
성기의 속요'로 3분하고, 각 단계별 작품 1수씩 예시하여 고려인들의 애정관 및
사랑 행각을 살펴보기로 하자.

1) 민요체 형성기의 속요

　　모든 노래문학의 원형은 민요다. 민요가 지니는 구조상의 반복과 병치, 표현상
의 관습적 공상성, 시어의 민중적 일상성 등 구구전승의 용이성을 특성으로 하는
민요가 초기 속악가사로 채용된 예는 「가시리」 일 편에서 명백히 예증된다. 물론
「사모곡」,「상저가」 등도 효를 강상(綱常)의 기본으로 살아온 우리네 노래문학의
원형이자, 동양적 가치관을 대변하는 민요체다. 그 중 속악가사화의 예로 「가시리」
를 보기로 한다.

가시리

가시리 가시리잇고
나는 브리고 가시리잇고
　　나는 위 증즐가 太平聖代

날러는 엇디 살라ᄒ고
브리고 가시리잇고
　　나는 위 증즐가 太平聖代

잡스와 두어리 마ᄂᆞᆫ
　　선ᄒ면 아니 올세라

위 증즐가 太平聖代

설온님 보내옵노니
나는 가시는듯 도셔오소서
　　나는 위 증즐가 太平聖代.

<악장가사>

『시용향악보』에는 「귀호곡」, 속칭 「가시리」라는 제목으로 수록되어 있다. 물론 고려 속요라는 문헌적 기록은 미처 확인되지 않았으나, 앞의 「정읍사」가 그러하 듯 비분련체 향가와는 판연히 준별되는 분련체, 곧 기·승·전·결 4련, 매련 2 구의 결구법에 각 구 3·3·2라는 음수율을 지닌 별장의 압권이다.

제 1련은 '사랑 투정인 줄 알았더니 정녕 가겠다'는 님에 대한 원망의 말로 직 서하되 '가시리 가시리잇고'라는 반복은 헤일 수 없는 함축과 애원, 이른바 강한 듯 약한 정조의 교차, 그 낭패한 정서적 급박감의 표출이 분명하다.

제 2련은 기연의 미진한 애원을 점층적으로 부연한 승이다. 가시는 님이야 또 다른 향락의 기약도 있겠고, 또 그것을 찾아간다지만 '가신 님 뒤에 남겨진 나의 삶은 '산 죽음'이라는 절규, 바로 전통적 여성미로 치부된 '약함'의 나툼이자, 제 3 런 전변(轉變)의 빌미다.

예의 제 3련은 시상을 일전(一轉)하는 삽상한 전환이니, '내 못 가게 잡기만 한 다면야 제 구태여 갈까마는'이라는 제법 자신에 찬 '강함'을 표하나, 이내 '지나치 게 앙탈을 부린다고 영 토라져 다시 아니오면 어쩌랴'하는 처절한 좌절에 나약해 지는 허와 실의 교차가 만단(萬端)한 정조를 낳았다.

결련은 '차마 보낼 수 없는 님', 그 총총한 발길이 원망스럽지만, 어쩌랴, 진실 로 사랑했기에 무정한 님의 야속한 이별, 그러나 이별의 아픔, 이 후 다시 맛볼 사랑의 재회는 또 얼마나 더 향기로울까.

2) 발전기의 속요

발전기의 속요라고 해서 민요체 형성기의 작품보다 문예미적 우수성이나, 수사 미학상의 발전, 혹은 문예의 본질적 향상을 의미하기보다는 좀더 속악 가사로서

의 형식적 발전, 혹은 연희를 위한 전사구의 다양화를 의미하며, 간혹 주제의 일
관성을 견지하고자 한 상태를 속요 자체의 발전 단계상 분류한 것이다. 이 경우
를 대표할만한 작품으로는 「청산별곡」 「서경별곡」 등을 예시할 수 있겠으나, 「서
경별곡」 한 편을 보기로 한다.

西京別曲 서경별곡

　　　西京이 아즐가
　西京이 셔울히 마르는
　　　　위 두어렁셩 두어렁셩 다링드리
　　　닷곤더 아즐가
　닷곤더 쇼셩경 고〇,마른
　　　　위 두어렁셩 두어렁셩 다링드리
　　　여히므론 아즐가
　여히므론 질삼뵈 브리시고
　　　　위 두어렁셩 두어렁셩 다링드리
　　　괴시란더 아즐가
　괴시란더 우러곰 좃니노이다.
　　　　위 두어렁셩 두어렁셩 다링드리

　　　구스리 아즐가
　구스리 바회에 디신돌
　　　　위 두어렁셩 두어렁셩 다링드리
　　　긴히 쑌 아즐가
　긴히쑌 그츠리잇가 나는
　　　　위 두어렁셩 두어렁셩 다링드리
　　　즈믄히를 아즐가
　즈믄히를 외오곰 녀신돌
　　　　위 두어렁셩 두어렁셩 다링드리
　　　信잇돈 아즐가

信잇둔 그츠리잇가 나는
　　위 두어렁셩 두어렁셩 다링드리

　　大洞江 아즐가
대동강 너븐디 몰라셔
　　위 두어렁셩 두어렁셩 다링드리
　　빈내여 아즐가
빈내여 노흔다 샤공아
　　위 두어렁셩 두어렁셩 다링드리
　　네가시 아즐가
네가시 럼난디 몰라셔
　　위 두어렁셩 두어렁셩 다링드리
　　녈비예 아즐가
녈비예 연즌다 샤공아
　　위 두어렁셩 두어렁셩 다링드리
　　大洞江 아즐가
大洞江 건너편 고즐여
　　위 두어렁셩 두어렁셩 다링드리
　　빈타들면 아즐가
빈타들면 것고리이다 나는
　　위 두어렁셩 두어렁셩 다링드리.

<악장가사>

　　고려 속요 대부분이 그러하듯 「서경별곡」 역시 작자·연대 미상이나, 『익재소악
부』에 악부체 한역으로 수록된 점, 이후 조선조 성종 때 이 노래를 비롯한 「쌍화
점·이상곡」 등이 ‘男女相悅之詞’로 문제된 점[23] 등으로 미루어 고려 속악임을
확증할 수 있다. 그러나 본 가는 고려 속요의 발달사적 측면에서 초기 민요체 형
성기를 지나 발전기의 작품으로 추단할 수 있다. 곧 그 형식적 구조가, 초기 민

---

23) “傳曰, 宗廟樂 如保太平·定大業則善矣, 其餘俗樂 如西京別曲 男女相悅之詞 甚不可. 樂
　　譜則不可卒改 依曲調別製詞何如” 참조 <成宗實錄·215, 19년 4월조>

요체 「가시리·사모곡·상저가」 등 보다는 장형화 되므로 속악가사로서의 수사와 실용성 면에서, 주제면에서도, 후기 「정석가·쌍화점·만전춘」 등에 비해 뒤지지 않기 때문이다. 이른바 제 1연의 '서경을 배경으로 한 애절한 이별가'와, 제 2연 님의 사랑에 대한 신의를 '구슬과 줄의 관계'로 비유한 「정석가」 제 6연의 원용, 그리고 대동강, 그 참담한 이별의 터에서 님을 싣고 갈 '뱃사공을 향한 저주'로 짜여진 3연이 그것이다. 이것이 서로 다른 민요체 속가가 궁중 속악가사로 채용되는 과정에서 곡은 길고 시는 짧아[曲長詞短] 악곡을 메우는 한 방편으로 나타난 전사형의 예라 하겠다.

3) 전성기의 속요

고려 말·후기 이후 혼란한 정정(政情)과 흉흉한 민정(民情)으로 국가는 물론, 유민이 된 창생의 삶은 피폐와 순간적 향락을 추구하게 된다. 더욱 원의 부마국이 된 이후 자심해진 간섭과 잦은 접빈, 무절제한 연회 등은 보다 많은 악곡의 수요를 필요로 했고, 따라서 속악가사의 전성을 맞게 되었다. 이 시대에 연행된 된 작품으로는 「정석가·동동·쌍화점·만전춘별사」 등이나 「만전춘별사」 한 편을 예시하면 다음과 같다.

滿殿春別詞   만전춘 별사

어름우희 댓닙자리 보와 님과 나와 어러주글만뎡
어름우희 댓닙자리 보와 님과 나와 어러주글만뎡
情둔 오놄밤 더듸 새오시라 더듸 새오시라

耿耿孤枕上에 어느 즈미 오리오
西窓을 여러ᄒᆞ니 桃花ㅣ 發ᄒᆞ두다
桃花ᄂᆞᆫ 시름업서 笑春風ᄒᆞᄂᆞ다 笑春風ᄒᆞᄂᆞ다

넉시라도 님을 ᄒᆞᆫ더 녀닛景 너기다니
넉시라도 님을 ᄒᆞᆫ더 녀닛景 너기다니

벼기더시니 뉘러시니잇가 뉘러시니잇가

올하 올하 아련 비올하
여흘란 어듸 두고 소해 자라 온다
소 콧 얼면 여흘도 됴ᄒᆞ니 여흘도 됴ᄒᆞ니

南山에 자리보와 玉山을 벼여 누어
錦繡山 니블안해 麝香각시를 아나누어
南山에 자리보와 玉山을 벼어누어
금수산 니블안해 麝香각시를 아나누어
藥든 가ᄉᆞᆷ을 맛초ᅌᅳᆸ사이다 맛초ᅌᅳᆸ사이다.
아소 님하 遠代平生애 여힐술 모ᄅᆞᅌᅳᆸ새.

<악장가사>

전 5련으로 구성된 여항 속요의 하나다. 「쌍화점」과 그 궤를 같이 하는 유녀들의 욕정적 생활의 단면을 노래한 작품이다.

제 1련은 그리던 님과 만난 오랜만의 열정적 해후를,

제 2련은 하룻밤 풋정을 두고 철새처럼 떠나간 님에 대한 그리움에 전전반측 수심으로 긴긴 밤을 하얗게 지새우는 애상을,

제 3련은 드디어 '죽어서라도 님과 함께 하고 싶다'는 정이 남의 일인 줄만 알았다가 정작 자신의 일로 닥치고 보니 '님에 대한 무슨 허물이 있던 것은 아닐까?'하는 자성(自省)과 함께, '님의 뜻을 거슬린 자가 대체 누군가?'를 하소연하다가, 끝내 연모의 정은 원한으로 반전된다.

제 4련에서는 노류장화를 찾아 헤매는 탕아를 오리에 비유하며 사랑행각을 희화했다.

결사인 제 5련에서는 그리운 님과의 만남, 그리고 이별도 변함도 없는 영원한 사랑을 희구해 있다.

Ⅳ-5. 『익재소악부』와 『자하소악부』

고려 말 학자 문인 익재(益齋) 이제현(李齊賢)의 시문집 『익재난고益齋亂藁』 권 4에 수록된 소악부(小樂府)의 편명. 곧 고려시대에 유행하던 우리말 가요를 소악 부체로 한역한 9수와, 악부시 2편을 수록하고 있다. 한역된 고려 속요 9수 중에 는 조선조 훈민정음 창제 후 채록되어 속요와 함께 전승되는 작품으로는 「처용 가·서경별곡·정과정곡」 등이고, 「장암가·거사련·제위보·사리화·소년행·오 관산」 등은 한역시를 통해 원가의 뜻을 유추할 뿐이다. 물론 원가 전체를 한역한 것이 아니라, 본 가요가 지닌 정서를 살려 의역한 것이다. 예컨대 「처용가」의 경 우 신라 향가 및 『고려사』 고려속악 「처용가」의 일부와 배경설화를 참작하여 의 역하였으며, 「서경별곡」은 제 2련을, 「정과정곡」은 전 4구를 칠언절구 소악부체 로 한역했다. 그러므로 『익재소악부』야 말로 부전속가(不傳俗歌)를 망실하지 않고 그 내용을 유추할 수 있는 유일한 자료적 가치를 지녔다 할 것이다. 조선조 후기 자하(紫霞) 신위(申緯)는 익재공의 이러한 문학사적 공로를 높이 평가하며, "내가 이를 기쁘게 여겨 우리 조선의 소곡 중에서 기억하는 것들을 역시 칠언절구로 지었으니, 비록 문장 체격은 전혀 선생에 미칠 수 없으나, 다른 시대에 태어난 나로서 다른 곡조로 각기 국풍(國風)을 채집한 것은 한 가지라 하겠다"[24]라며 『자하소악부紫霞小樂府』 40수를 남겼다.

지면상 『익재소악부』의 「정과정」과 부전가사로 「제위보」, 『자하소악부』의 사 대부작 1수와 기녀 작 1수씩만 예시하기로 한다.

鄭瓜亭	정과정

憶君無日不霑衣	님 그려 옷깃 젖지 않는 날 없음이여
政似春山蜀子規	정녕 봄 동산의 두견새다워라
爲是爲非人莫問	시시비비일랑 인간에게 묻지 마소서

---

24) 『申紫霞詩集』: 高麗李益齋先生 採曲爲七絶 名之曰樂府 今在先生文集中, 擧皆今日管絃家 不傳之曲 而其辭之不亡 賴有此詩, 文人命筆 顧不重歟. 余竊喜之 就我朝小曲中 余所記憶 者 亦以爲七言絶句 雖藻采万万不逮先生 而異代同調 各採其國之風則一也.<紫霞小樂府並 序>

只應殘月曉星知。   다만 잔월효성이 알고 있답니다.

<익재난고·四, 소악부>

　　고려 속요 중 작자를 알 수 있는 유일한 작품인 과정 정서의 「정과정곡」의 전
4구 "내님믈 그리ᅀᆞ와 우니다니/ 山졉동새 난 이슷ᄒᆞ요이다. /아니시며 거츠르신
돌 아으/ 殘月曉星이 아ᄅᆞ시리이다."<악학궤범 5>를 익재 이제현이 소악부체로
한역한 작품이다. 「정과정곡」의 문학사적 의의는 신라 10구체 향가의 잔영으로,
악율상으론 '삼진작'으로 정리되며, 특히 '충신연주지사'다. 그러나 그 정리가 군신
관계를 부부의 정리로 비유하였고, 또 이후 연정을 노래한 규감이 되었으므로 약
술한다.

濟危寶　　　　　지울 수 없는 님의 체취

浣紗溪上傍垂楊   시냇가 빨래터 수양버들 아래서
執手論心白馬郎   백마 타고 오신 님 내 손잡고 기약했지요
縱有連簷三月雨   비록 석 달 장마비 연이어 내린대도
指頭何忍洗餘香。   손끝에 남은 님의 체취 어찌 차마 씻기리오

<익재난고·四, 소악부>

　　「제위보」는 부전 속요의 악부체 한역시다. 속요뿐만 아니라, 어느 시대에도 있
을 법한, 그러나 지금은 오히려 낯설기만 한 고전적 정취가 아쉽기만 한 것은 웬
일일까? 빨래터에 나타난 백마 탄 한량, 뉘 집 도령일 테지만 석 달 장마비에도
씻기지 아니할 굳은 언약이라니 믿어도 좋겠다.
　　다음은 조선조 시조 40수를 악부체로 한역한 『자하소악부』 중 이조년의 「자규
제」와 황진이의 「벽계수」다.

子規啼　　　　　자규의 울음

梨花月白五更天   배꽃에 달 밝은 새벽 하늘
啼血聲聲怨杜鵑   피울음 소리마다 두견의 원망이로다

| 儘覺多情原是病 | 다정도 병인 줄 진작 깨달아 |
| 不關人事不成眠。 | 인간사 무관하나 잠 못 들어 하노라. |

<국역신자하시집·5>

워낙 시어로서의 자규는 정한의 이미지다. 밤도와 우는 구슬픈 소리는 전설만큼이나 시름을 자아내거니와, 하필 으슥한 달밤, 청상의 소복처럼 을씨년스런 배꽃 가지에서 어느 정인의 원한같이 울어 덩달아 한밤을 지새우는 동병상련이랄까? 작가의 원시는 "梨花에 月白하고 銀漢이 三更인 제/ 一枝春心을 子規ㅣ야 아라마는/ 多情도 病인양하여 잠 못드러 하노라." <청구영언>이다.

碧溪水   푸른 시냇물

靑山影裏碧溪水	푸른 산 그림자 속으로 흐르는 벽계수야
容易東流爾莫誇	쉬 동으로 흘러간다 자랑하지 마라
一到滄海難再見	한 번 바다에 가면 다시 오기 어려우니
且留明月影婆娑。	교교히 달빛 흐르는 한 밤 쉬어감이 어떠리.

<국역신자하시집·5>

잘 알려진 황진이의 "靑山裏 碧溪水ㅣ야 수이 감을 자랑마라/ 一到滄海 하면 다시 오기 어려오니/ 明月이 滿空山 하니 수여간들 엇더리."<청구영언·황진이>를 한역한 악부체다. 물론 심산궁곡을 흘러가는 자연수를 노래했대도 황진이의 시조다운 훌륭한 영물시다. 그러나 '천하에 요망한 계집'이라며 '사나이 운운'하던 벽계수 이은원이 황진이의 집 앞을 지날 적에 사뿐 나타나 말고삐를 부여잡으며 한 곡조 뽑아내자, 만월대까지 흘려 끌려갔다니 왜 아니 그렇겠는가! 천하 일색인데다 더구나 달밤이자 명창이요, 노랫말인 즉 또 얼마나 위협적인가? '괜히 사나이 오기 운운하다, 훗날 후회해도 그 땐 내가 응하지 않겠다'는 협박이 분명할진댄 못 이기는 척 져주는 용기도 풍류남아의 관용인 법이다. 그러므로 사랑 투정엔 승자가 없다. 사랑은 쟁취한 자만의 달콤한 미학인 것을----.

Ⅳ-6. 시조시가

　시조문학은 14세기 말, 그러니 고려 말 삼은(三隱)으로 통칭되는 야은(野隱) 길재(吉再 1353~1419)・포은(圃隱) 정몽주(鄭夢周 : 1337~1392) 등에 의하여 완미한 형식미를 갖춘 이래 현대시조문학으로 발전하기까지 유구한 역사성과 보편성을 지닌 한국시가문학의 명실상부한 대표적 시가다. 물론 나옹화상(懶翁和尙 : 1320~1376)의 「서왕가西往歌」와 「승원가僧元歌」를 최초의 가사문학으로 인정한다면 이 두 시가야말로 거의 동시대에 발생하여 중・근세의 한국문학을 대표한 국문시가장르인 셈이다. 그러나 개화 이후 가사문학은 '운문의 귀족성 및 의사 전달의 우활성(迂闊性)' 때문에 산문[소설]에 그 자리를 양보해야 했고, 시조는 육당 최남선의 '주권은 빼앗겼어도 민족혼은 지켜야 한다'는 '시조 사랑 ＝ 애국운동'으로 승화시키는 노력의 결과, 민족문학의 정화로 사랑 받고 있다. 이른바 '민족의 가락과 호흡에 맞는 국풍[최남선]격 시가'로 한국 정형시 가운데 가장 짧고 정제된 시가이며, 유작 역시 가장 많다.(물론 근자에 지속적으로 발굴되는 내방가사가 수적으론 앞지를 정도지만.)
　형식은 초・중・종(3장), 1장 2구(총6구) 4음보격의 평시조와, 3장 중 초・중장이 길어진 엇시조, 그리고 3장 첫 어절 3자만 지킨 사설시조로 나뉘어 진다. 편의상 평시조의 형식을 예시하면 다음과 같다.

초장 : 五百年 都邑地를 匹馬로 도라드니	3　4　3　4	
	1음보　2음보 3음보　4음보	
중장 : 山川은 依舊ᄒ되 人傑은 간ᄃᆡ업다	3　4　3　4	
종장 : 어즈버 太平烟月이 쑴이런가 ᄒ노라.	3　5　4　3	

　한편 시조문학의 표현 기법은 관습적 문맥에 의하여 고정된 반응으로 계열화된 유학자들의 관념적이고 보편적인 타의 선험 일관형인 1, 타설시조(他說時調)와, 자기 경험에 의한 감동의 현실화. 이른바 리얼리티를 생생하게 묘사해 내는 2, 자설시조(自說時調)로 대별되며, 주로 기녀들의 사랑 노래, 혹은 아녀자들의 엇시조와 사설시조가 이에 속한다. 먼저 타설시조의 예를 보기로 하자.

    곳 피쟈 술이 닉쇼 둘이 붉쟈 벗이 왓내
    이 ᄀ치   죠흔 째롤 어이 그저 보닐쏜이
    ᄒ물며 四美具 혼이 長夜醉를 ᄒ리라.

'꽃 → 술 → 달 → 벗'이라는 '관념의 틀', 그러니 네 가지 구색[四美具]은
당시 사대부들의 풍월을 위한 사유적 도식, 곧 선비들의 고정된 미학적 관념이다.
물론 체험적 사실과 무관하게 투식화된 수사적 패러다임이니, 이른바 '점잖음의
문학적 전형이다. 그러나 자설시조의 경우는

    묏버들 갈히것거 보내노라 님의 손ᄃᆞ
    자시는 窓밧긔 심어두고 보쇼셔
    밤비예 새닙 곳 나거든 날인가 너기쇼셔.
                                        <홍낭>

와 같다. 곧 '묏버들 → 밤비 → 새닙 = 나'라는 애정의 극대화, 이른바 간절한
체험적 정조의 시학이 훨씬 수사는 물론, 문예적 공감대를 수반하게 된다.
    그밖에도 시조문학의 바른 이해를 위해 내용상의 특질 등을 요약할 필요가 있
겠으나, 워낙 다양하고 논자마다 이설이 가능하므로 본 저서의 의도에 맞게 연정
(戀情) 테마 중심으로 예시 감상하기로 한다.

V.
마무리

　『시경』「진풍陳風」장 말미에서 동래여씨(東萊呂氏)는 "천지가 있은 연후에 만물이 있고, 만물이 있은 연후에 남녀가 있고, 남녀가 있는 연후에 부부가 있으며, 부부가 있는 연후에 부자가 있고, --- 남녀라는 것은 삼강(三綱)의 근본이요, 모든 일의 우선이다"라 했다. 이른바 천지가 만물을 낳았고, 그 만물의 영장인 인간의 윤리의 기본이 부부로부터 나옴을 이른 말이다. 따라서 남녀의 사랑이야말로 가장 위대한 생명 창조의 힘이자, 그 원천이요 생명수다. 그러므로 P.B. 쉘리*Shelley*도 그의 「사랑의 철학*Love's Philosophy*」에서 "이 세상에 혼자인 것은 없다. 만물이 원래 신성하고 하나의 영혼 속에서 섞이는데, 내가 왜 당신과 하나가 되지 못할까(Nothing in the world is single: All things by a law divine. In one spirit meet and mingle. Why not I with thine?-)"라 하여 '만남'과 '결합'을 사랑의 철학이라 했다.

　그러나 사랑도 사람의 일이라, 사랑의 담론이 언제나 달콤하고 향기롭기만 하기보다는 뜻밖의 '이별'이 있고, 사랑했기 때문에 '절절한 그리움'과 '안타까운 기다림,' '원망' 등 또 다른 정서의 층절을 부른다. 이 비극적 정조의 체험, 그 찬란한 문자의 미학을 우리는 연시라 이르고, 그 슬픈 미학의 아키타이프를 인간 정서의 원형으로 탐색해 볼 필요를 제기하고자 했다.

　먼저 동양고전의 전형으로 『시경』의 중 8국 24풍 64장의 연시는 고려 속요와 대동소이한 남녀상열지사나, 표의문자가 갖는 함축성과 다양한 수사의 차이에서 말미암음을 증명했고, 『초사』는 워낙 임금을 그리워하는 노래나 숱한 우리의 연군시가의 원류이기에 「사미인」 1편만 예시했다.

　고전연시로서의 한시는 이·두(李杜)를 중심으로 「망부석」고사와 관련된 원형 찾기에 주중했으며, 궁극적으로 현실적 유가사상을 바탕으로 한 한·중의 고전 한시에서 연시 찾기란 용이하지 않음을 실감했다.

　고전연시로서의 국문시가에서도 그렇지만 기대할만한 연시는 결국 「도망」 시에서 진면목을 볼 수 있고, 그것이 강상을 실천하는 도학 선비들의 철저한 삶의 철학임을 확인했다. 물론 기방에서의 수답, 혹은 기방문학은 시대 풍조가 낳은 풍류였으며, 그 풍류가 우리 문학을 다소는 풍요롭게 살찌웠다 하겠다.

I.

고전연시로서의 『시경』과 『초사』

<周南>

[1-1-1] 關雎　　　　물수리

關關雎鳩ㅣ	꾸욱꾸욱 우는 징경이
在河之洲ㅣ로다	하수의 모래톱에 있도다.
窈窕淑女ㅣ	요조로운 숙녀가
君子好逑。ㅣ로다	군자의 좋은 짝이로다.
興也ㅣ라.	흥이다.

【註】

◇ 關雎(관저) : 『시경』 국풍 15장 중 주남 제 1편 「관저장」.

◇ 關關(관관) : 암컷과 수컷[雌雄 : 새의 암수를 일컫는 말. 빈모(牝牡)는 네발 달린 짐승]의 암수가 서로 응답하는 소리.

◇ 雎鳩(저구) : 오리와 비슷한 물새[水鳥]. 일명 왕저(王雎)라고도 함. 태어나면서부터 짝이 정해지고, 서로 짝을 바꾸지 않으며, 항상 함께 하되 친압(親狎 : 지나친 애정 표현)하지 않음. 그러므로 『모전毛傳』에 "애정이 지극하면서도 분별이 있다"하였고, 『열녀전列女傳』에는 "사람들이 일찍이 저구새가 올라타면서 놀거나, 혼자 있는 것을 본 적이 없다"라 하고, 문왕(文王)의 왕비 태사(太姒)의 처녀 때를 가리켜 말한 것이라 함.

◇ 河洲(하주) : 북방에 흐르는 물의 통칭[黃河], 주(洲)는 물 가운데 살만한 땅.

◇ 窈窕淑女(요조숙녀) : 얌전한 여자. 원문엔 '요조는 그윽하고 한가함의 뜻이요, 숙은 좋음이요, 여는 시집가지 않은 여자를 이른다'[1]고 주석함.

---

1) 窈窕淑女 : 窈窕는 幽閑之意요, 淑은 善也ㅣ요, 女者는 未嫁之稱ㅣ라.

◇ 好逑(호구) : 좋은 배필(好 亦善也, 逑는 匹也).

●興(흥) : 먼저 다른 것[物事]을 노래하여 읊고자 하는 것을 환기시키는 수사법. 곧 주나라 문왕이 태어나면서부터 성스러운 덕이 있었고, 성스러운 여자 태사 씨를 얻어 배필로 삼으니, 궁중 사람들이 태사가 처음 궁궐에 왔을 때 그녀의 그윽하고 한가로우며, 곧고 고요한 덕이 있음을 보았으므로 이 시를 지어 말하기를 "저 관관(關關)하고 우는 물새가 서로 더불어 화답하며 하수 모래톱에서 지저귀니, 이 요조로운 숙녀는 어찌 군자의 좋은 짝이 아니겠는가"라 하였다. (夫婦간에) 서로 더불어 화목하고 즐기면서도 공경함이 또한 징경이처럼 정이 지극하면서도 분별이 있는 것과 같다는 말이니, 이후 무릇 흥(興)이라고 하는 말은 그 문장의 뜻이 모두 이와 같다고 할 수 있다.

한나라 광형(匡衡)이 말하기를 "요조로운 숙녀가 군자의 좋은 짝이라는 것은 능히 그 정숙함을 지극히 하여 그 지조를 변치 않아서 정욕의 느낌을 외모에 두지 않고, 즐겁게 노는 뜻이 정동[靜動 : 남녀간의 사랑행위를 뜻함]에 나타나지 않음을 말하였다. 대저 그러한 뒤에 가히 써 임금[至尊]의 짝이 될 수 있고, 종묘의 주인이 될 수 있으니, 이것이 바로 인류 제도의 으뜸이요, 왕교[王敎 : 왕이 백성들에게 미치는 교화]의 시작이다. 라고 하니 시를 잘 설명했다고 말할 수 있다"[2]라 함.

[1-1-2]

參差荇菜를	들쭉날쭉한 마름풀을
左右流之ㅣ로다	왼쪽 오른쪽으로 찾도다
窈窕淑女를	요조스런 숙녀를
寤寐求之ㅣ로다	자나 까나 찾도다.
求之不得ㅣ라	찾아도 찾을 수 없는 지라
寤寐思服하야	자나깨나 생각하고 생각하여
悠哉悠哉ㅣ라	한도 없는지라

---

2) 漢匡衡曰 窈窕淑女 君子好逑 言能致其貞淑 不貳其操 情慾之感 無介乎容儀 宴私之意 不形乎動靜 夫然後 可以配至尊而爲宗廟主 此綱紀之首 王敎之端也 可謂善說詩矣.

輾轉反側。 하소라　　　　　이리 뒤척 저리 뒤척 하노라.
　興也ㅣ라.　　　　　　　홍이다.

【註】

◇ 參差(참치) : 길고 짧음이 가지런하지 않은 모양. 들쭉날쭉한 모양.
◇ 荇(행) : 접여(接余 : 풀이름). 뿌리는 물밑에 나고 줄기는 비녀다리와 같이 통통함. 위는 푸르고 아래는 희다. 잎은 붉고, 둘레는 지름이 한 치 남짓 되며, 수면에 떠있다 함.
◇ 左右流之(좌우류지) : '왼쪽, 혹은 오른쪽으로 한다'함은 일정한 방향이 없음을 뜻함.
◇ 流(류) : 물의 흐름을 따라 흘러가며 캔다는 뜻.
◇ 寤寐(오매) : '혹은 깨기도 하고, 혹은 자기도 한다'함은 아무때나 생각한다는 뜻. 수시로 생각 남.
◇ 服(복) : 생각함.
◇ 輾轉反側(전전반측) : 전(輾)은 몸을 반쯤 굴리는 것, 전(轉)은 한 바퀴 구르는 것, 반(反)은 전(輾)을 지나간 것, 측(側)은 전(轉)을 멈춘 것이니, 모두 누워서도 편히 여기지 못한다는 뜻.

◉이장은 배필을 얻지 못함을 근본으로 하여 말한 것이니, 저 들쭉날쭉한 마름풀은 마땅히 좌로 우로 방향 없이 흐르는 대로 가서 찾아야하고, 이 요조한 숙녀는 마땅히 자나깨나 잊지 못하여 찾아야할 것이니, 대개 이 사람[太姒]의 덕은 세상에 항상 있는 것이 아니므로 성하지 못하게 된다. 그러므로 그 근심함과 생각함이 깊어서 능히 스스로 그만 둘 수 없어서 이와 같은 데 이른 것이다.3)

---

3) 此章 本其未得而言 彼參差之荇菜 則當左右無方 以流之矣, 此窈窕之淑女 則當寤寐不忘以求之矣, 蓋此人此德 世不常有 求之不得 則無以配君子而性其內治之美故 其憂思之深 不能自已至於如此也.

[1-1-3]

參差荇菜를	들쭉날쭉한 마름풀을
左右采之로다	왼쪽으로 오른쪽으로 캐도다.
窈窕淑女를	요조스런 숙녀를
琴瑟友之로다	거문고와 비파로 벗삼아 놀도다.
參差荇菜를	들쭉날쭉한 마름풀을
左右芼之로다	왼쪽으로 오른쪽으로 데치도다.
窈窕淑女를	요조(窈窕)스런 숙녀를
鐘鼓樂之。로다	종(鐘)과 북으로 즐겁게 해 주도다.
興也ㅣ라.	흥이다.

【註】

◇ 采(채) : 따서 가려냄(取而擇之也).
◇ 芼(모) : 익혀서 제사상에 올림(熟而薦之也).
◇ 琴(금) : 다섯 줄, 혹은 일곱 줄 현악기.
◇ 瑟(슬) : 스물 다섯 줄로 된 현악기, 금슬(琴瑟)은 작은 풍류에 쓰는 악기.
◇ 友(우) : 친애(親愛)한다는 뜻.
◇ 鍾(종) : 쇠로 만든 악기.
◇ 鼓(고) : 가죽으로 만든 악기로 종고(鐘鼓)는 즐김이 큰 것.
◇ 樂(낙) : 화평(和平)함이 지극한 것.

◉ 이장은 지금 처음으로 짝을 얻은 것에 의거하여 말한 것이니, 저 들쭉날쭉한 마름풀을 이미 얻었다면 마땅히 가려서 삶아 데쳐야 하는 것이요, 이 요조스런 숙녀를 이미 얻었다면 마땅히 친애(親愛)하고 즐겁게 해 주어야 한다는 것이다. 대개 이 사람의 이 덕은 세상에 항상 있는 것이 아니니, 다행히 얻었다면 군자를 짝으로 두어야 내치(內治)를 이룰 수 있다는 것이다. 그러므로 (백성들이) 기뻐하고 즐거워하며, 높이고 받들고자하는 뜻이 스스로 그만둘 수 없는 것이 이와 같다는 것이다.4)

---

4) 此章은 据今始得而言이니 彼參差之荇菜를 旣得之則當采擇而亨芼之矣요 此窈窕之淑女를 旣

「關雎」三章 一章 四句, 二章 章八句.

● 공자(孔子)는 「관저장關雎章」을 "즐기되 음란하지 않고, 슬퍼하되(마음을) 상하게 하지 않는다.(樂而不淫 哀而不傷)"고 평하므로 중용(中庸)의 미학(美學)이란 유가(儒家)의 문학관을 확립하였다.

[1-2-1] 卷耳   도꼬마리

采采卷耳호대   도꼬마리를 뜯고 뜯되
不盈頃筐하야셔   기운 광주리 차지 않아
嗟我懷人ㅣ라   아, 님 생각 간절해
寘彼周行. 호라   바구닐랑 행길에 팽개쳤다네.
   賦也ㅣ라.   부이다.

【註】

◇ 卷耳(권이) : 도꼬마리(枲耳). 엉거시과에 속하는 일년초로 열매에 갈고리가 있어 사람의 옷에 잘 붙는다.
◇ 采采(채채) : 한 번만 캐는 것이 아니라(非一采也), 캐고 또 캠.
◇ 頃(경) : 기움(傾).
◇ 筐(광) : 대나무 그릇[竹器].
◇ 懷(회) : 생각함(思也).
◇ 懷人(회인) : (문왕을) 생각함.
◇ 寘(치) : 놓아 둠(舍也).
◇ 周行(주행) : 큰길(大道也).
◇ 賦(부) : 어떤 일을 진술해 나열하여 곧바로 말해주는 것이다.[5]

得之則當親愛而娛樂之矣라. 蓋此人此德은 世不常有하니 幸而得之則有以配君子而成內治故로 其喜樂尊奉之意이 不能自已又如此云ㅣ라.
5) 賦 : 敷. 陳其事 而直言之者也..

◉부(賦)란 어떤 사실을 진술하여 곧 바로 말하는(陳其事 而直言之也) 수사법이다. 이 장은 후비가 님이 곁에 없어 그가 생각났기 때문에 이 시를 지었다. 돌려 말하기를 "바야흐로 도꼬마리를 캐되 기운 광주리를 채우지도 못하고 마음에 곧 그 군자가 생각나 더 이상 캐지 못하고 큰 길 곁에 놓아두었다"고 한 것이다.6)

[1-2-2]

陟彼崔嵬나	저 높은 산에 오르려 해도
我馬虺隤란대	내 말이 비실비실하니
我姑酌彼金罍하야	에라, 술이나 마시고
維以不永懷。하리라	다시는 그리워하지 않으리.
賦也ㅣ라.	부이다.

【註】

◇ 陟(척) : 오름[升].
◇ 崔嵬(최외) : 흙산이 돌을 이고 있는 모습[上山之戴石].
◇ 虺隤(회퇴) : 말이 비루먹어 높은 데 오르지 못하는 병.
◇ 姑(고) : 우선[且]. 짐짓.
◇ 金罍(금뢰) : 술잔[酒器]. 구름과 우레의 형상을 새겨 만들고 황금으로 꾸민 잔(刻爲雲雷之象 以黃金飾之).
◇ 永(영) : 깊. 오램.

◉이 역시 후비의 작으로 "이 높은 산에 올라 그리운 사람을 바라보고 따라 가고자 하나, 말이 비루먹어 나아가지 못하여, 이에 짐짓 황금 술잔에 술을 따라 마시며 오래 생각지 않으려 한다."고 한 것이다.7)

---

6) 此章 后妃以君子不在 而思念之故 賦此詩. 託言方采卷耳 未滿頃筐而心適念其君子 故不能不采而 之大道之旁也.
7) 此 又託言欲登此崔嵬之山 以望所懷之人而往從之則 馬罷病而不能進 於是 且酌金之酒 而欲其不至於長以爲念也.

[1-2-3]

陟彼高岡이나	저 높은 산에 오르려해도
我馬玄黃이란데	내 검은 말 누렇게 병들었으니
我姑酌彼兕觥하야	에라, 저 쇠뿔 잔에 술이나 마시며
維以不永傷。호리라	길이 상심하지 않으리.
賦也ㅣ라	부이다

【註】

◇ 高岡(고강) : 높은 언덕. 산등성이[山脊曰岡].
◇ 玄黃(현황) : 검은 말이 병이 심하여 누렇게 색이 변한 것[玄馬而黃 病極而變色也].
◇ 兕(시) : 들소[野牛]. 외 뿔에 푸른 빛깔[一角靑色].
◇ 觥(굉) : 쇠뿔로 만든 술잔[酒器].

● 상대 민요체 시가의 공통된 특질을 보여주는 전형적 시가다. 곧 구조상으론 반복과 병치의 원리를, 시어의 소박한 민중적 일상어, 그리고 관습적이며 공상성으로 일관한 표현법이 그러하다. 일련의 점층적 사건의 전개로 상황의 급박함, 혹은 성정의 긴밀성을 노정하고자 하거나, 궁극적으로는 구술에 의한 전이성이 전제된 배려라 하겠다.

[1-2-4]

陟彼砠矣나	저 돌산에 오르려 해도
我馬瘏矣며	내 말은 병들었고
我僕痡矣니	하인조차 병들었으니
云何吁矣。오	아, 쳐다본들 어이할꼬
賦也ㅣ라.	부이다.

【註】

◇ 砠(저) : 흙을 이고 있는 돌산[石山戴土].

◇瘏(도) : 말이 병들어 나아가지 못함[馬病 不能進也].

◇痡(부) : 사람이 병들어 걷지 못하는 것[人病 不能行也]

◇吁(우) : 근심하고 탄식함[憂歎也]. 『爾雅이아』[8]의 주(註)에 "눈을 가늘게 하여 멀리 바라 봄[張目 望遠也]"이라 함.

「卷耳」 四章 章四句.

◉이 역시 후비의 작이니, 그의 고요하고 한결같으며 지극함을 볼 수 있다. 문왕이 조회(朝會), 혹은 정벌 나갔을 때이거나, 유리(羑里) 땅에서 갇혀 있던 날에 지은 듯하다.[9]

[1-3-1]　汝墳　　　　　여수 강둑

遵彼汝墳하여　　　　　저 여수(汝水)의 둑을 따라서
伐其條枚호라　　　　　그 가지와 줄기를 치노라
未見君子라　　　　　　군자를 보지 못한지라
惄如調飢。호라　　　　허기진 모양 여러 끼니를 굶은 것 같아라.
　賦也ㅣ라.　　　　　　　부(賦)이다.

【註】

◇遵(준) : 따르다[循].

◇汝水(여수) : 여주(汝州) 천식산(天息山)에서 흘러나와 채주(蔡州)와 영주(潁州)를 거쳐 회수(淮水)로 들어감.

◇墳(분) : 큰 둑[大防].

◇條枚(조매) : 가지를 조(條)라 하고, 줄기를 매(枚)라 함[枝曰條, 幹曰 枚].

◇惄(익) : 굶주린다는 뜻.

◇調(조) : 어떤 본에는 주(輖)자로 썼으니, '거듭'이라는 뜻

8) 『爾雅이아』 : 『十三經』의 하나로 가장 오래된 字書. 전 19권. 천문·지리·음악·器財·초목·鳥獸 등에 관한 고금의 문자를 설명하였다. 저자는 미상. 宋나라 학자들의 集錄으로 추정.

9) 此亦后妃所作 可以見其貞靜專一之至矣. 豈當文王 朝會征伐之時 羑里拘幽之日而作歟.

● 여수(汝水) 곁의 나라가 역시 문왕의 교화를 먼저 입었으므로 부인이 그 군자
가 부역을 갔다가 돌아옴을 기뻐하고, 그로 인하여 돌아오지 않았을 때에 생각
하고 바라는 정이 이와 같음을 기억하여 나중에 지은 것이다[10].

[1-3-2]

遵彼汝墳하여	저 여수의 둑을 따라서
伐其條肄호라	그 가지의 싹을 치노라
旣見君子호니	이미 군자를 보았으니
不我遐棄。로다	나를 멀리 버리지는 않겠도다.
賦也ㅣ라	부이다

【註】

◇ 肄(이) : 벤 것이 다시 살아 남[斬而復生曰 肄].
◇ 遐棄(하기) : 멀리 버림.

● 그 가지를 치고 또 새 가지를 친다는 것은 곧 해를 넘겼다는 것이니, 여기에
이르러서 그 군자가 돌아옴을 보고 자기를 멀리 버리지 않았음을 기뻐한 것이
다.[11]

[1-3-3]

魴魚赬尾어늘	방어 꼬리가 붉거늘
王室如燬로다	왕실이 불타는 듯하도다.
雖則如燬나	비록 불타는 듯하나
父母孔邇。시니라	부모님 매우 가까이 게시도다.
比也ㅣ라	부이다

---

10) 汝旁之國 亦先被文王之化者故 婦人 喜其君子行役而歸 因記未歸之時 思望之情如此 而追
賦之也.
11) 伐其枚 而又伐其肄 則踰年矣, 至是 乃見其君子之歸 而喜其不遠棄我也).

【註】

◇ 魴(방) : 물고기 이름. 몸이 넓적하고 얇으며, 힘이 적고 비늘은 가늘다[身廣 而 薄, 小力細鱗].

◇ 赬(정) : 붉음. 물고기는 피로하면 꼬리가 붉어진다. 방어꼬리는 본디 백색인데 지금 붉다함은 몹시 피로하다는 뜻.

◇ 王室(왕실) : 주(紂)가 도읍한 곳.

◇ 燬(훼) : 불타다[焚].

◇ 父母(부모) : 문왕을 칭함[父母 指文王也].

◇ 孔邇(공이) : 몹시 가까움.

「汝墳」 三章 章四句.

◉ 이것은 모시(毛詩) 서(序)에서 이른바 '부인이 능히 그 군자를 민망히 여겨서 오히려 정도(正道)로써 권면한 것이다.'라고 하였으니, 아마 비록 그 이별이 오래됨에 생각이 깊어졌으니 서로 고해서 말해준 것이 오히려 임금을 높이고 윗사람을 친히 하는 뜻이 있고, 사랑하고 지나치게 가까이 하는 사사로운 정이 없으니 그 덕택(德澤)의 깊음과 풍화(風化)의 아름다움을 모두 볼 수 있는 것이다.12)

<召南>

[2-1-1] 草蟲   오지 않는 님

喓喓草蟲ㅣ며   요요히 우는 풀벌레 소리며
趯趯阜螽ㅣ로다   뛰고 뛰는 큰 메뚜기로다
末見君子ㅣ라   군자를 보지 못한지라
憂心忡忡호라   근심하는 마음 두근거리노라

---

12) 此毛序 所謂婦人 能閔其君子 猶勉之以正者, 蓋曰 雖其別 離之久 思念之深 而其所以相告 語者 猶有尊君親上之意 而無情愛狎之私 則 其德澤之深 風化之美 皆可見矣.

亦旣見止며	또한 이미 보았으며
亦旣覯止면	또한 이미 만났다면
我心則降。ㅣ로다	내 마음이 가라앉을 것이로다.
賦也ㅣ라.	부이다.

【註】

◇ 喓喓(요요) : 곤충류의 울음소리.

◇ 草蟲(초충) : 메뚜기 따위. 기이한 소리를 내며, 몸은 푸른색이다[奇音靑色].

◇ 趯趯(적적) : 뛰는 모양[躍貌].

◇ 阜螽(부종) : 메뚜기.

◇ 忡忡(충충) : 두근거림[衝衝].

◇ 止(지) : 어조사

◇ 覯(구) : 만남[遇].

◇ 降(강) : 가라앉음.

● 남국이 문왕의 교화를 입어서 제후의 대부들이 부역에 나가서 밖에 있음에 그
의 아내가 홀로 있어 철마다 사물의 변함에 감동하여 그 군자를 생각함이 이
와 같으니 또한 주남(周南)의 <권이(卷耳)>와 같다.13)

[2-1-2]

陟彼南山하여	저 남산에 올라
言采其蕨호라	고사리를 뜯노라
未見君子ㅣ라	군자를 보지 못한 지라
憂心惙惙호라	근심하는 마음 조여 오도다
亦旣見止며	또한 이미 보았으며
亦旣覯止면	또한 이미 만났다면
我心則說。ㅣ로다	내 마음 곧 기쁠 것이로다.
賦也ㅣ라.	부이다.

---

13) 南國 文王之化 諸侯大夫 行役在外 其妻獨居 感時物之變 而思其君子 如此 亦周南之卷耳也.

【(註)】

◇ 陟(척) : 산에 오름은 핑계이고, 군자를 바라보기 위함[登山託以望君子].

◇ 蕨(궐) : 고사리. 처음 나서 잎이 없을 때 먹을 수 있음. 절후에 따른 자연물사
  의 변화에 감동함.

◇ 惙惙(철철) : 근심하여 마음이 산란한 모양. 피곤하여 쇠약해진 모양.

◇ 說(열) : 기뻐함[悅].

◉ 산에 오름은 핑계 대고서 군자를 바라봄이다. 궐(蕨)은 고사리이니 처음 나서
  잎이 없을 때에 먹을 수 있으니, 또한 때의 물건의 변화에 감동하는 것이다.
  졸(惙)은 근심함이다.14)

[2-1-3]

陟彼南山하여	저 남산에 올라
言采其薇호라	고비를 뜯노라
未見君子ㅣ라	군자를 보지 못한지라
我心傷悲호라	내 마음 상하고 슬프도다
亦旣見止며	또한 이미 보았으며
亦旣覯止면	또한 이미 만났다면
我心則夷。로다	내 마음 곧 평안해지리로다.
賦也ㅣ라.	부이다.

【(註)】

◇ 薇(미) : 고비는 고사리과 식물로 조금 크고 털이 있다. 맛이 쓰니 산사람들이
  먹고 그것을 '미궐'이라 이른다 하니 호씨가 "의 심컨대, 장자에 이른바 양기를
  적어지게 한다는 것인가 보다(薇似蕨而差大 有芒 而味苦 山間人 食之 謂之迷蕨
  胡氏曰疑卽莊子 所謂迷陽者)."라 하다.

◇ 夷(이) : 평안함[平也].

---

14) 登山 託以望君子. 蕨 鼈也 初生無葉時 可食 亦感時物之變也, 惙 憂也.

「草蟲」三章, 章七句.

● 역시 산에 올라 고비를 캔다는 핑계로 님이 돌아오기를 기다리는 연정의 노래
이다. 고비 역시 고사리과다. 님을 보지도 만나지도 못한 슬픔을 만났을 때의
평안함과 대비한 애이불상(哀而不傷)의 성정을 읽을 수 있다.

[2-2-1] 殷其雷　　　돌아오소서, 님이여

殷其雷는	우르릉 우레 소리가
在南山之陽ㅣ어늘	앞산 남쪽에서 들리거늘
何斯違斯ㅣ라	어찌 우리 님은 이 곳을 떠나
莫敢或遑고	조금도 겨를이 없으신가
振振君子는	믿음직하고 덕이 두터운 군자여
歸哉歸哉。인뎌	돌아오소서. 돌아오소서.
興也ㅣ라.	홍이다.

【註】

◇ 殷(은) : 우레 소리[雷聲也].
◇ 南山(남산) : 앞 산. '南'은 앞, '北'은 뒤.
◇ 陽(양) : 산의 남쪽을 양(陽)이라 함.
◇ 何斯(하사) : 사(斯)는 이 사람[何斯 斯 此人也].
◇ 違斯(위사) : 사(斯)는 이 곳[違斯 斯 此所也].
◇ 遑(황) : 겨를.
◇ 振振(진진) : 믿음직스럽고, 덕(德)이 두터움[信厚也].

● 부역 나간 남편을 그리워 한 시다. 곧 "우르릉하고 우레 소리가 앞산 남쪽에서
들리거늘 어찌하여 님은 홀로 여기를 떠나 조금도 겨를이 없으신가."라 하였다.
이에 또 그의 덕을 찬미하고 한편으로는 빨리 일을 마치고 돌아오기를 바란
것이다.15)

---

15) 南國 被文王之化 婦人 以其君子 從役在外而思念之 故作此詩 言殷 殷然雷聲則 在南山之

[2-2-2]

殷其雷는	우르릉하고 우레 소리가
在南山之側이어늘	앞산 곁에서 들리거늘
何斯違斯ㅣ라	어찌 그는 이 곳을 떠나
莫敢遑息고	조금도 쉴 겨를이 없으신가
振振君子여	믿음직하고 덕이 두터운 군자여
歸哉歸哉。인뎌	돌아오소서. 돌아오소서.
興也ㅣ라.	흥이다.

【註】

◇ 息(식) : 그치다[止也].

● 역시 동일 주제의 반복이다. '南山之陽'과 '南山之側,' 그리고 '或違'이 '遑息'으로 발전하면서 상황의 위급, 내지 정서의 밀도만 긴장시켰다. 물론 그 덕의 찬미와 함께 '돌아오소서'라는 탄미(嘆美)의 정조는 한층 절박함을 읽게 된다.

[2-2-3]

殷其雷는	우르릉하고 우레 소리가
在南山之下이어	남산 아래에서 들리거늘
何斯違斯ㅣ라	어찌 그는 이 곳을 떠나
莫或遑處고	혹이라도 편안할 겨를이 없으신가
振振君子여	믿음직하고 덕이 두터운 군자여
歸哉歸哉。뎌	돌아오소서, 돌아오소서.
興也ㅣ라.	흥이다

「殷其雷」 三章, 章六句.

陽矣 何此君子 獨去此而不敢少暇乎. 於是 又 美其德 且冀其早畢事 而還歸也.

● 공자께서 백어(伯魚)에게 일러 가로되 "너는 주남(周南), 소남(召南)을 배웠느냐? 사람으로서 주남(周南), 소남(召南)을 배우지 않으면 바로 담장에 얼굴을 대고 서있는 것과 같으니라" 하다.16)

● 정자가 가로되 "천하의 다스림이 집안을 바로잡는 것이 우선이니 천하의 집안이 바르게 된 즉 천하가 다스려지게 되니 이남(二南)은 집안을 바로잡는 도이다" 후비부인(后妃夫人)과 대부의 처의 덕을 진술하여 사(士), 서인(庶人)의 집안에 미루어서도 마찬가지다. 그러므로 방국(邦國)으로부터 향당(鄕黨)에 이르기까지 거문고를 쓰고 노래하는 것을 조정에서부터 여항(委巷)에 이르기까지 외우지 않는 이가 없었으니 바람을 타고 천하가 교화(敎化)되는 까닭인 것이다.17)

<邶風>

[3-1-1] 柏舟　　　　　잣나무 배

汎彼柏舟ㅣ여　　　　　두둥실 떠가는 저 잣나무 배여
亦汎其流ㅣ로다　　　　또한 그 흐르는 물에 떠 있도다
耿耿不寐하여　　　　　깜빡깜빡 잠들지 못하여
如有隱憂호라　　　　　아픔과 근심이 있는 듯하도다
微我無酒ㅣ　　　　　　내가 술이 없어서
以敖以遊。ㅣ니라　　　즐기고 노닐 수 없는 것이 아니니라.
　　比也ㅣ라　　　　　　비이다

【註】
◇ 汎(범) : 흐르는 모양[流貌].

---

16) 孔子謂伯魚曰 女爲周南召南矣乎. 人而不爲周南召南 其猶正墻面 而 立也與.
17) 程子曰 天下之治 正家爲先 天下之家正則天下治矣. 二南 正家之道也. 陳后妃夫人大夫妻之
德 推之士庶人之家 一也 故 使邦國 至於鄕黨 皆 用之 自朝廷至於委巷 莫不謳吟 諷誦
所以風化天下.

◇ 耿耿(경경) : 조금 밝음. 근심하는 모양[小明. 憂之貌也].
◇ 微(미) : 비(非)와 같음.

◉부인이 남편에게 사랑을 받지 못하였으므로 잣나무 배로 스스로를 비유해 말하기를, "잣나무로써 배를 만들었으니 견고하고 치밀하고 굳고 실한데 타지 않아 (박복한 이 몸은) 의지하여 기댈 곳 없고, 다만 두둥실 물 가운데 떠있을 뿐이다. 그러므로 쓰라린 근심의 깊음이 이와 같고, 술이 없어서 즐기고 놀아 근심을 풀 수 없는 것이 아니다."라고 하였다. 『열녀전』에 말하기를 '이것으로써 부인의 시(詩)다'라 하였으니, 지금 그 말 기운을 상고해 봄에 낮고 순하며 부드럽고 약하고 또 변풍(變風)의 첫머리에 있어서 아래편과 더불어 서로 유사하니, 아마도 또한 장강(莊姜)의 시(詩)인가 보다.[18]

[3-1-2]

我心匪鑒ㅣ라	내 마음이 거울이 아닌지라
不可以茹ㅣ며	가히 헤아릴 수 없으며
亦有兄弟나	또한 형제가 있으나
不可以據ㅣ로소니	가히 의지할 수 없더니
薄言往愬ㅣ요	잠깐 가서 하소연하다가
逢彼之怒。호라	저들의 성냄만 만났노라.
賦也ㅣ라.	부이다.

【註】
◇ 鑒(감) : 거울[鏡也].
◇ 茹(유) : 헤아림[度(탁)]
◇ 據(거) : 의지함[依].
◇ 愬(소) : 고함[告]. 하소함.

---

18) 婦人不得於其夫 故以柏舟自比言以柏爲舟堅緻牢實而不以乘載無所依薄 但汎然於水中而已故 其隱憂之深 如此 非爲無酒可以放遊 而解之也 烈女傳 以此 爲婦人之詩 今考其辭氣卑順柔 弱 且居變風之首而與 下篇相類 豈亦莊姜之詩也歟.

◉내 마음이 이미 거울이 아니라서 사물을 헤아릴 수 없고, 비록 형제가 있으나 의지하여 중함을 삼을 수 없으므로 가서 고하였으되 도리어 그들의 성냄만 당했노라고 말한 것이다.[19)]

[3-1-3]

我心匪石ㅣ라	내 마음이 돌이 아닌지라
不可轉也ㅣ며	가히 굴릴 수 없으며
我心匪席ㅣ라	내 마음 자리가 아닌지라
不可卷也ㅣ며	가히 돌돌 말 수 없으며
威儀棣棣ㅣ라	생김과 거동이 의젓한지라
不可選也。ㅣ로다	가히 골라낼 것이 없도다.
賦也ㅣ라.	부이다.

【註】

◇ 棣棣(체체) : 풍부하고 한가하고 익숙한 모양[富而閑習之貌].
◇ 選(선) : 가려 뽑음[簡擇也].

◉돌은 굴릴 수 있으나 내 마음은 굴릴 수 없고, 자리는 말아놓을 수 있으나 내 마음은 말아놓을 수 없으며, 내 생김과 거동(威儀)이 하나라도 선하지 않은 것이 없어서 또 가려 뽑고 취하거나 버릴 수 없다는 말이니, 모두 스스로 돌이켜 봄에 잘못이 없다는 뜻이다.[20)].

[3-1-4]

| 憂心悄悄ㅣ어늘 | 마음에 조바심이 나거늘 |
| 慍于羣小호라 | 여러 첩들에게 성냄을 받았노라 |

---

19) 言我心旣匪鑒 而不能度物, 雖有兄弟 而又不可依以爲重故 往告之 而反遭其怒也.
20) 言石 可轉 而我心 不可轉, 席 可卷 而我心 不可卷, 威儀無一不善 又不可得 而簡擇取舍 皆自反而無闕之意.

覯閔旣多ㅣ어늘   민망함을 당함이 이미 많았거늘
受侮不少호라   모욕을 받은 것이 적지 않노라
靜言思之오   조용히 생각하고
寤辟有摽。호라   잠 깨어 가슴을 치고 또 어루만지노라.
　　賦也ㅣ라.   　　부이다.

【註】

◇ 悄悄(초초) : 근심하는 모양[憂貌].
◇ 慍(온) : 성냄의 뜻[怒意].
◇ 羣小(군소) : 여러 첩들[衆妾也].
◇ 覯閔(구민) : 민망함을 당함[見怒於衆妾也].
◇ 辟(벽) : 가슴을 두드림[拊心也].
◇ 摽(표) : 가슴을 두드리는 모양[拊心貌].

◉ 뚜렷한 잘못도 없이 남편으로부터 사랑 받지 못하고, 따라서 형제들로부터도
중함을 인정받지 못한 처지에 여러 첩들마저 면박함을 당한 황당함에 가슴을
치며 울분을 토한 노래다.

[3-1-5]

日居月諸ㅣ여   해며 달이여
胡迭而微오   어찌 갈마들어 이지러지는고
心之憂矣여   마음의 근심이여
如匪澣衣로다   빨지 않은 옷을 입은 듯하도다
靜言思之오   조용히 생각하고
不能奮飛。호라   훌쩍 날아가지 못하노라.
　　比也ㅣ라.   　　비이다.

【註】

◇ 居諸(거저) : 어조사.

◇ 胡~而~(호~이~) : 어찌 ~하고 ~하는가.
◇ 迭微(질미) : 바뀌고 이지러짐[迭 更, 微 虧也].
◇ 匪澣衣(비한의) : 빨지 아니한 옷[垢汚不濯之衣]. 때 끼고 더러운 옷을 입은 듯함.
◇ 奮飛(분비) : 떨치고 날아감.

「柏舟」 五章, 章六句.

◉해는 마땅히 항상 밝아야 하고, 달인 즉 때때로 이지러짐이 있음은, 본부인[正嫡]이 높은 것이 당연하고 여러 첩들이 낮은 것이 당연하거늘, 지금 여러 첩들이 도리어 본 부인을 이겼으니, 이것은 해와 달이 바뀌어 갈마들어 이지러짐이니, 이것 때문에 근심하였다. 번민하고 원통하고 심란하고 정신이 희미한 데 이름이 마치 빨지 않은 옷을 입은 것 같은데 떨쳐 일어나 날아가지 못함을 한스러워 한 말이다.21)

[3-2-1] 雄雉   장끼

雄雉于飛여	날아가는 장끼여
泄泄其羽ㅣ로다	그 날개 짓을 느릿느릿 하도다
我之懷矣여	나의 생각이여
自詒伊阻。ㅣ로다	님 생각만 남아 있구나.
興也ㅣ라.	흥이다.

【註】

◇ 雄雉(웅치) : 장끼. 雄은 숫컷으로 벼슬과 긴 꼬리에 몸 전체에 무늬가 있으며, 싸움을 잘한다[有冠長尾 身有文采 善鬪].
◇ 泄泄(예예) : 천천히 날아가는 모양[飛之緩也].
◇ 懷(회) : 그리워 함. 생각함[思].
◇ 詒(이) : 남겨둠[遺].

---

21) 言日當常明 月則有時而虧 猶正嫡 當尊 重妾 當卑 今重妾 反勝正嫡是 日月 更迭而虧 是以 憂之 至於煩冤 如衣不澣之衣 恨不能奮起而飛去也.

◇阻(조) : 막혀 있음.

●부인이 그 남편이 외지에 부역 나갔으므로 "장끼가 날아가면서(날개를) 천천히 펴며 저 하고 싶은 대로하는 것이 이와 같거늘, 내가 생각하는 바 님도 바로 외지에서 부역에 종사하며 멀리 떨어져있게 하였구나"라고 말한 것이다.22) 곧 자신의 님을 배려치 못한 과실로 님이 멀리 가 돌아오지 않는다고 자성한 노래다.

[3-2-2]

雄雉于飛여	날아가는 장끼여
下上其音이로다	그 소리가 오르락내리락 하도다
展矣君子여	진실한 군자여
實勞我心。이로다	진실로 내 마음을 수고롭게 하는구나.
興也ㅣ라.	흥이다.

■【註】■

◇下上其音(상하기음) : 그 소리가 위아래에서 남. 곧 날고 울음울기를 제 멋대로 함.
◇展(전) : 진실로[誠].
◇實(실) : 참으로 위의 展[誠]과 합하여 내 마음 괴롭히기를 '몹시 심하게 함'의 뜻을 나타냄.

●그 소리가 '오르락내리락 한다'는 것은 그 날고 우는 것이 저하고 싶은 대로한 다는 것이요, 전(展)은 진실로이니 성(誠)이라고 말하고 또 실(實)이라고 말한 것은 이 군자가 내 마음을 괴롭게 하는 것이 심함을 말한 것이다.23)

---

22) 婦人 以其君子 從役于外故 言雄雉之飛舒 緩自得如此 而我之所思者乃從役于外 而自遺阻隔也.
23) 下上其音 言其飛鳴自得也, 展 誠也 言誠又言實 所以甚言此君子之 勞我心也.

[3-2-3]

瞻彼日月호니	저 해와 달을 쳐다보니
悠悠我思ㅣ로다	끝없이 당신 생각(그리움)이로다.
道之云遠이어니	길이 멀다고 하니
曷云能來。리오	언제나 올 수 있으리오
賦也ㅣ라.	부이다.

【註】

◇ 悠悠(유유) : 생각함이 긴 것[思之長也]. 오래 지속되는 모양.
◇ 曷(갈) : 어느 때. 『서경』의 "時日曷喪" 참조 어찌. '何'와 같이도 쓰임 '何爲.'

◉ 해와 달이 뜨고 짐을 보고 남편의 부역 나감이 오래임을 알고 그리워함.24) 곧 하늘의 무심한 해와 달은 '아무 일도 없다'는 듯 뜨고 지기를 얼마나 반복했던가. 그 무정 속에 샘솟는 유정, 그것이 바로 사랑이요, 사랑하기에 그리웁고, 마지못할 그리움이 노래를 낳는 법이다.

[3-2-4]

百爾君子는	온갖 (일 잘하는) 군자는
不知德行가	덕행을 알지 못하는가
不忮不求ㅣ면	해치지 않고 탐하지도 않는다면
何用不臧。이리오	어찌 착하다고 하지 않으리오
賦也ㅣ라.	부이다.

【註】

◇ 百(백) : 온갖[猶凡也].
◇ 不忮(불기) : 해치지 아니함[不害].
◇ 不求(불구) : 탐내지 아니함[不貪]

---

24) 見日月之往來 而思其君子 從役之久也.

◇ 臧(장) : 선함[善也].

「雄雉」四章, 章四句.

● 무릇 군자가 어찌 덕행을 알지 못하겠는가? 만약 (남을) 해치지 아니하고 또 탐하지 않는다면 무엇을 해도 선하지 않겠는가. 이는 '멀리 감에 환난(患亂)을 범할까' 근심하고, 그가 '처신을 잘하고 몸 성히 돌아오기'를 바라는 것이다.25)

[3-3-1] 北風　　　　　　샛바람

北風其涼이며	북풍이 차갑게 싸늘하여
雨雪其雱이로다	내리는 눈이 펑펑 쏟아지도다
惠而好我로	사랑하고 나를 좋아하는 이와
携手同行호리라	손을 잡고 함께 가리라
其虛其邪아	늦추며 천천히 갈 수 있겠는가
旣亟只且。로다	이미 급박하게 되었도다
比也ㅣ라.	비이다.

【註】
◇ 北風(북풍) : 샛바람. 차가운 바람.
◇ 涼(양) : 찬 기운[寒氣也].
◇ 雱(방) : 눈이 많이 내리는 모양[雪盛貌].
◇ 惠(혜) : 사랑함[愛].
◇ 虛(허) : 여유 있는 모양[寬貌].
◇ 邪(사) : 이본에는 '서(徐)'자로 썼으니, 느리다는 뜻.
◇ 只且(지차) : 어조사.

---

25) 言凡爾君子 豈不知德行乎. 若能不害 又不貪求 則何所爲而不善哉. 憂其遠行之犯患 冀其善處而得全也.

● 찬바람 불고 눈비 온다고 말함으로써 국가에 위태롭고 어지러움이 장차 생기게
 되어 기상이 슬프고 참담함을 비유하였다. 그러므로 서로 좋아하는 사람과 함
 께 떠나가서 (난리를) 피하고자 하였다. 또 말하기를 "이런데도 오히려 여유
 부리고 천천히 할 수 있겠는가? 저 화란(禍亂)의 닥침이 너무 심하여 빨리 따
 나지 않을 수 없다."고 한 것이다.26)

[3-3-2]

北風其喈며	북풍이 쌩쌩 불며
雨雪其霏로다	내리는 눈 펄펄 흩날리도다
惠而好我로	사랑하고 나를 좋아하는 이와
携手同歸호리라	손을 잡고 함께 가버리리라
其虛其邪아	늦추며 천천히 갈 수 있겠는가
旣亟只且。ㅣ로다	이미 급박하게 되었도다
比也ㅣ라.	비이다.

【註】

◇ 喈(개) : 빠른 소리[疾聲也]. 바람이 휘몰아치는 소리.
◇ 霏(비) : 내리는 눈이 흩어지는 모양[雨雪分散之狀].
◇ 歸(귀) : 떠나가서 돌아오지 않는다는 말[去而不反之辭也].

　　　「北風」 三章 中 二章.

● 제1구의 '북풍이 쌩쌩 불며(北風其喈)'와 제 2구 '내리는 눈 펄펄 흩날리도다(雨
 雪其霏)'로 상황의 긴박함으로 발전시키고, 이하는 후렴구처럼 반복된 상대 민
 요체의 전형을 보는 듯하다. 물론 二南(이남 : 周南·召南)이라면 '사랑하는 님'
 과 '손에 손잡고[携手]' '어서 빨리'운운 하지는 않았을 지도 모른다. 모름지기
 공(公)을 위한 사(私)의 희생으로 사랑하는 님을 정부(征夫)로 출정시키는 비장

---

26) 言北風雨雪 以比國家 危亂 將至而氣象愁慘也故 欲與其相好之人去 而避之 且日 是尙可以
　　寬徐乎. 彼其禍亂之迫已甚 去不可不速矣.

의 별리(別離)를 노래했으리라.

[3-4-1] 靜女   정숙한 아가씨

靜女其姝하니   정숙한 아가씨 예쁘기도 한데
俟我於城隅ㅣ리니   나를 성 모퉁이에서 기다리게 하네
愛而不見하야   사랑하지만 만나지 못하여
搔首踟躕。호라   머리 긁적이며 안타까워하노라.
    賦也ㅣ라.   부이다.

【註】

◇ 靜女(정녀) : 정숙한 여인. 조용한 여인[閒雅之意].
◇ 其姝(기주) : 아름다운 모습[美色也].
◇ 城隅(성우) : 구석진 곳[幽僻之處].
◇ 不見(불견) : 만나지 못함. 약속은 했으나, 오지 않음[期而不至也]
◇ 搔首(소수) : 머리를 긁적거림.
◇ 踟躕(지주) : 머뭇거림. 기다려도 오지 않는 님에 대한 안타까움에 애태우는 심
   정. 원주에는 음란하게 놀아나면서 만나자고 약속하는 사람의 시[淫奔期會之詩
   也]라고 주를 달았다.

◉아름다운 여인과 만나기로 한 그윽한 약속 장소에서 기다리며 지은 시다. 왜
   아니 오실까? 약속하고도 오지 않음은 무슨 연고일까? 행여 마음이 변한 것일
   까? 아니지. 여기 빛나고 아름다운 사랑의 징표가 있는데 ---. 그러나 기다리는
   마음은 일각(一刻)이 여삼추(如三秋)라, 안절부절하는 작자의 심정이 잘 묘사되
   어 있다.

[3-4-2]

靜女其孌하니   정숙한 아가씨 예쁘기도 한데
貽我彤管이로다   내게 붉은 피리를 주었다네

彤管有煒하니   붉은 피리 빛나는 건
說懌女美。호라   그대가 아름다워서라오
　賦也ㅣ라.   부이다.

【註】

◇ 孌(련) : 예쁜 모양[好貌].
◇ 彤管(동관) : 붉은 피리. 원주에는 "어떤 물건인지 자세하지 않으나, 서로 주면서 은근한 뜻을 맺은 것이다[彤管 未詳何物 蓋相贈 以結殷勤之意耳]."라고 주를 달았다.
◇ 煒(위) : 붉은 빛. 붉게 빛남. 아름다운 장신구를 받고, 또 그 여자의 아름다움을 기뻐함[言旣得此物 而又悅懌此女之美也].
◇ 說懌(열역) : 기뻐함. '說'은 '悅'과 같음.
◇ 女美(여미) : 너(그대)의 아름다움.

◉ 그녀를 기다리는 동안 그녀가 예전에 준 선물을 매만지며, 더욱 간절한 그리움을 노래했다. 피리야 뭐 대단할까마는 아름다운 그대가 준 것이기에 더없이 귀하고 소중한 것이랬다.

[3-4-3]

自牧歸荑하니   들판에서 띠기를 주니
洵美且異로다   진실로 아름답고도 기이하여라
匪女之爲美라   네가 아름다워서가 아니라
美人之貽。니라   미인이 주었기 때문이니라
　賦也ㅣ라.   부이다

【註】

◇ 自牧(자목) : 바깥 들판에서[牧 外野也].
◇ 歸荑(귀모) : 띠풀 싹을 주다[歸 亦貽也, 荑 茅之始生者]
◇ 洵美(순미) : 진실로[信] 아름다움.

◇ 女(여) : 녀[汝]. 곧 띠풀 싹[똑기: 指荑而言也].

「靜女」三章, 章四句.

◉아름다운 아가씨가 또 나에게 똑기를 주니 그 삐비가 아름답고도 기이하나, 그 러나 이 똑기가 아름다워서가 아니라, 어여쁜 님이 준 것이기 때문에 그 물건이 더욱 아름답다고 말한 것이다.[27]

<鄘風>

[4-1-1] 柏舟   잣나무 배

汎彼柏舟ㅣ여	저 잣나무 배여
在彼中河ㅣ로다	하수의 한 가운데 떠 있구나
髧彼兩髦ㅣ	두 갈래 머리를 늘어뜨린 이가
實維我儀니	진실로 나의 배필이니
之死矢靡他호리라	비록 죽더라도 맹세코 다른 데로 가지 않으리라
母也天只시니	어머니는 하늘과 같으신데
不諒人只。 아	이처럼 사람 마음 몰라주시는가.
興也ㅣ라.	흥이다.

【註】

◇ 中河(중하) : 하수(河水)의 한 가운데.
◇ 髧(담) : 머리를 드리운 모양[髮垂貌].
◇ 兩髦(양모) : 두 갈래 머리. 원주에 "자식이 부모를 섬길 때의 꾸밈이라 하고, 어버이가 돌아가신 후에 제거한다 하며, 이는 衛나라 세자 공백(共伯)을 가리킨 듯하다[子事父母之飾, 親死 然後 去之 此蓋指共伯也]."라고 주함.

---

27) 言靜女又贈我以荑 而其荑亦美且異. 然非此荑之爲美 特以美人之所贈故 其物亦美耳.

◇ 我(아) : 공백의 처 공강(共姜)이 스스로를 한 말.

◇ 儀(의) : 짝. 배필.

◇ 之(지) : 이르다[至].

◇ 矢(시) : 맹세[誓].

◇ 靡他(미타) : 딴 마음 두지 아니함.

◇ 不諒(불량) : 믿지 아니함.

● 옛 학설에 "위나라의 세자 공백이 일찍 죽자 그 처 공강이 절의를 지켰으나, 공강의 친정 부모가 그의 뜻을 빼앗아 시집보내고자 하였다. 그러므로, 공강이 이 시를 지어 스스로 맹세하기를 '잣나무 배는 저 하수에 떠 있고, 두 갈래 머리를 하신 분이 진실로 내 짝이니, 비록 내가 죽더라도 맹세코 다른 마음을 두지 않을 것이로다. 어머니께서 나를 덮어주고 길러주신 은혜는 하늘처럼 끝 없지만, 어찌 이리도 내 마음을 믿지 못하시는가.'라 하였다." 아버지에 대한 말이 없는 것은 이 때에 홀로 어머니만 있었거나, 혹은 아버지의 뜻이 아니었 기 때문인 듯하다.[28]

[4-1-2]

汎彼柏舟ㅣ여	저 잣나무 배여
在彼河側ㅣ로다	하수의 곁에 떠 있구나
髧彼兩髦ㅣ	두 갈래 머리를 늘어뜨린 이가
實維我特이니	진실로 나의 짝이니
之死矢靡慝호리라	비록 죽더라도 맹세코 악한 마음 품지 않으리
母也天只시니	어머니는 하늘과 같으신데
不諒人只。 아	이처럼 사람 마음 몰라주시는가
興也ㅣ라.	홍이다.

---

28) 舊說 以爲衛世子共伯 蚤死 其妻共姜 守義, 父母 欲奪而嫁之故 共姜作此. 以自誓 言柏舟
   則在彼中河 兩髦則實我之匹 雖至於死 誓無它心. 母之於我 覆育之恩 如天罔極 而何其不諒
   我之心乎. 不及父者 疑時獨母在, 或非父意耳.

【註】

◇ 特(특) : 배필(配匹).

◇ 慝(특) : 사특함. 사특하다 하였음은 심한 거절의 뜻[爲慝則 其絶之甚矣].

「柏舟」 二章, 章七句.

◉「백주」 2장은 공백(共伯)의 처 공강(共姜)이 일찍 죽은 지아비를 위해 절의를 지키고자 했으나, 친정 어머니가 자신의 뜻을 꺾고 재가 시키려하자, '진자리 마른 자리 갈아 눕히신 어머니의 하늘처럼 망극한 은혜[覆育之恩 如天罔極]' 보답할 길 가이없으나, 자신의 지아비를 향한 지극한 사랑을 믿어주지 않음을 안타까워하며 지은 시다.

[4-2-1] 桑中　　　　　뽕나무밭에서

爰采唐矣를	새삼을 캐러
沬之鄕矣로다	매 마을로 갔다네
云誰之思오	누구를 생각하면서?
美孟姜矣로다	아름다운 강씨네 맏딸이지
期我乎桑中이며	뽕밭에서 만난 그녀
要我乎上宮이오	나를 상궁으로 데려갔지요
送我乎淇之上矣。로다	그리곤 기수 물가까지 바래주었네.
賦也 ㅣ 라.	부이다.

【註】

◇ 桑中(상중) : 원주에는 매읍(沬邑)의 지명이라 주함.

◇ 唐(당) : 몽채(蒙采), 갯실새삼. 일명 토사(兎絲)라 함.

◇ 沬(매) : 위나라 고을 이름. 『서경(書經)』에서 이른바 매향(妹鄕)이라는 곳. 지금 의 하남성 기현(淇縣) 부근.

◇ 孟姜(맹강) : 맹(孟)은 맏이요, 姜(강)은 제(齊)나라 귀족(貴族).

◇ 要(요) : 맞이함[猶迎也].

◇ 上宮(상궁) : 집, 혹은 여성 성상징. 원주는 매읍의 지명이라 주함.
◇ 淇上(기상) : 기수 물가.

◉ 위(衛)나라 풍속이 음란하여 세족(世族-대대로 벼슬하는 귀족가문)의 지위에 있
는 자들이 남의 처첩(妻妾)들을 서로 도둑질하였으므로 이 사람이 스스로 말하
기를 '매(沫)땅에서 새삼을 캐면서 생각했던 사람과 서로 만나기를 기약하고
맞이하고 전송한 것이 이와 같았다'라고 한 것이다.29)

[4-2-2]

爰采麥矣를	보리를 캐러
沫之北矣로라	매 마을 북쪽을 갔다네
云誰之思오	누구를 생각하면서?
美孟弋矣로다	아름다운 익씨네 맏딸이지
期我乎桑中이며	뽕나무밭에서 만난 그녀
要我乎上宮이오	나를 상궁으로 데려갔지요
送我乎淇之上矣。로다	그리곤 기수 물가까지 바래다주었네.
賦也ㅣ라.	부이다.

【註】
◇ 麥(맥) : 보리. 가을에 심어 여름에 수확함[穀名 秋種夏熟者].
◇ 孟弋(맹익) : 익씨네 맏딸. 원주는 『춘추(春秋)』에 "시(杞)나라 여인으로 하후씨
(夏后氏)의 후손이니 역시 귀족"일 것이라고 주함.

◉ 위나라 매읍의 질펀한 풍속도를 기탄 없이 노래했다. 물론 보리를 캠은 핑계에
불과하고, 그 대상만 다를 뿐 목적은 같다. 맹익(孟弋) 역시 하후씨의 후손이라
했으니 귀족일 것이다. 문제는 행위의 주체가 여성이라는 데 있다.

---

29) 衛俗淫亂 世族在位 相竊妻妾故 此人 自言將采唐於沫 而與其所思之人 相期會迎送 如此也.

[4-2-3]

爰采葑矣를	순무를 캐러
沫之東矣로다	매 마을 동쪽에 갔다네
云誰之思오	누구를 생각하면서?
美孟庸矣로다	아름다운 용씨 맏딸이지
期我乎桑中이며	뽕밭에서 만난 그녀
要我乎上宮이오	나를 상궁으로 데려갔지요
送我乎淇之上矣。로다.	그리곤 기수 물가까지 바래다주었네.
賦也ㅣ라.	부이다.

【註】

◇ 葑(봉) : 순무.
◇ 孟庸(맹용) : 용씨네 맏딸.

「桑中」 三章, 章七句.

● 젊은 남자가 여러 여인의 욕정적 유혹에 이끌리어 무절제한 밀회를 즐기고 또 기탄 없이 노래한 시다. 자못 고려 속요 [쌍화점]을 읽는 느낌이다. 쌍화점의 시적 주체가 여인인 것처럼 이 작품도 주체는 여성이다. 남성은 피동적 주체에 불과하다. 이른바 여성상위 시대의 개방적 성풍속도를 읽는 느낌이다.

<衛風>

[5-1-1] 淇奧　　　　기오 물굽이에서

瞻彼淇奧한대	저 기수 물굽이를 바라보니
綠竹猗猗로다	푸른 대나무 파릇파릇 아름답구나
有匪君子ㅣ여	멋진 님이여

如切如磋하며	깎고 다듬은 듯
如琢如磨ㅣ로다	쪼고 간 듯하여라
瑟兮僴兮며	늠름하고 엄숙하며
赫兮咺兮니	빛나고 빼어나니
有匪君子ㅣ여	아름다운 그대여
終不可諼兮。로다	끝내 잊을 수 없어라.
興也ㅣ라.	흥이다.

【註】

◇ 淇奧(기욱) : 기수(淇水) 물굽이.

◇ 綠竹(녹죽) : 푸른 대. 기수 물가에는 예로부터 대나무가 많아 한(漢) 나라 때에
　도 그러했으니, 이른바 '기원의 대나무[淇園之竹]'라 함이 그것이다.

◇ 猗猗(의의) : 새 싹이 파릇파릇 돋아나, 부드럽고 아름다운 모습[柔弱而美盛也].

◇ 有匪(유비) : 아름다운 모습. 문채 있는 모습. 멋진 모습.

◇ 君子(군자) : 공경하고 사랑하는 님. 무공(武公)을 칭함.

◇ 切磋(절차) : 뼈와 뿔을 다루는 자가 이미 칼과 도끼로 다듬은 뒤에 다시 줄과
　대패로 갊. 학문적 발전.

◇ 琢磨(탁마) : 옥을 다루는 이가 이미 망치와 끌로 쪼고, 다시 모래와 돌로 갊.
　인격적 수양. '切磋琢磨'는 '끊임없이 노력함.'

◇ 瑟僩(슬한) : 늠름하고 위엄 있는 모습.

◇ 赫咺(혁훤) : 우뚝 드러남.

◇ 諼(훤) : 잊음[忘也].

● 위나라 사람들이 무공의 덕을 찬미하였는데, 푸른 대나무가 처음 나올 때의 아
　름답고 성함으로써 그 학문과 수양의 날로 진전함을 비유「興」한 것이다. 『대학』
　의 전에 "여절여차(如切如磋)는 도학을 말한 것이요, 여탁여마(如琢如磨)는 수양
　을 말한 것이요, 슬혜한혜(瑟兮僴兮)는 두려워하는 것이요, 혁혜훤혜(赫兮咺兮)는
　위의(威儀)요, 유비군자 종불가훤혜(有匪君子 終不可諼兮)는 아름다운 덕과 지극
　한 선을 백성들이 잊지 못하는 것이다." 라고 하였다.30)

30) 衛人 美武公之德 而以綠竹 始生之美盛 興其學文自修之進盆也. 大學傳曰 如切如磋者 道學

[5-1-2]

瞻彼淇奧한대	저 기수 물굽이를 바라보니
綠竹靑靑이로다	푸른 대나무 푸르고 푸르구나
有匪君子ㅣ여	멋진 님이여
充耳琇瑩이며	옥돌 귀막이에
會弁如星이로다	빛나는 구슬 고깔
瑟兮僩兮며	늠름하고 엄숙하며
赫兮咺兮니	빛나고 빼어나니
有匪君子ㅣ여	아름다운 그대여
終不可諼兮。로다	끝내 잊을 수 없어라.
興也ㅣ라.	흥이다.

【註】

◇ 靑靑(청청) : 견고하고 무성한 모양[堅剛茂盛之貌].

◇ 充耳(충이) : 귀막이 옥. 임금은 좋은 소리만 듣고, 아무 말이나 다 듣지 말라는 의미로 귀막이를 했다함. 일종의 장식품.

◇ 琇瑩(수영) : 아름다운 돌. 천자는 옥을, 제후는 돌을 사용함.

◇ 會弁(궤변) : 관[弁]의 꿰맨 솔기에 작은 옥돌을 붙여 장식한 것. 會는 꿰매는 것이요, 弁은 가죽 고깔이니, 옥으로 가죽 고깔의 가운데를 꿰맨 것이 별의 빛남과 같다는 비유.

◉ 대나무의 단단하고 무성함으로써, 그 복식의 존엄함을 興하였으니, 그의 덕과 걸맞음을 볼 수 있다.[31]

也, 如琢如磨者 自修也. 瑟兮僩兮者 恂慄也, 赫兮僩兮者 威儀也, 有匪君子 終不可諼兮者 道盛德至善 民之不能忘也.

31) 以竹之堅剛茂盛 興其服飾之尊嚴 而見其德之稱也..

[5-1-3]

瞻彼其奧한대	저 기수 물굽이 바라보니
綠竹如簀이로다	푸른 대나무 빽빽이 우거졌는데
有匪君子ㅣ여	문채나는 님이여
如金如錫이며	황금 같고 주석 같으며
如圭如璧이로다	홀 같고 옥처럼 빛나도다
寬兮綽兮하니	너그러우며 넉넉하니
猗重較兮로다	아, 重較로다
善戲謔兮하니	농담을 잘 하나
不爲虐兮。로다	지나치지 않도다.
興也ㅣ라.	흥이다.

【註】

◇ 簀(책) : 사다리. 대나무가 잘 자라 '빽빽하고 무성함'의 비유. [棧也, 竹之密比似之則 盛之至也].

◇ 金錫(금석) : 단련함이 정순함을 말한 것[言其鍛鍊之精純].

◇ 圭璧(규벽) : 타고난 자질이 따뜻함을 이름[言其生質之溫潤].

◇ 寬綽(관작) : 크고 넉넉하며, 탁 트임[寬 宏裕也, 綽은 開大也].

◇ 猗(의) : 감탄사.

◇ 重較(중각) : 고관의 수레. 각(較)은 수레 양 편에 가로 댄 나무.
그 높이가 앞 턱 식(軾)보다 높아 이중으로 보이므로 중각이라 함.

◇ 不爲虐者(불위학자) : 지나치지 않음. 절도가 있음.

「淇奧」三章, 章八句

◉ 대나무의 지극히 무성함으로 그 덕의 성취를 일으키고[興], 또 그가 너그럽고 넉넉하며 스스로 따뜻하고 쉽게 어울리나 절도에 맞음을 말한 것이다. 대개 너그러움과 여유에는 거두고 단속한다는 뜻은 없고, 戲謔은 엄숙해야 하는 때가 아니면 모두 常情이 소홀하여 어긋나기 쉬운 것이다. 그러나 오히려 반드시 절

도가 있음을 볼 수 있은 즉 그 움직이고 멈추고 두루 행동하는 사이에 어디에 가든지 예가 아님이 없음을 또한 볼 수 있다. 예기에 "당기고 풀어놓지 않는다면 문왕 무왕도 능히 어쩌지 못할 것이요, 풀어놓고 당기지 않는 것은 문왕 무왕이 하지 않으실 것이니, 한 번 풀어놓고 당기는 것은 문무의 도다."라 하니 이것을 말한 것이다.32)

● 『國語』를 상고컨대, 무공이 95세에 오히려 나라에 경계하기를 "경으로부터 師士에 이르기까지 진실로 조정에 있는 자는 내가 늙었다하여 나를 버리지 말고 반드시 조정에서 삼가하고 경계하여 나를 가르치라."하고는 드디어 경계의 시를 지어 스스로 경계를 삼았는데, 「賓之初筵」이 또한 무공이 잘못을 뉘우친 작품인즉, 그 문장을 두고서 간함을 청종하여 예로써 스스로 방비하였음을 알 수 있다. 위나라의 다른 임금은 대개 족히 그에 미친 자가 없었다. 그러므로 서문에 이 시가 무공을 찬미한 시라 하였는데, 지금 그것을 따른다.33)

● 우리의 상대 시가 「황조가黃鳥歌」의 문학사적 평가를 문면(文面) 그대로 최초의 개인 서정시로 읽는 견해와, 관련 기술물 및 상관 정황론을 들어 서사시로 단정하듯 「淇奧기욱」 역시 유가(儒家)의 도덕적 문학관은 무공(武公)의 찬미장으로 귀납했다. 그러나 문면 그대로 '이상적 남성미에 끌린 한 여인의 연정이 승화된 아름다운 시편'으로 접할때 그 수용미학적 공감대는 훨씬 배가한다 할 것이다. 이 시를 통해 절차탁마(切磋琢磨)라는 고사성어가 생겼다.

---

32) 以竹之至盛 與其德之成就 而又言其寬廣而自如和易而中節也 蓋寬綽無斂束之意, 戲謔非莊嚴之時 皆常情所忽 而易致過差之地也. 然猶可觀而必有節焉則 其動容周旋之間 無適而非禮 亦可見矣. 禮曰 張而不弛 文武不能也, 弛而不張 文武不爲也. 一張一弛 文武之道也, 此之謂也.

33) 按國語 武公九十有五 猶箴儆于國 曰自卿以下 至于師長士 苟在朝者無謂我老而舍我 必恪恭於朝 以交戒我, 遂作懿戒之詩 以自警而賓之初筵, 亦武公悔過之作則 其有文章而能聽規諫 以禮自防也 可知矣衛之他君 蓋無足以及此者故 序以此詩爲美武公 而今從之也.

[5-2-1] 木瓜   모과

投我以木瓜애   내게 모과를 주심에
報之以瓊琚ㅣ오   아름다운 옥으로 보답하였죠
匪報也는   보답이라 여기지 아니함은
永以爲好也。ㅣ니라   기리 사랑하기 위함이지요
　比也ㅣ라.   비이다.

【註】

◇ 木瓜(목과) : 모과나무 열매.
◇ 報之以~(보지이~) : ~로써 보답하다.
◇ 瓊琚(경거) : 아름다운 옥[瓊 玉之美者, 琚 玉名].
◇ 以爲~(이위~) : ~하기 위함.

◉ '남이 나에게 하찮은 물건을 줌에 나는 마땅히 귀한 보물로서 보답하고도 오히
　려 충분히 보답했다고 여기지 않는 것은, 다만 자신이 오래도록 좋게 여겨 잊
　지 않으려는 것이다.'라는 말이다.[34]

[5-2-2]

投我以木桃애   내게 복숭아를 주심에
報之而瓊瑤ㅣ오   아름다운 옥으로 보답하였죠
匪報也는   보답이라 여기지 아니함은
永以爲好也。ㅣ니라   기리 사랑하기 위함이라오
　比也ㅣ라.   비이다.

【註】

◇ 木桃(목도) : 복숭아.
◇ 瑤(요) : 아름다운 옥[美玉也].

---

34) 言人有贈我以微物 我當報之以重寶而猶未足以爲報也 但欲其長以爲 好而不忘耳.

◉모과에 이어 복숭아를 받았다. 선물의 질이 상승한 것일까? 그러나 시적 주체
는 복숭아래서 더 고맙거나 사랑스러운 것이 아니다. 내가 가진 모든 것을 거
절하지 않고 받아만 줘도 행복하지 않은가. 사랑은 조건 없이 주는 것. 그러기
에 답례로서가 아니라, 진정 주고싶어서 경요(瓊瑤)를, ― 아마도 경거(瓊琚)보다
귀하리라. 선사했지만 역시 보답이 아닌 사랑의 정표란다. 주어도 주어도 아깝
지 아니한 생명보다 소중한 사랑이기에.

[5-2-3]

投我以木李애	내게 오얏을 주셨으나
報之以瓊玖ㅣ오	아름다운 옥으로 보답하였죠
匪報也	보답이라 여기지 아니함은
永以爲好也。ㅣ니라	기리 사랑하기 위해서라오
比也ㅣ라.	비이다.

【註】

◇玖(구) : 옥의 이름[玉名也].

◉모과와 복숭아에 이어 오얏을 받았다. 여기에 시적 주체는 경거(瓊琚)와 경요
(瓊瑤)를, 그리고 이번엔 경구(瓊玖)로 보답했다. 주고 받은 선물로 신분 운운하
면 '시 읽기'가 아니다. 시는 워낙 언어라는 영매(靈媒)로 다듬어진 상상과 상
징의 결정인 것을. 국풍(國風)이 대개 그렇듯 그 위대한 민요성 때문이 아니겠
는가.
　다만 남녀가 서로 주고받은 말인 듯하니 「정녀靜女」편과 같은 부류의 시라
할 수 있겠다.35)

---

35) 疑亦男女相贈答之辭　如靜女之類.

<王風>

[6-1-1] 君子于役   님은 어디에

君子于役이여	부역 나가신 당신
不知其期로소니	돌아오실 날 알지 못하니
曷至哉오	어디쯤 계시는가요
鷄棲于塒며	닭도 홰에 깃들고
日之夕矣라	날은 저물어
羊牛下來로소니	양과 소도 제 집 찾아 내려오는데
君子于役이여	부역 나가신 당신
如之何勿思。ㅣ리오	어찌 그립지 않으리까.
賦也ㅣ라.	부이다.

【註】

◇ 君子(군자) : 부인이 그 남편을 지목해 한 말
◇ 于役(우역) : 부역에 나아감. 정부(征夫)로 출정함.
◇ 塒(시) : 홰대.
◇ 羊牛下來(양우하래) : 양과 소도 돌아옴. '축생도 오히려 나고 듦이 아침저녁 때
 가 있거늘 님은 어디 계신가'라는 탄성.
◇ 何勿思(하물사) : 어찌 그립지 않으리오

● 대부가 오랫동안 밖에서 부역을 하므로 그 아내가 그리워하여 시를 지어 말하
 였다. "당신이 부역 나가 돌아올 날을 알지 못하는데, 지금은 또한 어느 곳에
 계시는가. 닭은 홰에 깃들고, 날은 저물어 소와 양도 내려오는데, 이렇 듯 가
 축의 들고남도 오히려 아침저녁의 때에 맞는데, 부역 나간 당신은 조금도 쉴
 때가 없구나. 어찌 그립지 않을 수 있겠는가."36)라 했다.

---

36) 大夫久役于外 其室家 思而賦之曰 君子行役 不知其反還之期 且今亦何所至哉. 鷄則棲于塒
 矣, 日則夕矣 牛羊則下來矣 是則畜産出入 尙有旦暮之節 而行役之君子 且無休息之時 使我
 如何而不思也哉.

[6-1-2]

君子于役이여	부역 나가신 당신
不日不月이로소니	몇 날 몇 달인지 알 수 없으니
曷其有佸고	언제쯤 만날 수 있을까
鷄棲于桀이며	닭은 홰에 깃들고
日之夕矣라	날은 저물어
牛羊下括이로소니	소와 양도 제 집 찾아 드는데
君子于役이여	부역 나가신 당신
苟無飢渴。이여다	기갈이나 면하시는지요
賦也ㅣ라.	부이다.

■【註】
◇ 佸(괄) : 이르다[至]. 만남.
◇ 桀(걸) : 말뚝. 횃대.
◇ 苟(구) : 장차[且也].

　　「君子于役」 二章, 章八句.

●남편이 부역에 나간 지 오래되어 날과 달을 셀 수도 없고, 또 어느 때에 돌아와 만날 수 있을지 알지 못하였다. 그러므로 또한 그가 굶주림과 목마름이라도 면하기를 바란 것이다. 이는 근심을 깊이 한 것이며, 아울러 간절한 그리움을 노래한 것이다.[37]

[6-2-1] 君子陽陽　　오! 내 사랑, 킹카

君子陽陽하야	당신이 흡족하여
左執簧하고	왼손에 생황을 잡고

---
37) 君子行役之久 不可計以日月而又不知其何時 可以來會也 亦庶幾其免 於飢渴而已矣. 此憂之 深 而思之切也.

右招我由房하나니   오른손으론 나를 방으로 부르니
其樂只且。ㅣ로다   아, 참으로 즐겁구나.
　賦也ㅣ라.   부이다.

【註】

◇ 陽陽(양양) : 뜻을 이룬 모양[得志之貌].

◇ 簧(황) : 생(笙)과 간(竿)의 대롱 속에 있는 금 잎. 생황.

◇ 由房(유방) : 동 쪽 방으로부터[由 從也, 房 東房也].

◇ 只且(지차) : 어조사.

● 부역 나갔던 남편이 돌아오자 부역에 나갔던 것을 수고로 여기지 않고, 가난과
천함도 편안히 여기며 스스로 즐거워하였다. 그런데 그 집사람들이 또 그 뜻을
알고는 깊이 찬탄하며 아름다이 여기었으니 모두 어질다고 할 만하다. 어찌 선
왕의 은택이 아니겠는가. 혹자가 '서설과 또한 통한다.'라 하니 마땅히 다시 살
펴보아야 할 것이다.38)

[6-2-2]

君子陶陶하야   당신이 즐거워
左執翿하고   왼손에 깃을 쥐고
右招我由敖하나니   오른손으로 나를 춤추는 곳으로 부르니
其樂只且。ㅣ로다   아, 참으로 즐겁도다.
　賦也ㅣ라.   부이다.

【註】

◇ 陶陶(도도) : 화락한 모양[和樂之貌].

◇ 翿(도) : 춤추는 사람이 지닌 깃털, 깃발 등속[舞者 所持羽旌之屬].

◇ 敖(오) : 춤추는 곳[舞位也].

---

38) 蓋其夫旣歸 不以行役 爲勞而安於貧賤 以自樂 其家人又識其意而深歎美之 皆可謂賢矣. 豈
　非先王之澤哉. 或曰 序說 亦通 宜更詳之.

「君子陽陽」 二章, 章四句.

●1장에서 그처럼 그리던 귀가, 특히 사랑하는 님과의 환희의 재회를 기탄없이
   노래하고, 이어 2장에서는 환영 무도회쯤의 화락한 분위기를 연출했다.

[6-3-1] 采葛   칡 캐러 가세

彼采葛兮여   칡 캐러 가세
一日不見이   하루만 못 봐도
如三月兮。로다.   석 달을 못 본 듯.
   賦也ㅣ라.   부이다.

【註】

◇ 采葛(채갈) : 칡을 캠.
◇ 不見(불견) : 보지 못함. 만나지 못함.
◇ 如三月(여삼월) : 석 달 같음. 석 달처럼 길게 느껴짐.

●칡을 캐는 것은 가는 베와 굵은 베를 만들려는 까닭이니, 대개 음분한 자가
   핑계 대고 나가는 것이다. 그것으로 인하여 그 사람을 가리켜서 말하기를 그리
   운 생각이 너무 깊어서 오래되지 않았는데도 오래되었다고 하는 것[39]이라 평
   했다.

[6-3-2]

彼采蕭兮여   쑥 캐러 가세
一日不見이   하루만 못 봐도
如三秋兮。로다.   삼 년을 못 본 듯.
   賦也ㅣ라.   부이다.

---

39) 采葛 所以爲絺綌 蓋淫奔者 託以行也. 故因以指其人 而言思念之深 未久而似久也.

【註】

◇ 蕭(소) : 쑥. 소(蕭)는 물 억새로 잎이 희고 줄기는 거칠며, 소복이 난다. 향기
가 있어 제사 지낼 때 귀신에게 알릴 수 있어 캔다[蕭 荻也 白葉莖麤科生, 有
香氣 祭則焫 以報氣故 采之].

◇ 三秋(삼추) : 가을 석 달[7·8·9]. 3계절[9달]. 3년 등의 설이 있으나, 점층적
수사를 구조미학으로 한 본 작품의 수사상 석달 이상[三秋則不止三月] 3년 이
하인 3계절, 곧 아홉 달로 보고자 한다. 3장에 삼세(三歲)라는 점층적 수사가
나오기 때문이다.

◉쑥을 캐는 것은 그 향기가 좋아 제사 지낼 때 초혼하기 위함이나, 역시 사랑
하는 님을 만나기 위한 방편이다. 하루라도 만나지 못하면 3추, 곧 아홉달 「一
日如三秋」을 못 본 듯하다 했으니, 그 상사의 열정을 알만 하다.

[6-3-3]

彼采艾兮여	약쑥을 캐러 가세
一日不見이	하루만 보지 못해도
如三歲兮。로다.	삼 년을 못 본 듯하여라.
賦也ㅣ라.	부이다.

【註】

◇ 采艾(채애) : 쑥을 캐다. 애(艾)는 쑥의 종류니, 말려서 뜸을 뜰 수 있으므로 캐
는 것이다[艾 蒿屬, 乾之可灸故 采之].

◇ 如三歲(여삼세) : 3년. 4계절이 세 번 지남. 하루가 삼 년이라는 말은 삼추(三
秋)에 그치지 않음[三歲則不止三秋].

「采葛」三章, 章三句.

◉밤바다처럼 들끓는 젊은이들의 그 불같은 연정! 하루가 석 달 ⇒ 삼 추 ⇒ 삼
세라는 점층적 구조미학을 썼다. '일각이 여삼추一刻如三秋'란 이런때 쓰는 말

이다.

더욱 『시경』 시학의 기본 율조가 4언 4구인데, 「채갈采葛」은 4언 3구체인점
은 아마도 상대 민요의 원형으로 이해해도 좋으리라.

<鄭風>

[7-1-1] 叔于田   멋진 우리님!

叔于田하니	공숙단이 사냥을 나서니
巷無居人이로다	마을에 사람이라곤 없는 듯
豈無居人이리오마는	어찌 사는 사람이 없으랴
不如叔也의	공숙단처럼
洵美且仁。이니라	진실로 멋지고 사랑할 줄 몰라서지요
賦也ㅣ라.	부이다.

【註】

◇ 叔(숙) : 장공(莊公)의 아우인 공숙단(共叔段).
◇ 田(전) : 날짐승을 잡는 일[取禽也]. 전렵. 사냥.
◇ 不如~(불여~) : ~만 같지 않음. ~만 같지 못함.
◇ 洵(순) : 진실로(信).
◇ 巷(항) : 마을의 거리[里塗也].
◇ 美(미) : 좋아함. 사랑함.
◇ 仁(인) : 사람을 사랑하는 마음[愛人之心].

◉ 공숙단은 의롭지 않은데도 뭇사람들의 인심을 얻어 나라 사람들이 그를 사랑하
였다. 그러므로 이 시를 지어 이르기를, "공숙단이 나가 사냥을 하면 골목에
사는 사람이 없는 듯한데, 진실로 사는 사람이 없는 것이 아니라, 비록 있지만
공숙단만큼 잘생기고도 어질지는 못하다는 것이다. 이 때문에 사람이 없는 것
같다."라고 한 것이다. 어떤 사람이 의심하기를, 이 또한 민간에서 남녀가 서로

좋아하는 말인 듯 하다고 하였다.[40]

[7-1-2]

叔于狩하니	공숙단이 수렵을 나서자
巷無飮酒ㅣ로다	골목에 술꾼도 보이지 않네
豈無飮酒ㅣ리오마는	어찌 술 마시는 사람이 없으랴
不如叔也의	공숙단만큼
洵美且好。이라	진실로 멋지고 좋아할 줄 몰라서지요
賦也ㅣ라.	부이다.

【註】

◇ 狩(수) : 수렵. 겨울 사냥을 수라 함[冬獵曰狩].
◇ 飮酒(음주) : 술 마시다. 술 마시는 사람.
◇ 美且好(미차호) : 잘 생기고 사람을 좋아함.

● 수렵을 田[取禽]과 狩[冬獵]로, 無居人을 無飮酒로, 美且仁을 美且好로 방전 시킨 단순 구조다. 주인공 단숙공의 영웅성을 미화하고 시적 주체의 연모의 정을 극대화하는 점층적 구조는 역시 상대 민요체 구성의 보편성과 무관하지 않다.

[7-1-3]

叔適野하니	공숙단이 들에 나가니
巷無服馬ㅣ로다	골목에 말 타는 이 없도다
豈無服馬ㅣ리오마는	어찌 말 타는 이 없으랴마는
不如叔也의	공숙단만큼
洵美且武。이니라	진실로 멋지고 용맹치 못하기 때문이죠
賦也ㅣ라.	부이다.

---

40) 段不義而得衆 國人愛之故 作此詩 言出而田 則所居之巷 若無居人矣 非實無居人也, 雖有而不如叔之美且仁 是以 若無人耳. 或疑此亦民間 男女相悅之詞也.

【註】

◇ 適(적) : 나아감[之也].
◇ 野(야) : 교외[郊外曰野].
◇ 服(복) : 타다[乘也].

　　　「叔于田」 三章　章五句.

● 역시 공숙단의 용맹성으로 맺음했다. 1장과 2장에서 연모의 대상인 공숙　단의 仁(사람을 사랑하는 어진 인성)하고 好(사람을 좋아하는 성품)한 자질, 이른바 인성의 장점을 사모해 칭송하고, 그의 탁월한 무공으로 연정의 논리를 합리화 했다.

　[7-2-1] 風雨　　　　비바람 치는 밤

風雨凄凄ㅣ어늘　　　　비바람 서늘한데
鷄鳴喈喈로다　　　　　닭울음소리 꼬끼요
旣見君子호니　　　　　이미 그대를 보았으니
云胡不夷。리오　　　　어찌 평안치 않으리오
　賦也ㅣ라.　　　　　　　賦이다.

【註】

◇ 凄凄(처처) : 차갑고 서늘한 기운[寒凉之氣].
◇ 喈喈(개개) : 닭 울음소리. 의성어[鷄鳴之聲].
◇ 君子(군자) : 밀회를 약속한 남자.
◇ 胡不夷(호불이) : 어찌 화평치 않으리오

● 차갑고 서늘한 비바람 몰아치는 늦가을 밤, 사모하는 님 그리워만 하며 홀로 지내기엔 너무나 모진 형벌의 시간이다. 대저 이런 밤은 하늘이 부부의 금슬을 돕는 밤이건만 ---. 그렇다. 무심치 않은 하늘이 어서 간 밤 그리던 님이 오셨다. 방정맞은 닭 울음 소리긴 하나 꿈같은 한 밤을 지냈으니 왜 아니 행복하겠

는가? 정 둔 날 아침 행복에 겨운 여심이 '云胡不夷' 넉 자의 字背에 흥건하다.

[7-2-2]

風雨瀟瀟ㅣ어늘	비바람 몰아치는데
鷄鳴膠膠ㅣ로다	닭울음소리 꼬끼요
旣見君子호니	이미 그대를 보았으니
云胡不瘳。ㅣ리오	어찌 병이 낫지 않으리오
賦也ㅣ라.	賦이다.

【註】

◇ 瀟瀟(소소) : 비바람 소리[風雨之聲]의 의성어.

◇ 膠膠(교교) : 닭 울음소리. 1장의 개개와 같음[猶喈喈].

◇ 胡不瘳(호불추) : 어찌 병이 낫지 않으리오[病愈也]. 그리움이 쌓여 난 상사의 병이 말끔히 나음.

◉비바람이 몰아치는 밤, 그 격랑의 밤일수록 사랑하는 두 사람만의 연정은 정작 천지의 기미에조차 비밀스러울 수 있지 않았을까? 얼마나 밤바다의 격정 같은 그 밤은 행복했을까? 시적 화자의 '어찌 화평하지 않았으리오'라는 말에서 '그 간 앓던 상사의 병이 다 나았다[胡不癥]' 했다. 상사의 묘약은 바로 사랑하는 님의 따스운 가슴이다.

[7-2-3]

風雨如晦어	비바람 불어 어두컴컴한데
鷄鳴不已로다	닭울음소리는 그치지 않네.
旣見君子호니	이미 당신을 보았으니
云胡不喜。리오	어찌 기쁘지 않으리오
賦也ㅣ라.	부이다.

【註】

◇ 晦(회) : 어두움[昏].

◇ 已(이) : 그침[止也].

◇ 胡不喜(호불희) : 어찌 기쁘지 않으리오

「風雨」 三章 章四句.

◉ 날은 밝았으나 비바람 음산한 아침, 닭의 울음소리도 개의치 않는 열락(悅樂)의 순간이다. 몸살처럼 뒤채던 마음의 평정은 물론, 그처럼 아리던 상사의 병도 나았다. 무엇이 부럽고 아쉬운가. 오로지 이 님이있어 이렇게 기쁜 것을. '胡不~'의 "어찌 ~하지 않으리오"라는 강한 반문법의 전달심상은 독자에게 시적 주체 못지 않은 공감을 선사하기에 충분하다.

[7-3-1] 出其東門   동문을 나서니

出其東門호니	동문을 나서니
有女如雲이로다	여자들 구름처럼 많구나
雖則如雲이나	비록 구름처럼 많다지만
匪我思存이로다	내 사랑은 없네
縞衣綦巾이여	흰옷에 쑥 빛 수건을 쓴 이
聊樂我員。이로다	애오라지 나를 즐겁게 하도다.
賦也ㅣ라.	부이다.

【註】

◇ 如雲(여운) : 구름 같음. 곧 아름답고 많음[美且衆也].

◇ 我思(아사) : 내가 생각하는 사람. 곧 내 사랑.

◇ 綦巾(기건) : 쑥 빛 수건. '호의기건(縞衣綦巾)'은 여인의 남루한 차림. 곧 자기의 아내를 칭함.

◇ 聊樂我(요락아) : 오로지 나를 즐겁게 함.

◇ 員(원) : 어조사[云].

●음욕에 빠진 여자들을 보고 지은 시다. "아름답고 많은 여인들, 그러나 내가 사
랑하거나 사모하는 바 아니며, 내 아내가 비록 가난하고 누추하나 애오라지 나
를 사랑하고, 나 역시 내 아내 하나로 스스로 즐거워할 만하다"고 노래했다.[41]

[7-3-2]

出其闉闍호니	후미진 성대를 나서니
有女如荼ㅣ로다	꽃다운 여인들 예쁘기도 하여라
雖則如荼ㅣ나	비록 띠꽃처럼 아름다우나
匪我思且ㅣ로다	내 사랑 아니라오
縞衣茹藘ㅣ여	흰옷에 붉은 수건 쓴 사람
聊可與娛。ㅣ로다	애오라지 함께 즐길 내 사랑이지.
賦也ㅣ라.	부이다.

【註】

◇ 闉闍(인도) : 굽은 성첩. 闉은 굽은 성이요, 闍는 성첩.

◇ 荼(도) : 띠꽃으로 줄기는 희고 사랑스럽다 함[茅華 輕白 可愛者也].

◇ 且(저) : 어조사.

◇ 茹藘(여려) : 붉게 물들인 수건. 자기의 조강지처(糟糠之妻).

◇ 娛(오) : 즐거워함. 부부의 낙을 함께 함.

　　　「出其東門」 二章 章六句.

●당시 음란한 풍속이 크게 유행하던 때였다. 그러나 시적 화자는 비록 화려하거
나 아름답지는 않으나 흰옷에 붉은 두건 쓴 조강지처와의 사랑으로 만족한다
는 건전한 노래다. 따라서 원전에서도 시대 풍조와 무관히 "이와 같은 사람이
있어, 또한 스스로 즐거워하며 조류에 따르지 않았으니", "수오의 마음을 사람
마다 모두 가지고 있다."함을 어찌 믿지 않겠는가.[42]라 했다.

---

41) 人見淫奔之女而作此詩 以爲此女雖美且衆 而非我思之所存也, 如己之室家 雖貧且陋 而聊可
　　以自樂也.

[7-4-1] 野有蔓草 　　　덩굴 풀

野有蔓草하니	들에 있는 덩굴풀에
零露漙兮로다	내린 이슬이 방울져 있네
有美一人이여	아름다운 한 사람이여
淸揚婉兮로다	눈썹과 눈 사이 아리땁구나
邂逅相遇호니	우연히 서로 만나니
適我願兮。로다	내 바라던 이상형이로다.
賦而興也ㅣ라.	부이자 흥이다.

【註】

◇蔓草(만초) : 덩굴 풀. 두시(杜詩) 「신혼별新婚別」 첫 련에 "새 삼이 뺑대쑥에 붙어 자라면, 치뻗는 그 덩굴 길지 못하고[兎絲附蓬麻 引蔓故不長]"라 했다.
◇漙(부) : 이슬이 많이 모여 방울진 모양.
◇淸揚(청양) : 미목(眉目)의 사이. 완연히 아름다운 모습[婉然美也].
◇邂逅(해후) : 약속하지 않았는데 우연히 만남.

◉아름다운 남녀가 촉촉이 저녁 이슬 내리는 들에서 만났다. 참으로 우연히, 무성히 자란 덩굴풀의 잎새마다 맑은 이슬 영롱한 정경을 서술하며 천연하고 필연한 흥을 일으켰다. 말하자면 "들에 있는 덩굴풀은 내린 이슬 방울져 있고, 아름다운 한 사람은 눈썹과 눈 사이가 아름답구나. 이 우연이야말로 바로 우리의 소원을 이룸이다."라고 합창한 것이다.[43]

[7-4-2]

野有蔓草니	들에 있는 덩굴풀

---

42) 是時 淫風大行 而其間 乃有如此之人 亦可謂能自好 而不爲習俗所移矣. 羞惡之心 人皆有之 豈不信哉.
43) 男女相遇於野田草露之間 故賦其所在 以起興, 言野有蔓草則 零露漙矣, 有美一人則 淸揚婉矣. 邂逅相遇 則得以適我願矣.

零露瀼瀼이로다   내린 이슬 방울방울 영롱한데
有美一人이여   아름다운 그대여
婉如淸揚이로다   눈썹과 눈 사이 아리땁구나
邂逅相遇호니   우연한 만남
與子偕臧。이로다   행복해요, 그대와 함께라면.
　賦而興也ㅣ라.   부이자 흥이다.

【註】

◇瀼瀼(양양) : 이슬이 많은 모양[露多貌]. 이슬이 방울방울 맺힌 모양.

◇偕臧(해장) : 모두 아름다움. 곧 그대를 만나고 보니 천하의 모든 것을 얻은 듯 아름답고 만족스러움[與子偕臧 言各得其所欲也].

　　「野有蔓草」 二章 章六句.

●1장에서 방울진 이슬의 아름다움을 말하고, 2장에서는 그 이슬방울의 아름다움을 양양(瀼瀼)으로 형상화시켰는가 하면, 눈썹의 아름다움 역시 심화하더니 첫눈에 반한 그 귀한 만남을 행복으로 승화시켰다.

[7-5-1]　溱洧　　　　　싫지 않은 유혹

溱與洧ㅣ   진수와 유수는
方渙渙兮어늘   봄물이 넘실대는데
士與女ㅣ   남자와 여자
方秉蕑兮로다   막 난초를 잡고 있네요
女曰觀乎인뎌   "가 보셨나요?"
士曰旣且ㅣ로다   "이미 보았지."
且往觀乎인뎌   "또 가 볼까요
洧之外는   유수 외곽은
洵訏且樂이라하야   정말 황홀하고 즐겁다죠"
維士與女ㅣ   그이와 그녀

伊其相謔하야	서로 희롱하며
贈之以勻藥。이로다	작약을 주고받네요
賦而興也ㅣ라.	부이자 흥이다.

【註】

◇ 渙渙(환환) : 봄물이 성한 모양. 대개 얼음이 녹아 물이 불은 때.

◇ 蕳(간) : 난초[蘭]. 줄기와 잎은 택란(澤蘭)과 같고 넓으며, 마디는 길고, 중간은 붉다. 높이는 사오 척이라 함.

◇ 秉蕳(병란) : 난초를 잡다.

◇ 且(저) : 어조사.

◇ 洵(순) : 진실로[信]

◇ 訏(우) : 큰 것[大也]

◇ 勻藥(작약) : 향초(香草). 삼월에 꽃이 피고, 꽃의 색깔은 사랑스럽다[芳色可愛] 함.

● 정나라 풍속에 삼월 상사 날 물가에서 택란을 캐며 상서롭지 못함을 없애는 민풍이 있었다. 이를 빌미로 여자가 마음에 드는 남자에게 "어찌 가보지 않습니까?"라고 유혹하자, 남자가 말하기를 "내 이미 갔다 왔다."하자 여자가 다시 조르며 말하기를 "또 가요 그 유수 바깥쪽은 그 땅이 진실로 크고 넓어 즐거울 만 하답니다." 이에 남자와 여자가 서로 마음이 맞아 희롱하며, 또 작약을 선물로 주며 은정의 두터움을 맺었다. 이 시도 음욕에 빠진 자가 스스로 서술한 것이다.[44]

[7-5-2]

溱與洧ㅣ	진수와 유수는
瀏其淸矣어늘	깊고도 맑은데
士與女ㅣ	남자와 여자

---

44) 鄭國之俗 三月上巳之辰 采蘭水上 以祓除不祥故 其女問於士曰 往觀乎, 士曰 吾旣往矣. 女復要之曰 且往觀乎 蓋洧水之外 其地信寬大 而可樂也. 於是 士女相與戲謔 且以勻藥 爲贈 而結恩情之厚也 此詩淫奔者 自敍之辭.

殷其盈矣로다	많이도 모여 흥청대네요
女曰觀乎인뎌	"가 보셨나요?"
士曰旣且ㅣ로다	"물론이죠"
且往觀乎인뎌	"저랑 다시 가보실래요
洧水之外는	유수 밖은
洵訏且樂이라하야	정말 으리으리한 환락가라죠"
維士與女ㅣ	그이와 그녀
伊其相謔하야	벌써 희롱하며
贈之以芍藥。이로다	선물로 정을 주고받네요
賦而興也ㅣ라.	부이자, 흥이다.

【註】

◇ 劉(유) : 깊은 모양

◇ 殷(은) : 많은 모양.

「溱洧」 二章 章十二句.

● 정나라 위 나라의 음악이 모두 음성(淫聲)이나, 그러나 시로써 상고하면 위 나라 시는 39 편에 음욕에 빠진 시가 1/4이요, 정 나라 시는 21 편에 음분한 시가 이미 5/7에 그치지 않고, 위시는 그래도 남자가 여자를 좋아한 말이요, 정시는 모두 여자가 남자를 유혹한 말이다. 위나라 사람은 그래도 풍자하고 기롱하며 징계한 뜻이 많으나, 정 나라 사람은 방탕하기만 하여 다시 부끄러워하고 뉘우치려는 싹조차 없으니, 이런 즉 정성의 음란함이 위 나라 시보다 심한 것이다. 그러므로 부자(夫子)께서 나라를 논하실 때에 다만 정성(鄭聲)으로만 경계를 삼으시고, 위 나라는 말하지 않으셨다. 대개 더욱 심한 것을 들어 말한 것이니 진실로 자연히 차례가 있는 것이다. "시로써 볼 만하다."는 것이 어찌 사실이 아니겠는가.45)

---

45) 鄭衛之樂 皆爲淫聲 然 以詩 考之 衛詩 三十有九而淫奔之詩 才四之一, 鄭國 二十有一而淫奔之詩 已不翅七之五, 衛猶爲男 悅女之詞, 而鄭 皆爲女惑男之語 衛人 猶多刺譏懲創之意, 而鄭人 幾於蕩然無復羞 愧悔悟之萌 是則 鄭聲之淫 有甚於衛矣. 故夫子論爲邦 獨以鄭聲爲戒 而不及衛 蓋擧重而言 固自有次第也. 詩可以觀 豈不信哉.

<陳風>

[8-1-1] 月出　　　　황홀한 달밤

月出皎兮어늘	달이 떠서 환하거늘
佼人僚兮로다	아름다운 사람 예쁘기도 해라
舒窈糾兮어뇨	이 근심 어찌하면 풀 수 있나
勞心悄兮。호라	애태우는 마음 두근두근하네.
興也ㅣ라.	흥이다.

【註】

◇ 皎(교) : 달빛
◇ 佼人(교인) : 아름다운 사람[美人也].
◇ 僚(요) : 좋은 모습[好貌].
◇ 窈(요) : 그윽하고 멺[幽遠也].
◇ 糾(규) : 근심이 맺힌 것[愁結也].
◇ 悄(초) : 근심[憂也].

◉이것은 또한 남녀가 서로 즐거워하며 생각하는 말이다. "달이 뜨면 환하고 아름다운 사람은 예쁘기도 하니, 어찌하면 가슴속에 쌓인 정을 풀어낼 수 있을까! 이 때문에 애태우는 마음만 두근두근한다."고 말한 것이다.46)

[8-1-2]

月出皓兮어늘	달이 떠서 환하거늘
佼人懰兮로다	아름다운 사람 예쁘기도 하네
舒慢受兮어뇨	이 근심 어찌하면 풀 수 있나

---

46) 此亦男女相悅而相念之詞, 言月出則皎然矣, 人則僚然矣 安得見之而 舒窈糾之情乎. 是以 爲之勞心而然也.

勞心悄兮。호라   애태우는 마음 두근두근하네.
　　興也ㅣ라.   　홍이다.

【註】

◇ 懰(유) : 좋은 모양[好貌]. 예쁜 모양.
◇ 慅受(우수) : 근심스런 생각[憂思也].
◇ 悄(소) : 근심함[猶悄也].

● 휘영청 밝은 달밤, 어여쁜 연인과 함께 했다. 워낙 아름답기도 하려니와 교교한 달빛 아래서의 여인은 더욱 청초하고 교태로운 법이니 월하미인(月下美人)이라 하지 않았던가. 1장의 교교(皎皎)한 달빛을 호호(晧晧)로 심화시키고, 그 님의 청초한 미모를 요(僚)에서 유(懰)로 발전시켰는가 하면, 님에 대한 심회를 풀 길 없는 안타까움에 애타는 심정을 초(悄)하고 소(慅)하다고 토로하고 있다.

[8-1-3]

月出照兮어늘   달이 떠서 환하거늘
佼人燎兮로다   아름다운 사람 훤하기도 하네
舒夭紹兮어뇨   맺힌 근심 어찌하면 풀 수 있나
勞心慘兮。호라   애태우는 마음 울렁울렁하네.
　　興也ㅣ라.   　홍이다.

【註】

◇ 燎(요) : 밝음[明也].
◇ 夭紹(요소) : 근심이 맺힌 뜻[糾緊之意].
◇ 慘(참) : 근심[憂也].

　　<月出>三章 章四句.

● 역시 상대 민요체 시가의 일반적 구조미학인 동일어구의 반복, 혹은 비장미의

심화라는 특징을 읽을 수 있다. 『시경』의 이 같은 「월출」 장은 이 후 거국(去國 : 임금의 곁을 떠나 있는) 고신(孤臣)들의 연군(戀君) 장에 간단없이 출현됨을 볼 수 있다.

<楚辭>

思美人	그리운 님
思美人兮	님 그리워
擥涕而竚眙	눈물을 닦고 우두커니 바라보네
媒絕路阻兮	중매 끊기고 길 막혀
言不可結而詒	말을 맺어 전할 수 없어라
蹇蹇之煩冤兮	충직한 마음 근심과 원망으로 차 있어
陷滯而不發	맺힌 마음 울적해 풀 길 없어라
申旦以舒中情兮	날 밝도록 속마음 펴고자 하나
志沈菀而莫達	마음에 맺힌 답답함 드러낼 수 없구나
願寄言於浮雲兮	뜬구름에 말 붙이고 싶지만
遇豐隆而不將	풍륭을 만나도 전해주려 하지 않네
因歸鳥而致辭兮	돌아가는 새에게 말을 전하려 해도
羌迅高而難當	아! 너무 빠르고 높아 만나기 어려워라
高辛之靈盛兮	고신씨의 높은 영덕
遭玄鳥而致詒	제비를 만나 선물 받았지요
欲變節而從俗兮	변절하여 세속을 따르려 해도
媿亦初而屈志	처음 마음 바꿔 뜻 굽히기 부끄러워라
獨歷年而離愍兮	홀로 여러 해 우환을 만나
羌憑心猶未化	아! 분노 아직 가시지 않는다오
寧隱閔而壽考兮	차라리 근심 안은 채 한 평생 살지라도
何變易之可爲	어이 뜻을 바꿀 수 있으랴
知前轍之不遂兮	앞 수레 가던 길 갈 수 없음을 알면서도

未改此度	이 태도 이제껏 고치지 않고
車旣覆而馬顚兮	수레 엎어지고 말 쓰러져도
蹇獨懷此異路	혼자 오롯이 남다른 길 가노라
勒騏驥而更駕兮	천리마에 굴레 씌워 다시 수레 끌리어
造父爲我操之	조보에게 고삐 잡게 하고
遷逡次而勿驅兮	천천히 나아가며 달리지 말고
聊暇日而須時	시간을 늦춰 때를 기다리자고
指嶓冢之西隅兮	파총산 서쪽 굽이 가리키며
與纁黃以爲期	해 질 녘에 가 닿기를 기약하노라
開春發歲兮	새 봄의 벽두에
白日出之悠悠	밝은 태양 유유히 솟아
吾將蕩志而愉樂兮	내 장차 마음 내키는 대로 즐기려
遵江夏而娛憂	강수와 하수 따라가며 시름 푸노라
擥大薄之芳茝兮	큰 풀숲의 향기로운 백지를 꺾고
搴長洲之宿莽	강가 기다란 섬의 숙근초를 뽑으며
惜吾不及古人兮	옛 고인과 함께 하지 못함 애석하여라
吾誰與玩此芳兮	나는 누구와 이 향초들을 완상할까
解萹薄與雜菜兮	많이 나 있는 마디풀과 잡채 뽑아
備以爲交佩	양쪽 패물로 마련하면
佩繽紛以繚轉兮	풍성하게 얽혀 아름다워도
遂萎絶而離異	끝내는 시들어 떨어지느니
吾且僊偟以娛憂	나는 잠시 서성이며 시름 달래고
觀南人之變態	남쪽 사람들의 괴상한 풍속 보며
絶快在中心兮	절로 마음 속에 이는 즐거움에
揚厥憑而不竢	그 분노 발산할 때 기다리지 않고
芳與澤其雜糅兮	향기와 악취 섞어 얽혀도
羌芳華自中出	아아, 향기로운 꽃 그 속에서 나오나니
粉郁郁其遠蒸兮	짙은 향기 멀리까지 번짐은
滿內而外揚	안으로 가득 차 밖으로 드날림이니
情與質信可保兮	진정과 천성 진실로 보전만 되면

羌居蔽而聞章	아아, 숨어살아도 명성이야 드나는 법
令薜荔已爲理兮	줄사철나무를 중매 삼으려 해도
憚擧趾而緣木	발을 들어 나무에 기어오르기 싫고
因芙蓉而爲媒兮	연꽃에게 중매 부탁하려 해도
憚蹇裳而濡足	옷자락 걷어올려 발 적시기 싫어라
登高吾不說兮	높은 데 오르기도 싫고
入下吾不能	낮은 데 들기도 할 수 없어
固朕形之不服兮	본디 나는 몸 굽히지 않고
然容與而狐疑	그렇게 머뭇머뭇 주저하노라
廣遂前畫兮	전의 계획을 넓혀 수행하려
未改此度也	내 태도 이제도 고치지 않고
命則處幽吾將罷兮	운명으로 쓸쓸히 사는 나 고달파
願及白日之未暮	밝은 해 아직 저물지 않은 때에
獨煢煢而南行兮	홀로 외로이 남쪽으로 가려 함은
思彭咸之故也。	팽함을 생각하기 때문이라.

【註】

◇ 美人(미인) : 아름다운 사람. 초(楚) 나라 회왕(懷王).

◇ 寧涕(녕체) : 눈물을 닦다.

◇ 竚眙(저이) : 오래도록 서서 바라봄. 우뚝 서서 바라봄.

◇ 致詒(치이) : 보냄을 받다. 곧 주어서 받음.

◇ 蹇蹇(건건) : 마음이 충직한 모양.

◇ 煩冤(번원) : 근심과 원망. 충정한 마음 속이 근심과 원망으로 차 있음.

◇ 陷滯(함체) : 울적하게 맺힘. 답답하게 맺혀 있음.

◇ 申旦(신단) : 아침이 됨. 날이 밝도록. 날이 거듭됨. 나날이.

◇ 菀(완) : 쌓이다. 울적함이 쌓이다.

◇ 風隆(풍륭) : 雲師. 구름의 신.

◇ 將(장) : 전해주다.

◇ 羌(강) : 아아! 감탄사.

◇ 難當(난당) : 이르기 어려움. 만나기[當] 어려움.

◇ 高辛(고신) : 오제(五帝)의 하나인 제곡(帝嚳). 황제의 증손.

◇ 靈盛(영성) : 제곡의 영덕(靈德)이 풍성하고 밝음[盛明]함.

◇ 玄鳥(현조) : 제비. 고신씨(高辛氏)와 비(妃) 간적(簡狄)이 하늘에 아들을 빌자, 제비가 알을 떨어뜨려 그 알을 먹고 아들을 낳으니 그 가 은(殷) 나라의 선조 설이요, 나중 요(堯)의 사도(司徒)가 됨.

◇ 致詒(치이) : 선물을 바치다.

◇ 離慜(이민) : 우환(憂患)을 만나다.

◇ 憑心(빙심) : 가득한 분노.

◇ 隱閔(은민) : 근심을 감추다.

◇ 壽考(수고) : 장수(長壽). 연수(年壽)를 다함.

◇ 知前轍之不遂(지전철지불수) : 지난날의 삶이 옳지 않았음을 앎.

◇ 勒騏驥(늑기기) : 천리마에 굴레를 씌움.

◇ 造父(조보) : 전설적인 마부(馬夫). 진(秦) 나라 선조로 팔준마(八駿馬)의 수레를 몰고 주(周) 목왕(穆王)을 위해 천하를 돌았다 함.

◇ 遷逡次(천준차) : 천천히 나아가다. 나아가기를 천천히 함.

◇ 須時(수시) : 때를 기다림.

◇ 嶓冢(파총) : 한수(漢水)의 발원지. 섬서성 면현(沔縣) 서남쪽에 있는 산 이름.

◇ 纁黃(훈황) : 황혼. 석양 빛.

◇ 江夏(강하) : 대강(大江)인 양자강과 하수.

◇ 芳茝(방채) : 아름다운 백지.

◇ 宿莽(숙모) : 숙근초 다년생 향초. 백지와 함께 대우하여 고결과 절개를 상징함.

◇ 解萹薄(해편박) : 무더기로 난 마디풀을 뽑다. 잡채(雜菜)는 식용. 편(萹)·채(菜) 는 '백지·숙모'의 대로 중재(中材)의 인물을 비유.

◇ 交佩(교패) : 좌우 양쪽의 패물.

◇ 繚轉(요전) : 얽혀 돌다.

◇ 萎絶(위절) : 시들어 끊어짐.

◇ 離異(이이) : 떨어져 흩어짐.

◇ 儃佪(천회) : 서성대다.

◇ 芳與澤(방여택) : 향기와 악취. 澤의 고자 (日+犬)을 臭로 오인한 듯.

◇ 不說(불열) : 기뻐하지 아니함.

◇ 居蔽(거폐) : 집이 덮이고 숨겨짐. 숨어삶.

◇ 聞章(문장) : 문명·명예 등이 드러남.

◇ 薜荔(벽려) : 줄사철나무. 상록수. 초사에 산견되는 선미(善美)의 상징어나, 여기서는 고관대작의 비유.

◇ 爲理(위리) : 중매로 삼다. 중매 세우다.

◇ 椽木(연목) : 나무를 기어오름. 절조를 굽히고 고관대작에 빌붙음.

◇ 容與(용여) : 떠나기 어려워 머뭇거림.

◇ 狐疑(호의) : 의심하여 어찌할 바를 모르고 머뭇거림.

◇ 彭咸(팽함) : 은(殷)나라 현인. 여러 차례 임금을 간했으나, 듣지 않자 물에 투신했다 함.

◉ 『시경』이 중국의 전통적 유가사상을 기저로 한 북방문학의 상징이라면 『초사』는 노장적 사조를 바탕으로 한 남방문학의 대표적 형식이다. 따라서 북방문학이 기건한 사실적 현실문학이라면, 남방문학은 애상적 색조를 띤 낭만문학이다. 특히 「사미인」은 굴원(屈原)의 「구가九歌」 중 한 편으로, 회왕을 그리워하는 충신연주(忠臣戀主)의 작품으로 순수 연시(戀詩)의 범주로 편입하기엔 무리가 없지 않다. 그러나, 그의 「이소離騷」도 그렇지만, 그것이 남녀, 특히 군신의 관계를 부부의 애정논리로 비유하였고, 이래 우리의 수많은 연군시가의 남상이므로 이 1편으로 그 대강을 기름케 하고자 함이다.

Ⅱ.
고전연시로서의 한시

Ⅱ-1. 그리운 당신

❶ 중 국 편 – 이백과 두보의 러브스토리

越女詞	강남의 여인들

耶溪採蓮女　　야계의 연밥 캐는 아씨들
見客棹歌回　　손을 보자 뱃노래하며 돌아들더니
笑入荷花去　　윙크하며 연꽃 사이로 숨어
伴羞不出來。　　수줍은 양 들고나지 않네.

<李白>

【註】

◇ 耶溪(야계) : 약야계(若耶溪). 회계(會稽) 산음(山陰) 소재 물이름. 서시(西施)의 출생지로 유명함.
◇ 棹歌回(도가회) : 뱃노래 부르며 돌아듦.
◇ 伴羞(양수) : 짐짓 수줍은 양.

◉5,000년 중국 문학사를 통해 시가문학을 그 꽃이라 하며, 그 시가문학을 꽃피운 수많은 시인 중 이백(701~762)과 두보(712~770)를 시선(詩仙), 시성(詩聖)으로 추앙해 받들어 왔다. 이백이 시선으로 통칭되는 유래는 당대의 재상 하지장(賀知章)이 이백의 악부체 「오서곡烏棲曲」을 읽고 "귀신도 흐느끼게 할 작품"이라며 적선인(謫仙人)이라고 찬탄하면서부터이다. 인간 상상의 세계를 초월하는 기이한 착상과 기발한 시어, 그리고 그 시어가 지닌 다양한 빛깔과 천의무봉한 자연미, 북방의 호건과 건안의 비분강개, 남방의 아기자기한 서정을 아우른 그의 시문학은 두보도 넘짚지 못할 이백만의 성역이었다.
　　위의 「월녀사」 역시 천진난만한 강남의 풍속화일 뿐 애써 조탁한 흔적이 없

다. 워낙 강남의 이성간 자유분방한 교제의 빌미를 역시 구속없는 시인의 안목
으로 노래한 시다. 동일 주제의 다른 시편을 더 참고해 보자.

採蓮曲	연밥 캐는 여인의 노래
若耶溪傍採蓮女	약야계 시냇가 연밥 캐는 아가씨
笑隔荷花共人語	꽃을 사이하고 도란도란 희롱인데
日照新粧水底明	화사한 꽃단장 물밑조차 밝고
風飄香袖空中舉	싱그런 봄바람 향기론 옷자락 펄렁이네
岸上誰家遊冶郎	뉘 집 한량인가? 강둑의
三三五五暎垂楊	수양버들 사이로 삼삼오오 훔쳐보다
紫騮嘶入落花去	적토마 힝힝대며 내닫자 흩지는 꽃잎
見此躊躇空斷腸。	설레는 아씨들 마음 속절없이 에인다오

<李白>

【註】

◇ 採蓮曲(채련곡) : 악부체(樂府體).

◇ 新粧(신장) : 새로 한 단장. 혹 '妝'으로 된 이본이 있어 '새 옷'으로 풀이한 곳
   이 있으나, 이 때 '妝'도 '粧'과 동의어로 읽어야 시의에 맞다.

◇ 水底明(수저명) : 물 속에서 밝음. 곧 물에 비친 자신의 아름다운 모습에 자신
   이 깜짝 놀라는 나르시즘.

◇ 遊冶郎(유야랑) : 한량. 워낙 한량이라면 북방 한족(漢族)의 자제로 사방지지(四
   方之志)를 빙자한 유객을 칭한 말.

◇ 紫騮(자류) : 갈기는 검고 몸은 붉은 말. 적토마. 천리명마.

◇ 嘶入落花去(사입낙화거) : 힝힝거리며 내닫자, 그 날쌘 기운에 꽃잎이 짐. 여인
   을 유혹하기 위한 용맹의 과시.

◇ 躊躇空斷腸(주저공단장) : 머뭇머뭇 속절없이 애간장 태움.

● 워낙 강남의 경치야 췌언이 부질없지만[正是江南好風景]<杜詩 · 江南逢李龜年>
   특히 월(越) 나라 절강성의 약야계는 물 맑고 산수가 아름다워 이웃한 오(吳)나

라와 함께 색향으로 이름난 곳이다. 그래서 두보(杜甫)도 그의 시에서 "오 나라 계집과 월 나라 여인은 천하에서 제일 예쁘다(吳姬越女天下白)" 했는가 하면, 이백도 "오 나라 아녀자들 희고 어여뻐라, 뱃머리 흔들며 아양이라네. 윙크하며 사랑의 정 보내더니, 꽃 꺾어 길손을 유혹하네(吳兒多白晳 好爲蕩舟劇. 賣眼擲春心 折花調行客)" <越女詞>라 했다. 이 시 역시 연밥 따는 강남 여인의 춘정(春情)을 노래한 악부체로 앞의 「월녀사」와 동곡이음(同曲異音)이다. 워낙 강남은 풍속이 질탕한 곳이다. 일찍이 최치원도 「강남녀江南女」에서 "강남이라 풍속이 질탕타 보니, 딸자식 교태롭고 예쁘게만 길러. 천성은 바느질조차 부끄럽게 여기고, 단장에다 풍악이나 공그른다네. 배운대야 전아한 노래 아니고, 온통 춘정에 이끌렸다오 스스로 제 꽃다운 맵씨, 길길이 한창 당년 누리리란다. 돌이켜 이웃 친구 빈정대기를, 진종일 베틀에서 북을 놀려도, 북놀림에 네 몸만 수고로울 뿐, 비단옷은 네 차지가 아니란다."[47]라고 노래했다.

우리 시화비평 문학의 집대성자인 홍만종도

彼美採蓮女　　연밥 따는 저 아리따운 아가씨
繫舟橫塘渚　　횡당 물가에 배를 매고는
羞見馬上郞　　어머 어째, 백마 탄 한량과 눈빛 마주치자
笑入荷下去。　방긋 윙크하며 연꽃 사이로 숨네요

<採蓮曲>

라고 노래했다. 1·2구의 서경 묘사야 3·4구의 화자의 서정적 뉴앙스를 유도하기 위한 방편이거니와, 3구의 '見'은 피동이지만 실은 봬주기를 바란 짐짓이다. '羞' 1자의 묘는 또 얼마나 생증스러운가. 자못 부끄러운 척하며 연꽃 사이로 숨어선 '날 찾아 주세요'하며 한량의 간장을 태우는 수준 이상의 교태가 아닌가. 시인이 춘정이 무녹은 여심을 읽었는데 한량이 무정할 리 없다. 이렇게 맺은 사랑은 곧장 뱃길을 구당 하구로 돌려 무한한 정념을 태웠으리니, 고금 없이 젊음은 인생의 향기요, 사랑은 삶의 활력소이자 생명의 원천이다.

---

47) 江南蕩風俗 養女嬌且憐 性冶恥針線 粧成調管絃 所學非雅音 多被春心牽 自謂芳華色 長占艷陽年 却笑隣舍女 終朝弄機杼 機杼縱勞身 羅衣不到 汝)<三韓詩龜鑑·上>

長干行   장간 아녀자의 노래

妾髮初覆額   제 머리카락 막 이마를 덮을 나이에
折花門前劇   꽃을 따 문 앞 소꿉놀이 밥상도 차리고
郞騎竹馬來   그 님은 죽마 타고 와
遶牀弄靑梅   상을 돌며 청매 놀이 함께 놀며
同居長干里   장간 마을에서 자라나
兩小無嫌猜   우린 서로 흉허물 몰랐죠
十四爲君婦   내 나이 열 넷에 님께 시집와
羞顔未嘗開   부끄러워 얼굴도 정작 못 쳐들고
低頭向暗壁   고개 숙인 채 벽을 향해 앉아
千喚不一回   수 없이 불러도 대답 한 번 못하다가
十五始展眉   열 다섯에야 겨우 눈길 마주치며
願同塵與灰   생사고락 함께 하길 바랬고
常存抱柱信   언제나 미생의 신의를 지닌 채
豈想望夫臺   어찌 지아비 그릴 망부대 상상이나 했으랴
十六君遠行   열 여섯 꽃다운 나이에 님께선 멀리 가시니
瞿塘灩澦堆   구당협 염여퇴 험한 뱃길
五月不可觸   장마철엔 더욱 범접할 곳 못돼서
猿聲天上哀   잰나비 구슬픈 울음소리만 메아리친다죠
門前遲行跡   문 앞 아쉬운 길 떠나시던 당신의 발자국
一一生綠苔   자국마다 푸른 이끼 돋아 자라
苔深不能掃   쓸 수도 없을 만큼 자랐다오
落葉秋風早   이른 가을 바람 나뭇잎 지는 데
八月胡蝶來   때아닌 나비 한 쌍 날아와
雙飛西園草   암수 다정히 서녘 화원을 나니니
感此傷妾心   어찌하오리까! 에이는 이 마음
坐愁紅顔老   그리움에 지쳐 곱던 얼굴 주름졌다오
早晩下三巴   하루 빨리 삼파에 이르시거던
預將書報家   소식부터 주셔요, 기다리는 저에게

相迎不道遠　　천리인들 멀다 하리까, 당신 오시는 길인데
直至長風沙。　　곧장 달려가 장풍사에서 기다릴께요

<李白>

【註】

◇ 長干行(장간행) : 건업(建業), 현 남경(南京) 남부 산간 마을. 곧 남경 출신 서민의 애절한 사랑 일대기. ‘行’은 악부체로 ‘노래’의 뜻.
◇ 初覆額(초복액) : 막 이마를 덮을 나이. 소꿉놀이하던 어린 시절.
◇ 折花~劇(절화~극) : 꽃을 꺾어 ~에서 놀다. 곧 신랑 각씨 놀이하며 꽃을 따 밥도 짓고 반찬도 만들던 무구한 소꿉친구.
◇ 郎騎竹馬(기랑죽마) : 사내(지금의 낭군)는 소꿉놀이 말을 탐.
◇ 靑梅(청매) : 푸른 매실.
◇ 嫌猜(혐시) : 혐오하거나 시기함.
◇ 爲君婦(위군부) : 그대의 아내가 됨. 소꿉놀이 친구와 결혼함.
◇ 抱柱信(포주신) : 기둥을 끌어안고 죽는 신의. 노 나라 미생(尾生)이 여인과 다리 밑에서 만나기로 기약했다. 여인은 오지 않고 갑자기 강물이 불어 올랐으나, 약속한 장소를 떠나지 않고 끝내 기둥을 끌어안은 채 죽었다는 고사. <史記・莊子>
◇ 望夫臺(망부대) : 지아비 돌아오기를 바라는 누대. 망부석 참조.
◇ 遠行(원행) : 먼 길을 떠남. 행상(行商) 길에 오름.
◇ 瞿塘灩澦堆(구당염여퇴) : 구당협에 있다는 암초. 겨울엔 물 위에 나타나 보이나, 오뉴월 장마철엔 물 속에 잠겨 위험한 뱃길.
◇ 遲行跡(지행적) : 머뭇거리던 발자국. 님의 내키지 않던 발걸음.

● 「장간행」 역시 악부체로 장간 마을에서 함께 자란 소꿉 친구들이 장성해 신랑 각시가 되어 겨우 신혼을 느낄 즈음 정부(征夫)로 출정하자 홀로 남은 새아씨의 애타는 정회를 전 4단으로 서술한 대인작이다.
　　전 6행 제 1단은 죽마 타고 청매 놀이며 소꿉놀이하며 흥허물없이 자라던 어린 시절로 시상을 일으키고, 7~14행 제 2단은 흥허물없던 소꿉친구지만 14살짜리 각시와 신랑이란 부부가 되어 수줍기만 하던 신혼을 지나 이제 막 첫

정이 들어 미생의 신의로 백년해로하겠더니 느닷없이 정부(征夫)의 지어미가 되어 남의 일로만 알았던 망부(望夫)의 신세가 되었음을 한탄하고, 15~26행 제 3단에서는 님 가신 변방의 험한 길, 그리고 차마 내키지 않던 발길을 생생히 기억하며, 어언 '그 길 그 발자국엔 이끼 다북 끼었다' 하므로 시간적 거리감을 각인시키고, 이어 초가을 뜻밖에 등장된 나비 한 쌍, 그 것이 '미물이되 만물의 영장인 인간보다 나아서 저리도 다정히 암·수가 나난다'라는 『시경』의 흥법(興法)으로 절대고독, 아니 위정(爲政)의 모순을 역설했다. 이는 마치 두보의 「신혼별新婚別」 결련과 불모이동(不謀而同)이다.

결련 27- 30행은 어서 빨리 돌아와 달라는 애절한 절규로 맺었다. 물론 앳된 청상의 간절한 소망이야 이뤄졌겠지만, 이 즈음이 현종 초기 변방 개척, 혹은 안·사의 난 때라면 하늘도 그 소망을 들어주기엔 조련치 않았을 텐데---.

子夜吳歌　　　　　자야오가

長安一片月	장안성 달 밝은 밤에
萬戶搗衣聲	집집마다 다듬이 소리
秋風吹不盡	끝없이 불어오는 가을 바람은
總是玉關情	고향 그리는 변방의 향수런가
何日平胡虜	언제나 오랑캐 쓸어 없애고
良人罷遠征。	우리 님 원정길에서 돌아오실고

<李白>

【註】

◇ 子夜吳歌(자야오가) : 장강 하류의 오(吳) 지방에서 유행하던 민요. 자야(子夜)라는 여인이 처음 지어 불렀다고 해서 붙여진 이름.
◇ 搗衣聲(도의성) : 옷 다듬이질하는 소리. 대개 이른 가을 출정한 지아비나, 자식들에게 겨울옷을 손질해 보내는 것.
◇ 玉關(옥관) : 옥문관(玉門關). 당 나라에서 서역으로 나가는 관문이자, 변방의 상징.

● 전국시대 양자강 하류 오(吳) 나라에서 유행하던 민요체다. 때도 때지만, 워낙
이웃 월(越) 나라와는 '먹느냐, 먹히느냐'는 살얼음 같은 전시상황이었다. 오죽
하면 오월동주(吳越同舟)랬는가! 따라서 잦은 출정과 수자리 생활로 한 시도 편
할 날이 없었고, 그러므로 민초들은 언제나 이별과 기다림 속에서 가슴 조여야
했다. 그런 시대의 민심을 자야(子夜)라는 여인이 오언육구(五言六句) 형식으로
지어 불러 유행시킨 시식이다. 물론 전편에 내재한 당대 여심의 애절한 그리움
이 동일 유형의 작품이 지닌 대표적 주제이다.

南流夜郎寄內　　　　야랑 유배 중 아내에게

夜郎天外怨離居　　　하늘 밖 야랑에 헤어져 사는 외로움
明月樓中音信疎　　　달만 휘영청 밝은 다락 님의 소식 없구려
北雁春歸看欲盡　　　봄에 돌아가는 북녘 기러기 다 보냈건만
南來不得豫章書。　　올 때 예장의 그대 편지 받지 못했다오

　　　　　　　　　　　　　　　　　　　　　　　　　　　　　　　　　　<李白>

【註】

◇ 南流(남류) : 남녘 야랑에 유찬(流竄)되다.
◇ 寄內(기내) : '內'는 '內子(아내)'의 준말. 아내에게 주는 편지.
◇ 北雁(북안) : 북녘 기러기. 기러기는 소무(蘇武)의 고사이래 '편지·안부'의 이미
　　지로 쓰임.
◇ 看欲盡(간욕진) : 가뭇이 바라봄. 향수 및 아내에 대한 그리움.
◇ 豫章書(예장서) : 예장의 글. 곧 예장에 사는 아내의 편지.

◉ 이백은 유년기와 청년기를 민산(岷山) 대파산(大巴山) 무산(巫山) 등으로 둘러싸
인 촉(蜀) 지방에서 지냈다. 장안과 외진 이곳 벽지에서 학업을 연마하고 검술
을 익혔는가 하면, 신선술에 심취해 한 때 민산에 은둔하기도 했다. 신선, 혹
은 시선으로, 혹은 대당제국의 정치 현실에 불문불문(不問不聞)했다는 등 정치
와 무관한 듯 일러오지만, 두 번의 장유(長遊)와 한 번의 출척, 두 번 째 유배
를 맛본다.

　　대개 문인식자들의 장유라면 견문을 넓히고 창작을 통한 교류, 나아가 자신의 지명도를 높이며 권력자들과 친분을 쌓는 기회로 활용되었다. 이백 역시 삼협을 벗어나 십여 년 간 장강 일대의 명승지를 유랑하며 맹호연 등 유명 시인들과 문명을 떨친 결과 드디어 현종의 부름을 받고(742) 대조한림(待詔翰林)의 벼슬을 받았다. 물론 2년 만에 첫 번째 출척을 당해 장안을 떠나게 된다. 동남땅으로 정처 없는 만유의 길에 오른 10여 년, 안사의 난(755)이 일자 숙종의 아우 영왕(永王)을 도운 죄로 피체되었다가, 야랑으로 유배되었다. 위의 시는 바로 그 때 아내를 그리워하며 지은 시다.

　　月夜　　　　　　월궁의 랑데부

今夜鄜州月　　오늘 밤 부주를 비추고 있을 저 달
閨中只獨看　　아내는 다만 홀로 바라보고 있겠지
遙憐小兒女　　안쓰러워라, 아직 어린 자식들은
未解憶長安　　장안의 아비 그리는 정 알지 못하리
香霧雲鬟濕　　삼단 같은 아내의 머리 향내로 풋풋할 테고
淸輝玉臂寒　　여보, 맑아한 달빛에 옥 같은 팔 시리겠오
何時倚虛幌　　언제나 휑하게 밝은 휘장을 의지해
雙照淚痕乾。　마주 대해 그리움의 눈물 자국 말리려나.

<杜甫>

【註】

◇ 鄜州(부주) : 섬서성(陝西省) 북쪽 장안 60Km 지점에 있는 마을. 두보는 당시 여기서 벗에 의지해 더부살이했다, 그러던 중 안록산의 반란 소식을 듣고 처자를 남겨둔 채 한 걸음에 장안으로 달려갔다가 반란군에 잡혀 장안에 연금된 상태였다.
◇ 閨中(규중) : 사대부 아녀자가 거처하는 방. 규방(閨房).
◇ 只獨看(지독간) : 다만 홀로 바라봄. 남달리 금슬이 좋았던 두보와 아내 양씨(楊氏)다. 난리가 아니면 응당 함께 바라볼 일이지만, 지금은 꽃을 봐도 눈물이 흩드고, 아름다운 새소리도 가슴을 철렁 내려앉게 하는(感時花濺淚 恨別鳥驚

心)<杜諺·十. 春望>난리통이라 임금과 신하, 부모와 자식, 지아비와 지어미 모두가 뿔뿔이 흩어졌음의 상징적 반전논리를 읽을 수 있다.

◇ 遙憐(요련) : 안쓰럽고 애처로움.

◇ 小兒女(소아녀) : 어린 자식들. 당시 두보에겐 종문·종무(宗文·宗武) 두 아들 과, 딸 하나가 있었다.

◇ 香霧雲鬢濕(향무운환습) : 아내의 향긋한 체취가 묻어난 안개로 삼단 같은 머리 에선 싱그런 체취가 풋풋할 테고 두시 전 편에서 가장 선정적 표현이자, 사실 성을 초월한 상징적 에로

◇ 淸輝玉臂寒(청휘옥비한) : '청휘'는 파리한 '달빛', '옥비'는 아내의 '팔'이다. '寒' 1자에 담긴 아내에 대한 '애정·사랑'은 필설이 부질없다.

◇ 雙照淚痕乾(쌍조누흔간) : 서로 마주 바라보며 눈물 자국을 말림. 앞의 '지독간 (只獨看)'이 안록산의 반란 때문이기에 '언제[何時]나 이 난리가 끝나 오늘의 이 이별의 설움일랑 잊고 지난날의 화평한 성세를 맞을 수 있을까'라는 우국연민 의 충정.

● 워낙 엄전한 사대부야 아녀자, 특히 조강지처에게 '사랑' 운운하는 법이 아니다. 백년해로의 가약을 맺었으니 '불하당(不下堂)'은 엄연한 예법 이전의 강상(綱常)인 데, 다시 입에 올림은 경박일 뿐 의연치 않다. 그러나 두보와 부인 양씨(陽氏)의 사이는 중국 오 천년 문학사상 유별난 잉꼬였다. 성도 절도사 엄무(嚴武)의 우의 로 다소 심편이 폈던 성도 초당 시절 "늙은 할멈은 종이에 줄을 그어 바둑판을 만들고, 어린 자식들 바늘을 두드려 낚시를 만드누나(老妻畫紙爲棋局 稚子敲針作 漕溝)" <杜諺·江村>가 그렇고, 안·사란 때 검각산을 넘으며 갖은 고난에 '얼 싸안고 울다가 가고, 가다가 얼싸안고 우는' 천생연분이었다.

　　바로 그 안록산 난 때 부주의 친구 집에 의거하고 있던 두보가 반란의 비보 를 접하고 처자를 남겨둔 채 임금의 안위를 걱정해 장안으로 달려 왔다가 반 란군에 잡혀 연금되었다. 위의 「월야」를 비롯해 「춘망春望」 「촉상蜀相」 등 우 국충정의 대표작은 다 이 때 지어진 작품들이다.

　　비록 금슬이 뛰어났다 하나, 역시 아내에게 직접 준 시는 그의 1,457수의 적지 아니한 작품 중 위 「월야」 1편뿐이다. 그러나 정녕 아내와 자식을 그리 는 정리는 그 어떤 사랑의 문자 이상으로 알뜰하다. 특히 후 4구의 시어에 담

긴 상징적 진정(陳情)에 내재한 정념은 실로 두보가 아니면 진서할 수 없는 화려한 수사, 찬란한 비장, 감격할 사랑의 호소이다. (주 참조).

<table>
<tr><td>返俗謠</td><td>이 꽃다운 청춘을 ---</td></tr>
</table>

化雲心兮思淑貞   담담한 마음 맑고 바른 정념으로 사나
洞寂寞兮不見人   적막한 산골이라, 사람 하나 볼 수 없구나
瑤草芳兮思芬蒀   아름다운 풀들도 향기론 꽃을 피우려 하는데
將奈何兮是靑春。   장차 어찌하리오, 이 꽃다운 젊음을.

<薛瑤>

【註】

◇ 返俗(반속) : 속세로 돌아감. 불자가 수도를 포기하고 하산함. 설도(薛瑤)는 신라 좌무위장군(左武衛將軍) 승충(承沖)의 딸로 15세에 출가했다가, 수도생활 6년 만에 이 노래를 부르며 하산했다함.
◇ 雲心(운심) : 구름같이 담연한 마음. 수도자의 무념무상한 마음.
◇ 淑貞(숙정) : 맑고 곧은 마음.
◇ 芬蒀(분온) : 향기. 향기.
◇ 奈何(내하) : 어찌하리오
◇ 是靑春(시청춘) : 이 청춘. 곧 시적 화자 자신을 칭함.

◉「반속요返俗謠」란 '속세로 돌아가세'라는 뜻의 악부체 시다. 신라 승충의 딸로 이성에 눈뜰 나이에 불자가 되기로 작심하고 산사에 수도하던 중 만물이 화동하는 자연의 이법을 체감하고, 돌아본 자아에의 회귀랄까? 새로운 만법의 원리를 섭리로 깨친 체험학이 장하다. 물론 그 역시 불도의 수행과정에서 깨우친 것이라면 반상(反常)의 현실법이리라.

아무튼 시의 행간에서 읽을 수 있는 시적 주체의 의지 결행은 전구 '꽃망울 막 벙으려는 요초'에서 '이 젊은 청춘, 따지고 보면 자신이 바로 옥[瑤]같이 막 피어나는 새싹[草]이 아닌가'라는 반문은 '반속'이란 주제어를 유도해 냈다. 결국 그녀는 돌아와 요화(瑤花)처럼 아름다이 꽃 피어 곽원진(郭元振)이란 사내의

사랑스런 아내가 되므로 풍요로운 향기와 풋풋한 사랑의 결실도 넉넉히 맺었
으리라. 그녀의 위의 시는 『전당시』에 수록되어 전한다.

② 한 국 편 – 그리운 당신

送人	이별의 눈물이…

雨歇長堤草色多	비 멎은 긴 둑 풀빛도 다북한데
送君南浦動悲歌	남포에서 님 보내는 슬픈 노래…
大同江水何時盡	대동강 물은 언제나 마르려나
別淚年年添綠波。	해마다 이별의 눈물 창파에 보태지니.

<鄭知常>

【註】

◇ 送人(송인) : 남과 전별함. 님을 보냄. 전별시(餞別詩). 일설에 의하면 기생 홍분
(紅粉)과의 이별시라 함.
◇ 雨歇(우헐) : 비 멎음. 내리던 비가 멎고 막 갬.
◇ 草色多(초색다) : 풀빛이 많음. 간밤 내 내린 봄비에 흠뻑 자라난 풀빛. 다북히
자라난 푸른 풀빛.
◇ 南浦(남포) : 굴원(屈原)의 「구가九歌」 「하백河伯」이래 이별·전별처의 대명사
로 용사(用事)됨.
◇ 動悲歌(동비가) : 님을 보내는 슬픈 노래에 가슴이 에임.
◇ 添綠波(첨록파) : 푸른 물결에 보탬.

◉ 대단한 용사(用事), 발랄한 재치로 무던히도 회자(膾炙)된 정지상의 「님을 보내
며 送人」다. 울론 원(元) 나라 양재(楊載)의 절구시 작법, 이른바 '평직(平直)한
기(起), 조용히 이받는 승(承), 완전(宛轉) 변화「轉變」에 이어 순류(順流)에 떠
내리는 배'<詩法數家>라는 논리를 따르자면 잘 전개된 소품이다. 그러나 이
시의 장처는 '南浦'와 '添綠波' 두 시어, 곧 자묘(自妙)한 용사의 결과로 왕유
(王維)의 '양관삼첩(陽關三疊)에 비견되는 해동삼첩(海東三疊)의 칭을 듣게 된 것

이다. 삼첩이란 가사의 후렴구와 같은 창법이니, 예컨대 왕유의 전별시 「원이 사를 안서로 보내는 시」.

渭城朝雨浥輕塵　위성의 아침 비 티끌마저 씻어내
客舍靑靑柳色新　상큼한 객사 버들빛도 푸르구나
勸君更進一杯酒　그대여, 내 다시 한 잔 술 권하나니
西出陽關無故人。　서쪽 양관을 벗어나면 뉘 한 잔 권할꼬
<送元二使安西>

의 3-4구를 3 번 반복해 부르는 '전별가'의 애절한 유장미를 상징해 '양관삼첩' 이라 했고, 정지상의 「송인」이 바로 우리나라 '전별가'의 대표작처럼 불리었던 '해동삼첩'으로 통칭되었던 것이다.

특히 연원도 오랜 '남포'의 용례는 곡해의 소지를 불식시키기 위해서라도 다소 긴 용례를 감수할 일이다.

작 자	출 전	용 례
屈原	九歌, 河伯	子交手兮同行 送美人兮南浦
江淹	別賦	春草碧色 春水綠波 送君南浦 傷如之何
武元衡	鄂渚送友	江上梅花無數落 送君南浦不勝情
孟郊	別妻家	芙蓉濕曉露 秋別南浦中
白樂天	南浦別	南浦凄凄別 西風裊裊秋

<정민 · 한시미학산책 참조>

이상의 연원에 이어, 결구의 '첨록파' 역시 "시인이 있어온 이래 두보만한 시인이 없었다(詩人以來 未有如子美者)"는 두시(杜詩) 「봉기고상시奉寄高常侍」의 "이별의 눈물 아스라이 비단 물결에 보낸다(別淚遙添錦水波)"를 환골탈태한 것이다. 이처럼 분명한 내처(來處)를 장점(粧點)한 천의무봉이기에 중국 사신들도 일창삼탄, 혹은 "귀국에도 이 같은 시인이 있었느냐"했다는 일화는 물론, 역대의 숱한 문사들이 문명(文名)을 걸고 차운해 왔다. 그 중 자하 신위의 차운작은 다음과 같다.

西京次鄭知常韻　　서경에서 정지상의 운을 차운하다

急管催觴離思多　　바쁜 피리 재촉하는 술잔 이별의 시름 많은데
不成沈醉不成歌　　마셔도 취하지 않으니 노래조차 부를 수 없네
天生江水西流去　　하늘이 이 강물을 서쪽으로 흘러내리게 했으니
不爲情人東倒波。　님 위해 동으로 거슬러 흐르게 할 수 없구나.

<國譯申紫霞詩集>48)

風荷　　　　　　　천연한 아름다움

淸晨纔罷浴　　　　맑은 새벽 막 목욕을 마치고
臨鏡力不持　　　　나른하신가! 거울 대해 몸도 가누지 못하네
天然無限美　　　　어여뻐라, 한없이 맑아한 그 모습
摠在未粧時。　　　화장하지 않아 더욱 곱구나.

<崔瀣>

【註】

◇ 纔罷(재파) : 겨우 마침. 막 끝남.

◇ 臨鏡(임경) : 거울 앞에 앉음. 거울을 대함.

◇ 力不持(역부지) : 힘이 (몸을)지탱하지 못함.

◇ 天然(천연) : 본래의 모습 그대로임. 화장하지 않은 모습.

◇ 摠在~(총재~) : 모두 ~에 있음.

◇ 未粧時(미장시) : 화장하지 않은 때.

● '풍하(風荷)'란 '바람 탄 연꽃'이란 뜻이다. 그러나 제하(題下)의 시의(詩意)는 '막
목욕을 마친 여체의 나른한 관능적 교태와 화장하지 아니한 담박한 미모'를 노
래한 유물급인(由物及人)의 묘한 암유다. 이른바 바람탄 연꽃으로 여인을 말하
렴인지, 목욕 후 나긋한 여인으로 연꽃을 말하렴인지 작자의 의도적 모호성,
그 시적 '낯설게 하기'야 말로 시의 함축미와 무관하지 않으리라.

---

48) 金甲起외 : 國譯『申紫霞詩集』卷一, 1. P 016. 이화문화출판사, 2003

그러나 분명한 것은 '비누냄새 물씬 풍기는 여체'와 화장하지 아니한 '천연의 미'를 단순한 즉물 현상이 아닌 '인위「僞」의 부정'으로 유추할 수 있다면 훌륭한 감계시(鑑戒詩)라 하겠다.

Ⅱ-2. 선명자(善鳴者)의 대리체험 -「代人作」

1. 중 국 편 - 그까짓 벼슬이 뭐 길래

新婚別	너무나 빠른 이별
免絲附蓬麻	댕댕이 넝쿨이 새삼에 의지하면
引蔓故不長	넌출 뻗음이 고로 길지 못하듯
嫁女與征夫	딸을 출정하는 남정네에 출가시킴은
不如棄路傍	길가에 버림만 같지 못하지요
結髮爲夫妻	머리 얹어 부부가 되어
席不暖君床	님의 잠자리 따습기도 전에
暮婚晨告別	저녁에 혼인하고 새벽에 이별하다니
無乃太忽忙	이 어찌 너무 빠르지 않습니까
君行雖不遠	님 가심이 비록 멀지는 않아
守邊赴河陽	변방을 지키기 위해 하양으로 가시니
妾身未分明	소첩은 아직 분명치 못한 신분
何以拜姑嫜	어찌 시부모를 섬긴다죠
父母生我時	우리 부모 날 낳으시고
日夜令我藏	밤낮으로 애지중지 부도를 이르셨죠
生女有所歸	여자로 태어나면 시집을 가야하나니
鷄狗亦得將	닭과 개를 갖추어 간답니다
君今死生地	그대 이제 죽살이 전쟁터로 가시니
沈痛迫中腸	슬픔이 온통 창자를 에입니다
誓欲隨君往	맹세컨대 그대를 따라 가고자 하나

形勢反蒼黃	형세는 오히려 창망하기만 하외다
勿謂新婚念	부디 신혼이란 생각 마시옵고
努力事戎行	군무에 성실하소서
婦人在軍中	아녀자가 군중에 있으면
兵氣恐不揚	병영의 사기가 떨어질까 두렵다오
自嗟貧家女	이 신세 가난한 집 딸로 태어나
久致羅襦裳	혼수감으로 비단치마 장만했건만
羅襦不復施	다시는 비단치마 입지 않을 테요
對君洗紅粧	님 앞에서 단장도 지워버리렵니다
仰視白鳥飛	우러러 하늘에 나니는 새를 보니
大小必雙翔	큰 놈 작은 놈 끼리끼리 쌍인데
人事多錯迕	아, 인간 만사 어찌 이리 어긋난담
與君永相望。	그대와 더불어 기리 바래는 정으로 살리라.

<杜甫>

【註】

◇ 免絲(토사) : 새삼. 1년생의 寄生蔓草. 댕댕이 넝쿨.
◇ 太忽忙(태홀망) : 너무 빠름. '無乃太忽忙'은 '너무 빠르지 않습니까'라는 반문어법.
◇ 妾身(첩신) : 소첩의 신분. 막 시집 온 신부가 자신의 신분을 말함. 워낙 신부
  는 시댁 열선조에 고신(告神) 후라야 신분이 분명해 짐.
◇ 鷄狗(계구) : 중국 혼속(婚俗)에 신부는 닭과 개를 갖춤.
◇ 洗紅粧(세홍장) : 화장을 지움. 워낙 동양 여인의 화장은 '님의 꾐과 기쁨을 위
  한 것'이었다. 그 님이 안 계시면 무의미한 것이기에 지운다 함.
◇ 永相望(영상망) : 길이 바램. 다시 돌아올 날만 기다리겠다는 맹서.

◉ 두보의 대표적 시사시[社會詩] 삼리삼별(三吏三別) 중 「신혼별」이다. 두보의 자
  주대로 모혼신별(暮婚晨別)이란 수서만단(愁緖萬端)한 새 신부의 처절한 사연을
  대작(代作)했으니 '원망스러우나 성내지 않고[怨而不怒]' '슬프나 성정을 상치 아
  니하며[哀而不傷]' '이별에 즈음해 법도를 잊지 않음[其常分而 不忘乎禮義]'이니
  모름지기 한위(漢魏)의 풍기를 다지렴인 재도(載道)요, 풍속의 재순(再淳)을 위한

휘갑이다. 더욱 '온갖 새들도 끼리끼리 쌍쌍[仰視白鳥飛 大小必雙翔]'이라는 촉
경을 빌어 '길이 서로 바라며 살리라[永相望]'는 절조를 다짐은 부도(婦道)와
인성의 예술적 승화란 노수(老手)의 비홍(比興)이다.[49]
그 작시 배경의 이해를 위해 역사적 유래를 참고하면

　　　업성을 지키던 군사가 궤멸하자 곽자의가 물러나 하양성을 지킬 때, 하남
　여러 고을의 정남을 징초하여 변방을 지키게 하고, 이어 노약자까지 요역에 끌
　어내니 생이별 및 사별의 참혹함과 밤에 요역에 끌려가는(石壕吏 : 저자 주) 곤
　고 등을 노래했지만, 오히려 이보다 더 심한 것은 저녁에 혼인하여 새벽에 이
　별하고 홀로 텅 빈방을 지킴이다. 대저 민생이 바라는 바는 혼인보다 중요한
　것이 없다. 선왕의 치세 때엔 신혼 자는 1년 동안 요역을 면제했었다. 고로 공
　이 새 신부의 하소에 의탁해 안타까워 한 것이다.[50]

라 했다. 이른바 두시를 '시로 쓰여진 역사[詩史]'라 함을 증명하는 예다.
　　제 1단 4구는 결 4구와 함께 비(比)체로 홍(興)을 낚았으니, '토사 : 가녀'는
'봉마 : 정부'에로 비하였고, '故' 1자는 '넌출 뻗음'이 '길지 못함'이 '길바닥에
버림만 같지 못함'으로까지 유추되는 비감(悲感)의 홍법이다. 비법의 필연한 귀
결은 시의(詩意)의 심화에 있음이 물론이다. '토사'와 '가녀'의 비는 '길바닥에
버림만 같지 않다'는 참담한 비홍(悲興)을 불러 기진(氣盡)하고 의신(意新)한 자
아의 심상표출로 역란(逆亂)에의 항변인 것이다. 이에 왕사석(王嗣奭)은 "전 편
은 신인의 말로 지어졌다. 기련은 비의를 써서 옛 악부와 핍진하니 이것이 바
로 시경의 홍체"라 했다.[51]
　　제 2단 8구는 본 작품의 작의처(作意處)니, '태홀망'은 차마 원망타 못한 저
주요, 발악타 못한 호소다. '모혼신고별'이니 '석불난'이요, 따라서 '신미불명'하
니 '배고장'은 우선 신분이 떳떳치 못한 자아발견이다. 원낙 혼례에 "여자가
시집간 삼일만에 묘당에 고해야 혼례가 이루어진다. 혼례가 분명해진 연후에

49) 金甲起 : 「茶山詩에 나타난 杜詩攷」, P417, 『韓國漢文學, 그 槪說과 各論』 1997, 청주
　　대학교 출판부.
50) 李道顯 : 『杜甫詩史 硏究』 第五章, 「乾元二年 作品」, P342 참조
51) 王嗣奭 : "通篇作新人語, 起用比意 逼眞古樂府 是三百篇興體" <杜詩 諺解批注>(李丙疇),
　　五古. 「신혼별」 P366 재인용.

시부모라 칭할 수 있음(婦人嫁三日 告廟上墳 謂之成婚, 婚禮旣明 然後稱姑嫜)"
은 중국의 오랜 혼속이다. 그러나 '이 같은 통례의 절차를 이행치 못한 이별
[未成婚而別]'이므로 '妾身未分明'은 용히도 꿰뚫은 두보의 착상이요, 가히 귀신
을 울릴[可泣鬼神] 묘수요, 시신(詩神)이라 칭하는 까닭이 그것이다.

　제 3단 8구는 무고상금(撫古傷今)이니, 전 4구는 억석(憶昔)의 숨박꼭질이요,
후 4구는 암담한 현실의 자각이다. 부모의 '일야장'은 한결같은 자애로 남에
빠질세라, 혹은 부디 행복하라고 '닭과 개'까지 갖춰주었건만 아니 갈 수 없는
님의 가시는 그 길, '죽살이 땅'에로의 '군행'이기에 더욱 맹세코 따르고자 하
나, 형세는 오히려 창망하기만 하니, '슬픔이 온통 애간장을 에일 뿐'이랬다.

　제 4단 8구는 이별의 전 2·3단, 그 만단한 시름을 예교로 누지른 '원이불
노 애이불상'의 정단(情端)이다. 이른바 "신혼이란 생각일랑 말고 군무에 노력
하라"는 지아비의 면려[勉其夫]와, "다시는 비단치마도 입지 않고 님 앞에서
화장을 지우겠다"는 자중은 오히려 애상을 초월한 충후요, 책인(責人)의 묘지(妙
旨)를 비장한 회심의 일구다. 워낙 명명덕(明明德)하고 정정명(正正名)함이 성인
의 가르침이요, 두보의 봉유(奉儒)는 진작 사명인 것이다. 비록 한낱 아녀자라
지만 두보의 시심(詩心)에서만은 풍속의 재순(再淳), 그러므로 얻어질 요순의 이
상사회 건설을 위한 예교를 빠뜨릴 수 없다. 그러므로 역란(逆亂)에 의한 수성
(守城)은 비록 흉기인 병(兵)이지만 빠뜨릴 수 없다. 따라서 정명의 예교는 필
연한 두보의 필법일 수밖에 없다. 더욱 '비단치마'와 '님 앞에서 화장을 지움'
은 "아녀자가 병영에 있으면 군기가 드나지 못할까 두렵다"의 빌미로 승화하
였으니 두시의 "한 자도 내처가 없는 시어는 없다 함『無一字不出來』"이 그것
이요, 정송강(鄭松江) "올 적의 비슨 머리 얼킈연디 삼년이라, 연지분 잇너마는
눌 위후야 고이홀고"<사미인곡>는 부덕(婦德)의 상징처럼 용사되어 왔다.

　결 4구는 수미쌍관의 비체이니, "큰놈은 큰놈끼리 작은 놈은 작은 놈끼리
쌍쌍이 난다"하므로 나는 새로 하여금 자아의 고독을 진서하되, 품행의 정숙과
의지의 견고를 암시했다.

閨怨   님, 그 열정의 눈뜸

幽閨少婦不知愁   갓 시집온 새색시 시름일랑 모르다가
春日凝粧上小樓   봄날 곱게 단장하고 자그만 다락엘 올라
忽見陌頭楊柳色   문득 길섶 파랗게 물든 버들가지 보자
悔敎夫壻覓封侯。   서방님 벼슬 찾아 떠나보낸 걸 후회하누나.

<王昌齡>

【註】

◇ 幽閨(유규) : 그윽한 규방. 아녀자가 거처하는 깊숙한 내실.

◇ 少婦(소부) : 젊은 아녀자. 막 시집온 새색시.

◇ 不知愁(부지수) : 시름을 모름. 근심 걱정이 없음. 남편의 사랑에 대한 확신은
물론, 벼슬에 대한 믿음 등.

◇ 凝粧(응장) : 짙은 화장. 곱게 한 단장.

◇ 陌頭(맥두) : 길 가. 길 옆. 길섶.

◇ 敎~(교~) : ~하여금. 사역형.

◇ 夫壻(부서) : 서랑. 지아비. 남편.

◇ 封侯(봉후) : 제후에 봉함. 곧 높은 벼슬에 나아감.

◇ 王昌齡(왕창령) : 성당의 시인. 자는 소백(少伯). 변새시인으로 유명함.

● 갓시집 온 새아씨, 근심 걱정이 있을 리 없다. 아니 시름을 모른다는 편이 낫
다. 어쩌면 온통 세상은 아름다울 뿐이다. 더구나 엄동설한도 지나고, 막 화창
한 춘삼월 수양버들 휘늘어지고 만화가 방창할 것이다. 싱그런 봄바람도 쐴 겸
동산 자그만 다락에 올랐다. 아니나 다를까, 거리마다 물오른 버들가지들이 파
릇파릇 봄옷으로 갈아입고, 오가는 발길들마다 예사롭지 않다. 문득 춘심(春心)
이 동한 새아씨는 스스로 천지 가운데 홀로인 자신을 발견한다. 벼슬 찾아 객
지를 떠돌 지아비가 그립고 아쉬워진 여심이다. 그까짓 벼슬이 뭔데. 봉후의
사업이 비록 남정네의 일이라지만, 아녀자에게 진정 필요한 것은 지아비의 따
습고 포근한 사랑이다. 자고로 "선비는 자기를 알아주는 사람을 위해 목숨을
바치고, 지어미는 자기를 즐겁게 해 주는 이를 받아들인다"했다.

조선조 시가문학의 나아갈 방향을 제시한 사가(四佳) 서거정(徐居正)은 고려 초기 평장사 고조기(高兆基)의 「기원寄遠」 시 "옥문관으로 보내는 비단 같은 편지, 임이여, 조심스럽게 밥 많이 드시오 공을 세움이 사나이의 일이니 오랑캐 평정 이전에는 돌아올 생각 마소서(錦字裁成寄玉關 勸君珍重好加餐 封侯自是男兒事不斬樓蘭未擬還)"와 대비 합평하며 "당시가 비록 좋기는 하나, 지아비를 생각하는 마음을 형용한데 불과하며, 지아비를 사랑하는 돈독한 정의가 압니의 사사로움 뿐"<東人詩話>52)이라고 했다. 물론 고조기 시의 원류는 왕창령의 변새시 「규원」이다. 서거정의 평에서 '비록 좋다'함은 '시적 문예미'로, 그리고 '압니의 사사로움'운운은 작품의 재도론적 비평에 준거함이겠다.

姜女祠　　　　　　맹강의 사당

姜女祠前秋草黃　　사당 앞엔 가을 풀 누렇게 이울었고
姜女祠外秋風冷　　사당 밖은 서리 바람 스산한데
高原突兀望夫石　　언덕 위 우뚝 서 돌이 된 지어미
邀看海水何茫茫。　아스라이 바라는 구름바다 어이 그리 망망한고

<乾隆皇帝 13子>

【註】

◇ 姜女祠(강녀사) : 범칠랑(范七郎)의 아내 허맹강(許孟姜)의 사당.
◇ 秋草黃(추초황) : 가을 풀이 누렇게 이운 모습. 승구의 추풍랭(秋風冷)의 대우(對偶)로 사당의 쓸쓸한 배경 묘사.
◇ 突兀(돌올) : 우뚝 솟은 모습.
◇ 邀看(요간) : 아스라이 바라봄. 멀리 바라봄.
◇ 海水(해수) : 바다 물. 산해관에서 멀리 북쪽 장성을 바라며 지은 시이므로 '운해(雲海)'로 사료됨.
◇ 茫茫(망망) : 아득하고 아득함.

---

52) 徐居正 : 平章高兆基 「寄遠」詩 "錦字裁成寄玉關 勸君珍重好加餐 封侯自是男兒事 不斬樓蘭未擬還." 唐詩雖好 不過形容念夫之情, 篤愛夫之情意 狎泥之私耳. <東人詩話> 참조

◉청(淸) 나라 건륭황제(乾隆黃帝)의 열 셋째 아들이 지었다는 영사시(詠史詩)다. 회고시가 상정(傷情)에 함몰하면 문예미는 절감된다. 작자는 그 상정을 망부석에게 환치하는 감정이입법으로 적절히 절제했다.

미덕과 질곡의 계선(界線), 곧 그 판단의 기준은 시대의 가치관과 무관할 수 없으리라. 동양의 전통적 미풍양속도 상당량 골동화(骨董化)된 현실은 우리를 희비(喜悲)의 틈새에서 방황케 하는 바 없지 않다. 이데올로기로 포장된 진리는 물론, 인류 문명사가 정의하고 실천해 온 최선의 미덕도 새로운 문명시는 부정할 수 있는 가변성, 바로 이 시대는 그런 전통의 계선을 무너는 진정한 반동의 세기이다.

춘추 전국(春秋戰國)이란 짧지 않은 혼란의 중원(中原)을 재평정한 진(秦) 나라 시황제(始黃帝)는 어렵게 얻은 천하를 호전적이고 전투적인 북적(北狄)으로부터 보호할 요량으로 만리장성 구축이란 엄청난 토목공사를 벌린다. 이때 협서성(陝西省) 동관(同官) 출신의 필부 허맹강이란 여인은 범칠랑이란 지아비에게 시집가 평범한 지어미로 살았다.

그러던 중 남편은 몽념(蒙恬) 장군의 휘하 부역에 끌려갔고, 이후론 소식이 돈절됐다. 밤낮으로 애타게 기다리던 어느 날 밤 꿈에 남편이 육라산(六螺山) 아래에서 부역 중 죽은 모습으로 보이자, 생사를 찾아 나섰다가 산해관에 이르러 멀리 장성(長城)을 바라보며 울다 지쳐 돌이 되었다 한다. 후인들이 그 땅에 '사당을 지어, 두 동자가 어머니를 모신 소상(塑像)을 만들어 세우고, 강여사(姜女祠), 혹은 정여사(貞女祠)라 칭하게 되었다' 함이 망부석 고사의 대강이다.

이러한 고사의 한국적 전이는 아마도 신라 눌지왕 때일 것이다. 충신 박, 혹은 김(朴·金)제상(堤上)의 아내를 열부(烈婦)로 칭송하며, 귀감으로 따를 이 시대의 정렬부인은 몇이나 될까? 진정 부적절한 담론의 틈바구니에서 피어난 아픈 사랑의 화소이기에 더러는 미담으로, 혹은 후대의 가부장적 병리심상으로 매도될지언정 적잖이 전해왔다.

조선조 영남사림의 영수로 재도문학의 기치를 드세운 김종직(金宗直 : 1431～1492)의 『동도악부』에 전하는 박(김)제상 부인의 망부석 고사는 그 비극적 화소를 미담으로 극화한 좋은 예일 것이다.

鵄述嶺頭望日本	치술령 마루에서 일본을 바라보니
粘天鯨海無涯岸	하늘에 맞닿은 큰바다 가이없어라
良人去時但搖手	'다녀오리다'라고 손 흔들며 가신 님
生歟死歟音耗斷	살아 계시기나 한지 소식조차 없고
長別離	헤어진 지 하도 까마득하니
死生寧有相見時	생사간에 어찌 만날 날 있겠냐며
呼天便化武昌石	하늘 향해 울부짖다 망부석 되었으니
烈氣千載干空碧。	매섭다, 그 기상 푸른 하늘 찌르누나.

<鵄述嶺>

가 그것이다.

사랑의 담론이 언제나 달콤하고 향기롭기만 하기보다는 비극적 아픔 속에서 더욱 찬란한 슬픔의 미학을 잉태할 수 있기에, 우리는 그 슬픈 미학의 원형을 탐색해 볼 필요가 있다.

특히 박, 혹은 김제상 고사 외에도 우리의 숱한 연행인사들에 의해 많이 노래된 시적 소재다. 그 중 신자하(申紫霞)는 「강여사 현판 시체를 본받아 짓다. 삼수 姜女祠倣板上體. 三首」에서

姜女祠前秋菊黃	강녀사 앞엔 가을 국화 노랗게 피었고
姜女祠外秋光凉	사당 밖엔 가을 빛 을씨년스러운데
藁砧何在空腸斷	내 님은 어디 계신가, 속절없이 에이는 간장
凝眸曼睩邀相望。	아슴츠레 멀리 바라만 보고 섰구나.

<姜女祠倣板上體三首 · 其一>

라는 차운시를 전해주고 있다. 그 2수와 3수는 각주로 대신한다.[53]

---

53) 金甲起외 : 『國譯申紫霞詩集』 卷一, 이회문화출판사, 2003. 그 2수와 3수는 다음과 같다.
　　姜女祠前秋日黃　姜女祠下杵砧凉　魚遊河曲調易苦　所思何極長城長.
　　姜女祠外初月黃　姜女祠中環佩凉　貞魂只在望夫處　畵旗不動塵滄茫.
<姜女祠 效板上體三首 · 其二三>

2. 한 국 편 – 야속한 님

折花行   귀여운 앙탈

牧丹含露眞珠顆	진주처럼 고운 아침 이슬 머금은 모란꽃
美人折得窓前過	새색시 꺾어들고 창 앞에 찾아와
含笑問檀郎	함빡 미소를 머금은 채, 여보
花强妾貌强	꽃이 예뻐요? 제가 더 예쁘죠
檀郎故相戲	신랑 짐짓 희롱 삼아
强道花枝好	'꽃이 훨씬 예쁜걸' 하자
美人妬花勝	'꽃이 더 예쁘다'해 질투 난 새색시
踏破花枝道	길바닥에 꽃가지 밟아 뭉개며 이르되
花若勝於妾	'꽃이 더 예쁘면, 홍
今宵花與宿。	오늘밤부터 꽃과 주무셔요'

<李奎報>

【註】

◇ 行(행) : 한시의 유형. 악부체.

◇ 折得(절득) : 꺾어 들다.

◇ 窓前過(창전과) : 창 앞에 찾아옴. '過'는 '지나다'가 아니라. 찾아옴.

◇ 檀郎(단랑) : 신랑. 남편. 아랑(阿郎).

◇ 故相戲(고상희) : 짐짓 희롱하다.

◇ 妬花勝(투화승) : '꽃이 낫다함'에 질투함.

◉ 이규보(1168～1241)는 고려 후기, 이른바 무인 집권기 이후 신진사대부 문학을 대표하는 치인이자, 시인 문사다. 27세에 민족 영웅서사시인 「동명왕편」을 썼으며, 많은 농민시 등 현실적 소재와 주제를 노래했는가 하면, 이른 시기에 한시 수사법상 용사론 대신 신의론(新意論) 및 시유구불의체론(詩有九不宜體論)을 주장하는 등 깨인 선지식인이었다. 위의 작품은 신랑의 능청과 신부의 앙탈을 소재로 신혼의 투정을 희화한 사랑의 변주곡쯤으로 읽어두자.

怨別離   그리운 이 마음

妾年十五嬌且癡   제 나이 열 다섯 곱고 순진해 터져
見人惜別常發嗤   남들의 안쓰런 이별 빈정거리곤 했죠
豈知吾生有此恨   어찌 알았으랴, 님과의 생이별 있을 줄을
靑鬢一夜垂霜絲   검은머리 하룻밤 새 하얗게 세었구려
愛君無術可得留   님을 사랑하나 잡을 길 없으니
滿懷覩是風雲期   마음 속 회포 온통 덧없는 기약 뿐
男兒功名當有日   사나이 공명 응당 때가 있다지만
女子盛麗能幾時   아녀자의 미모란 한 때 아닌가요
呑聲敢怨別離苦   흐느끼며 이별의 고통 원망하다
靜思悔不相逢遲   우리의 만남 늦지 않았나 후회할 뿐
歸程已過康城縣   총총한 발걸음 강성 고을 지나실 테지만
抱琴久立南江湄   거문고 품에 안고 남강 물가에 섰노라니
恨妾不似江上雁   서러워라, 물 가 기러기만도 못한 신세라
相思萬里飛相隨   만리에 내닫는 정 날아 따를 수도 없다오
牀頭粧鏡且不照   안방의 화장 거울 비출 일도 없고
那堪更着宴時衣   고운 옷인들 누굴 위해 다시 입을 건가
愁來唯欲徑就睡   시름겨워 애오라지 잠을 청해
夢中一笑攜手歸   꿈에서나마 환히 웃으며 손잡고 돌아오련만
天涯夢魂不識路   아득한 변방이라, 꿈길조차 알길 없으니
人生何以慰相思。   어찌 달랠꼬, 그리운 이 마음.

<鄭浦>

【註】

◇ 嬌且癡(교차치) : 고우나 어리석음. 젊음만 믿고 세상물정에 어두움.
◇ 發嗤(발치) : 비웃음. 조소거리. 냉소함.
◇ 豈知~(기지~) : 어찌 ~을 알았으리오 전혀 상상도 못함.
◇ 霜絲(상사) : 서리 같은 실. 곧 허옇게 센머리.
◇ 風雲期(풍운기) : 바람과 구름 같은 기약. 곧 허망한 기대.

◇ 當有日(당유일) : '응당 때가 있다'고들 말함. '실기(失期)하지 않음'.

◇ 能幾時(능기시) : 능히 그 몇 때나 되나. 곧 잠시 한 때뿐임.

◇ 吞聲(탄성) : 소리를 죽여 흐느낌. 탄성곡(吞聲哭).

◇ 相逢遲(상봉지) : 만남이 늦음. 사랑의 기간이 너무 짧음.

◇ 歸程(귀정) : 여정. 지아비의 떠나가는 길.

◇ 不似江上雁(불사강상안) : 물 가 기러기만도 못함. 곧 쌍쌍한 미물만도 못함.

◇ 粧鏡不照(장경부조) : 화장 거울을 보지 않음. 대우(對偶) '那堪着宴衣'와 함께 선인들의 정조의지를 나타냄. 물론 『시경』 『이소』에 이어 두시 「신혼별新婚別」 결사에 "비단 옷 다시 입지 않을 것이며, 떠나시는 님 앞에서 화장도 지우렵니다. (羅襦不復施 對君洗紅粧.)"<杜諺・八>를 의양한 것임.

◇ 唯欲~(유욕) : 오직 ~하고자 하다.

◇ 鄭浦(정포 1309~1345) : 고려 말 문신. 호는 설곡(雪谷). 여러 차례 원나라에 사신을 다녀왔으며, 충혜왕의 실정을 상소했다 유배됨.

● 「원별리」 역시 악부체다. 주로 변방에 정부(征夫)로 출정 나간 남편을 그리는 젊은 여인의 애절한 그리움을 호소한 노래다. 천하에 부러울 게 없던 님의 사랑 속에 철없이 마냥 행복했던 열다섯 꽃다운 나이, 사랑을 갈라놓는 이별은 남의 일인 줄만 알았다. 무참히 깨진 사랑의 꿈, 사나이 공명이 때가 있다지만 여인의 젊음이야 순간인데 싫어요, 이별은. 그러나 시적 주체는 기러기만도 못한 현실에 좌절하며, 전통적 정조미로 자신을 다짐하나, 한 가지 달라지 못할 것은 사랑하는 님을 향한 그리움만은 어쩔 수 없다고 하소했다. 대체적으로 두보의 「신혼별新婚別」을 의양한 대인작(代人作)이다.

春杵女   항아 아씰레

玉杵高低弱臂輕   절구질하는 아가씨 가녀린 팔
羅衫時擧雪膚呈   비단 적삼 들릴 때마다 드나는 흰 살결
蟾宮慣擣長生藥   월궁에서 단약 찧던 항아 아씨
謫下人間手法成。   인간에 귀양와 뽐내는 솜씨인 듯.

<柳永吉>

【註】

◇ 春杵女(용저녀) : 방아찧는, 혹은 절구질하는 아가씨.

◇ 玉杵(옥저) : 잘 생긴 방아공이. 남성 성상징.

◇ 高低(고저) : 방아, 혹은 절구공이가 오르내리며 곡물을 찧는 모양.

◇ 時擧(시거) : 수시로 들림. 절구공이를 들어올릴 때마다 짧은 적삼이 따라 들리는 모습.

◇ 雪膚(설부) : 눈 같이 흰 속살. 나삼이 걷어올릴 때마다 드러나는 겨드랑의 희고 고운 살결.

◇ 蟾宮(섬궁) : 월궁(月宮). 달 속.

◇ 慣擣(관도) : 공이질에 익숙함. 요(堯)의 신하 예(羿)의 아내 항아가 남편이 서왕모로부터 하사 받은 단약을 훔쳐먹고 달나라에가 단약을 만들며 살기에 절구질에 익숙함을 비유함.

◇ 手法成(수법성) : 솜씨가 이루어짐. 곧 익숙함.

◇ 柳永吉(유영길 1538~1601) : 조선 중기의 문인.

● 방아타령의 원형이야 신라 백결(百結) 선생의 대악(碓樂)으로 꼽을 일이지만, 이 시는 방아찧는, 혹은 절구질하는 여인을 노래한 소품이다. 우리의 옛노래에 '담배씨만큼'만 보랬다. 물론 오래, 아니 더 많이 보면 상사병이 나기에 말이다. 아리따운 아가씨의 능숙한 솜씨를 '지아비의 단약을 훔쳐먹고 월궁으로 달아난 항아에 비유'하므로 우리 선민들의 낙천적이자, 긍정적 삶의 미학을 보는 듯하다.

鞦韆曲   그네 줄에 얽힌 사랑

(1)

白苧衣裳茜裙帶	하얀 모시 치마 적삼 붉은 허리띠에
相携女伴競鞦韆	아씨들 손잡고 그네 타기 겨루는데
堤邊白馬誰家子	그네 터 언덕 백마 탄 한량 뉘집 총각인고
橫駐金鞭故不前。	황금 채찍 비껴들고 짐짓 서성거리네.

<林悌>

【註】

◇ 衣裳(의상) : 저고리와 바지, 혹은 치마. 곧 의복.

◇ 茜裙帶(천군대) : 꼭두서니로 붉게 물들인 치마 띠. 붉은 허리띠.

◇ 女伴(여반) : 여자 또래들. 아씨들.

◇ 堤邊(제변) : 둑 변두리. 제방 가. 그네 터 가장자리.

◇ 橫駐(횡주) : 빗겨듦.

◇ 故不前(고부전) : 짐짓 나아가지 아니함. 일부러 머뭇거림.

◇ 林悌(임제) : 조선 중기의 문신.

● 단오날 민속놀이로서의 씨름이 남정네의 전유물이라면, 그네 타기는 조선조 여인네의 유일한 나들이 행사였다. 창포물에 곱게 땋은 댕기머리에 날 듯이 날렵한 모시 치마 적삼 차림으로 삼삼오오 그네터에 모여 자잘한 속세의 현실을 박차고 창공을 향해 날아오르는 그 일탈의 묘미는 미당 서정주의 시구대로 "베갯모에 놓이듯 한 풀꽃데미로부터, 자잘한 나비 새끼 꾀꼬리들"로부터 온전히 자유로울 수 있는 해방공간, 이른바 질곡으로부터 이상공간에로의 비상쯤으로 유쾌함의 만끽이었으리라. 이쯤이면 영락없이, 어쩌면 예상대로 백마 탄 한량들이 기웃대게 마련이고, 그러므로 민속은 미풍으로 이어지는 역사성을 확보해 온 것이다. 이처럼 전통적 미풍으로 자리잡은 그네 타기이기에 「춘향전」의 이상적 여인상으로서의 춘향과 남성상으로서의 이도령의 만남, 그 당위성이 소설의 시츄에이션으로 가능했던 것이다.

(2)

粉汗微生雙臉紅	발개진 두 볼 송글송글 땀방울 솟고
數聲嬌笑落煙空	교태로운 웃음소리 선궁에서 전해오는 듯
指柔易著鴛鴦索	보드란 손길 원앙 줄 시뿐 잡았는데
腰細不堪楊柳風。	나긋한 허리 버들바람에 실려갈 듯.

【註】

◇ 粉汗(분한) : 미인의 단장한 얼굴에 맺힌 땀. 고운 땀.

◇ 微生(미생) : 가볍게 남. 송글송글 맺힘.

◇ 煙空(연공) : 놀에 덮힌 하늘, 곧 신선세계. 연하공계(煙霞空界).
◇ 鴛鴦索(원앙삭) : 그네의 두 줄.
◇ 細腰(세요) : 가는 허리. 곧 미인.
◇ 不堪~(불감~) : ~를(을) 감당하지 못함.

◉자잘한 현실적 질곡으로부터 싱그럽고도 야릇한 이상공간에로의 체험, '珊瑚도 섬도 없는 저 하늘, 이 울렁이는 가슴' 여행, 앵도를 닮아 가던 두 볼은 어느 새 탐스런 복숭아처럼 익어 있고, 이마엔 송글송글 땀방울이 맺혔다. 그 저릿 저릿한 전율, 이 희한한 쾌감이 싫지 않아 주체할 수 없는 낭랑한 웃음을, 시적 주체는 자못 연하공계의 선녀로 비유하고, 이어 원앙 그네 줄에 사뿐히 올라 선 가녀린 허리를 버들바람에 날려갈 듯하다고 미화했다.

(3)

誤落雲鬟金鳳釵	앗차! 삼단 머리 봉황 금비녀 떨어지자
游郎拾取笑相誇	횡재로다, 총각 놈 주워들고 싱글벙글
含羞暗問郎居住	부끄러움 머금은 채 '어디 사는 뉘신지요'
綠柳珠簾第幾家。	'푸른 버들 구슬 주렴 몇 번 째 집'이라오

【註】

◇ 雲鬟(운환) : 구름 머리. 여인의 풍성한 검은머리. 삼단 같은 머리. 미인의 상징.
◇ 游郎(유랑) : 한량. 건달. 사내.
◇ 暗問(암문) : 넌지시 물음. 남 몰래 물음.
◇ 第幾家(제기가) : 제 몇 번 째 집.
◇ 林悌(임제 1540~1587) : 조선조 중기의 문신, 호는 백호

◉무한 공계로의 비상이 주는 쾌감, 그 환상의 유희에 도취하여 나른한 심신 때문 일까? 단단히 묶은 머리채의 봉황금비녀는 왜 하필 이 때 떨어지는 것일까? 그 것이 「추천사」건 「추천곡」이건 모두 악부체다. 따라서 작시 상 일정 투식적 어법이 있나니, 참고로 허난설헌(許蘭雪軒)의 「추천사」를 함께 감상해 보자.

蹴罷鞦韆整繡鞋	그네 타기 마치자 꽃당혜 갖춰 신고
下來無語立瑤階	말없이 사뿐 섬돌에 내려섰는데
蟬衫細濕輕輕汗	하늘한 땀 선삼에 살포시 뱄고
忘却敎人拾墮釵。	떨어진 비녀조차 주울 생각 못하네요

<鞦韆詞 二>

'下來無語',가 나른한 교태라면, '輕輕汗'은 선정의 미학이다. 예의 '떨어진 비녀[墮釵]'가 있어야 주워든 임자가 있고, 이후의 통성명과 만남이 있음은 고금이 일반이다. 이것이 악부체의 투식적 구성 논리다.

이에 현대시 미당 서정주의 「추천사」 전편을 인용해 고금의 통서를 비교해 보기로 한다.

香丹아 그네줄을 밀어라.
머언 바다로
배를 내어 밀 듯이.
香丹아。

이 다소곳이 흔들리는 수양버들 나무와
베갯모에 놓이듯 한 풀꽃데미로부터,
자잘한 나비 새끼 꾀꼬리들로부터,
아주 내어밀 듯이, 香丹아.

珊瑚도 섬도 없는 저 하늘로
나를 밀어 올려다오.
彩色한 구름같이 나를 밀어 올려다오.
이 울렁이는 가슴을 밀어 올려다오!
西으로 가는 달 같이는
나는 아무래도 갈 수가 없다.

바람이 波濤를 밀어 올리듯이
그렇게 나를 밀어 올려 다오.
香丹아.

<鞦韆詞>

寄夫江舍讀書　　　제비도 돌아오건만…

燕落斜簷兩兩飛	처마 끝 비껴나는 짝지은 제비
落花撩亂撲羅衣	하늘한 날개 짓 꽃잎만 어지럽게 지는데
洞房極目傷心處	행여나 오시려나 기다리다 지친 마음
草綠江南人未歸。	강남이라, 풍정에 팔린 님 오지 않네요

<許蘭雪軒>

【註】

◇ 寄夫(기부) : 지아비에게 부침. 지아비 김성립(金誠立)에게 부친 시.
◇ 江舍(강사) : 김성립이 독서를 빙자해 노량진에 마련한 독서당.
◇ 斜簷(사첨) : 처마를 비껴날다.
◇ 兩兩(양양) : 쌍쌍. 자웅이 짝지어 낢.
◇ 洞房(동방) : 아녀자가 거처하는 방. 깊숙한 방. 침실.
◇ 傷心(상심) : 마음 상함. 기다리다 지침.
◇ 草綠江南(초록강남) : 풀 푸른 강남. 곧 '풍정이 질탕한 강남'이라 하므로 독서
　보다 외도에 팔린 지아비에 대한 원망을 표출함.
◇ 許蘭雪軒(허난설헌:1563～1559) : 조선 여류시인. 본명 초희(楚姬), 호는 난설헌,
　허균(許筠)의 누이. 저서『난설헌집蘭雪軒集』.

● 초당(草堂) 오보수(五寶樹)로 통칭되는 허엽(許曄 : 1517～1580)과 그의 삼 남일
녀(筬・篈・筠・蘭雪軒)로 봉의 동생이자, 균의 누이이다. 어릴 때부터 타고난
미모에다, 오빠와 동생의 틈에서 어깨너머로 익힌 글재주로 오보수 중 제 1로
8세에 「광한전백옥루상량문廣寒殿白玉樓上梁文」을 짓는 등 천재성을 발휘했다
한다. 15세에 안동(安東) 성립(誠立)에게 출가했으나, 원만치 못한 부부 관계로

남편은 노류장화에 빠지고, 고부간 갈등과 해 걸러 사랑하던 남매와 뱃속의 아이까지 잃자, 실의와 절망 속에서 유선의 세계를 동경하다 27세의 젊은 나이로 요절했다. 위의 시는 강사에 독서를 핑계하고 나가 돌아오지 않는 남편을 기다리는 여인의 정한을 가녀린 여성적 필치로 묘사한 걸작이다.

詠半月   허공에 던진 얼레빗

誰斷崑山玉   어느 누가 곤륜산 옥을 캐다
裁成織女梳   직녀의 얼레빗을 만들었는가
牽牛一去後   견우 한 번 떠나자
愁擲碧虛空。 시름겨워 허공에 던져버렸나 봐.

<黃眞伊>

【註】

◇ 詠半月(영반월) : 반달을 읊다. 반달을 얼레빗으로 유추함.

◇ 誰斷~(수단~) : 누가 ~을 잘라서.

◇ 崑山(곤산) : 곤륜산(崑崙山). 옥의 명산지로 유명함.

◇ 裁成(재성) : 마름질해서 만듦.

◇ 織女梳(직녀소) : 직녀의 얼레빗.

◇ 愁擲(수척) : 시름겨워 던짐. 마음 상해 버림. 또 1년 기다려야할 원망, 혹은 투정의 표출.

◇ 碧虛空(벽허공) : 푸른 허공. 곧 하늘.

● 한국 여류문학 담당층의 양대 맥은 규방문학과 기방문학이다. 흔히 신사임당(申師任堂)과 허난설헌을 전자의 대표로, 황진이와 이매창(李梅窓), 혹은 이옥봉(李玉峰)을 후자의 대표로 치지만, 실은 난설헌과 황진이로 압축된다 할 것이다. 물론 국·한문시가의 경우이다. 위의 「영반월」만 해도 그렇다. 그 기발한 착상과 참신한 유추가 한·당(漢唐)에 버금가야할 이유가 없다. 그것이 소품이기에 더욱 그렇다. 칠석이 지난 맹추의 드높은 허공에 걸린 반달, 그것을 여인네의 반려인 얼레빗으로 비유한 것도 참신하거니와, 잠깐 만나고 간 님[견우], 그

님을 위해 정성스럽게 단장했는데 이제 또 1년을 기다려야 하니, 그 동안 얼레빗은 무용지물이다. 그래서 '앙탈처럼 허공에 던져버린 것,' 그것이 반달이라는 상징적 수사는 님에 대한 원망, 여성이 아니고는 유추할 수 없는 앙증맞은 사랑의 투정이 곱다.

子夜歌	소꿉놀이 각시

暗憶少小事	어릴 적 소꿉놀이 가만히 돌이켜보면
含羞面發紅	수줍어 어느새 얼굴 발갛게 물들죠
郎性好戲劇	우리 님 농담도 잘하셔
道妾再嫁儂。	자기가 좋아 '두 번 째 시집왔대요'

<李安中>

【註】

◇ 子夜歌(자야가) : 동진(東晉)의 자야라는 여인이 지은 애절한 연시(戀詩). 「자야오가子夜吳歌」. 이후 많은 의작들이 나와 악부체를 이룸.

◇ 暗憶(암억) : 남몰래 추억을 더듬다. 홀로 돌이켜 봄.

◇ 少小事(소소사) : 어린 시절 소꿉놀이. 신랑 각시 놀이 등.

◇ 含羞(함수) : 수줍음을 머금다.

◇ 發紅(발홍) : 붉게 물듦. 발갛게 홍조를 띰.

◇ 好戲劇(호희극) : 장난·희롱·농담을 좋아(잘)함.

◇ 道妾~(도첩~) : 저에게 ~라고 말함.

◇ 再嫁儂(재개농) : 자기에게 두 번 시집옴.

◇ 李安中(이안중 : 1752~1791) : 조선 후기 문인. 고유의 민족정서 및 섬세한 감각적 표현에 능함.

◉ 민족 고유의 전통정서를 시화한 소품이다. 철부지 소꿉놀이 때의 신랑 각시, 부부가 된 지금 생각하면 부끄럽기만 할 뿐인데 '서방님은 능청스럽기도 하셔라. 얼마나 자기가 좋으면 또 시집왔느냐고 놀린다. 그것이 알콩달콩 정겹게 살고 있음의 증명임은 물론이다.

마치 한 편 죽지사를 읽는 듯 부담 없고 정감 어린 정취가 흔히 들던 이웃 김
씨네와 이씨네 혼담, 그 훗날 사랑 투정쯤으로 이해해도 좋으리라.

Ⅱ-3. 내가 죽고 그대 살아서 - 「悼亡」

征夫怨   당신 아들이예요

一別年多消息稀   일거에 무소식, 몇 해쩬 줄이나 아셔요
塞垣存沒有誰知   변방에 계신 당신, 생사조차 알 길 없어
今朝始寄寒衣去   오늘 아침 비로소 겨울옷 부쳐드리고자
泣送歸時在腹兒。 전송할 때 뱃속에 있던 아이 눈물로 보냅니다.

<鄭夢周>

【註】

◇ 征夫怨(정부원) : 님 그리워. 출정한 남편을 그리워하는 여인의 심정을 대신 쓴
　대인작(代人作).
◇ 塞垣(새원) : 변방. 변새(邊塞).
◇ 寒衣(한의) : 겨울옷. 방한복.
◇ 歸時(귀시) : 당신 떠나가실 때.
◇ 在腹兒(재복아) : 뱃속에 있던 아이. 임신 중이었던 아이.

◉사랑하는 남편의 겨우살이를 위해 눈물과 그리움의 실로 땀땀이 한(恨)을 걸어
지은 솜옷을 변방 수자리 사는 남편에게, 그도 유복자 편으로 보내는 어미의
한을 대작한 변새시다. 앞에서 본 「규원閨怨 · 원별리怨別離 · 새하곡塞下曲 · 도
의가擣衣歌 · 정부탄征夫嘆」 등이 그것이다.
　예로부터 가을이면 북방 오랑캐들의 식량 약탈을 막기 위한 변방 수호[防秋]
에 여념이 없었다. 더구나 포은 정몽주(1337~1392)가 살던 고려 말은 대륙의
원 · 명(元明) 교체와 반도의 왕조교체 「고려에서 조선으로」로 변방 수자리 교
대는 물론 불규칙했고, 따라서 숱한 애환의 문예가 무늬져 있다. '생사조차 알

수 없는 남'에게, 그도 떠날 때 '뱃속에 있던 아들 편에 보낸다'하므로 비극의
역사 체험을 함께 한 민족적 비장미는 극화되어 있다.

懷妻   그리운 당신

膝下孩兒新學語   슬하의 아이는 말을 갓 배우겠고
竈門老婢舊懸瓢   주방의 늙은 종은 끼니거리 없다 하겠지
林園廖落生秋草   뜰 정원은 스산히 가을 풀만 황량할 테고
想見容華日日凋。   날로 야윈 그대 모습 눈에 선하구려.

                              <奇遵>

【註】

◇ 懷妻(회처) : 아내를 그리워함. 그리운 당신.
◇ 竈門(조문) : 부엌. 주방.
◇ 懸瓢(현표) : 표주박이 텅 빔. 가난함. 압운관계로 '현경(懸磬)' 대신 '현표(懸瓢)'
  를 씀.
◇ 廖落(료락) : 가을에 나뭇잎들이 시들어 떨어짐.
◇ 容華(용화) : 얼굴.
◇ 奇遵(기준 : 1495~1521) : 조선 문신. 호는 복재(服齋). 조광조(趙光祖)의 문인.
  1519년 응교로 기묘사화 때 온성(穩城)에 유배, 익년 모친상으로 잠시 귀향, 다
  시 유배되어 교살됨.

● 기묘사림으로 온성에 유배되었다가(1519) 익년 모친상으로 잠시 귀향해 상례를
  모신 후 다시 유배되어 교살된 기준이 규양지에서 아내를 그리며 쓴 시다. 귀
  양 올 때 뱃속에 있던 아이, 이젠 제법 아장아장 걷기도 할테고, 더러는 말 시
  늉도 옹알거릴 테지. 지아비 없는 살림살이야 뻔하지 않은가. 주인 잃은 정원
  은 온통 잡초로 우거졌을 것이고, 이 온갖 시름을 짊어진 초췌한 아내, 가여울
  뿐이다. 이 번뇌와 회한으로 하얗게 지샌 밤은 또 얼마였을까! 이 모든 책임은
  자신으로부터 비롯되었건만 그 죄 값마저 아내에게 전가한 못난 지아비, 언제
  나 남부럽잖은 지아비와 애비 노릇 번듯하게 할 수 있을까. 그러나 끝내 그에

게 그런 복은 있지 않았다.

瀋獄寄內南氏   여보, 당신만 믿소

琴瑟恩情重	부부란 사랑이 중요하건만
相逢未二朞	결혼한 지 두 해도 못 채운 채
今成萬里別	만리 타향에 서로 떨어져
虛負百年期	백년 기약 헛되이 저버렸구려
地闊書難期	편지인들 이르리까, 머나먼 땅
山長夢亦遲	꿈길조차 더디다오, 산이 높아
吾生未可卜	살아 돌아갈 희망조차 없으니
須護腹中兒。	여보, 당신 뱃속의 아이 부탁하오

<吳達濟>

【註】

◇ 瀋獄(심옥) : 청 나라 심양의 감옥. 1636(인조 14)년 12월 청 태종(太宗)이 10만 대군을 이끌고 침략해 남한산성을 포위하고 항복을 요구했다. 이때 최명길(崔鳴吉) 등 주화파에 맞서 오달제(吳達濟 : 1609~1637)·홍익한(洪翼漢 : 1586~1637)· 윤집(尹集 : 1606~1637) 등 삼학사(三學士)는 결사항전을 주장했다. 그러나 1637 년 1월 남한산성은 함락되고, 이들 3인은 척화신으로 청나라 심양 감옥에 갇혔 다 모두 처형됨. 위의 시는 오달제가 아내에게 마지막으로 보낸 절필시.

◇ 寄內(기내) : 아내에게 부침.
◇ 琴瑟(금슬) : 거문고와 큰 거문고 부부 사이. 금슬상화(琴瑟相和).
◇ 恩情(은정) : 은혜를 베풀며 사랑하는 마음. 은애지정(恩愛之情).
◇ 二朞(이기) : 두 돌. 이 년.
◇ 百年期(백년기) : 백년 가약.
◇ 未可卜(미가복) : 점칠 수 없음. 예측할 수 없음.
◇ 腹中兒(복중아) : 뱃속의 아이. 임신 중인 아이.

● 절의의 삼학사 오달제의 유서 같은 시참(詩讖)이다. 이들 삼학사야말로 15~6
세기 전반, 그러니 조광조·김정·기준 등 기묘명현(己卯名賢)으로 대변되는 도
학선비의 의리정신을 이받은 대표적인 절의파 선비라 할 것이다. 이른바 『소학』
의 여러 덕목, 특히 대의명분을 행동강령으로 삼아 의를 위해서라면 목숨도 흔
쾌히 바치며, 왕도정치의 실현, 삼대(三代)의 지치(至治)를 재현하고자 했던 선
비들이다. 그러기에 최명길 등 주화파에 맞서 결사항전을 부르짖다 척화신으로
심양 감옥에서 형장의 이슬로 산화되었다.

　　위의 시는 심양 감옥에서 점점 다가오는 죽음의 그림자를 의식하며 지금쯤
만삭이 되었을 아내에 대한 미안함과, 뱃속 아이에 다해 당부한 시다. 부부의
연을 맺은 지 2년도 채 안된 신혼, 더구나 만리 이역 적국의 사형대기수다. 그
러니 '백년해로'하리라던 맹서는 진작 헛되이 저버렸고, 가서(家書)는 고사하고,
꿈길도 산이 높아 더디다며 "살아 돌아갈 희망조차 없으니, 여보, 당신 뱃속의
아이 부탁하오"라는 당부는 부인을 향한 굳은 신념에 찬 위대한 사랑의 신념이
자, 당당한 지아비, 나아가 시대가 추구하는 선비상이자, 민족혼을 일깨운 목탁
이라 할 것이다.

悼亡　　　　　　　벽오동 심은 뜻은 …

玉貌依稀看忽無	여보, 꿈에 아련 보일 듯 이내 사라지고
覺來燈影十分孤	멍하니 대한 등불 그림자 더욱 외롭구려
早知秋雨驚人夢	진작 가을비 구성져 시름일 줄 알았더면
不向窓前種碧梧。	창문 앞 저 벽오동은 심지나 말았을 것을.

<李瑞雨>

【註】
◇ 悼亡(도망) : 아내를 애도함. 죽은 아내[亡室]를 슬퍼[哀悼]함.
◇ 玉貌(옥모) : 옥 같은 모양. 아내의 고운 얼굴.
◇ 依稀(의희) : 어렴풋이 보이는 모양. 방불한 모양.
◇ 覺來(각래) : 깨고 나다. 깨고 보니.
◇ 十分(십분) : 아주 참. 극도에 달함. 더욱 더.

◇ 早知~(조지~) : ~을 일찍 알다. ~을 진작 알았다면.
◇ 種碧梧(종벽오) : 벽오동을 심다.
◇ 李瑞雨(이서우:1633～?) : 조선 중후기 문신. 1660(현종1년) 중광문과 급제. 문명이 높아 예문관 제학을 지냄.

● 백년해로를 기약한 부부가 딸의 혼수용 장롱 감으로 벽오동나무를 심는 풍습이 있다. 그러나 아내는 이미 백년의 기약을 저버렸고, 지금은 가뜩이나 고독한 홀애비의 가을 꿈까지 깨운다 했다. 두루 아는 바이지만 오동잎 한 소리로 천하에 슬픈 가을[悲秋 : 만상을 조락케 하는]이 왔음을 안다 했다. 그것이 지어미 잃은 지아비의 을씨년스런 삼동(三冬)을 예고 함이고, 질척거리는 저 가을비가 그것을 재촉함일 때 왜 아니 원망스럽겠는가! 그러나, 오동잎에 흩드는 빗방울 소리도 자연의 질서다. 정작 원망 스럽기야 백년을 기약하고 먼저 간 님에 대한 원망이요, 그 원망조차 운명이라면 가신 님에 대한 그리움, 못 다한 사랑의 미련을 자배(字背)에 감춘 애절한 고백이 시적 화자의 작시 동기일 것이다.

悼亡   마음의 봄은 언제나 …

粧奩蟲網鏡生塵   장합(粧盒)엔 거미줄, 거울엔 먼지 끼고
門掩桃花寂寞春   문 닫힌 채 복사꽃만 쓸쓸히 핀 봄
依舊小樓明月在   자그만 다락 밝은 달은 예로운데
不知誰是捲簾人。   알지 못케라, 발 걷을 사람 뉘인고

                              <李達>

【註】
◇ 粧奩(장렴) : 화장품 상자. 화장대.
◇ 寂寞春(적막춘) : 쓸쓸하게 피어있음.
◇ 依舊(의구) : 예대로. 예와 같이.
◇ 李達(이달:1539～1612) : 조선 중기 문인. 고죽(孤竹) 최경창(崔慶昌)·옥봉(玉峯) 백광훈(白光勳)과 함께 삼당파(三唐派) 시인으로 일컬음. 초당 허엽의 식객으로

허균과 난설헌에게 시를 가르쳤다 함.

● 한문당시(漢文唐詩)라는 목릉성세(穆陵盛世)의 시단을 주도한 손곡 이달이다. 이른바 정통 한시문학의 고격한 시품(詩品)으로 평가받아 왔다. 그러니 아내가 쓰던 분대(粉黛)며 화장용 거울 등 일체가 주인을 잃고 방치되자 무정한 거미가 낭자하게 주인행세를 하고, 쓰잘 데 없이 된 거울은 먼지투성이라 니 비감할 만하다. 게다가 주인 없는 안방 앞엔 죽은 아내만큼 화사한 복사꽃, 그러나 시적 주체도 복사꽃도 자연의 절서에 순응할 뿐, 이미 마음의 봄을 상실한 적막춘(寂寞春),- 그러니 "시절을 감상하니 꽃이 눈물을 뿌리는 듯하고, 한스런 이별을 하고 보니 아름다운 꾀꼬리 소리에도 가슴이 철렁 내려앉는 것 같다(感時花濺淚 恨別鳥驚心)"<杜諺十·春望>는 정조가 절로 무르 녹았다. "여보, 언제나 우리는 달 밝은 밤이면 휘장을 걷어 올리고 함께 저 달을 감상했었지…"라 했으니 금슬도 대단했다. 이 역시 "언제쯤 한 휘장에 의지해, 서로 다정히 바라보며 이 이별의 그리운 눈물자국 말려본다지(何時依虛幌 雙照淚痕乾)"<仝上>라 한 두시 「월야月夜」의 결구를 의양했다. 이런 용사의 자묘함으로 핍당(逼唐)의 칭을 받았던 것이다.

挽代人作　　　　　만시대인작

舊閣芳塵滿	옛 방엔 고운 먼지만 가득 꼈고
新阡凍路長。	새 무덤은 언 길 멀기만 한데
百年成說在	백 년 해로하자던 말만 남긴 채
付與淚千行。	천 가닥 눈물에나 붙였소 그려.

<白光勳>

【註】

◇ 挽(만) : 특정인을 지목하지 않은 만시는 대개 아내의 죽음을 애도한 만시다. 그러나 위의 만시는 문집에 의하면 '代人作'이다.

◇ 舊閣(구각) : 옛 신방.

◇ 付與淚(부여루) : 눈물에 붙이다. 눈물로 지새다.

◇ 白光勳(백광훈:1522~1582) : 조선 중기의 시인. 자 창경(彰卿), 호 옥봉(玉峰). 박순(朴淳)의 문인. 어려서 시재를 인정받고, 13세에 상경, 양응남(梁應南) 노수신(盧守愼)에게 사사. 당시 이달·최경창과 함께 삼당(三唐)으로 통칭됨.

● 백년 가약을 지키기야 조련치 않기에 시적 화소가 되겠지만, 청상의 애상 못지 않게 궁상맞기론 상처한 젊은 홀아비리라. 연보에 의하면 20세에 하동 정씨 현감 상옥(尙玉)의 여와 혼인하여 22세의 꽃다운 청춘에 상처했다 하니, 자신의 체험에 비겨 남의 슬픔을 대작했다. 분 냄새마저 사라진 신방이건만 옥 같은 아내가 거처하던 방이기에 그 먼지마저 곱던가! 애써 '芳塵'이라 한 시어 선택에서 우리 선인들의 아내를 향한 애련한 공통심상을 읽을 수 있다. 마음이 먼저 가 있는 꽁꽁 언 무덤, 야속하기사 정만 들여놓고 간 님, '천 가닥 눈물' 속에 무녹은 진한 사랑을 아시기나 하려는지---. 그 2수는 다음과 같다. "인간 만사 아침 거울 앞에서 보니/ 부질없이 흰머리만 흰하게 남은 채/ 앞으로 살 수 있는 날 있기야 하지만/ 울자 하나 이미 목이 메어 소리조차 나지 않소(萬事臨朝鏡 空餘雪鬢明 可能來有日 欲哭已無聲)"<옥봉집>

<table>
<tr><td>爲友挽內,</td><td>벗을 위해 지은 그 부인의 만사,</td></tr>
<tr><td>李忔慈堂</td><td>이흘의 자당</td></tr>
</table>

不論夫婦復如何。	부부라는 걸 안 따져도 다시 어찌하겠는가
哭女啼兒滿一家。	우는 딸 우는 아들, 온 집안 울음바다니
唯有白頭雙眼血	오직 흰 백발에다 두 눈에 흐르는 피
也隨流水到交河。	그래, 흐르는 물 따라 교하에 이르리.

<白光勳>

【註】

◇ 不論~(불론~) : ~을 논하지(따지지) 않음.
◇ 滿一家(만일가) : 온 집안에 가득 참. 온통 울음바다.
◇ 雙眼血(쌍안혈) : 두 눈에 흐르는 피눈물. 속으로 우는 눈물.
◇ 也(야) : 본디 평서문 종결어사나, 주어, 혹은 주어구 정리 기능 및 어세(語勢)

를 고루는 구실도 함.
◇ 交河(교하) : 불분명하나, 시의(詩意)로 봐 벗의 아내 무덤이 있는 지역일 듯.

●아내를 여읜 벗의 슬픔을 함께 한 만시다. 그러니 먼저 아내를 떠나 보낸 자신의 선체험을 빌어 벗의 슬픔을 대작[代人作]한 셈이다. '不論夫婦'랬다. 부부 사이가 아닌 나도 이렇게 안타깝고 슬픈데 그대 마음 오죽하겠는가! 게다가 어미 잃은 철없는 어린것들, 저 것들의 통곡 때문에도 안으로 삼켜야 하는 피눈물, '아마도 흐르는 물 따라 아내의 장지에까지 흐르리라' 했다.

　　대저 이것이 우리 선인들의 아내 사랑하는 진정(眞情)이다. 자신의 아내를 먼저 북망산에 보내고 텅 빈 허망의 결핍 속에서 살아온 선체험, 그 진솔한 시정이 선비들의 '말없는 사랑 법', 이른바 호들갑이 아닌 군자풍의 연정(戀情)이었다.

悼亡 六絶　　　　　죽은 아내를 애도함. 6수

縱復榮觀日日新。	비록 다시 당신을 보고픈 마음 날로 새롭건만
思量判作踽凉身。	생각할수록 서로 갈라져 쓸쓸한 신세 되었구려
非無眷屬堪娛老	식솔들 늙은이 즐길 일 해 주지 않는 이 없는데
不見當年結髮人。	그 당시 머리 묶은 당신이 보이지 않는구려.

<申緯>

【註】
◇ 榮觀(영관) : 모습. 죽은 아내의 모습.
◇ 踽凉(우량) : 쓸쓸한 모습.
◇ 眷屬(권속) : 딸린 식솔.
◇ 結髮人(결발인) : 머리 맺은 사람. 결혼한 사람. 곧 아내

●자하의 첫 째 부인 조씨(曺允亨의 女)의 죽음을 애도한 6수 중 셋째 작품 이다. 자하는 59세에 무자(無子)로 조강지처와 사별함. 위의 시는 이 후 그 부인을 애도한 시. 워낙 자하는 조선조 500년 문예를 집대성한<金澤榮 · 申紫霞詩集

序> 삼절(三絶)이다. 그러나 짝 잃은 외기러기의 허허로운 심정, 그야말로 '그립다 하니 그리운 정'인데 달랠 길은 전혀 없는 법이다. 효순한 자식과 며느리가 없어서도 아니요, 앙증맞은 손자 손녀가 아무리 많아도 채워지지 않는 공허함, 그러기에 '나날이 그리운 정[日日新]' 더욱 텅 빈 가슴, 그렇다고 식솔들의 위로야 제 아무리 정성스러운들 조강지처와의 서툰 눈맞춤만 하겠는가. 본 시의 요체는 바로 여기에 있다. 어르신네의 심기를 보살핀 온 가족들의 노력이 어찌 고맙지 않으리요 마는, 당신 없는 이 생에서의 부귀 영화가 대체 뭐란 말인가? 님과 함께 하지 못하는 부귀영화란 다 부질없는 일장춘몽이 아닌가. 이처럼 연연타 못해 애처롭기까지 한 우리 선인들의 아내를 향한 지극한 연심을 읽기에 족하다.

伊人不可見矣　　　님은 어디에…

今年我是去年吾	금년의 나 지난해 나 그대로인데
情況胡然入室無	정든 사람 어찌 집에 와도 없는가
丁字簾前人不見	丁자 발 앞에 이 사람 보이지 않고
靑虫相對絡絲約。	벌레들 차지가 된 신발코엔 거미줄만 어설겼구나.

<申緯>

【註】

◇ 본 시의 원제목은 「지난 해 북원 유배길엔 오히려 집사람 조씨와 만났는데, 금년 돌아와 보니 아니 보인다. 슬픈 생각에 한 절구를 짓다(去年余之北轅也 猶與家人趙氏相見, 今年賜還也 伊人不可見矣. 愴然吟成一絶)」이다.
◇ 胡然(호연) : 어찌하여.
◇ 入室無(입실무) : 내실에 들어와도 보이지 아니함. 자하는 조강지처인 曺氏와 59세 때 무자(無子)로 사별했고, 본 시는 4남2녀를 생산한 계실 조숙인(趙淑人)과의 사별(1834・공 66세)을 애도한 시.
◇ 絲約(사구) : 색실로 만든 신발의 장식. 실로 장식한 신발 코
◇ 申緯(신위:1769~1845) : 조선 후기의 삼절(三絶). 호는 자하・경수당. 추사의 소개로 옹방강 부자를 위시한 청조 문사들과 교유가 넓었으며, 「익재소악부」를

의양한 「자하소악」 40수, 「동인논시절구」 35수, 「관극시절구」 12수 등 문학사
적 가치를 지닌 대작을 포함해 4069수의 시작품을 남김.

● 워낙 자유분방했던 신위이므로 기상천외한 증시(특히 기녀)가 많지만, 연시이기
보다는 회증이기에 위의 작품을 가렸다. 계실 조씨와의 사별, 그도 유배 중 임
종도 못한 채 보낸 아내에 대한 절절한 비통을 홍체(興體)를 빌어 감발케 했다.
'귀여운 꽃당혜,' 그것은 바로 사랑스런 아내의 상징이요, '어설킨 거미줄'은 가
신 님에 대한 무상심(無常心)이자, 상정(傷情)이다.

配所輓妻喪	내가 죽고 그대 살아 …
聊得月老訴冥府	월하노인 통해 염라국에 하소해
來世夫妻易地位	내세에는 그대와 나 서로 바꿔 부부 되어
我死君生千里外	천리 밖서 이별한 뒤 내가 죽고 그대 살아
使君知有此心悲。	내 마음의 이 슬픔 그대 알게 했으면.

<金正喜>

【註】

◇ 配所(배소) : 귀양지. 현종 6년(51세) 윤상도(尹尙道)의 옥사사건에 연류되어 8년
동안 제주에 위리안치됨.
◇ 月老(월노) : 부부의 연을 맺어주는 전설상의 월하노인(月下老人).
◇ 易地位(역지위) : 지위・처지를 바꿈.
◇ 金正喜(김정희 1786-1856) : 자 원춘(元春), 호는 추사・완당(秋史・阮堂). 일찍
이(24세) 부친을 따라 청 나라에 가 그곳의 석학 옹방강(翁方綱), 거유 완원(阮
元) 등과 교유함. 박제가의 훈도 및 청나라 학풍에 영향된 실사구시학파. 시・
서・화 삼절이며, 특히 예・행서의 추사체로 잘 알려짐.

● 秋史가 57세 되던 1842년 12월 15일, 유배지 제주도에서 부인 예안 이씨(禮安
李氏)의 부음을 듣고 지은 만시(輓詩)다. 만리 밖 절도에 위리안치된 가장(家
長), 조강지처의 부음을 받고도 갈 수는 물론, 상례도 이미 끝났다. 무엇을 할

수 있는가! '사랑했지만, 고생만 시켜 미안하다' 할까. '임종은 물론 마지막 가는 길 배웅도 못해…' 다 부질없는 세속 어다. 말 밖의 말이 시의 언어다. '내세에도 다시 만날 우리의 사랑'이기에 군말이 따로 있을 수 없고, 그 사랑하는 님과의 '사별의 슬픔'을 어찌 세속의 말로 대신하랴. 역지사지(易地思之), 이 한마디 밖에 더 진실한 말은 없다. 진실로 그의 시는 체험의 시학이자, 실사구시라는 현실적 미학의 실천이었다. 조선 중기의 몰지각한 학당 시풍을 풍자한 "이백과 두보 다시 태어난다 해도 예대로 쓰지는 않으리. 이르나니 바로 배우는 길은 당송 시인의 시대정신을 배움이라(李杜若晩生 亦自易矩規 寄言善學者 唐宋皆吾師)"는 그의 시학의 대변이다.

Ⅱ-4. 기방 연가 - 봄밤은 어이 이리 짧기만 한고

龍湖戱題二首   용호에서 희롱삼아

風度金屛燭淚零   바람 지난 금병풍에 촛물 떨어지고
醉魂猶省夜寒生   취중에도 감도는 밤 추위 느껴운데
何事梅花催早發   무슨 일로 매화꽃 일찍 피라 재촉하나
玉人淸唱最春情。   고운 사람 맑은 노래 가장 봄정 돋우는데.
        <其二>   <白光勳>

【註】
◇ 戱題(희제) : 희롱삼아 짓다.
◇ 醉魂(취혼) : 술에 취한 정신. 취중 의식.
◇ 猶省(유성) : 오히려 앎. 느껴옴.
◇ 何事(하사) : 무슨 일. 어쩌자고
◇ 玉人(옥인) : 고운 사람. 아름다운 사람.

● 삼당의 옥봉이 2월 매화도 피기 전인 맹춘(孟春)에 용호 밤 뱃놀이 후 가시지 않는 옥인(玉人)에 대한 애연한 연정을 읊은 시다. 물론 선비들의 연정이 그리

운 사람, 곧 남성적일 경우가 대부분이지만, 그렇다고 '玉人', 혹은 '佳人'은 아
니다.

옥봉이 '취중에도 썰렁한 밤 추위를 이길 춘신(春信)으로서의 매화 피기'를
기다릴 까닭 없다며, 그를 홍건히 춘정(春情)에 무젖게 한 그 여인[玉人]과, 그
녀의 맑은 노래[淸唱] 소리가 귀에 쟁쟁, 가슴 속에 메아리쳐 쓰지 않고는 못
견딜 연모의 정을 「회제」라는 이름으로 옮겼다.

古意   생증스러워

(1)

妾似雨中花	제가 비 맞은 꽃이라면
郎如風後絮	님은 바람에 흩날리는 버들 꽃
花好亦易衰	꽃이 좋으나 쉬 이운다지만
絮飛歸何處。	버들 꽃 날아 끝내 가는 곳 어디라죠?

<李晬光>

【註】

◇ 古意(고의) : 시체의 하나. 비유적 수법을 통해 시대상을 풍자, 혹은 비판하는 시.
◇ 雨中花(우중화) : 비 맞은 꽃. 소박맞거나, 시든 여인.
◇ 風後絮(풍후서) : 바람에 흩날리는 버들 꽃.
◇ 歸何處(귀하처) : 어디로 가느냐. 결국 하천이나 웅덩이에 모여 썩음.
◇ 李晬光(이수광) : 조선조 중기 문사 겸 저술가.

● 지봉 이수광(1563~1628)의 「古意」 2수 중 1이다. 지봉은 조선 전기 성리학의
난숙기를 지나 후기 실학사상이 배태되던 즈음 활동한 문인으로 그의 백과전
서격 저서 『지봉유설』은 그 편찬 자세 및 내용이 실사구시학의 사조를 창도한
전범적 저서인 셈이다. 따라서 그의 문학 역시 재도적 원도문풍(原道文風)이라
기 보다는 개성을 중시하는 천기론적 시풍의 개척자였다 할 것이다.
워낙 고시란 '옛 스런 풍취'라는 뜻으로 '시대적 모순을 비유적 수법'으로
풍자 · 감계(鑑戒), 혹은 비판하는 시다. 버리고 떠나는 님에 대한 원망을 자연

물사에 비유하되 '버림받은 자신은 비 맞은 꽃'에, 안착하지 못하고 이리 저리 새 꽃을 찾아 헤매는 님을 '바람에 흩날리는 버들 꽃'에 비유하며, 종내의 귀착 지야 '허망하고 초라하기는 마찬가지 아니더냐'라고 반문했다.

(2)

楊柳有新絲	버드나무 새 가지 자라
絲絲千萬婁	실실이 천만가닥 늘어지지만
但解織春愁	다만 봄 시름이나 자아낼 줄 알았지
何曾絆人住。	언제 한 번 버리고 가는 님 잡아본 적 있나요

<李晬光>

【註】

◇ 新絲(신사) : 새로 자란 가지.
◇ 絲絲(사사) : 실실이. 김부식의 「영춘詠春」 시에 "버들 빛은 일천 가지가 푸르고, 복사꽃은 일 만 점이 붉다(柳色千絲綠 桃花萬點紅)"라 하자, 정지상의 귀신이 뺨을 치며 '천사만점을 누가 세어봤더냐'며 왜 "버들 빛은 실실이 푸르고, 복사꽃은 점점이 붉구나(柳色絲絲綠 桃花點點紅)라고 하지 않느냐'했다는 일화가 전해 온다.<백운소설>
◇ 但解~(단해~) : 다만 ~만 안다.
◇ 春愁(춘수) : 봄 시름. 자연에 봄은 왔건만 한 번 가신님은 돌아올 기미조차 없어 시름만 자아내는 봄이므로
◇ 何曾~(하증~) : 언제 일찍이 ~했던가?
◇ 伴人柱(반인주) : 떠나는 임을 칭칭 옭아 매 잡음.

● 제2수는 자못 직설적이다. 두루 아는 대로 버들은 이별의 상징수다. 그 속성이 수성(水性)이어서 물가에 자라고, 가지를 꺾어 이 땅 어디에라도 꽂기만 하면 쉽게 뿌리내려 잘 사는 활성수다. 그래서 예로부터 전별터의 버들은 수난 받기 일쑤였으니, "묏버들 갈히 것거 보내노라 님의 손디/ 자시는 窓밧긔 심거두고 보쇼셔/ 밤비예 새닙 곳 나거든 날인가 너기쇼셔."<홍랑>라 했지만, 애오라지 푸념일 뿐 붙잡아 두기는커녕, 그래서 '다시 찾아온 님'을 반긴 노래는

드물다. 이른바 봄의 상징인 버들, 그 버들가지 칭칭 늘어진 봄은 또 이별의
계절이니, 님을 보내야 하는 여인의 마음의 봄은 저 싱그런 버들조차 생증스
런 원한의 봄이다.

用藍田日暖玉生烟	사랑하는 이여, 봄밤은
七字爲韻留贈巫山張玉娘	어이 이리 짧기만 한고

香濃綉被元央暖	향그런 자수이불 정겨운 원앙 한 쌍
寶釵落枕玄雲亂	베갯맡엔 뽑힌 비녀 흐트러진 검은 머리
絳燭搖紅風捲幪	붉게 흔들리는 촛불 장막조차 걷힐 듯한 바람
瓊樓西畔低銀漢	구슬다락 서편엔 낮게 드리운 은하수
鳥啼月落夜將半	산새 우짖자 달 지고 밤도 막 지새는데
十二巫山春夢短。	무산이라, 열 두 봉우리 봄밤은 짧기만 하구나.

<許筠>

【註】

◇ 藍田(남전) : 푸른 밭. 봄이 무르녹은 봄 들판.
◇ 玉生煙(옥생연) : 옥 같은 아지랑이가 피어오름.
◇ 留贈(유증) : 전별시를 써 주고 남겨두고 옴.
◇ 張玉娘(장옥낭) : 허균의 애첩 무옥(巫玉). 홍만종의 『순오지』 참조
◇ 綉被(수피) : 수놓은 이불. 綉 = 수(繡).
◇ 元央(원앙) : 금슬 좋은 부부. 원앙(鴛鴦)의 약식 표기.
◇ 玄雲亂(현운란) : 여인의 검은머리가 어지럽게 흐트러짐. 삼단 같은 여인의 검
  은머리는 미인의 상징이자, 성상징임.
◇ 搖紅(요홍) : 붉은 촛불이 흔들림. '落枕'의 대.
◇ 風捲幪(풍권만) : 바람이 장막을 흔듦. '현운란'의 대우적 표현.
◇ 西畔(서반) : 서쪽 가. 서쪽 하늘.
◇ 銀漢(은한) : 은하수.
◇ 十二巫山(십이무산) : 무산 열 두 봉우리. 남녀간 정사의 뜻.
◇ 春夢(춘몽) : 봄밤. 봄밤에 꾸는 허황한 꿈「一場春夢」.

●예교(禮敎)에 구속받지 않고, 이단(異端)을 숭상하며, 당대의 지배질서 따위를 철저히 부정했던 한 시대의 문제의 인물이자, 혁명가였던 허균이다. 성리학의 명분으로 합리화된 일체의 가치와 허울뿐인 명분론을 가능한 한 거역하고자 한 그는 정통 문학관 역시 철저히 부정하였다. 예컨대

> 禮敎寧拘放   예교가 어찌 성정의 분방함을 구속하랴
> 浮沈只任情   희노애락은 다만 정에 맡길 일
> 君須用君法   그대들은 모름지기 그대들 식으로 살고
> 吾自達吾生。   나는 스스로 내 삶에 충실하리.
>
> <罷官聞作>

가 그것이다. 예교의 부정은 물론, 절대선의 성(性)보다 삶의 체험 속에서 얻어진 희노애락의 정에 맡긴, 이른바 삶의 진솔한 정(情)을 자연스럽게 표출한 것이 진정한 문학이라 했다. 따라서 작품의 평가기준도 '도가 아니라, 정서의 미적 공감'에 있음을 웅변으로 제시한 개량 논자였다. 따라서 시가 수식이나, 윤리 도덕을 싣는 재도지기(載道之器)가 아님을 "아름답고 곱기만 하거나, 풍화(風化)에만 이른다면 그 바른 기류(氣流)를 해치거나, 교화만을 위주로 하는 잘못을 저지르니 이 어찌 시도의 재앙이 아니겠는가"[54]라고 했는가 하면, 「유재론 遺才論」에서는 천부의 재능을 신분이라는 인위적 제도로 막는 것은 역천(逆天)이라며, 당시의 신분제도에 도전하므로 천기론(天機論)을 옹호하는 중인문학의 당위성을 주장하기도 했다.

그러므로 당대 사대부들이 꺼리던 남녀간 무산운우(巫山雲雨)의 정을 과감하게 묘파해 내고 있다. 자못 고려 속요 「쌍화점」이나 「만전춘」을 연상케 한다. 원앙금침을 베고 누운 연인, 풀어헤친 삼단 머리며, 흔들리는 촛불, 거친 숨소리, 이윽히 저무는 은하수 등은 끝내 봄밤의 짧음으로 열정의 회포를 대변했다. 참으로 단정엄숙한 선비이기를 포기한 자연인, 그러니 도성(道性)이 아닌 인성(人性) 문학에서 풍기는 허균의 인간미를 십분 느낄 수 있다 하겠다.

---

54) 許筠 : 至綺麗風化 傷其正流 而貽敎化主之誚, 此豈非詩道之尤耶)"
    <惺所覆瓿藁·5·題唐絶選序> 참조

怨詞　　　　　　야속한 님

妾有菱花鏡	제가 지닌 마름꽃 무늬 거울
憶君初贈時	황홀했죠, 당신께서 사랑의 징표로 주실 때
君歸鏡空在	그대 떠나신 후 쓸모 없이 남아 있다오
不復照蛾眉。	다시는 제 얼굴 비출 필요가 없으니.

<崔奇南>

【註】

◇ 怨詞(원사) : 원망의 노래.

◇ 菱花鏡(능화경) : 마름 꽃 문양의 거울.

◇ 不復~(불부~) : 다시는 ~하지 않음.

◇ 蛾眉(아미) : 눈썹. 얼굴. 눈썹이 예쁜 여인, 곧 미인.

◇ 崔奇南(최기남 :1589~1671) : 조선 중기의 중인 출신 시인.

◉거울의 용도는 다양하다. 사대부의 거울은 의관을 정제하여 용의(容儀)를 엄숙 정제하기 위함이요, 여인의 거울은 곱게 단장한 미모로 님을 기쁘게 해 드리렴 이다. 선비의 엄정한 외용(外容)은 곧 내경(內敬)의 필수, 이른바 내외합일(內外 合一)이란 거경(居敬)의 원론이거니와, 상대 중국의 고시 악부는 물론, 두보의 「신혼별」에서도 "그대 앞에서 화장을 지우고, 길이길이 돌아오실 날만 기다리 겠어요(對君洗紅粧 與君永相望)"이라 했음도 같은 맥락이다. 특히, 이 시는 동시 대의 여류 황진이의 「반달 노래」와 의취를 같이 한다.

寄浿妓松娘　　　　　평양 기생 송랑에게

巫山曾不作因緣	무산의 인연일랑 진작 맺지도 못한 채
別後前遊細可憐	헤어진 후에사 그리워라, 그대와의 옛 놀이
綺席偸分藏果篋	꽃다운 자리 과일 상자 훔쳐다 나눠 먹고
紅裙笑蕩採菱船	고운 차림에 깔깔대며 마름 따는 배 풀어놓았지
關河楚國今千里	이제는 남북으로 천리나 떨어져 있어

烟月楊州又一年　　내 긴 달빛 양주에서 또 한 해 흘렀으니
浮碧練光歌舞地　　노래하고 춤추던 부벽루와 연광정
玉人能憶舊詩仙。　어여쁜 그대 잊지 않았으리, 그 때 이 사람.

<申光洙>

■【註】■

◇ 浿妓(패기) : 평양 기생. 대동강을 패강이라 했고, 따라서 평양을 패도(浿都), 혹은 패성(浿城)이라 한데서 유래함.
◇ 巫山(무산) : P198 十二巫山 참조.
◇ 不曾~(불증~) : 일찍이 ~하지 아니함.
◇ 細可憐(세가련) : 새록새록 어여삐 여겨짐. 그리워짐.
◇ 偸分(투분) : 훔쳐다 나눔.
◇ 關河(관하) : 중국 함곡관과 황하. 곧 송랑이 있는 북녘 평양.
◇ 楊州(양주) : 작자가 있는 경기도 양주.
◇ 浮碧練光(부벽연광) : 대동강 승지에 있는 부벽루와 연광정
◇ 玉人(옥인) : 아름다운 사람. 사랑하는 님. 송랑을 칭한 말.
◇ 詩仙(시선) : 시적 화자, 곧 신광수 자신.
◇ 申光洙(신광수 1712~1775) : 조선 후기 문인. 호 石北. 악부체시(樂府體詩)로 당대 사회의 모순과 질곡을 사실적으로 묘사함.

◉「등악양루탄관산융마登岳陽樓嘆關山戎馬」로 천하에 문명을 떨쳤는가 하면, 모순된 조선조 시대상과 고달픈 민생의 현실을 악부체로 리얼하게 그려내, 평양 화류계뿐만 아니라 만인의 사랑을 독차지했던 당대의 풍류 남아 신광수의 연정시다. 그를 사모하지 않은 여인이야 있었을까마는 그가 사랑한 여인은 평양 기생 송랑이었다. 석북은 무던히도 그녀를 아꼈던 모양이다. '무산의 인연도 고이 간직해 됐음'을 전제한 것이며, 그들의 사랑놀이란 게 '남의 과일 훔쳐먹기' '마름 따는 배 풀어놓기' 등 성숙한 사랑은커녕 철부지 망나니짓 추억뿐이니 말이다. 그러나 이 천진한 난만(爛漫) 속에 형성된 의기투합, 그것이야말로 소꿉놀이 같은 일체성에서나 가능한 것이다. 그러므로 평양과 양주라는 물리적 거리와 한 해 두 해라는 시간적 공간은 이미 이들에겐 무의미한 것이다. 마음

과 마음으로 맺어진, 어쩌면 이성 이상의 일심동체, 그 심원한 사랑이 심중에
자리했으리라.

함께 금대(錦帶) 이가환(李家煥)의 회고시를 통해 석북과 송랑의 로맨스를
읽어보자.

牡丹塚上野花多　　모란의 무덤 위에 들꽃도 다북한데
樂府猶傳石北歌　　악부엔 오히려 석북의 노래 전한다오
惆悵紅蘭亭子望　　슬퍼라, 붉고 푸른 정자 바라보니
鍊光依舊寫秋波。　연광정 변함 없이 가을 물결에 뒤히누나.

<李家煥>

위의 시에서 모란은 송랑의 별명일까? 문맥상 석북의 총애를 받던 여인이었음
에 분명하다. 악부와 석북의 관계, 그리고 그들이 노닐던 대동강 일대의 고운 정
자, 특히 '연광정은 변함 없이 푸른 물 이랑에 팔랑팔랑 뒤히[飜浪底]'건만, 노래
만 남기고 가버린 꿈같은 '두 연인의 살가운 사랑흔적'을 무상으로 휘감했다.

嬋娟洞　　　　　　선연동에서

嬋娟洞草賽羅裙　　선연동이라, 파란 풀 비단치말런가
剩粉遺香暗古墳　　이제도 남은 향내 무덤 가에 자욱해라
現在紅娘休詫艶　　미모를 뽐내는 여인들아 어여쁜 체 마라
此中無數舊如君。　예 묻힌 숱한 여인도 젊어선 그대처럼 고왔느니.

<李德懋>

【註】

◇ 嬋娟洞(선연동) : 평양 북녘에 조성된 기녀들의 묘역.
◇ 遺香(유향) : 남은 향내.
◇ 紅娘(홍랑) : 얼굴이 고운 여인. 미인.
◇ 詫艶(타염) : 미모를 자랑함. 잘난 체 함. '休'는 '～하지 말라'.
◇ 如君(여군) : 그대와 같음. 그대와 같이 아름다움.

◇ 李德懋(이덕무 : 1741~1793) : 조선 후기 시·서·화 삼절. 경사·기문이서에 통달. 박제가·유득공·이서구 등과 사검서관(四檢書官). 문장 전사가(前四家)에 비해 시로 후사가(後四家).

● 청장관 이덕무가 평양 북녘에 조성된 해어화「解語花」의 공동묘지를 소재로 쓴 시다. 워낙 풍광이 명미(明媚)하면 인물이 나는 법이어서 자고로 평양은 색향 (色鄕)이다. 따라서 감사 자리도 평양은 언제나 엄지손가락에 꼽혀왔다. 선비의 풍류와 기녀의 재에는 언제나 상보관계다. 그러나 꽃은 화사한 한 순간 후면 쉬 시들고, 시들면 한없이 가련하다. 행운아 몇몇 외에는 여섯 자 육신 하나 치워줄 주변이 없다. 그래서 마련된 것이 '말할 줄 아는 곱디고운「嬋娟」 꽃 중 의 꽃'을 위한 묘역이 조성되었고, 그러니 풍류객이라 자칭하는 시인묵객치고 흥미롭고 싱숭하지 않을 수 없고, 있다면 풍류객이랄 이유가 없다.

　　청장관은 총총한 묘역의 푸른 풀을 생전에 입던 비단치마로 시상을 일으키고, 향긋한 분내음이란 후각에 이끌리는 환상에서, 문득 인생 무상을 들어 '짧고 허망한 인생, 잘난 체하지 말라「休詫艶」'는 감계(鑑戒)로 맺었다.

小鑷子	귀여운 노리개
銀錯烏銅小鑷子	은과 구리를 섞어 만든 작은 노리개
美人之貽匪汝美	님이 준 것이기에 더욱 아름답다오
光化門外石橋西	광화문 밖 돌다리 서쪽
鄭雪艶家醉如泥	정설염의 집에서 담뿍 취했을 때
解出鑷子親手贈	노리개 살짝 풀어 손수 주기에
何以報之純金鎚	무엇으로 보답할까? 순금의 칼을 주었지
不見雪艶旦見鑷	그미는 볼 수 없고 노리개만 있어
六時摩挲淚盈睫	진종일 매만지노라니 눈에 가득한 눈물
如今鑷子亦不見	이제 만일 이 노리개마저 없었더라면
淚流滂沱滿我頰。	흐르는 눈물 두 뺨에 그득히 흐르리.

<金鑢>

【註】

◇ 烏銅(오동) : 검은빛이 나는 적동(赤銅).

◇ 鑷子(섭자) : 노리개.

◇ 匪(비) : 비(非)와 같이 쓰이나, '문채·빛남'의 뜻으로도 쓰임.

◇ 鄭雪艷(정설염) : 관서(關西)의 기(妓). 작품 말미에 "予別有鄭雪艷傳及墓志. 蓮姬 作諫"이라 협주됨.

◇ 醉如泥(취여니) : 몹시 취함. 이취(泥醉).

◇ 純金鋙(순금오) : 순금 칼.

◇ 六時(육시) : 하루 종일. 하루의 주야를 신조(晨朝)·일중(日中)·일몰(日沒)·초 야(初夜)·중야(中夜)·후야(後夜)로 나눈 여섯 때.

◇ 滂沱(방타) : 죽죽 내리는 비. 눈물이 줄줄 흘러내리는 모양.

◇ 金鑪(김려 1766~1821) : 조선 정조(正祖) 때의 학자.

◇ 思牖樂府(사유악부) : 김려의 악부시집. 그의 문집 『담정유고潭庭遺稿』 卷五· 六에 수록됨.

◉ 김려는 1797년 강이천(姜彝天)의 비어사건(飛語事件)에 연류되어 함경도 부령에 유배되고, 1801년 신유사옥으로 다시 진해로 이배되었다. '사유'란 바로 진해 적 소의 편액 이름이며, 『사유악부』란 그가 부령에서 겪은 인정·풍속·사건 등을 회고하여 악부체로 지은 작품 모음집이다. 상권 147수, 하권 143수 총 290수가 수록되었다. 매 편 첫 구는 "問汝何所思 所思北海湄"로 기필(起筆)한 칠언 절구 며, 끝에는 시의 내용에 대한 간단한 해설을 실어 독자의 이해를 돕고 있다.

한편 끝에 실린 「자서自序」에서 그는 "이 작품들이 도학적·형이상학적 생 활과 사고를 담지 않고, 직접 보고 겪은 일상적인 생활 속에서 우러나온 생각 의 산물임"을 밝히고, "내용이 비록 비루하지만 자신의 일을 읊었기 때문에 「오유」나 채구(蔡謳)와 같은 중국 시가와는 구분되는 독자성을 가진다"며 대단 한 자부심과 주체의식을 드러낸다.

그의 말에 의하면 '思牖'란 내가 유배지에서 빌려 살던 집 오른쪽 문에 붙 였던 편액이다. 내가 북쪽 유배지에 있을 땐 남쪽을 생각하지 않는 때가 없었 더니, 이제 남으로 내려와서는 다시 북쪽을 생각하지 않는 날이 없다. 생각이 란 참으로 시간에 따라 변하는 것이다. 그러나 생각할수록 고통은 더욱 심해지니 남쪽 창이란 뜻의 '牖(유)'를 이름으로 삼은 것은 여기에서 시작되었다. 그의 『사유악부』에는 연희와의 애틋한 사랑의 추억도 몇 편 담겨 있다. 위의 시는 권상 25~26면에 수록 되어 있다.

桃花紅萼	복사꽃

全樹桃花結紅萼　　나무마다 복사꽃 붉은 송이 매달려서
一片花坼明綽約　　그 중 한 송이 피어 화려하기에
我手攀枝摘花來　　가지에 손 올려 따들고 살펴보니
恰似蓮姬寶靨開　　흡사해라, 연희의 귀여운 보조개랑
聊將投擲蓮姬前　　슬그머니 연희 앞에 던져놓으니
蓮姬雙擎玩一廻　　연희는 두 손으로 집어 들고 구경타가
笑彈纖指捻一捻　　웃으며 섬섬옥수 하나하나 꽃잎 뜯으며
道似阿郎醉紅頰　　술에 취한 서방님 붉은 뺨 닮았네요
我今老醜還喫笑　　내 늙고 추한 모습 짐짓 웃음 머금고
强把花鬚較霜鬣。　자못 흰 수염에 꽃술 대고 '어험, 꺄꿍'.

<金鑢>

【註】

◇紅萼(홍악) : 붉은 꽃송이.
◇綽約(작약) : 곱고 아릿다운 모양.
◇寶靨(보엽) : 보조개.
◇阿郎(아랑) : 낭군. 서방.
◇霜鬣(상렵) : 서리맞은 듯 하얗게 센 수염. 기왕에 꽃을 닮았다는 연희의 말에 꽃술을 들어 흰 수염에 대고 '어떠냐, 어험, 꺄꿍' 하고 무구한 순정을 노래함.

●이것이 내가 북쪽을 그리워하는 마음이다. 생각이란 즐거워도 생각나고 슬퍼도 생각나니, 나의 생각이란 어디에 있는 건가? 서 있어도 생각나고 앉아도 생각나며, 걸어가거나 누워도 생각난다. 어떤 때는 생각이 오래될수록 더욱 잊혀지지 않으니, 그렇다면 나의 생각은 어디에 있는 것일까? 실로 '그립다 하니 그

리운 남'과의 추억이다. 역시 『사유악부』 권하 58면에 수록된 작품이다.

賦得別日何易　　　이별은 쉽고
　　會日難　　　　만나기는 어려워라

邂逅樂相樂　　만남의 낙 즐기고 또 즐길 일이요
別離悲莫悲　　이별의 슬픔일랑 슬퍼하지 말자
誰知行雨日　　그 뉘 알랴, 그대 비되어 오는 날
遽是作雲時。　　문득 내 구름 일으키는 때 일 줄을.

<金鑢>

【註】

◇ 賦得別日何易會日難(부득별일이회일난) : 작품 제목. 곧 「이별의 날은 어이 그리 쉬 오며, 만남의 날은 어려운가에 대하여」로 풀이되나, 속뜻은 이별의 슬픔이야 뒷일이니 만났을 때 미련 없이 원초적 쾌락을 즐기자는 반전통·반유가적 낙천의식을 노래함.

◇ 莫悲(막비) : 결코 슬퍼하지 말라. '지금은 만났고, 이별은 뒷일'이니까 '오랜 기다림 뒤의 만남, 그 황홀함'에 함몰할 뿐임.

◇ 行雨日(행우일) : 비 내리는 날.

◇ 作雲時(작운시) : 구름 짓는 때. 곧 '운우(雲雨)의 정'을 맺을 때.

◇ 金金睿(김선 1772-1833) : 김려의 아우. 순조 20년(1820)년 정시문과 병과로 급제. 承旨 엮임. 문명이 높았으며, 김려의 문학 노선 추종.

◉이별은 사랑이 전제될 때 진정한 이별인 것이다. 사랑하지 않는 이와의 이별은 무의미한 헤어짐 그 자체일 뿐이다. 흔히 불가(佛家)에서 '만남은 이별이 정해져 있다「會者定離」'한다. 이 거역도 부정도 할 수 없는 진리는 또 이자필회(離者必會)라는 반상의 논리를 전제한다. 실제로 이별이 없는 만남의 기쁨을 상상할 수 있는가? 사랑 → 이별 → 그리움 → 원망 → 만남 → 사랑의 환상(環狀) 가운데 오가는 애환, 그것이 바로 연정(戀情)이요, 그 정한의 시문이 연시다. "네가 비가 되면 나는 문득 구름이 되리니 또 다른 이별일랑 잊고 운우의

정을 즐기고 또 즐기자."는 현실적 낙천의식을 읽을 수 있다.

Ⅱ-5. 기방의 한시

한국 여류문학의 한 축을 담당했던 기방문학, 누가 그들을 일러 기녀라 할 것인가. 신분이야 사대부 중심 사회가 자기 편의적으로 만든 인위적 제도일 뿐이며, 그들도 해어화(解語花)라 칭했다. 여인을 꽃에 비유함은 예나 지금이 마찬가지지만, '말 = 語文, 곧 문화를 아는 여인'이라 한다면 당대 식자층 사대부와 문화를 공유할 수 있는 신여성에 다름 아니다. 그녀들이야말로 미모는 물론, 정절을 갖춘 예인(藝人)이자, 당대 문화의 꽃이다. 가무는 물론, 기악(器樂)·시율(詩律)로 사대부와 수창이 가능했던 지성인이었다.

사대부와 한시를 수작할 수 있을 뿐만 아니라, 화답을 본령으로 하는 시조창 역시 진솔한 자설적 수사학이 사대부들의 타설적 체험과는 준별되는 질감을 부정할 수 없다. 그러니 그들을 어찌 천박한 직업여성이라 할 것인가! 그러나 그럼에도 불구하고 넘지 못할 '신분의 벽'은 언제나 한의 실마리였다. 한 번 기적에 오른 이상 관령(官令)이 지엄했고, 자유로운 사생활이 있을 수 없었다. 고작 풍류 한량의 소실이 정해진 운명이거나, 그나마 허구한 기다림과 외로움에 몸부림쳐야 했던 그 정한의 문학이 바로 기방문학이다. 그러니

明宵雖短短	내일 밤은 비록 짧고 짧더라도
今夜願長長	원컨대 님 오신 오늘밤은 새지 마소서.

<李玉峰·別恨>

라는 절규를 음사(淫辭), 혹은 사리(詞俚)라고만 운운할 것인가? 가장 진실한 체험의 미학임에 분명하다. 그리운 님을 기다리는 '기다림의 한과 고통', 그것은 정녕 대리체험으론 승화될 수 없는 주체적 화소다. 그 쓰라린 비장미를 기녀 시학의 한 특질이라 할 것이다. 그들의 시가 중 한시 몇 편을 예시하기로 하자.

佳人　　　　　　　귀여운 내 사랑

抱向東窓弄未休　　동녘 창가에서 포옹하고 애무하자
半含嬌態半含羞　　교태인 듯 수줍음인 듯 품안으로 드누나
低聲暗問相思否　　귓가에 대고 살짝 너도 내가 그리웠더냐 묻자
手整金釵小點頭。　황금비녀 매만지며 고개만 *끄덕끄덕.*

<未詳>

【註】

◇ 弄未休(농미휴) : 이윽히 희롱함. 애무해 마지않음.
◇ 半含嬌態(반함교태) : 반쯤 교태를 머금음. 반쯤 교태인 듯.
◇ 低聲(저성) : 낮은 소리. 귓가에 대고 속삭임.
◇ 暗問(암문) : 남 몰래 묻다. 살짝 물어봄.
◇ 思否(사부) : 생각나더냐? 아니 나더냐?. 보고 싶었느냐? 아니 보고 싶었느냐? 그립더냐? 아니 그립더냐.
◇ 點頭(점두) : 응낙하거나 옳다는 뜻으로 고개를 끄덕거림.

◉ '이리 보아도 내 사랑, 저리 보아도 내 사랑,' 교태도 교태지만 홍조 띤 얼굴로 부끄러운 척 가슴속으로만 파고드는 사랑의 몸짓, 요즈음이야 풍기 문란일 것도 아닌 다반사지만, 의관을 정제한 남정네와 연분홍 치마 저고리 입은 조선조 여인네의 한 바탕 밀애 현장을 시문학으로 엿보는 재미는 담장을 뛰어넘고 들어간 이도령과 춘향의 초야를 연상하기 어렵지 않다.

　　짐짓 "너도 내가 그리웠느냐?"라는 말 같잖은 사내의 수작은 분명 사랑의 유희를 유도하는 전초적 전략이다. 그러기에 흐트러진 머리카락을 쓸어 올리며 정녕 님이 주셨을 황금비녀를 매만지는 응낙「點頭」은 수동적인 듯 실은 적극적 능동태, 이른바 생략법으로 말한 시문학의 함축미다. 사설이 더 이상 길어지면 그것은 이미 시가 아니라, 자유 연애 소설의 표본인 『춘향전』이다.

閨情   기다림

有約來何晚   오신다 약속하곤 어이 이리 늦으신다죠
庭梅欲謝時   뜰 안의 매화꽃 막 지려 하는 이 때
忽聞枝上鵲   문득 울타리 나뭇가지에서 까치라도 울라치면
虛畫鏡中眉。   부나케 거울 보며 부질없는 단장이라오

<李玉峰>

【註】

◇ 閨情(규정) : 지아비 그리는 아녀자의 정.

◇ 欲謝~(욕사~) : 막 ~하려 함.

◇ 虛畫(허화) : 부질없이 매만짐. 부질없이 단장함.

◇ 李玉峰(이옥봉 1550-1600) : 본명 숙원(淑媛). 옥천군수 이봉(李逢)의 서녀(庶女)
로 남명(南冥) 조식(趙植)의 문인 운강(雲江) 조원(趙瑗)의 소실이 됨. 시 33수가
『玉峰集』으로 묶여, 훗날 조원의 문집 『가림세고嘉林世稿』 말미에 부록으로 수
록됨.

◉ "내일 밤은 비록 짧고 짧더라도/ 원컨대 님 오신 오늘밤은 새지 마소서(明宵雖
短短 今夜願長長)"<別恨>라는 절규를 음사(淫辭)·사리(詞俚)라고만 운운할 것
인가? 가장 진실한 체험의 미학임에 분명하다. 그리운 님을 기다리는 그 '기다
림의 시름과 고통', 그것은 정녕 대리체험으론 승화될 수 없는 주체적 화소다.
'오시겠다던 약조', 분명 '뜰 앞 매화 필 무렵'이었을 테고, 벌써 매화는 하나
둘 흩날리는데 … 행여나 때까치 방정맞게 까갹거릴 때마다 호들갑스레 '오늘
에야 오시려나 보다'며 있는 정성 없는 정성 다 해 몸단장이며 얼굴 화장하기
를 하마 몇 차례였던가. '허화(虛畫)' 두 글자 속에 담긴 정한(情恨), 그 쓰라린
비장미를 기녀 시학의 한 특질이라 하겠다.

閨情   그리움, 그 울어 예는 강물…

平生離恨成身病   한 평생 이별의 한 병이 되어

酒不能療藥不治	술로도 약으로도 다스릴 수 없어
衾裏泣如氷下水	이불 속 울음 얼음 밑 물 같아서
日夜長流人不知。	하염없이 흐르는 이 눈물 누가 알랴.

<李玉峰>

【註】

◇ 衾裏(금리) : 이불 속. 쓸쓸한 방에서 홀로 잠을 청함「獨宿空房」.

◇ 泣如~(읍여~) : 흐느낌이 마치 ~와 같음.

◇ 氷下水(빙하수) : 어름 아래로 흐르는 물. 남 몰래 흐르는 눈물.

◇ 日夜(일야) : 낮과 밤. 곧 밤낮「晝夜」. 우리말과 어순이 다름.

◇ 人不知(인부지) : 남들은 알지 못함. 시나 문에서 '人'은 남「他人」.

●옥봉 같은 재예인(才藝人)을 버려 둬 이런 정한의 비장미를 낳게 한 조원(趙瑗), 한 때의 그 열화 같은 사랑이 혹 다른 님에게로 옮겼는가. 그녀로 하여금 좀 더 내밀한 열정을 노래하게 했더라면 옥봉의 담시는 더 화사한 꽃으로 피어났을까? 아니면 현실적 향락에 취해 정작 고신(苦辛)의 작시 따위는 팽개쳤을까? 난공불락(難攻不落)이란 수성(愁城)도 한 잔 술이면 술술 풀리는 법이요, 편작(扁鵲)의 처방전으로 고치지 못할 병이 없다 하건만, 님 그리는 상사(相思)의 병이야 님의 따사로운 입김 아니고는 풀릴 까닭이 없다. 기다리다 지친 독수공방, 홀로 누운 원앙금침은 얼음 같은 냉기뿐이다. 그러니 얼음장 밑으로 울어 예는 차운 물, 그것이 얼음장 밑으로 흘러 흐르는 소리 아니 들리듯 '이불 속에서 흐느끼며 우는 눈물을 누가 알겠느냐'는 절규는 가여울 뿐이다. 한퇴지[韓愈]의 논리대로라면[55] 조원은 어찌하여 옥봉의 주옥같은 시편으로 하여금 사랑의 승자가 되어 '사랑은 행복과 생명의 원천'임을 찬미케 하지 않고, 도리혀 이별과 기다림의 애환으로 '애간장 녹아나는 시름의 불행'만 노래하게 했을까?

---

55) 韓愈 : "抑不知 天將和其聲 而使鳴國家之盛邪, 抑將窮餓其身 使愁其心腸 而使自鳴其不幸耶"<韓昌黎集十九 · 送孟東野序>

別郞   그리운 님

君垂送妾淚   님도 날 보내며 눈물 흘리셨고
妾亦淚含歸   소첩 역시 눈물 머금고 돌아왔지요
願作陽臺雨   바라건대 그리움의 눈물 양대의 비가 되어
更灑郞君衣。   님의 옷자락에나 뿌려지고 싶어라.

<娟丹>

【註】
◇ 別郞(별랑) : 이별한 님. 떠나간 님. 님을 떠나보내고
◇ 送妾(송첩) : 소첩을 보냄. 저와 이별함.
◇ 淚含(루함) : 눈물을 머금음. 함루(含淚)의 도치.
◇ 陽臺(양대) : 중국 초 나라 회왕(懷王)이 무산(巫山)의 신녀(神女)를 만나 운우(雲雨)의 정을 나눴다는 전설적 누대.
◇ 更灑(갱쇄) : 다시 뿌리다.
◇ 娟丹(연단) : 생몰 연대 미상. 평안도 성천 기생.

◉ 남녀간 '사랑의 정'을 '운우(雲雨)의 정'이라 한다. 물론 이 말은 초(楚) 나라 회왕(懷王)의 고사에서 유래된 고사성어다. 곧 회왕이 무산(巫山)의 양대에서 신녀를 만나 사랑을 나누고 헤어질 즈음 그녀는 자신은 '무산에 걸려 있는 아침 이슬과 저녁 비'라고 소개하며, 이후 당신이 보고싶을 때면 '구름과 비가 되어 내리겠다'고 약속했다. 이 고사로 유래된 '운우의 정·운우의 즐거움'은 남녀간 '사랑의 정'으로 통칭된다.
   시적 화자는 사랑하면서도 이별해야 하는 정한을 '님도 울고, 나도 울었다' 라고 함축하며, 잠시도 잊을 수 없는 님에 대한 그리움의 눈물을 신녀의 고사를 빌어 양대의 비가 되어 님의 옷깃에 뿌려지므로 함께 하고자 하는 절절한 연정을 진솔하게, 진실로 애절하게 노래하고 있다.

郎函   눈물로 아롱진 편지

忽得郎函醉夢驚   문득 받은 님의 편지, 황홀해 펼쳐보니
錦牒字字淚交橫   비단 편지 글자마다 얼룩진 눈물 자국
料知明月無人夜   서방님, 달 밝은 고요한 밤마다
猶有慇懃戀我情。 소첩 그리는 은근한 정 이만하셨군요

<溫亭>

【註】

◇ 郎函(낭함) : 낭군의 편지. 님의 서찰.
◇ 忽得(홀득) : 문득 얻다. 뜻밖에 얻음.
◇ 醉夢(취몽) : 취한 잠. 잠결.
◇ 錦牒(금첩) : 비단에 쓴 편지. 연정을 담은 편지.
◇ 交橫(교횡) : 여기 저기. 흩뿌려진 모습. 얼룩얼룩 자국이 남.
◇ 料知(요지) : 헤아려 앎. 짐작해 추측함.
◇ 猶有~(유유~) : 오히려 ~이(가) 있음.
◇ 慇懃(은근) : 은근히. 남몰래.
◇ 戀我情(연아정) : 나를 연모하는 정. 나를 그리워한 정.
◇ 溫亭(온정) : 未詳.

● 일거 후 소시 없어 '남자는 다 그래' 하며 원망했던 님, 그 님께서 뜻밖에 편지가 왔다. 자잘한 남의 내간, 그 이러저러한 사연이야 짐작되는 그렇고 그런 말이겠지만, 시어로서의 핵심어는 '나를 그리워 애태운 정[戀我情], '이 세 마디에 저간의 원망과 기다림의 정한마저 얼음처럼 풀렸다.

비단 연서에 얼룩진 눈물자국! 뉘 것이면 어쩌랴만 반가워 울며 읽은 서찰이 아니라, 나를 그리며 눈물로 쓴 님의 눈물자국이기에 더욱 황홀하며 감격스럽고, 또 기다릴 수밖에 없고 사랑하지 않을 수 없는 내 님인 것이다.

追懷   그 추억의 물가에서

十年曾伴石田遊	꿈같은 십 년 세월 석전의 풍류와 짝하여
楊子江頭醉幾留	양자강 물가에서 취해 머물기 얼마였던가
今日獨尋人去後	그대 떠난 옛 자리에 오늘 홀로 찾으니
白蘋紅蓼滿汀秋。	흰 마름 붉은 여뀌 물가에 가득한 가을빛.

<雪竹>

【註】

◇ 追懷(추회) : 회포를 더듬다. 추억에 젖어. 시화류엔「석전의 옛 거처를 찾아서 訪石田故居」라는 제목으로 전하기도 함.

◇ 石田(석전) : 정로(鄭輅 1550~1615)의 호. 조선 중기의 문인. 자는 중임(重任). 호는 석전 외에 삼일당(三一堂)·잠암(潛巖)으로 양주 인. 송강 정철의 문인이며 1570년(선조 3) 진사시에 합격한 뒤 성균관에서 공부함. 이후 정철의 잦은 유배, 동문 권필의 죽음을 보고 세상과 연을 끊고, 시고도 불사른 후 은거. 만년에 시주와 풍류로 생을 마침. 설죽은 그의 비첩(婢妾).

◇ 楊子江(양자강) : 그들이 살던 낙동강 상류 일대일 듯.

◇ 幾留(기류) : 그 몇 차례나 머물었던가. 자주 와 풍류를 즐겼음.

◇ 雪竹(설죽) : 17세기 전후 여종. 안동 권씨 집안 비복의 신분으로 166편의 시를 남김.

● 송강 정철의 문인으로 석주 권필(1569~1612)과는 연장(年長) 동학이나, 3~4년 장수한 석전이다. 그가 안동 권문의 비복 설죽과 언제부터 얼마간 부부의 연을 맺고 살았는지는 묘연한 만큼 중요하지도 않지만, 한 여인의 가슴에 연정의 불길을 집혔음은 분명하다. 설죽이 동생 칠송에게 보냈다는 석전에 대한 연정의 하소 "기러기 지나간 후 소식마저 끊기고/ 만리 밖 머나먼 님 그리움으로 지새우나니(雁盡音塵絶 相思萬餘里)" <寄七松>가 그 증명이다. 진실로 꿈만 같은 님과의 풍류, 그 추억의 물가--, 흰 마름과 붉게 타는 여뀌 꽃만큼이나 애틋한 여심의 만단정회가 서려있다.

待情人   야속한 님

春風忽駘蕩	봄바람 어느 새 화창해 지고
明月又黃昏	밝은 달마저 빗기어 가는 때
亦知終不至	끝내 안 올 줄 판연히 알면서
猶自惜關門。	정작 문을 닫아걸지 못한다오

<失名氏>

【註】

◇ 情人(정인) : 정 둔 사람. 그리운 사람. 님.

◇ 駘蕩(태탕) : 광대한 모양. 화창한 봄날 느끼는 나른함.

◇ 黃昏(황혼) : 날이 저물어 감. 여기서는 늦은 시간.

◇ 終(종) : 끝내. 맞도록.

◇ 猶(유) : 오히려. 되려.

◇ 惜關門(석관문) : 문 닫아걸기를 아쉬워함. 행여나 오시려나 기다리는 마음.

● 봄은 이별의 계절이다. 그러나 이별의 저 편엔 또 만남이 있게 마련이다. '꽃 피는 봄이 오면 다시 오리라'고 언약 두고 떠났던 님이건만, 어느 덧 이 봄도 무녹을 대로 무녹았고, 이 밤도 이슥히 저물었는데 오늘도 우리 님은 오시지 않을 모양이다. 아니 오실 줄 판연히 알면서도 대문을 닫아걸지 못하는 이 마음 나도 모를 일이니, 이것이 님을 기다려 보지 않은 사람은 모를 안쓰러운 미련이자, 님을 향한 '숙명 같은, 아니 한용운의 말을 빌자면 자유 같은 복종'의 즐거움이다. 실명씨 작으로 기록되었으나, 시적 정조로 미루어 여인의 작으로 추측된다.

위 한국한시의 일부 자료는 유영봉의 『너도 내가 그립더냐』(늘 푸른 소나무 간, 2003,11)에서, 기방의 한시 일부 자료는 최범훈의 『韓國女流文學史』(한샘간, 1987, 7)에서 참조했음을 밝혀 두 분 저자에게 심심한 사의를 표합니다.

Ⅲ.
고전연시로서의 국문시가

Ⅲ-1. 상대 민요체 한역가

公無渡河歌   님이여, 어찌하오리까?

公無渡河   님이여, 그 물을 건너지 마소서
公竟渡河   님은 기어이 건너시다가
墮河而死   아아! 빠져 돌아가시니
當奈公何。 님이여 장차 어찌하오리까, 나는。

<해동역사 · 17, 예문지>

【註】
◇公(공) : 지어미가 지아비를 높여 부른 말.
◇無~(무~) : ~하지 마시오

◉상대시가 중 「구지가龜旨歌」라는 민족 공동체 심상의 서사물에서 사랑하는 '님과의 사별'에 이은 '동반 자결'이란 비극적 사랑, 아니 영원한 사랑의 승리로 서정화한 최초의 작품이다.

그 배경 설화는 이렇다. 옛 조선의 뱃사공 곽리자고가 새벽에 배를 손질하고 있었는데, 그때 머리 허연 광부가 머리를 풀어헤친 채 술병을 끼고 거세찬 물 속으로 뛰어들었다. 뒤따르던 아내가 만류했으나, 미치지 못해 남편은 물에 빠져 죽었다. 그의 아내는 갖고 온 공후로 「공무도하」라는 노래를 지어 불렀는데, 그 소리가 매우 구슬펐다. 노래를 마친 아내도 스스로 몸을 던져 자결했다. 이를 목격한 뱃사공 자고가 이 사실과 노래를 아내 여옥에게 전했고, 여옥도 감격하여 공후로 그 노래를 모사해 불렀더니 듣고 눈물 흘리며 울지 않는 이 없었다 한다, 이어 이웃 여용에게도 가르쳐 줬다. 이 작품에 대한 작가와

시기에 대한 이설은 다음 표와 같다.

작 자		시 기	
곽리자고	菜邕의 『琴操』	서수생	여옥 한사군 후 인물.
여옥	최표『古今注』김현룡		뤼이란 명제 등 (8AD)
광부 아내	서수생	양재연	後漢 靈帝(2C)

黃鳥歌　　　미물도 짝이 있건만 …

翩翩黃鳥　　폴짝폴짝 나니는 꾀꼴 새
雌雄相依　　암수가 다정도 한데
念我只獨　　외로울싸, 홀로 짝 잃은 이 몸
誰其與歸。　　장차 뉘와 함께 돌아갈꼬

<三國史記·13, 高句麗本紀>

■【註】■

◇ 黃鳥歌(황조가) : 고구려 유리왕(琉璃王) 3년(BC 17) 작.
◇ 翩翩(편편) : 폴짝폴짝 나는 모양. 꾀꼬리는 나무 가지 사이를 폴짝폴짝 나는 새이므로 폴짝폴짝으로 풀이함.
◇ 相依(상의) : 서로 의지함. 암수 다정한 모습.
◇ 只獨(지독) : 다만 홀로임. '相依'에서 얻은 흥법(興法).

◉ "우리 문학사상 최초의 개인 서정시가다. 혹은 한·한(韓·漢) 양 민족 간의 국경 분쟁으로 고뇌하는 제왕의 갈등심상이다."라고 국학 연구 초기부터 양론이 팽배해 있다. 물론 작품의 문면을 중심으로 보자면 '뿌리치고 간님, 쓸쓸히 돌아와 외롭게 지내는 고독의 심상 표출'이니, 이른 시기에 고급한 『시경』체 흥법으로 노래한 서정시다.

「황조가」의 배경 설화는 다음과 같다. 곧 "유리왕 3년 7월 골천에 별궁을 지었다. 10월에 왕비 송씨가 죽어 왕은 두 여자를 후실로 맞이했다. 그 하나는 화희니 골천 사람의 딸이요, 다른 하나는 치희니 한나라 사람의 딸이었다. 두 여인이 쟁총으로 조화롭지 못하므로 동곡에 동·서 양궁을 짓고 따로 거처케 했다. 훗날 왕이 기산에 사냥 가 7일 동안 돌아오지 않았는데 두 여인이 다투었다. 이 때 화희가 치희에게 '너는 한나라의 천한 첩의 신분으로 어찌 무례함이 이리 심한가?'라고 꾸짖자, 치희는 부끄럽고 분하여 돌아 가버렸다. 왕이 이 말을 듣고 말을 채찍 해 쫓아갔으나, 치희는 성내며 돌아오지 않았다. 왕이 일찍이 나무 밑에서 쉬며 황조가 날아드는 것을 보고 느낀 바 있어 노래했다."

Ⅲ-2. 신라 향가

薯童謠 서동요

선화공주님은
남 몰래 사랑을 맺어 놓고
맛둥 방을
밤마다 몰래 안고 가다.

<필자 의역>

善化公主主隱	善化公主니믄
他密只嫁良置古	눔 그스지 얼어 두고
薯童房乙	맛둥바올
夜矣卯乙抱遣去如.	바미 몰 안고가다.

<三國遺事·2, 紀異·武王>　　　　　　<양주동·고가연구>

【註】

◇ 薯童謠(서동요) : 4구체 신라 향가. 문학사상 현존 25수의 신라 가요중 최초의 작품으로 알려진 민요·동요계 향가.

◇ 善化公主(선화공주) : 신라 진평왕(眞平王)의 셋째 공주. 설화에는 '善花'로 기술하고 '一作 善化'라고 夾註함.

◇ 主隱(니믄) : '主'의 훈차 님 + '隱의 음차 은' = '님은'의 연철.

◇他(놈) : 남[他人]의 옛 표기. 다른 사람.

◇密只(그스지) : 몰래. '密의 훈차 그슬'의 부사형 '그스기' + 부사화접미자 '只
[지·기]'

◇嫁良(얼어) : 얼[交·合]에[맺어]. '嫁의 훈차 얼 + '良의 연용형 어'의 결합어
'얼어·어러'로 독음.

◇置古(두고) : 두고 '置의 훈차 두' + '古의 음차 고'

◇薯童(맛둥) : 서동(마 캐는 아이). 백제 무왕(武王)의 兒名.

◇夜矣(바믹) : 밤에. 밤으로 밤마다. '夜의 훈차 밤 + '방위격 矣(의, 단 夜는
방위격으로 이를 취함)의 연철 '바믹'로 독음.

◇卯乙(몰) : 몰래. '卯의 고속음 모 + 乙의 약훈차 르' = '몰'은 '모륵(不知)'의
어근 '몰'이 부사로 전용된 '몰래'의 뜻. 혹자는 '卯'을 '卵'의 오각으로 읽고 '알
(불알)을'로 읽기도 하나, 억견(抑見)이다.

◇抱遣(안고) : 안고 抱의 훈차 안 + 접속조사 遣의 약음차 고(이두 및 향찰의
통음) <梁柱東 古歌硏究 二·二·5>참조

◇去如(가다) : 가다. 去의 훈차 가 + 다홀 如의 약훈차 다. = 가다.

● 현전 25수의 향가작품 중 신비로우리만큼 로맨틱하기로는 「헌화가」를 제 1로
꼽을 일이지만, 가장 다이나믹하고 터프하기로야 「서동요」를 능가할 작품이 있
을까? 물론, 담론의 주체를 '낯설게 하기' 위한 신이적(神異的) 탄생설화라지만
부계(父系)도 불분명한, 고로 공주의 배필이 될 수 없는 맛둥[薯童]이가 선화공
주를 꼬여낸 지략[器量難測]하며, 또 첫눈에 홀려 동행 잠통(潛通)한[56] 과단성
은 신라 조의(朝議)와 서동·선화공주의 애정관 차이가 자못 오늘의 기성세대
와 신세대의 그것을 방불케 하는 바 있다. 이른바 그 지략으로 신분상승은 물
론, 신라와 백제의 국경을 무늬는 사랑의 승자가 되었으며, 갖가지 신통력으로
제왕[57]의 자리에까지 올랐으니 다이나믹하고 터프한 사랑의 결실인가?

---

56) 第三十武王 名璋. 母寡居 築室於京師南池邊 池龍交通而生. 小名薯童 器量難測, 常掘薯蕷
賣爲活業 國人因以爲名. 聞新羅眞平王 第三公主善花(一作善化) 美艷無雙, 剃髮來京師 以
薯蕷 餉閭里群童 群童親附之. 乃作謠 誘群童而唱之---참조 <三國遺事·2, 紀異·武王>

57) 帝王(제왕) : 백제 무왕을 칭함. 옛 전적에는 '武康'으로 기록되었으나, 제 35대 武寧王
의 오기일 듯.<임기중, 우리의 옛노래, 서동요 P23> 참조

獻花歌 헌화가

자줏빛 바위 가에
잡은 암소 놓게 하시고 …
나를 아니 부끄러워하시면
꽃을 꺾어 바치오리다.

<필자 의역>

紫布岩乎邊希　　　　딛배 바회 ᄀᆞ히
執音乎手母牛放敎遣　자ᄇ온손 암쇼 노히시고
吾肹不喩慚肹伊賜等　나ᄒᆞᆯ 안디 붓ᄒᆞ리샤ᄃᆞᆫ
花肹折叱可獻乎理音如.　곶ᄒᆞᆯ 것가 받ᄌᆞᄫᅵ이다.

　<三國遺事·2, 紀異·水路夫人>　　　　<梁柱東·古歌研究>

【註】

◇ 獻花歌(헌화가) : 성덕왕 대 견우노인(牽牛老人)이 지은 4구체 향가.

◇ 岩乎(바회) : 바위. 岩의 훈차 바회 + 乎의 전음차 회[末音添記].

◇ 紫布(딛배) : 자줏빛. 紫의 고훈 딛배(紫曰質背→딛배) + 布의 훈차 뵈→비→배(末音添記).

◇ 執音乎手(자ᄇ온손) : 잡은. 執의 훈차 자ᄇᆞᆯ + 音의 약음차 ㅡ의 아어체 ﹅ + 乎의 아어체 훈차 온 + 손(語勢를 위한 첨가어).

◇ 放敎遣(노히시고) : 놓게 하시고. 완곡한 사동형을 씀으로 수로부인에 대한 존경은 물론, 시어의 함축 및 멋스러움의 효과를 얻음.

◇ 不喩(불유) : 아니. '不의 훈독 안 + 唯의 의훈독 다' → 아니.

◇ 慚肹伊(붓ᄒᆞ리) : 부끄러워. 慚의 훈차 붓그리 + 「肹의 음차 홀 + 伊의 음차 이 = ᄒᆞ리(慚의 末音添記) → ᄒᆞ리」 = 붓ᄒᆞ리.

◇ 獻乎理音如(받ᄌᆞᄫᅵ이다) : 바치오리다. 바치겠습니다. '獻의 고훈 받ᄉᆞᆸ + 乎의 오(아어체) → 받ᄌᆞᄫᆞ + 理의 음차 리 + 音의 비음 이 + 如의 훈차 다.

● 신라 성덕왕 때 순정공이 강릉 태수로 부임하기 위해 동해 가 어디쯤 경치 좋은 곳에서 점심 식사를 하던 중 문득 그의 부인 수로가 절벽에 만발한 철쭉꽃을 보고 꺾어 줄 것을 요청했으나, 모두 '사람이 접근할 수 없는 절벽'이라며 응하지 않을 때, 마침 암소를 끌고 가던 노인이 그 꽃을 꺾어 바치며 부른 노래라는 기술물[58]과 함께 전해온 민요체 향가다.

참으로 신비롭고 로맨틱한 노래다. 도대체 소는 왜 하필 암소며, 젊은이도 못오를 절벽을 뽀르르 기어올라 백주에 남편까지 옆에 있는 백작부인 같은 미인에게 바치는 용기하며, 또 '나를 부끄러워하지 않으면 주겠다'니 그 남편 따위는 숫제 안중에도 없다. 이 점이 모권사회 운운의 빌미이지만, 수로부인의 미모는 동해 용왕도 잠깐 넋을 잃고 용궁으로 납치한 사건이 있어 상대 시가 「구지가」의 전이형을 낳기도 했다. 예컨대,

"거북아 거북아 수로부인을 내 놓아라/ 남의 아녀자를 빼앗다니, 그 죄 얼마나 큰 줄 아느냐/ 만약 거역하고 내놓지 아니하면/ 그물로 잡아 구워 먹으리라.(龜乎龜乎出水路 掠人婦女罪何極 汝若悖逆不出獻 入網捕掠燔之喫)"

<유사·소·해가사>

가 그것이다. 이 신이한 고전적 화소를 현대화한 미당 서정주의 수로부인 인물화를 좀 더 소개하면,

1
암소를 끌고 가던/ 수염이 흰 할아버지가
그 손의 고삐를/ 아주 그만 놓아 버리게 할 만큼---

소 고삐 놓아 두고/ 높은 낭떠러지기를
다람쥐 새끼같이 뽀르르르 기어 오르게 할 만큼---

---

58) 聖德王代 純貞公赴江陵大(太)守[今溟洲] 行次海汀晝饍 傍有石嶂 如屛臨海 高千丈 上有躑躅花盛開. 公之夫人水路 見之 謂左右曰 '折花獻者其誰.' 從者曰 '非人跡所到' 皆辭不能. 傍有老翁 牽牸牛而過者 聞夫人言 折其花 亦作歌詞獻之. 其翁不知何許人也---.<소·水路夫人>

기어 올라가서/ 진달래꽃 꺾어다가
노래 불러 노래 불러
갖다 바치게 할 만큼---

　　　2
亭子에서 점심 먹고 있는 것/ 엿보고
바닷 속에서 龍이란 놈이 나와/ 가로채 업고
천 길 물 속 깊이 들어가 버리게 할 만큼---

　　　3
온 고을 안 사내가/ 모두
몽둥이를 휘두르고 나오게 할 만큼,---
온 고을 안 사내들의 몽둥이란 몽둥이가 다 나와서
한꺼번에 바닷가 언덕을 아프게 치게 할 만큼.---

온 고을 안의 말씀이란 말씀이
모조리 한꺼번에 몰려나오게 할 만큼,---

「내놓아라/ 내놓아라
우리 水路/ 내놓아라。」

여럿의 말씀은 무쇠도 녹인다고/ 물 속 천리를 뚫고
바다 밑바닥까지 닿아 가게 할 만큼,---

　　　4
업어 간 龍도 독차지는 못 하고
되업어다 江陵 땅에 내놓아야만 할 만큼,---

안장 좋은 거북이 등에
되업어다 내놓아야 할 만큼,---

그래서 그 몸뚱이에서는
온갖 용궁 향내까지가
골고루 다 묻어 풍기어 나왔었느니라.

<수로부인의 얼굴, 서정주문학전집 · 1>

와 했다. 설화의 문면은 웬만큼 요량된 셈이나, 기사도 정신을 발한 노인과 암
소의 원관념, 그리고 수로의 정체는 역시 수수께끼이다. 아마도 순정공 · 견우
노인 · 동해 용왕 등을 상대로 페미니스트 수로부인이 벌린 상대 선인들의 한
판 애정행각일까 한다.

III-3. 백제계 노래

井邑詞   정읍사

돌하 노피곰 도드샤
어긔야 머리곰 비취오시라
어긔야 어강됴리
아으 다롱디리

全져재 녀러신고요
어긔야 즌디롤 드디욜셰라
어긔야 어강됴리

어느이다 노코시라
어긔야 내가논디 졈그롤셰라
어긔야 어강됴리
아으다롱디리.

<악학궤범 · 5, 舞鼓>

◼【註】◼

◇ 井邑詞(정읍사) : 행상인의 아내가 남편의 무사귀가를 기원해 불렀다는 민요계
속악가사.

◇ 둘하 : 달[月]님이시여. '하'는 존칭호격조사. 자연물 숭배사상.

◇ 노피곰 : 높이높이. 노피(연철) + 곰(성조 및 강세 접미자).

◇ 도두샤 : 돋으시어. 돋 + 으(조음소) + 사[존경보조어간 시 + 연용형어미 아
의 축약 = 샤]

◇ 어긔야 : 감탄사.

◇ 머리곰 : 멀리 멀리. 머리[遠의 부사형] + 곰. '머리[頭]는 ᄆ라'.

◇ 어강됴리 : 조흥구.

◇ 다롱디리 : 악기 소리.

◇ 全져재 : 전주 저자거리. 전주 시장.

◇ 녀러신고요 : 가고 계신가요. 가다[行 : 널·녀 + 연용형 어] + 시(존경보조
어간) + ㄴ고요(재의문종결형).

◇ 즌디 : 진[泥] 곳. 즌[즐다의 관형사형] + 디(處所·곳).

◇ 드디욜셰라 : 디딜까 두렵다. 빠질까 두렵다. 드디 + 요(아어체) + ㄹ셰라(의
구형 종결어미).

◇ 내 : '나의 남'의 축약형. 나[我] + ㅣ(소유격)

◇ 졈그롤셰라 : 저물까 두렵다[夜行犯害]. 졈글[暮夜] + ᄋ(조음소) + ㄹ셰라.

◉ 통일신라시대 백제 지방 어느 행상인의 아내가 행상 나가 오래도록 돌아오지
않는 지아비의 무사귀환을 기원하며 지어 불렀다[59]는 속악가사다. 속악가사란
『악학궤범·악장가사·시용향악보·梁琴新譜·大樂後譜』 등의 가집에 작품이
현전하는 민요계통의 궁중무악 또는 연악과, 고려사 악지·속악조에 제목과 유
래가 전하는 민요 계통의 실전 속악가사(일부 악부체 한역가 포함) 등을 총괄
적으로 일컫는 말이거니와, 본 「정읍사」의 문학사적 가치는 현존 백제 가요의
유일 작품이란 점이다. 그것이 백제가요란 확증도 『삼국사기』의 '전주는 본디
백제 완산이니'[60]에 의거할 뿐이나, 신라가요와 판연히 구분됨은 분련체 시가

---

59) 井邑 全州屬縣. 縣人爲行商 久不至 其妻登山石以望之 恐其夫夜行犯害, 托泥水之汚以歌之.
世傳有登岾望夫石云.<고려사·37 악지 2>

란 점이다. 각 련의 주제를 요약하면, 제 1 련은 '남편의 안녕 청원', 제 2연은 夜行犯害의 염려, 제 3연은 남편의 무사귀가 기원'이다. 그러나 제 2련의 "어 그야, 즌더롤 드더욜셰라" 의 '즌더'에 대한 견해의 차이는 '드더욜셰라'의 서술 어까지 새로운 뉴앙스를 함의케 한다. 이른바 '즌더'의 원관념을 '진창, 혹은 물웅덩이'가 아닌 '홍등가, 또는 새로운 연인'으로 유추하면, ─ 그럴 개연성은 상대시가, 예컨대 「서경별곡」 등에서 흔히 접할 수 있기 때문이다. ─ 의 구형 종결어미 '드더욜셰라'는 '님을 향한 지어미의 지순한 애정'의 차원을 넘어 '불 신 · 번뇌 · 질투'의 화소가 된다. 그러나 다음 3련의 '내가논더 졈그롤셰라'라던 가, 기술물 말미에 산마루에 기다리다 지쳐 '망부석'이 되었다는 전설, ─ 물론 전형적 기술물이지만, ─ 등으로 미루어 문면 중심의 이해로 족할 듯 하다.

Ⅲ-4. 고려 속요

가시리

가시리 가시리잇고
나는 ㅂ리고 가시리잇고
　　　나는 위 증즐가 太平聖代

날러는 엇디 살라ㅎ고
ㅂ리고 가시리잇고
　　　나는 위 증즐가 太平聖代

잡스와 두어리 마ㄴ는
선ㅎ면 아니 올셰라
　　　위 증즐가 太平聖代

---

60) 全州本百濟完山, 眞興王十六年爲州 二十六年廢, 神文王五年復置完州 景德王十六年 改名, 今因之.. <사기 · 35, 지리 3>

설온님 보내옵노니
나는 가시는듯 도셔오소셔
　　나는 위 증즐가 太平聖代.

<악장가사 · 가시리>

【註】

◇ 가시리 : 창작 연대 · 작자 미상의 고려 속요. 사랑하는 님과의 이별의 정한을
　노래한 이별가의 원형.

◇ 가시리잇고 : 정녕 가시겠습니까?

◇ 나는 : 악률에 맞추기 위한 조흥구.

◇ 위 증즐가 : 악률을 고르기 위한 塡詞句일 듯.

◇ 太平聖代(태평성대) : 노랫말 뜻과 무관한 塡詞句. 속악가사의 궁중무악화 과정
　에서 첨가된 듯.

◇ 선ᄒᆞ면 : 틀어지면. (마음이) 영 돌아서면. 앵돌아지면. 기타 '선뜻'(양주동). '서
　운하면'(김형규). '심하면'(지헌영). 등의 풀이가 있다.

◇ ᄃᆞᆺ : ~하(ㄴ · ㄹ)듯[如]. '가심이 이렇게 총총하듯'.

◇ 도셔 : 돌[廻]이키시어. 돌[廻](ㄹ음 탈락) + (시 + 어 = 셔) → 도셔.

◉ 『시용향악보』에는 「귀호곡」 속칭 「가시리」라는 제목으로 수록되어 있다. 고려
　속요라는 문헌적 기록은 미처 확인되지 않았으나, 앞의 「정읍사」가 그러하듯
　비분련체 향가와는 판연히 준별되는 분련체, 곧 기 · 승 · 전 · 결 4 연, 매련 2
　구의 결구법에 각 구 3 · 3 · 2라는 음수율을 지닌 별장의 압권이다. 일찍이 양
　주동도 "別離를 제재로 한 시가가 고금 · 동서에 무릇 얼마리요마는, 이 「가시
　리」 一篇 通篇 67자 20 數語의 소박미와 함축미, 그 절절한 애원, 그 면면한
　정한, 아울러 句法, 그 章法을 따를 만한 노래가 어디 있느뇨 후인은 부질없
　이 다변과 기교와 贅辭와 綺語로써 혹은 數千語 혹은 數百行을 늘어놓아 각기
　자가의 一片의 정한을 敍하려 하되, 하나도 이 일편의 의취에서 더함이 없고
　오히려 이 數行의 衷曲을 못 미침이 많으니, 本歌야말로 동 · 서문학의 별장의
　압권이 아니랴."고 전제하고 --- 「가시리」야말로 이별을 노래한 시가의 '총기
　조 · 총원류'라고 극찬한 바61) 있다.

제 1련은 '사랑 투정인 줄 알았더니 정녕 가겠다'는 님에 대한 원망의 말로 직서하되 '가시리 가시리잇고'라는 반복은 헤일 수 없는 함축과 애원, 이른바 강한 듯 약한 정조의 교차, 그 낭패한 정서적 급박감의 표출이 분명하다.

제 2련은 기련의 미진한 애원을 점층적으로 부연한 승이다. 가시는 님이야 또 다른 향략의 기약도 있겠고, 또 그것을 찾아간다지만 '가신 님 뒤에 남겨진 나'의 삶은 '산 죽음'이라는 절규, 바로 전통적 여성미로 치부된 '약함'의 나톰이자, 제 3연 轉變의 빌미다.

예의 제 3련은 시상을 一轉하는 삽상한 전환이니, '내 못 가게 잡기만 한다면야 제 구태여 갈까마는'이라는 제법 자신에 찬 '강함'을 표하나, 이내 '지나치게 앙탈을 부린다고 영 톨아저 다시 아니오면 어쩌나'하는 처절한 좌절에 나약해지는 허와 실의 교차가 만단한 정조를 낳았다.

결연은 '차마 보낼 수 없는 님, 그 총총한 발길이 원망스럽지만, 어쩌랴, 돌아 오는 걸음도 그리 총총하소서라'는 기원으로 맺음해 결사했다.

Ⅲ-5. 「익재소악부」와 「자하소악부」

고려 말 학자 문인인 익재(益齋) 이제현(李齊賢 : 충렬왕13, 1287 ~ 공민왕16, 1367)의 시문집 『익재난고益齋亂藁』 10권 4책 중 권 4에 수록된 소악부(小樂府)의 편명. 곧 고려시대에 유행하던 우리말 가요를 소악부체로 한역한 9수와, 악부시 2편(社主와 기녀의 사랑. 탐라인의 불평을 풍자한 노래)을 수록하고 있다. 한역된 고려 속요 9수 중에는 조선조 훈민정음 창제 후 채록되어 속요와 함께 전승되는 작품으로는 「처용가 · 서경별곡 · 정과정곡」 등이고, 「장암가 · 거사련 · 제위보 · 사리화 · 소년행 · 오관산」 등은 한역시를 통해 원가의 뜻을 유추할 뿐이다. 물론 원가 전체를 한역한 것이 아니라, 본 가요가 지닌 정서를 살려 의역한 것이다. 예컨대 「처용가」의 경우 신라 향가 및 『고려사』 고려속악 「처용가」의 일부와 배경설화를 참작하여 의역하였으며, 「서경별곡」은 제 2연을, 「정과정곡」은 전 4구를 칠언절구 소악부체로 한역했다. 그러므로 『익재소악부』야 말로 부전속가(不

61) 梁柱東 : 『國學硏究論考』 Ⅰ. 評說, 古歌今釋<2篇> 가시리. PP 30-34. 1962. 을유문화사,

傳俗歌)를 망실하지 않고 그 내용을 유추할 수 있는 유일한 자료적 가치를 지녔다 할 것이다. 조선조 후기 자하(紫霞) 신위(申緯)는 익재공의 이러한 문학사적 공로를 높이 평가하며, "내가 이를 기쁘게 여겨 우리 조선의 소곡 중에서 기억하는 것들을 역시 칠언절구로 지었으니, 비록 문장 체격은 전혀 선생에 미칠 수 없으나, 다른 시대에 태어난 나로서 다른 곡조로 각기 국풍(國風)을 채집한 것은 한 가지라 하겠다"[62)라며 『자하소악부紫霞小樂府』 40수를 남겼다. 본 텍스트에서는 두 소악부 중 사랑을 주제로 한 노래만 가려 보기로 한다.

구　분	작　품　명	비　고
실전가요	處容歌 · 西京別曲 · 鄭瓜亭曲	
부전가요	濟危寶 · 居士戀 · 五冠山 · 長巖 · 沙里花 · 少年行	

鄭瓜亭　정과정

내님믈 그리ᄉᆞ와 우니다니
山졉동새 난 이슷ᄒᆞ요이다
아니시며 거츠르신ᄃᆞᆯ 아으
殘月曉星이 아ᄅᆞ시리이다
넉시라도 님은 ᄒᆞᆫᄃᆡ 녀져라 아으
벼기더시니 뉘러시니잇가
過도 허믈도 千萬 업소이다
ᄆᆞᆯ힛마러신뎌
ᄉᆞᆯ읏브뎌 아으
니미 나ᄅᆞᆯ ᄒᆞ마 니ᄌᆞ시니잇가
아소 님하 도람 드르샤 괴오쇼셔.

<악학궤범 · 5, 三眞勺>

---

62) 『申紫霞詩集』: 高麗李益齋先生 採曲爲七絶 名之曰樂府 今在先生文集中, 擧皆今日管絃家不傳之曲 而其辭之不亡 賴有此詩, 文人命筆 顧不重歟. 余竊喜之 就我朝小曲中 余所記憶者 亦以爲七言絶句 雖藻采万万不逮先生 而異代同調 各採其國之風則一也.<紫霞小樂府並序>

【註】

◇ 님믈 : 님을. '님 + 을 = 니믈'의 오철.

◇ 그리ᅀ와 : 그리워. 그리[戀·慕] + [ᅀᆸ(존경보조어간) + 아(연용형) = ᅀ
바 → ᅀ와 →와·워]

◇ 우니다니 : 울며 다니다더니. 울다[泣] + 니다[行] + 다니(1인칭 과거회상).

◇ 난 : 나는. '나'의 지정격.

◇ 이슷ᄒ요이다 : 비슷합니다.

◇ 거츠르신들 : 황탄한 줄. 거츨[僞·妄] + ㅡ (조음소) + 둘(줄의 고어)

◇ 아르시리이다 : 아리이다. 알 것입니다.

◇ 벼기더시니 : 우기시던 사람. 벼기[固執] + 더(과거회상) + 신 + 이(사람이)

◇ 뉘러시니잇가 : 누구셨습니까?. 뉘 + 더(러: 유음화) + 시니잇가.

◇ 몰힛마러신뎌 : '무리들의 헛말(참언)이었습니다'로 유추.

◇ 슬읏브뎌 : 슬프옵니다. 슬프구나.

◇ 도람 : 뜻·생각을 돌이키시어.

● 고려 가요 중 正音으로 기록된 작품 중 유일하게 작자가 알려진 과정(瓜亭) 정
서(鄭敍)의 「정과정」으로 『악학궤범』에는 「삼진작三眞勺」이란 곡조명으로 전해
진다. 정서는 인종(仁宗) 때의 총신으로 '경박한 성품'의 소유자나, '재예(才藝)가
뛰어나다' 했고, 동래 유폄은 외척 권신들의 정쟁 때문이라 했다. 이 작품이
고려 당대는 물론, 후대에까지 널리 불리어진 소이는 이른바 "충신연주지사(忠
臣戀主之詞)"로 중시되었을 뿐만 아니라, 궁중 전악(典樂)으로 악공재예의 필수
였음은 물론, 사대부들까지 학습할 만큼 회자되었기 때문이다. 그러기에 일찍이
익재(益齋) 이제현(李齊賢)도 소악부에 한역해 놓았으니[63],

憶君無日不霑衣	님 그려 옷깃 젖지 않는 날 없음이여
政似春山蜀子規	정녕 봄 동산의 두견새다워라
爲是爲非人莫問	시시비비일랑 인간에게 묻지 마소서

---

63) 鄭瓜亭 內侍郎中鄭敍所作也. 敍自號瓜亭 聯昏外戚, 有寵於仁宗. 及毅宗卽位 放歸其鄕葉萊
曰今日之行 迫於朝議也. 不久當召還. 敍在葉萊日久 召命不至.,乃撫琴而歌之 詞極悽惋.. 李
齊賢 作詩解之.<고려사·악지 2>참조

只應殘月曉星知。　　　다만 잔월효성이 알고 있답니다.

＜益齋亂藁・四, 小樂府＞

가 그것이다. 곡진한 작자의 충정을 고양함은 물론, 민족 정서로의 전달이 창
작의도라 하겠다. 자하(紫霞) 신위(申緯)는 그의 소악부에 한역된 시가가 비록
오늘 날 악공들에 의해 연주되지는 않지만, 그 노랫말을 망실하지 않게 된 것
은 온전히 "익재의 공"이라 하고, 자신도 조선조의 국풍격(國風格)인 시조 40여
수를 악부체로 한역해 『자하소악부』에 남겼다[64].

西京別曲 서경별곡

      西京이 아즐가
西京이 셔울히 마르는
      위 두어렁셩 두어렁셩 다링드리
      닷곤디 아즐가
닷곤디 쇼셩경 고ㅇ,마른
      위 두어렁셩 두어렁셩 다링드리
      여히므론 아즐가
여히므론 질삼뵈 브리시고
      위 두어렁셩 두어렁셩 다링드리
      괴시란더 아즐가
괴시란더 우러곰 좃니노이다.
      위 두어렁셩 두어렁셩 다링드리

      구스리 아즐가
구스리 바회예 디신둘
      위 두어렁셩 두어렁셩 다링드리

---

64) 金甲起外 : 『國譯申紫霞詩集』・五, 高麗益齋先生 採曲爲七絶 命之日樂府 今在先生文集中
　　擧皆今日管絃者 不傳之曲 而其詞之不亡 賴有此詩 文人命筆 顧不重歟. 余竊喜之 就我朝小
　　曲中 余所記憶者 亦以爲七言絶句 雖藻采 万万不逮先生 而異代同調 各採其國之風則一
　　也.--- ＜小樂府並序＞

긴히 쏜 아즐가
긴히쏜 그츠리잇가 나는
　　위 두어렁셩 두어렁셩 다링드리
　　즈믄히를 아즐가
즈믄히를 외오곰 녀신돌
　　위 두어렁셩 두어렁셩 다링드리
　　信잇돈 아즐가
信잇돈 그츠리잇가 나는
　　위 두어렁셩 두어렁셩 다링드리

　　大洞江 아즐가
대동강 너븐디 몰라셔
　　위 두어렁셩 두어렁셩 다링드리
　　빈내여 아즐가
빈내여 노흔다 샤공아
　　위 두어렁셩 두어렁셩 다링드리
　　네가시 아즐가
네가시 럼난디 몰라서
　　위 두어렁셩 두어렁셩 다링드리
　　녈빈예 아즐가
녈빈예 연즌다 샤공아
　　위 두어렁셩 두어렁셩 다링드리
　　大洞江 아즐가
大洞江 건너편 고즐여
　　위 두어렁셩 두어렁셩 다링드리
　　빈타들면 아즐가
빈타들면 것고리이다 나는
　　위 두어렁셩 두어렁셩 다링드리.

　　　　　　　　　　　　　　　　　　<악장가사>

〖註〗

◇ 西京別曲(서경별곡) : 창작 연대·작가 미상의 고려 속악가사.

◇ 西京(서경) : 평양의 옛 이름.

◇ 아즐가 : 樂律에 맞추기 위한 조율음. 본 노래의 '아즐가·나눈·위 두어렁셩 두어렁셩 다링디리' 등은 樂律을 맞추기 위한 첨가어. 곧 塡詞의 유형.

◇ 셔울히마르는 : 서울이지마는. 셔울[京]ㅎ(ㅎ특수명사) + 이(서술격어미).

◇ 마르는 : 마는. 3·3·3조의 운율미를 살리기 위하여 '마룬'의 재지정형 '마르 눈'을 '마르는'으로 표기함.

◇ 닷곤더 : 닦은 데. '닷ㄱ[修]' + 오(아어체) + ㄴ(관형사 어미) + 더(드 + ㅣ).

◇ 쇼셩경 : '경'은 京. '쇼셩'은 '小城'의 音寫일 듯. 당시 서경 천도를 위해 여러 차례 수축한 역사적 사실과 부합됨.

◇ 고요,마른 : 사랑합니다마는. '고이(괴 : 寵·愛)' + [오(아어체) + 이(서술격어 미) = 요] + 마른(마는'

◇ 여희므론 : 여이기보다는(차라리). 여ㅎ(離·別 '여희다'의 명사형) +'으론'의 연철.

◇ 질삼 : 길삼. '질삼'은 베(布) 짜는 과정. 곧 방(紡 : 질삼 방).

◇ 괴시란더 : 사랑하신다면.

◇ 우러곰 : 울면서.

◇ 좃니노이다 : 쫓아가겠습니다. 따라가겠습니다. 좃다(從·隨) + 니다(行)의 어간 합성어.

◇ 긴히쓴 : 끈[纓]이야. 긴ㅎ(끈의 고어. ㅎ종성체언) + '이ᄉ(사잇소리) + 돈'.

◇ 그츠리잇가 : 끊어지겠습니까? 긏[斷·絕] + 으(삽입모음) + ㄹ(미래관형사형 어미) + 이(불완전 명사 : 것·이유·까닭) + 잇가(부정 의문).

◇ 외오곰 : 외따로 홀로 외[孤] + 오(부사화 접미어) + 곰(어세 강조).

◇ 노흔다 : 놓았느냐? 놓[放·置] + ᄂ(조음소) + ㄴ다(의문종결).

◇ 네가시 : 너의 아내. 네(너의) + 갓[妻] + 이(주격조사).

◇ 럼난디 : 넘난 줄을. 넘나[濫 = 猥淫] + ㄴ(관형사형) + 딜[원시추상명 사(ᄃ)의 어간 ㅣ) + ㄹ(목적격)].

◇ 고즐여 : 꽃을 아. '곶 + 올(을) + 여(감탄호격 : 3·3·3 성율의식).

◇ 타들면 : (배를) 타면. (배에) 올라 들기만 하면.

◇ 것고리이다 : 꺾을 것입니다. 것ㄱ(折) + 오(아어체) + ㄹ(미래관형사형어미)

+ 이(불완전 명사) + 이다(존칭종결어미).

고려 속요 대부분이 그러하듯 「서경별곡」 역시 작자·연대 미상이나, 『익재소
악부』에

縱然巖石落珠璣	구슬이 설령 바위에 떨어진다 한들
纓縷固應無斷時	끈이야 정녕 끊어지리까
與郞千載相別離	즈믄 해를 님과 헤어져 있다 한들
一點丹心何改移。	님 향한 한 조각 붉은 마음이야 변하리까.

<益齋亂藁·四·小樂府>

라고 악부체 한역으로 수록된 점, 이후 조선조 成宗 때 이 노래를 비롯한 「쌍
화점」「이상곡」 등이 '男女相悅之詞'로 문제된 점[65] 등으로 미루어 고려 속악
임을 확증할 수 있다.

　그러나 본 가는 고려 속요의 발달사적 측면에서 초기 민요체 형성기를 지나
발전기의 작품으로 추단할 수 있다. 곧 그 형식적 구조가, 초기 민요체 「가시
리」「사모곡」「상저가」 등보다는 장형화 되므로 속악가사로서의 수사와 실용
성면에서, 주제면에서도 후기 「정석가」「쌍화점」「만전춘」 등에 비해 뒤지지
않기 때문이다. 기실 악율에 맞추기 위한 조율음. 곧 '아즐가·나는 위 두어렁
셩 두어렁셩 다링디리' 등의 첨가어. 곧 전사구(塡詞句)를 제거하면,

西京이 서울이지마는/ 새로 닦은 작은 서울 사랑하지마는
이별하기보다는 길삼 베 버리고/ 사랑하는 님 울며울며 따르렵니다.

구슬이 바위에 떨어진들/ 끈이야 끊어지겠습니까
천 년을 헤어져 지낸들/ 님을 향한 믿음이야 끊어지겠습니까.

대동강 넓은 줄 몰라서/ 배 내어놓았느냐 사공아

---

65) "傳曰, 宗廟樂 如保太平·定大業則善矣, 其餘俗樂 如西京別曲 男女相悅之詞 甚不可. 樂
譜則不可卒改 依曲調別製詞何如"참조 <成宗實錄·215, 19년 4월조>

네 각시 황음한 줄 몰라서/ 떠나갈 배에 태웠느냐 사공아
大洞江 건너편 꽃을 아/ 배 타 들기만 하면 꺾을 것입니다.

와 같이 서로 다른 화소, 이른바 제 1련의 '서경을 배경으로 한 애절한 이별가'
와, 제 2련 님의 사랑에 대한 신의를 '구슬과 줄의 관계'로 비유한 「정석가」 제
6련의 원용, 그리고 대동강, 그 참담한 이별의 터에서 님을 싣고 갈 '뱃사공을
향한 저주'로 짜여진 3련이 그것이다. 이것이 서로 다른 민요체 속가가 궁중
속악가사로 채용되는 과정에서 곡은 길고 시는 짧아[曲長詞短] 악곡을 메우는
한 방편으로 나타난 전사형(塡詞型)의 예라 하겠다.

不傳歌謠 二首

不#### 濟危寶   지울 수 없는 님의 체취

浣紗溪上傍垂楊	시냇가 빨래터 수양버들 아래서
執手論心白馬郞	백마 타고 오신 님 내 손잡고 기약했죠
縱有連簷三月雨	비록 석 달 장마비 연이어 내린대도
指頭何忍洗餘香。	손끝에 남은 님의 체취 어찌 차마 씻기리오

<李齊賢>

【註】

◇ 濟危寶(제위보) : 고려 광종 14년에 실시하여 공양왕 3년에 폐지한 보의 하나.
곧 나라에서 곡식, 돈 등을 저축하였다가 백성들에게 빌려 주고 변리를 받아
빈민구제사업에 쓰던 제도. 한편 『고려사』 「악지·속악조」에 「제위보」에 대한
창작 동기와 익재 이제현의 역시(譯詩)가 전해 있다. 곧 죄를 지은 여인이 도
형(徒刑)으로 제위보에서 복역하던 중 '어떤 남정네에게 손을 잡히게 되자, 그
수치를 씻을 길 없어 이 노래를 지어 스스로를 원망했다고 한다. 그러나 이어
수록된 익재의 한역시는 위와 같이 전혀 다른 의미로 미화되었다.
◇ 浣沙(완사) : 비단을 빠는 빨래터.
◇ 論心(논심) : 정회를 주고받음. 진심을 말함. 밀어를 속삭임.

◇ 縱有~(종유~) : 비록 ~(함)이 있을지라도
◇ 三月雨(삼월우) : 석 달 간 내리는 비. 오랜 장마 비.

●『고려사』는 세종 때 신흥 사대부인 정인지 등이 지어 올린 정사(正史)이므로 오히려 창작배경이 도학적 문학관에 의해 미화되고, 가사는 남녀상열지사(男女相悅之詞)로 수록되지 못했으리니, 익재의 한역시가 본 뜻임은 「쌍화점」 등 다른 속요가 증명한다.

居士戀　　　　　이제사 오시려나 봐

鵲兒籬際噪花枝	까치는 울타리 꽃가지에서 울고
蟢子床頭引網絲	상머리로 그물 치며 내리는 거미
余美歸來應未遠	고운 님 멀지 안아 돌아오시려나
精神早已報人知。	기다리는 이 마음 미리 알려주나봐

　　　　　　　　　　　　　　　　　<益齋亂藁 · 益齋小樂府>

【註】

◇ 鵲兒(작아) : 까치. 乾鳥. 喜鳥. 까치의 요란한 지저귐[鵲噪].
◇ 蟢子(희자) : 거미. 갈거미.
◇ 引網絲(인망사) : 줄 타고 내려옴.
◇ 余美(여미) : 나의 님. 사랑하는 님.
◇ 應未遠(응미원) : 응당 멀지 않으리.
◇ 精神(정신) : 기다리는 지어미의 마음.

●행역(行役) 나간 지아비의 아내가 지었다는 노래다. 까치와 거미에 의탁해 남편이 어서 돌아오기를 바라는 순정을 담았다 하나, 전하지 않고, 다만 익재(益齋) 이제현(李濟賢 1288-1367)의 소악부체 한역 시로 그 대강을 짐작할 수 있으니 아쉬운 중 다행이라 할 뿐이다.66)

---

66)『高麗史』「志 樂」:「居士戀」 形役者之妻 作是歌. 托鵲蟢 以冀其歸也. 李齊賢作詩解之曰 "---"참조

예로부터 '까치는 반가운 손님이 올 것을 예고하는 길조'로 인식되어 왔고, '천장으로부터 거미가 밥상으로 내려오면 좋은 소식이 온다'는 속담이 전해온다. 이 노래는 바로 이러한 조짐들에 의탁해 기다림에 지친 지어미의 간절한 희망을 노래했을 터이고, 익재공은 이를 십분 살려 악부체로 전한 삶의 미학 그 자체라 하겠다.

鄭石歌 정석가

딩아 돌하 當今에 계샹이다
딩아 돌하 當今에 계샹이다
先王聖代예 노니ᄋᆞ와지이다

삭삭기 셰몰애 별혜 나는
삭삭기 셰몰애 별혜 나는
구은밤 닷되를 심고이다
그바미 우미 도다 삭나거시아
그바미 우미 도다 삭나거시아
有德ᄒᆞ신 님 여희ᄋᆞ와지이다

玉으로 蓮ㅅ고즐 사교이다
玉으로 蓮ㅅ고즐 사교이다
바회우희 接柱ᄒᆞ요이다
그고지 三同이 퓌거시아
그고지 三同이 퓌거시아
有德ᄒᆞ신 님 여희ᄋᆞ와지이다

므쇠로 텰릭을 몰아 나는
므쇠로 텰릭을 몰아 나는
鐵絲로 주롬 바고이다
그오시 다 헐어시아

그오서 다 헐어시아
有德ㅎ신 님 여희ᅌᅪ지이다

므쇠로 한쇼를 디여다가
므쇠로 한쇼를 디여다가
鐵樹山애 노호이다
그쇠 鐵草를 머거아
그쇠 鐵草를 머거아
有德ㅎ신 님 여희ᅌᅪ지이다

구스리 비바회예 디신ᄃᆞᆯ
구스리 비바회예 디신ᄃᆞᆯ
긴힛ᄃᆞᆫ 그츠리잇가
즈믄 ᄒᆡᄅᆞᆯ 외오곰 녀신ᄃᆞᆯ
즈믄 ᄒᆡᄅᆞᆯ 외오곰 녀신ᄃᆞᆯ
信잇ᄃᆞᆫ 그츠리잇가.

<악장가사>

【註】

◇ 鄭石歌(정석가) : 역시, 창작 연대·작가를 알 수 없는 고려 속요

◇ 딩아 돌하 : 딩[鄭←鉦의 誤記] + 돌[石·磬]으로 金·石 악기의 擬人化(양주동)로 본 설과, 정석(鄭石)이란 사랑하는 님의 인명 + 애[호격조사]으로 보는 (박병채) 설이 있다.

◇ 계샹이다 : 계십니다. 계시나이다. '겨샤이다'의 속철. 겨(在) + (시 + 아 = 샤) + ᅌ(두 모음 사이의 비음화) + 이다(존칭서술종결).

◇ 노니ᅌᅪ지이다 : 노닐고 싶습니다. 노니(遊行) + 숩(존칭보조어간) + 아(연용형) + 지이다(願望조동사) ⇒ 노니ᅀᆞᄫᅡ → 노니ᅌᅪ + 지이다.

◇ 삭삭기 : 바싹 마른. '세몰애'를 형용하는 辭인 즉 현행어 바삭바삭[乾燥貌]의 '삭을 중첩하여 명사화 접미자 'ㅣ'가 첨가한 형(양주동), '바삭바삭ᄒᆞ다[乾燥貌]'를 '삭삭ᄒᆞ다'로도 사용하는 예로 보아 '삭삭'에 명사화 접미자 '가'를 첨부한 형(박

병채) 등으로 추론 함. 그러나 강원도 사투리에 '마른 나뭇가지'를 '삭다리'라 하는 바, '삭삭'은 '마르고 마른'이라는 2음절어를 기왕의 3·3조에 맞추기 위해 '가'(부사화 접미어)를 첨가하여 '바삭하게 (마른) 가는 모래'로 풀이하고자 한다.

◇ 별혜 : 벼랑에. 별·벼릭[崖] + ㅎ(ㅎ종성체언) + 예(방위격).

◇ 심고이다 : 심습니다. 심ㄱ(ㄱ곡용명사) + 오(아어체) + 이다.

◇ 우미 : 움[芽] + 이(주격조사).

◇ 삭나거시아 : 싹 나시어야. '삭'은 '삯[芽]'의 생략형. 나[出] + 거(시제선행) + 시(비존칭) + 아(강세첨미사 : 사 → ᅀᅡ → 아).

◇ 여희ᄋ와지이다 : 이별하고자 합니다. 여의고 싶습니다. 여회[芽] + ᄋ와지이다 (노니ᄋ와지이다 참조)

◇ 사교이다 : 새깁니다. 사기[刻] + 오(아어체) + 이다(존칭종결어미).

◇ 우희 : 위에. 우[上] + ㅎ(ㅎ종성체언) + 의(방위격) → 우희.

◇ 三同(삼동) : 삼동에. 양주동은 가본(歌本)에 불과한 『악장가사』류의 산견되는 오철(誤綴)을 전제로 '三冬애'의 오철로<麗謠箋注九·3·3·2>, 박병채는 '同方百里'라는 주(周) 대의 토지제도에 근거해 '方三百里의 땅이'로<고려가요의 어석연구. P266>, 전규태는 '석동(세 묶음)'<고려속요의 연구 P294>으로 풀이했다. 역설적 수사법으로 일관 한 「정석가」의 수사법상 양주동의 견해를 따른다.

◇ 퓌거시아 : 피시어야. 프[發] + 우(아어체) + ㅣ(피동형) → 퓌 + 거시아(삭나거시아 참조). 박병채는 '프'의. '푸'음화는 순음 'ㅍ'하 'ㅡ'의 'ㅜ'음화[원순모음화]로 봄<소上>.

◇ 므쇠 : 무쇠. 생철(生鐵).

◇ 텰릭 : 융복(戎服). 帖裏(텰릭) 戎服也<吏讀便覽>. 텰릭(天翼) 高官侍從이 착용하는 의복의 일종.<雅言覺非·2>

◇ 몰아 : 말라. 재단해서. 말[裁] → 므ᄅ + 아(연용형) = 몰아

◇ 주룸 : 주름[襞].

◇ 한쇼 : 큰 쇼[大牛]. 황소

◇ 디여다가 : 지어다다. 주조(鑄造)하여다가. 디[鑄] + 어(연용형→모음충돌 회피 여) + 다다.

◇ 노호이다 : 놓습니다. 놓[放] + 오(아어체) + 이다.

◇ 머거아 : 먹[食] + 어(연용형) + 아(사 → 삭 → 아)

◉「정석가」는 「만전춘·이상곡·사모곡·가시리」와 함께 『악장가사』에 수록되었을
뿐 『고려사』 등 어느 문헌에도 명칭이나 유래에 대한 기록, 이른바 고려가요
라고 단정할 근거가 없다. 그러나 그 형식 및 내용, 그리고 운율적 조조가 신
라 향가와는 물론, 조선조의 시가와 판이할 뿐 아니라, 고려가요와 상통하는
바 적지 않다. 먼저 형식상 전 6련, 제 1련은 서사로 3구며, 2련 이하는 6구
체, 매련은 전후 3구로 짜이되 전후 각 2구는 첫 구의 첩구로 구성되었으며,
제 6련을 제외하면 매련 끝구는 후렴이다. 곧 첩구를 제외하면 1련 2구, 2련
이하 4구의 정형이며, 기본 율조는 3·3·4 기조를 이루고 있어 이 점 역시
고려 속요의 일반적 특질과 크게 다르지 않다. 특히 제 6련은 고려 속요 「서
경별곡」 제 2련과 동일하다. 그러므로 이 노래는 전 5련체 노래였던 것이 구
전되는 과정에서, 혹은 채록 중 의도적 첨가 가능성을 시사하는 바 있다. 일찍
이 박병채 교수는 그 가능성을

1) 「서경별곡」과 「정석가」는 음수률이 흡사하며, 첩구적 첨작이 용이한 점.
2) 내용상 둘 다 애정을 노래한 점.
3) 끝 련에만 후렴구 '有德ᄒ신 님 여희ᄋ와지이다'가 缺한 점

이라고 예시한 바 있다. 물론 애정의 표현 방법도 「서경별곡」과 「정석가」는
다소간 차이가 있다. 곧 「서경별곡」이 남녀간의 만남과 헤어짐의 과정에서 일
어나는 그리움과 원한의 정을 노래했다면 「정석가」는 사랑의 해로를 기약하는
충정을 노래하고 있다 할 것이다. 뿐만 아니라, 그 수사적 특질도 「서경별곡」
이 직설과 비유에 의한 진술이라면, 「정석가」는 온전히 역설적 화두, 이른바
패러독스에 의뢰하고 있다.

滿殿春別詞   만전춘 별사

어름우회 댓닙자리 보와 님과 나와 어러주글만뎡
어름우회 댓닙자리 보와 님과 나와 어러주글만뎡

情둔 오늜밤 더듸 새오시라 더듸 새오시라

耿耿孤枕上에 어느 즈미 오리오
西窓을 여러ᄒᆞ니 桃花ㅣ 發ᄒᆞ두다
桃花ᄂᆞᆫ 시름업서 笑春風ᄒᆞᄂᆞ다 笑春風ᄒᆞᄂᆞ다

넉시라도 님을 ᄒᆞᆫᄃᆡ 녀닛景 너기다니
넉시라도 님을 ᄒᆞᆫᄃᆡ 녀닛景 너기다니
벼기더시니 뉘러시니잇가   뉘러시니잇가

올하 올하 아련 비올하
여흘란 어듸 두고 소해 자라 온다
소 콧 얼면 여흘도 됴ᄒᆞ니 여흘도 됴ᄒᆞ니

南山에 자리보와 玉山을 벼여 누어
錦繡山 니블안해 麝香각시를 아나누어
南山에 자리보와 玉山을 벼어누어
금수산 니블안해 麝香각시를 아나누어
藥든 가슴을 맛초ᅌᆞᆸ사이다 맛초ᅌᆞᆸ사이다.
아소 님하 遠代平生애 여힐술 모ᄅᆞᅌᆞᆸ새.

<악장가사>

【註】

◇ 어름우희 : 어름 위에. 어름[氷] + 위[上] + ㅎ + 의(방위격)
◇ 어러주글 : 얼어죽을[凍死]. '얼어 + 죽을' → 어러 주글(연철)
◇ 만뎡 : ~할망정. ~할 지라도 마[許·程度의 추상명사] + ㄴ(관형사형) +
   뎌(감탄형) + ᅌᅠ(連音素)
◇ 더듸 : 더디게. 늦게. '더듸[遲]다'의 어간 '더듸'의 부사화 전성.
◇ 새오시라 : 새소서. 새 주소서. '새[曙] + 고시라[願望形 ᄒᆞ고시라]'의 'ㅣ'모
   음아래 'ㄱ'음 탈락형.

◇耿耿孤枕上(경경고침상) : 님 그리워 잠 못 이루는 외로운 잠자리.

◇어느 : 어찌[豈·奚]. 문맥상 '어찌'가 더욱 절절한 哀傷美를 가짐.

◇여러ᄒ니 : 여니. 열고 보니. '열[開] + 어(연용형) + ᄒ니(가창의 멋).

◇發ᄒ두다 : 發하도다. 피도다. 發ᄒ + 두(도)(아어체)다.

◇ᄒᄂ다 : 한다. 하는구나. 'ᄒ다'의 옛 체. 'ᄂ'는 현재형.

◇녀닛景 : 남의 경황. 녀느[他] + ㅣ'(인칭대명사) + ㅅ(지격촉음) + 景(경기체가에 산견된 용례로 '경황'의 뜻)

◇너기다니 : 여기더니. 너기[擬·思] + 다(1인칭과거회상)니.

◇벼기더시니 : 우기시던 사람. <정과정곡>참조

◇뉘러시니잇가 : 누구셨습니까? <정과정곡>참조

◇올하 : 오리야. '오리'의 고어는 '올ᄒ' + 아(호격).

◇아련 : '어린'(?)의 가창적 俗轉(양주동). 여리[軟·弱]의 ablaut形 '야리' + 어(삽입모음) + ㄴ(관형사형 어미). 야리어ㄴ > 야련 > 아련(박병채).

◇비올하 : 귀여운 오리야. 빗올ᄒ(花鴨의 ㅅ탈락) + 아(호격)

◇여흘란 : 여흘을랑. 여흘[灘] + ㄹ(목적격. ㄹ음하 탈락)란(여격 랑의 변형)

◇소해 : 소에. 늪에. 쇼[沼·潭]ᄒ(ᄒ종성체언) + 애(방위격) → 소해.

◇소콧 : 소 곧. 쇼[沼·潭]ᄒ + 곳(강세첨미어) → 소콧.

◇벼어 : 베고 '볘[枕]'의 변형 '벼' + 어(연용형).

◇麝香각시 : 궁노루의 사향을 지닌 아름답고 젊은 여인.

◇藥(약) : 사향. 곧 상사병을 고칠 약.

◇가슴을 : 가슴을. '가슴[胸] + 올' → '가ᄉ물'의 근대 표기.

◇맞초ᅌᆞ사이다 : 맞추십시다. '맞 + ᄒ(조음소) + 오(아어체) + ᄒᆞᆸ사이다(합시다의 옛음)

◇여힐술 : 여일 줄을. '여히'(여희[別·離]의 변형) + ㄹ(미래관형사형) + ㅅ(추상명사) + ㄹ(목적격)

◇모ᄅᆞᆸ새 : 모릅시다. 모르고 지냅시다. '모ᄅᆞ[不知]' + ᄉᆸ(겸양보조어간의 音變 ᅌᆞ) + 사이다(존칭권유형종결어미 'ᄉᆞ이다'의 축약 새).

◉전5련으로 구성된 閭巷 속요의 하나다. 「쌍화점」과 그 궤를 같이 하는 遊女들의 욕정적 생활의 단면을 노래한 작품이다.

　제 1련은 그리던 님과 만난 오랜만의 열정적 해후를,

　제 2련은 하룻밤 풋정을 두고 철새처럼 떠나간 님에 대한 그리움에 전전반측 수심으로 긴긴 밤을 하얗게 지새우는 애상을,

　제 3련은 드디어 '죽어서라도 님과 함께 하고 싶다'는 정이 남의 일인줄만 알았다가 정작 자신의 일로 닥치고 보니 '님에 대한 무슨 허물이 있던 것은 아닐까?'하는 自省과 함께, '님의 뜻을 거슬린 자가 대체 누군가?'를 하소연하다가, 끝내 연모의 정은 원한으로 반전된다.

　제 4련에서는 노류장화를 찾아 헤매는 탕아를 오리에 비유하며 그 유랑행각을 회화했다.

　결사인 제 5련에서는 그리운 님과의 만남, 그리고 이별도 변함도 없는 영원한 사랑을 희구해 있다.

　이 노래에 대한 김종직의 악부체 한역시를 함께 감상하기로 한다.

十月層氷上　　한 겨울 꽁꽁 언 얼음 위에
寒凝竹葉棲　　댓 잎 자리 깔고 정든 밤
與君寧凍死　　님과 함께라면 얼어죽을 망정
遮莫五更鷄。　새벽닭아, 울질랑 말려무나.

＜金宗直・述樂府辭＞

履霜曲　　이상곡

비오다가 개야 아 눈 하 디신 나래
서린 석석사리 조븐 곱도신 길헤
다롱디우셔 마득사리 마득너즈세 너우지

잠짜간 내 니믈 너겨
깃돈 열명길헤 자라오리잇가
종종 霹靂아 生 陷墮無間
고대셔 싀여질 내 모미
내 님 두옵고 년뫼를 거로리

이러쳐 더러쳐
이러쳐 더러쳐 期約이잇가
아소 님하 흔디녀졋 期約이이다.

<鷄林類事>

【註】

◇ 개야 : 개여[霽]. 비가 내리다 멎음. '개다'의 연용형.

◇ 아 : 악율에 맞추기 위한 무의미한 삽입음.

◇ 하 : 많이. '하다[多·大]'의 어간 '하'의 부사화.

◇ 디신 : 지신. 내리신. 오신. "디[落] + 시(자연물 숭배사상) + ㄴ(관형사형).

◇ 나래 : 날[日]에(처소격).

◇ 서린 : 서리어 있는. '서리[盤·蟠]' + ㄴ(관형사형).

◇ 석석사리 : 미상. 양주동은 경주지방 현행 방언의 "灌木의 枝幹이 얼크러진 藪林을 '석석사라'라 함."이라 했고, 박병채는 '섭[薪]'의 중복이며, 연음관계에서 ㅂ＞ㄱ(개구음화) 변형이라 하고 '나무 숲'으로 풀이 함.

◇ 곱도신 : 굽어 돈. 굽[曲] + 돌[廻] + 시(비존칭보조어간) + ㄴ(관형사형)
ㄹ음 탈락

◇ 다롱디우셔 : 북소리의 의성적 장단.

◇ 마득사리 마득너즈세 너우지 : 악율에 맞추기 위한 무의미한 사설.

◇ 잠짜간 : 잠을 따간. 잠을 앗아간. 자다[寢]의 명사형 + 싸[摘] + 개[去] + ㄴ(관형사형).

◇ 너겨 : 여기어. 생각하여. 너기[思] + 어(연용형어미) → 너겨
축약(히아투스 회피)

◇ 깃돈 : 그이는. 그이야. '그[彼] + 잇든'[주격 이 + ㅅ(첨가) + 든(추상명사 ㄷ + 절대격 ㄴ)(어의강조)의 'ㅡ'모음 탈락형.

◇ 열명길헤 : 무서운 길에. '열명'은 佛典의 '十忿怒明王'의 준말로 '무시무시함'의 뜻. 혹은 '薄明'의 이두식 표기 '어두운 길'.

◇ 종종 : 때때로 현대어의 '종종(가끔)'의 뜻.

◇ 霹靂아 生 : 벼락이 나서.

◇ 陷墮無間(함타무간) : 무간지옥에 떨어져.

◇ 고대셔 : 곧 바로. 즉시에. 곧[直] + 애(부사화 접미사) + 셔(첨어미).
◇ 싀여딜 : 죽어질. '싀[澌·死] + 어(연용형)' + 디[落] + ㄹ(관형사형).
　　　　　 hiatus 회피용 반모음 i 첨가 → 여
◇ 두옵고 : 두옵고 두[置] + 옵(겸양보조어간 숩의 音變) + 고(연결어미).
◇ 년뫼 : 다른 산. 다른 임의 품. '녀느[他의 축약]' + 뫼[山 : 남성 상징]
◇ 거로리 : 걸으랴. 걷겠습니까. '걷[步]'의 ㄷ변측형 '걸' + 오(아어체) + '리잇
　가'(반어형종결의 '잇가' 생략형).
◇ 이러쳐 더러쳐 : 이렇게 하고자, 저렇게 하고자. '이러ᄒ져' '더러ᄒ져'의 축약.
　'져'는 원망형선행어미 '지' + '여'(감탄형어미)의 합성형.
◇ 期約이잇가 : 기약이겠습니까.
◇ 녀졋 : 가고 싶어. '녀[行]' + 져(원망형) + ㅅ(사잇소리).
◇ 期約이이다 : 기약입니다. 기약합니다. '기약 + 이(서술격형) + 이다(존칭서술
　형어미).

● 「이상곡」 역시 고려 속곡(俗曲)의 하나로 추측된다. 님을 여읜 청상(靑孀)이
　고독과 수심에 젖어 가신 님을 그리며 년대 마음 두지 않고 일편단심 저승에
　서의 만남을 기약하면서도 님에 대한 환상과, 현실적 욕정으로 번민하는 여인
　의 심정이 잘 노정되어 있다.
　　다른 작품에 비해 몇몇 생경한 어휘와 짙은 함축성이 자못 난삽하게 느껴진
　다. 독자의 편의를 위해 현대어로 재구해 읽기로 한다.

비 오다 날 개고 눈 많이 내린 날에
(더구나 무성히 자라) 겹겹으로 서린 나무 숲 굽고 외진 길에
(그러기에, 행여나 그리운 님 찾아 주시려나, 조바심으로 하얀 밤 지새우는데)
다롱디우셔 마득사리 마두너즈세 너우지.

(내) 잠 마저 앗아간 님을 (잊고자 하니 더욱 그리워) 곱게 여겨
(이 밤을 또 지새우려나. 한 번 가신)
그이야 (어찌 이런) 무시무시한(어두운) 길에 자러 오시리까.
(그러나 님이시여)

때때로 벼락이 내려 무간지옥에 떨어져
곧 바로 죽어갈 내 몸이 (한 번 사랑한)
내 님을 두고 디른 님을 따르리까
이렇게 저렇게
이렇게 저렇게 하고자 하는 기약이야 있으리까.
아아 님이시여, (죽어서라도) 님과 함께 가고자 기약합니다.

雙花店 쌍화점

雙花店에 雙花사라 가고신딘
回回아비 내손모글 주여이다
이 말슘미 이店밧긔 나명들명
　　다르러거디러
죠고맛감 삿기광대 네 마리라 호리라
　　더러둥셩 다리러더러 다리러디러 다로러거디러 다로리
긔자리예 나도 자라 가리라
　　위위 다로러거디러 다로러
긔잔딕 ᄀ티 덦거츠니 업다.

三藏寺애 블혀라 가고신딘
그뎔 社主ㅣ 내손모글 주여이다
이말ᄉ미 이뎔밧긔 나명들명
　　다르러거디러
죠고맛감 삿기上座ㅣ 네 마리라 호리라.
　　더러둥셩 다리러더러 다리러더러 다로러거디러 다로러
긔자리예 나도 자라 가리라
위위 다로러거디러 다로러
긔잔딕 ᄀ티 덦거츠니 업다.

드레우므레 므를 길라 가고신딘

우뭇 龍이 내손모글 주여이다
이말ᄉ미 이우믈밧긔 나명들명
　　다ᄅ러거디러
죠고맛간 드레바가 네 마리라 호리라
　　더러둥셩 다리러더러 다리러더러 다로러거디러 다로러
긔자리예 나도 자라 가리라
위위 다로러거디러 다로러
긔잔ᄃᆡ ᄀᆞ티 덦거츠니 업다.

술풀 지븨 수를 사라 가고신ᄃᆡᆫ
그짓아비 내손모글 주여이다
이말ᄉ미 이집밧긔 나명들명
　　다ᄅ러거디러
죠고맛간 싀구비가 네 마리라 호리라
　　더러둥셩 다리러더러 다리러더러 다로러거디러 다로러
긔자리예 나도 자라 가리라
위위 다로러거디러 다로러
긔잔ᄃᆡ ᄀᆞ티 덦거츠니 업다.

<樂章歌詞>

【註】

◇ 雙花(쌍화) : 霜花. 만두. "饅頭 상화"<譯語·上, 51>
◇ 가라 : 사러. '사[買]' + 라(지향형).
◇ 가고신ᄃᆡᆫ : 갔더니. 개[去·行] + 고(접속형 삽입모음) + 시(비존칭) + ㄴ(관
　형사형 어미) + ᄃᆞ(원시추상명사) + 의(처소격) + ㄴ(절대격 접미사).
◇ 回回아비 : 터키계 중국 서역인. 回紇人. '압[父] + 이(주격형).
◇ 주여이다 : 쥐었습니다. 쥐[握] + 여 + 이다(존칭서술종결).
　　　　　　　　　ㅣ(피동)+ 어(부사형)
◇ 말숨미 : 말씀이. 말(소문)이. '말ᄊᆞ미'의 혼철.
◇ 나명들명 : 날락들락. → 들락날락. '나며들며' + ㅇ(모음사이의 調聲子音)

◇ 다르러거디러 : 樂律을 고르는 소리. 이하 '다르러거디러' 및 '다로러거디러' 등
　도 같음.

◇ 죠고맷감 : 조그마한. '죠고맷간'의 오각.(2련 이하 참조) 죠고맷[微小] + 간(분
　수의 뜻을 지닌 명사)

◇ 삿기광대 : 새끼광대[傀儡].

◇ 네마리라 : 네 말이라. 네가 한 말이라고

◇ 긔자리예 : 그의 침소에. 그[其] + ㅣ(속격접미사) + 자리[寢所] + 예(처소격)

◇ 잔더 : 잔 곳. 잔 데. 잠자리. 잔[寢] + ㄷ(원시추상명사) + ㅣ(처소격).

◇ 덦거츠니 : 덦거츤 것. 덦[롬] + 거츨[荒] + ㅣ(추상명사).

　　　　　　　　　　ㄹ탈락 ㄴ첨가

◇ 불혀라 : 불 켜러. 점화(點火)하러.

◇ 社主ㅣ : 寺主가.

◇ 드레 : 드레줄.

◇ 우므레 : 우물[井 : 움(穴) + 믈(水)]에.

◇ 우뭇龍 : 우물의 용. 우믈 + △(지격촉음 ㅅ) + 龍 → 우뭇龍.

◇ 짓아비 : 집ㅅ 아비. 집의 아비. '집'의 지격형 '짒'은 흔히 'ㅂ'탈락.

◇ 싀구비가 : '싀구바가'의 오기로 '싀구박'의 호격.

◉『고려사』「악지」와 열전 오잠(吳潛) 조에 의하면 고려 충렬왕 때의 작이다.
　곧 본 가의 제 2연을

三藏寺裏點燈去　　삼장사에 불 밝히러 갔더니
有社主兮執吾手　　그 절 사주 내 손잡으며 유혹하데요
倘此言兮出寺外　　행여 이 말 절 밖에 퍼져나가면
謂上座兮是汝語。　상좌 놈, 네 말이라 하리라.

라고 한역하고 그 첫구 「삼장」으로 제목을 삼았으며, 『악장가사』 소재본 노래
의 제목은 「쌍화점雙花店」이라 했다. 이후 조선조 이황은 「상화점霜花店」으로
기록한 바, 한자는 만두의 음역임을 알 수 있다.
　「쌍화점」은 「사룡蛇龍」과 김원상(金元祥) 작 「태평가太平歌」 등과 함께 민간

에 속요로 널리 불리던 것이 궁중속가로 취택되었다.

그러나 조선조에 들어 남녀상열지사(男女相悅之詞), 또는 음사(淫詞)로 사리부재(詞俚不載) 항에 분류되었으니, 고려조 군신들의 향락적·퇴폐적 풍조를 짐작할 수 있다.

한편 형식적 짜임은 전 4련, 매련 6구며, 매련 후 2구는 후렴이다. 그리고 전 3구는 '4·4·4', 제 4구는 '4·4·4·3', 후렴 2구는 '4·4·3', '5·4·2'의 정형을 취하고 있다.

紫霞小樂府

白馬青娥　　　백마 탄 사내와 젊은 여인

欲去馬嘶郎白馬　　가자 우는 말은 님께서 타고 가실 백마요
挽衫惜別小娥青　　옷소매 잡고 이별을 아쉬워하는 어여쁜 여인
夕陽冉冉含西嶺　　석양은 뉘엿뉘엿 서산 마루에 걸렸는데
去路長亭復短亭。　갈 길은 멀고 또 멀구나.

<국역신자하시집·5,>

말은 가자 울고 님은 잡고 아니 놋니
석양은 지을 넘고 갈 길은 천리로다
져 님아 가는 날 잡지말고 지는 히를 잡아라.

<청구영언>

【註】

◇ 欲去(욕거) : 가고자 함. 주체가 말이므로 (주인을 향해)가자 울고
◇ 郎白馬(랑백마) : 님이 타신 백마.
◇ 冉冉(염염) : 세월이 가는 모양. 아래로 내려 드리운 모양.
◇ 長亭短亭(장정단정) : 십리와 오리마다 있는 역참의 여관.

●『益齋小樂府』와 俗謠에서 언급한 바와 같이 익재공의 문학사적 공로를 높이 찬양한 자하 신위가 당대의 소곡 시조의 인멸을 우려하여 악부 형식의 칠언 소악부체로 한역한 노래 40수 중 연정을 노래한 몇 곡을 선별했다.

　　이별에 즈음한 별리의 정을 민족의 가락으로 풀어낸 시조의 정조미학이 정 겹기만하다. 그렇다. '널 버리고 가는 날 야속타' 말고 '넘어가는 해를 잡으라' 는 역설에서 '야속치만은 않은 남정네의 우직한 별정(別情)'이 공감대를 이룬 수작이다.

紅燭淚　　　　붉은 촛물

房中紅燭何愁思	방안의 촛불 무슨 시름 있어
風淚汎瀾自不禁	바람에 지는 눈물 저냥 금치 못하는고
畢竟怪伊全似我	정녕 괴이하다, 온전히 나와 같아
任情灰盡寸來心。	정에 맡겨 한 치 마음마저 녹여 없애려누나.

<국역신자하시집·5>

방안에 혓는 燭불 눌과離別 ᄒ엿관더
것츠로 눈물디고 속타ᄂ눈줄 모르ᄂ고
더 燭불 날과 갓ᄐ여 속타ᄂ눈줄 모르도다.

<청구영언>

【註】

◇ 愁思(수사) : 시름겨운 생각. 시름.
◇ 自不禁(자불금) : 스스로 금치 못함. 저냥 흘러내림.
◇ 全似我(전사아) : 온전히 나와 같음.
◇ 任情(임정) : 정에 맡김. 정이 북받히어.

●가슴이 따습지 아니한 사람은 그리움의 눈물이 있을 수 없다. 따스운 가슴은 사랑할 수 있고, 사랑하기 때문에 이별이 안타깝다. 그러므로 사랑은 인간 심 상의 원형이다. 그리워 흐르는 눈물, 그 주체할 수 없는 연정을 문득 속으로

타드는 촛불에 비유한 수사는 참신타 못해 절절한 공감을 자아낸다. 퇴경 권상
로 선생의 한역을 함께 감상하기로 하자.

窓前孤燭與誰別　淚水長流內自熱
憐渠還得似儂心　焦儘肝腸自不滅。

<退耕譯詩集>

竹謎　　　　　　　　대의 혼미함

人間百草皆堪種　인간의 온갖 풀 다 심어도
唯竹生憎種不宜　오직 대는 생중스러워 아니 심으리
箭往不來長笛怨　살대는 가고 아니 오고 긴 젓대는 원망하니
最難畫出筆相思。　가장 그리기 어려운 것은 그리운 정 그려냄이지.

<국역신자하시집·5>

百草를 다심어도 더는 아니 시믈거시
져쩌 울고 살디 가고 그리는이 붓쩌로다
이後에 울고가고 그리는더를 심을줄이 이시랴.

<병와가곡>

【註】

◇ 堪種(감종) : 감내해 심다. 곧 기꺼이 심다.
◇ 生憎(생증) : 뜻밖에. 공교롭게도 의외로
◇ 箭往不來(전왕불래) : 대로 만든 화살은 가고 오지 않음.
◇ 長笛怨(장적원) : 대로 만든 긴 피리는 원망의 소리를 냄.
◇ 畫出(획출) : 그어 냄. 그려 냄.
◇ 筆相思(필상사) : 붓은 그리움의 정을 써냄.

◉오상고절(傲霜孤節)로 사랑 받는 사군자(四君子) 중 첫손가락에 꼽힐 대「竹」건
　만 가신 님에 대한 그리움으로 앵톨아진 마음은 님이 애지중지하시던 대마저

야속해진 걸까? 하긴 대로 만든 화살[箭]은 떠난 님처럼 올줄 모르고, 휑한 마음 달래고자 타는 곡조 원망뿐이다. 좋기야 붓이 가장 좋지만 그리운 정 그려 내기가 어디 또 조련한가? 그러니 또 애꿎은 붓대만 탓하는 여심을 누가 말리랴. 그러니 대나무야. 이게 어디 네 죄냐. 이 모두 가신 님 탓이니 님이 오시면 탈도 탓도 언제 그랬냐는 듯 잊으리라.

子規啼   자규의 울음

梨花月白五更天	배꽃에 달 밝은 새벽 하늘
啼血聲聲怨杜鵑	피울음 소리마다 두견의 원망이로다
儘覺多情原是病	다정도 병인 줄 진작 깨달아
不關人事不成眠。	인간사 무관하나 잠 못 들어 하노라.

<국역신자하시집·5>

梨花에 月白하고 銀漢이 三更인 제
一枝春心을 子規ㅣ야 아랴마는
多情도 病인양ㅎ여 잠 못드러 ㅎ노라.

<청구영언>

【註】

◇五更(오경) : 하룻밤을 다섯으로 나눈 마지막 시간. 오전 3~5시 사이. 곧 새벽녘.
◇啼血(제혈) : 피를 토하며 울다. 한 맺힌 두견새의 울음.
◇銀漢(은한) : 은하수.
◇不關~(불관~) : ~와 관계없음. ~때문이 아님.

● 이조년의 시조를 악부체로 한역한 「자규제子規啼」다. 청량한 월광에 알몸을 다 들어낸 하얀 배꽃, 수줍다 못해 청상(靑孀)의 정조만큼 애상(哀傷)스러운데 한마디 애간장을 에이는 두견새 소리는 또 한 가닥 님그리는 봄밤의 정회를 알겠다는 듯 대신 우는가. 참으로 '인간사 미련일랑 다 잊었다만, 이 밤 덩달아 한 밤을 하얗게 지새운다'니 두견의 울음만큼 간절한 정인(情人)의 그리움은 또

누구를 향한 것일까?

碧溪水   푸른 시냇물

青山影裏碧溪水	푸른 산 그림자 속으로 흐르는 벽계수야
容易東流爾莫誇	쉬 동으로 흘러간다 자랑하지 마라
一到滄海難再見	한 번 바다에 가면 다시 오기 어려우니
且留明月影娑娑。	교교히 달빛 흐르는 한 밤 쉬어감이 어떠리.

<국역신자하시집·5,>

青山裏 碧溪水ㅣ야 수이 감을 자랑마라
一到滄海ᄒ면 도라오기 어려오니
明月이 滿空山ᄒ니 수여간들 엇더리.

<청구영언>

【註】

◇碧溪水(벽계수) : 푸른 시냇물. 서은영(徐有英)의 금계필담(錦溪筆談)에 따르면
   조선 왕족 이은원의 호
◇容易(용이) : 쉬. 쉽게. 편이하게.
◇莫誇(막과) : 과시하지 말라. 자랑하지 말라.
◇一到~(일도~) : 한 번 ~에 이르다.
◇娑娑(사사) : 달빛이 파르라니 흐르는 모양.

● 잘 알려진 황진이의 시조를 악부체로 한역한 「벽계수碧溪水」다. 물론 심산궁곡
을 흘러가는 자연수를 노래했대도 황진이의 시조다운 훌륭한 영물시다. 그러나
'천하에 요망한 계집'이라며 '사나이 운운'하던 벽계수 이은원이 황진이의 집
앞을 지날 적에 살포시 나타나 말고삐 부여잡으며 한 곡조 뽑아내자 만월대까
지 홀려 끌려갔다니 왜 아니 그렇겠는가? 천하 일색인데다 더구나 달밤이자 명
창이요, 노랫말인 즉 또 얼마나 위협적인가? '괜히 사나이 오기 운운하다, 훗날
후회해도 그 땐 내가 응하지 않겠다'는 협박이 분명할진댄 못이기는 척 저주는

용기도 풍류남아의 관용인 법이다. 그러므로 사랑 투정엔 승자가 없다. 사랑은 성취한자만의 달콤한 미학인 것을----.

Ⅲ-6. 시조시가

꿈을 이룬 홍장(洪粧)의 정절(貞節)

> 寒松亭 둘밝은 밤의 鏡浦台에 믈결 잔 제
> 有信훈 白鷗는 오락가락 호것만은
> 엇덧타 우리의 王孫은 가고 안이 오는이.

<해동가요>

【註】

◇ 寒松亭(한송정) : 강릉 경포대 주위에 있는 정자.
◇ 鏡浦臺(경포대) : 강릉 경포호 언덕에 있는 누대. 관동팔경의 하나.
◇ 王孫(왕손) : 제왕의 후손. 곧 신라 왕손인 박신(朴信)을 칭함. 박신은 여말 선초의 문신으로 자는 경부(敬夫). 호는 설봉(雪峰)이며, 정몽주의 문인. 이조판서를 역임.

● 강원 감사 박신과 강릉 명기 홍장의 사랑은 관동의 제일강산(第一江山) 경포대의 명성만큼이나 헌사롭다. 오죽하면 송강 정철이 「관동별곡」에서 "洪粧古事를 헌스타 호리로다"라 했는가 하면, 앞서 사가(四佳) 서거정(徐居正)은

    ……그가 강원도에 배임되었을 때 강릉 기생 홍장을 사랑하여 애정이 자못 깊었는데, 임기가 끝나 돌아가게 되었다. 부윤 석간(石澗) 조운홀(趙云仡)이 짐짓 '홍장이 죽었다'하자, 박신이 그녀의 죽음을 크게 슬퍼하여 몸을 가누지 못했다. 강릉부 관내에 경포대가 있어 그 뛰어난 경치가 관동에서 제일이었다. 부사가 염사를 맞아 경포대에서 뱃놀이를 하게 되자, 남몰래 홍장으로 하여금 아름답게 치장하게 하고 따로 그림 배를 준비시켰다. 또 두 눈썹과 머리 흰 늙은 아전을

뽑았는데 의관을 갖추고 도포를 입은 당당한 모습이 마치 처용과 같았다. …중
략… 그 배가 천천히 노를 저으며 포구에 들어가 물가를 왔다 갔다 하는데, 거
기서 울려나오는 거문고와 피리소리가 맑고 아름다워 마치 공중에서 울려오는
것 같았다. 석간이 설봉에게 말하기를 "이 땅에는 옛날 신선이 남긴 유적이 있
습니다. …중략… 화조월석에는 사람들이 혹 그 사선들을 보기도 하지만, 다만
바라볼 뿐 가까이 접근할 수는 없다 합니다" 했다. 박이 말하기를 "산천이 이
같이 아름다우니… 풍경이 아주 뛰어납니다"하고는 절로 눈에 눈물이 그득했다.
이 때 갑자기 배가 미끄러지듯 나아 가다가 바람결에 언뜻 바로 앞을 보니 노
인이 배를 갖다 대며 노를 젓고 있는데 그 모양이 너무 기이했고, 배 안에는
아리따운 여인이 노래 부르며 춤을 추고 있었다. 박이 크게 놀아 이르기를 '이
는 진정 신선이로다'하고 이윽히 바라보니 홍장이었다. 자리에 있던 사람들이
손뼉을 치며 크게 웃었다[67].

라고 작시 배경의 대강을 전해주고 있다. 조운흘(趙云仡)의 극적 연출로 무르익
은 두 연인의 로맨스는 경포대를 배경으로 불같은 몇 날을 보낸 후, 마지 못
할 이별이기에

울며 줍은 스미 썰치고 가질마소
草原長堤에 히 다 져 져물엇네
客窓에 殘灯을 돋우고 새와보면 알리라.

<홍 장>

며, 홍장은 서러운 님을 보냈다. 그러나 한 번 간 님은 한 달, 두 달이 가도
소식이 없었다. 그리울수록 초조해 지고, 초조한 불면의 외로운 침상은 작시의
공간이 되었으니

---

67) …按江原愛江陵妓洪粧 情頗珍重. 秩滿將還 府尹石澗趙云仡註云'粧已仙去' 朴悼念思想 頗
不自聊. 府有鏡浦臺 形勝爲關東第一. 尹邀廉使 出遊 密令洪粧 靚飾艶服 別具畵船, 選一
老官人 鬚眉皓白衣冠褒偉狀 類處容者. …中略… 徐徐擊楫 入浦口 徘徊洲渚間 絲管淸圓
如在空中. 尹語廉使曰 '此地有古仙遺跡 …中略… 花朝月夕 人或見之, 但可望 不可近也,'
朴曰 '山川如此 風景殊異' 適無情況 涕淚盈睫. 俄而舟行順風 一瞥直前 老人艤船相棹 形
貌詭奇. 船中紅妓 歌舞綽約蹁躚. 朴駭愕曰 '必神仙中人', 熟視乃紅粧也. 一座抵掌大笑 …
下略…. <東人詩話・下>

相思都在不言裏　　님 그려 한 마디 말조차 아니한 채
一夜心懷鬢半絲　　하얗게 지샌 한 밤 반백이 되었다오
欲知是妾相思苦　　저의 애절한 그리움의 정 알고 싶거든
須試金環減舊圍。　금가락지 헐거워진 이 손가락을 보세요

라는 자설적(自說的) 체험담이 그 증험이다. 그러나 철따라 자거자래(自去自來)
하는 백구를 부러워하던 홍장의 꿈은 이루어졌다. 그리움의 1년이 지난 여름,
순찰사가 되어 강릉에 다시 온 박신은 그녀를 부실로 삼아 한양으로 동행했으
니, 위대한 사랑의 결실이었다. 그러나 아쉬운 바는 홍장에게 전했음직한 박신
의 연시 1 수도 얻을 수 없음이다.
　　한편 고려조 초기 광종 대에 장연우(張延祐)가 중국 강남에 갔을 때 그 곳 사
람들이 물에서 건졌다는 거문고 바닥에 새긴 글의 뜻을 묻기에 한역해 줬다는

月白寒松亭　　휘영청 달 밝은 한송정의 밤
派安鏡浦秋　　물결도 잔잔한 가을 경포 호
哀鳴來又去　　슬피 울며 갔다가 다시 오는 건
有信一沙鷗。　오로지 유신한 모랫벌 갈매기로다.

는 전·결구의 상이점(春草年年綠 王孫歸不歸 : "봄 풀은 해마다 푸른데, 왕손
은 가고 오지 않도다."로도 전해짐)이야 차치하더라도, 중국인이 알아볼 수 없
는 기록이었다면 향찰이나 이두였을 것이요, 더욱 의아한 바는 두 주인공과 시
대의 간극이 너무 멀다는 것이다. 그러나 노경에 접어든 박신이 강릉에서의 추
억을 회억해 조운흘에게 보냈다는 다음의 시는 두 사람의 우정은 물론, 홍장을
향한 박신의 사랑이 얼마나 진솔한 것이었던 가를 간접적으로 시사하는 바 있
다 할 것이다.

少年時節按關東　　젊은 날 관동 안찰사 시절
鏡浦淸遊入夢中　　경포호의 풍류롭던 뱃놀이 꿈에 아슴한데
臺下蘭舟思又泛　　대 아래 배 띄워 다시 한 번 놀고 싶으나
却嫌紅紛笑衰翁。　꽃다운 아가씨들 늙은 나를 비웃을까 두렵소

뭇 남성의 연인, 진이(眞伊)의 사랑

니언제 無心ᄒ여 님을 언제 속엿관ᄃ
月沈三更에 온 ᄯᅳᆺ지 全혀업다
秋風에 지는닙 소릭야 낸들어이 ᄒ리오

<海東歌謠 · 황진이>

【註】

◇ 無信(무신) : 신의가 없음.
◇ 月沈三更(월침삼경) : 달이 기울고 밤이 깊은 삼경.
◇ 온 ᄯᅳᆺ지 : 나를 찾아 와 주실 뜻이.

◉뭇 남성들의 영원한 연인 황진이가 화담 서경덕의

ᄆᆞ음이 어린 後ㅣ니 ᄒᆞᄂᆞᆫ 일이 다 어리다
万重雲山에 어느 님 오리마ᄂᆞ
지ᄂᆞᆫ 닙 부ᄂᆞᆫ ᄇᆞ람에 힝여귄가 ᄒ노라.

<병와가곡집>

라는 독백에 화답한 노래[68]로 전해 온다. 워낙 자타의 송도삼절(松都三絶)이
란[69] 칭예 속에 두 사람의 사제관계는 무난히, 어쩌면 아슬아슬하게(?) 지켜져
온 듯하다. 허균의 『성옹식소록』을 좀 더 인용하자면 "진랑은 한 평생 서화담
의 사람됨을 사모하였는데, 늘 거문고와 술을 갖고 선생의 초야(草野)에 가 즐
기다 가곤 하였다. 또 지족(知足)이란 노선사가 있어 30년 간 면벽송경(面壁誦
經)하던 선사도 파계하는 바 되었으나, 오직 화담선생과 같이 거처하기 여러
해가 되었어도 끝내 흐트러지지 않았으니, 이는 진실로 성인이었다[70]"고 기술

---

68) 『東歌選』: "---與徐花潭有約夜 去之則 花潭獨坐 消然歌之暗中, 作此歌 而應之---"참조
69) 許筠 : "---眞娘嘗白于花潭曰 '松都有三絶', 先生曰 '云何'. 曰'朴淵瀑布及先生, 曁小酌也'.
先生笑之---" <惺翁識小錄>
70) 仝上 : "---平生慕花潭爲人, 必携琴綠酒 詣潭墅書驪 而去. 每言知 足老禪 三十年 面壁 亦
爲我取壞, 唯花潭先生 處累年 終不及亂 是眞聖人---" 참조

했다. 이른바 화담선생의 고격한 인품을 사모하여 타고난 미모와 출중한 재예
로 스승을 즐겁게 모시는 중 사모의 정이 은연히 연모의 정으로, 그리움이 기
다림으로 발전됨은 인지상정이다. 그러던 중 사랑스런 제자의 잦은 무단결석,
궁금하고, 의아롭고, 걱정스러워 왜 아니 기다려지겠는가. 오늘도 때가 이슥했
건만 오질 않는다. 화담은 문득 제자로서의 진이라기보다 고독의 반려자를 기
다리는 자신에 놀란다. '무음이 어린 後ㅣ니 흐는 일이 다 어리다'가 그렇고,
'지는 닙 부는 ㅂ람에 힝여건가 하노라'는 기다림에 지쳐 '바람에 쓸리는 낙엽
소리'를 예리성(曳履聲)으로 착인(錯認)한 무명씨의

雪月이 滿窓흐디 ㅂ롬아 부지마라
曳履声 아닌줄을 判然히 알건마는
그립고 아쉬운 적이면 힝여건가 하노라.
<병와가곡집>

와 무관하지 아니하다. 오랜만에 스승의 처소를 찾은 진랑은 놓칠세라 "제가
언제 신의 없어 선생님을 속였나이까. 달이 기울고 밤이 이슥하도록 기다려도
찾아주지 않으시더니, 가을 바람에 떨어져 흩날리는 낙엽소리야 전들 어찌리
오'라고 응수했다. 기다림에 지친, 더구나 들켜버린 서로의 속내, 그러나 그럼
에도 불구하고 뭉게구름 떠도는 가을 밤 깊은 산에 비「雨」는 내리지 않았다
한다. 이후 진이는 화담 선생과의 사별을

산은 녯 산이로되 물은 녯 물이 아니로다
晝夜에 흘은이 녯 물이 이실쏜야
人傑도 물과 ㄹ도다 가고 안이 오노미라.
<해동가요>

라고 애도했다. 하긴 무상의 상념으로 보자면 청산도 어제의 산이 아니요, 더
욱 주야로 흐르는 물이고 보면 옛 물이 어디 있을 건가. 대체 허망한 것이 생
명체이니, 천하의 영웅호걸도 숙명 앞에선 초동급부와 다를바 전혀 없는 것,
그러나 그 무상이 사모하는 님의 일일 때 비가(悲歌)는 더욱 애절한 법이다.

자하 신위는 자신의 「소악부小樂府」에서 황진이의 시조를 다음과 같이 한역했다.

寡信何曾瞞著麽   내 언제 믿음이 적었으며 님을 언제 속였던가
月沈無意夜經過   달도 이운 밤 오실 뜻 전혀 없고 밤만 깊은데
飄然響地吾何與   가벼이 땅에 끌리는 소리 '어머나' 놀랬더니
原是秋風落葉多。   본디 가을 바람에 낙엽 쓸리는 소리였던 것을.

<국역신자하시집 · 5>

　역시 화담은 진이의 사랑의 열정을 충족시킬 위인은 아니었다. 벽계수도 허
허롭게 스쳐간 일진 광풍일 뿐, 이제 수밀도처럼 농익은 진이에게 불면의 밤은
차라리 형벌(刑罰)처럼 두려웠으리라. 뭇 남성의 연인이었 지만, 믿음직한 지아
비의 품에서 일부종사라는 위대한 평범의 부도(婦道)를 솔선하고자 했다.
　그러던 어느 날, 27세의 성숙한 자태로 진이는 당대의 명창 이사종(李士
宗)을 만났다. 그 역시 명창이란 이름에 걸맞는 풍류남아로 박연폭포와 송악산
을 유람하고 돌아오는 길이었다. 재예(才藝)가 철철 넘치는 절세가인과 천하 명
창의 만남은 누가 뭐래도 찰떡 궁합이자, 열정 바로 그것이었던 만큼 시쳇말로
쿨했다. 곧 양가에서 3년 씩 6년을 동거하며 부부로 살고, 서로 미련 없이 산
뜻하게 헤어진71) 이른바 계약결혼의 원조인 셈이다. 워낙 기녀의 사랑이란 한
계가 있는 법. 가정이 있는 남의 지아비 아닌가. 그러기에 진이는 기꺼이 보냈
지만, '보내고 그리는 정', 그것이 바로 사랑의 열병이기에

어져 너일이여 그릴줄을 모르던가
이시라 ᄒ더면 가랴마ᄂ 제구틔여
보ᄂ고 그리ᄂ 情은 나도몰나 ᄒ노라.

<병와가곡집 · 황진이>

---

71) 유몽인 : "宣傳官李士宗 善歌. 嘗欲與之遊 御鞍天壽院川邊 脫冠加腹 而臥 高唱數三曲.
眞伊異之 繫馬于院 曰此歌調甚異, --- 吾聞京中風流客 李士宗 當代絶唱 必此人也. 侠人往
探之 果士宗也. 於是移席相近 致其款 引其家 留數日乃通. 當與子六年同柱. 翌日盡移家産
三年之資于士宗家 不助錙銖旣三年. 士宗餉眞伊 一家一如, 眞伊餉士宗而報之者. 過三年 眞
伊曰 業已邀約期滿矣. 遂辭而去."   <於于野談>

라고 촛불처럼 타드는 가슴을 싸안고, 을씨년스런 원앙금침이 야속하기만 한 긴긴 겨울밤, 정녕 사랑의 마력은 자존심과 이성마저 까맣게 지워버리고 만단 말인가? 천하의 진랑도 한밤을 하얗게 지새우곤 이렇게 절규했다.

冬至ㅅ둘 기나긴 밤을 흔 허리를 버혀 내여
春風 니블 아래 서리서리 너헛다가
어른님 오신날 밤이여든 구비구비 펴리라.

<청구영언 · 황진이>

그렇다. 이성으론 백 번 잊어야 할 님인 줄 알면서도 기다리는 마음, 아니 '잊힐까 하고 생각하는 모순어법'이라 하자. 그러나 일상적 그리움이 아닌 '사랑의 미학, 그 황홀의 연출'을 예비하는 불같은 연정이 있을 뿐이다. 아마도 그 님은 명년 춘삼월에나 오실 게다. 그 때까진 너무나 먼 시간적 거리, 더구나 짧은 봄밤은 이 숱한 정한을 달래기엔 너무나 아쉬운 밤이다. 그러기에 진랑은 찾아주실 님과의 찬란한 밤을 예비하기 위한 설계에 돌입했다. "동짓달 독수공방의 긴긴 밤은 무의미하다. 그러므로 기나긴 밤의 한 가운데를 베어 내, 봄바람처럼 향그럽고 따사로운 이불 속에 서리서리 간직했다가, 그립고 아쉬운 님 오신 밤, 그 님을 위해 굽이굽이 펴리라"는 이른바 '시간의 공간화 · 그 열정의 은유'야말로 시조미학의 절조다. 이 같은 찬사는 전혀 추상의 구상화와, 역설적 모순어법이란 수사미학에 기인한다. 곧 시간이란 추상체의 '한 허리를 버혀 내여' '춘풍 이불 아래 서리서리 넣었다가' '님 오신 날 밤 굽이굽이 펴리라'는 생생한 이미지화, 그러니 그 능란한 모순어법이 5,6수에 불과한 그녀의 시조로 하여금 형식으로나 기교면에서 시조시학의 절창으로 일컬어지게 한 이유인가 한다.

우리가 진(眞) 낭자(娘子)의 남성 편력(?), 아니 그녀의 사랑의 화음을 제대로 감상하려면 문정공(文靖公) 소세양(蘇世讓 1486-1562)과의 로맨스를 간과할 수 없다. 양곡(陽谷)이라 호한 그는 조선조 중기 형 · 호 · 병 · 이조판서를 거쳐 우 · 좌찬성을 역임한 인물로 당대 문명은 물론, 송설체에 절등했던 대표적인 문인 관료다. 그 역시 벽계수처럼 '한 달을 기약하고, 단 하루라도 지체함이 없으리라'던 장담을 진이의 다음 시에 감격해 기약을 어기고 긴긴 가을밤 만리의 장성을 쌓았다 한다.

정녕 가신다구요

月下梧桐盡	오동잎 다 진 싸늘한 달밤
霜中野菊黃	찬 서리 능지른 들국화 곱기도 한데
樓高天一尺	아슬한 누대 하늘에 닿을 듯하고
人醉酒千觴	취할수록 샘솟는 정, 오가는 술잔
流水和琴冷	흐르는 물소리 거문고에 얹혀 시리고
梅花入笛香	암향은 피리 소리에 실려 번지누나
明朝相別後	님이여, 내일 아침 정녕 떠나시면
情與碧波長。	하염없이 흐르는 저 강물 같은 그리움 어이하리까.

<呈別蘇陽谷世讓>

　수련은 떨어진 오동잎과 갓 핀 국화로 시적 공간을 시각적으로 스켓치하고, 함련은 신선 누대에서의 마지막 석별의 연음을, 경련에서는 거문고와 피리소리에 아울은 유수와 암향으로 상징적 뉴앙스를 갈무렸으니, 이른바 흥법(興法)이다. 곧 '흐르는 물'은 정착할 줄 모르는 님 소세양에 대한 원망이요, 오상(傲霜)의 매화는 님 향한 고절(孤節)의 화신 자신이래도 좋다. 혹은 '자신의 거문고 가락에 싸늘한 달빛만 싣고 정처없이 흘러가는 물, 님의 피리 소리에 실려 은은히 스며나는 매화 향' 더없는 '조화의 부조화'는 점점 석별의 시간 여행, 그 종착을 마련하더니, 끝내 "당신이야 가고 나면 그만이지만 저 치렁한 물량처럼 주체할 수 없는 이 그리움의 정한은 또 어찌해야 하느냐"며 앙탈 같은 비정(悲情)을 쏟아냈다. 워낙 양곡이야 칠언율시에 뛰어난 인물이지만, 진이의 오율 역시 예사롭지 않다 하겠다. 시를 아는 시인이기에 양곡에게서의 진이는 이미 한낱 기생이 아닌 여도사다.

　이 절절한 이별의 정한에 우는 여인, 그 아픈 상처를 뿌리치는 것만이 장부의 기개인가. 모름지기 장부란 허허로운 기상과 따스운 가슴이, 그것도 자기로 말미암은 여인의 쓰린 상처를 보듬을 줄 알아야 한다. 그러기에 양곡은 천금같은 호언을 어기고 만중운산(萬重雲山)에 넉넉한 가을비를 흩뿌려 온 산을 진홍으로 물들였다니 어찌 장부 중의 장부가 아니며, 숱한 남성을 편력한 진이고 보면 또 왜 아니 그립겠는가! 그립고 아쉬운 님이건만 뵈올 수 없는 현실, 그렇다고 마냥 단념하고 살기엔 병일 수밖에 없는 정이 잠 못 들게 하여 한 밤을 하얗게 지새운다. 이런밤 그녀는 님 계신 멀고 먼 밤하늘을 향해 꿈의 랑데뷰를 실행한다.[72)

꿈으로나 만나요

相思相見只憑夢	그리워라, 만날 길은 오직 꿈길뿐인데
儂訪歡時歡訪儂	님 찾아갈라치면 님도 날 찾아 떠나시나봐
願使遙遙他夜夢	바라건대 이훌랑 아스라한 꿈길에 오를 젠
一時同作路中逢.	한 날 한 시에 길을 떠나 도중에서 만나고 지고

<黃眞伊 · 夢>

그야말로 '어뎌 내 일이여'이다. 그리울 줄 몰라서 보냈더란 말인가. "보니고 그리는 情은 나도 몰나 ᄒ노라"며 '사랑의 법칙'을 터득한 듯 하더니 기여이 또 후회다. 그녀는 절세의 미모와 뛰어난 재학으로 뭇 남성을 정복할 수는 있었지만, 그들 모두는 질풍처럼 왔다가 춘풍에 눈녹듯 사라졌다. 화담선생이 그랬는가 하면 이사종이 그랬고, 소세양도 기약한 서른 날에 겨우 하루를 더 허여할 뿐이었다.

버들처럼 가녀린 홍낭(洪娘)의 굳센 사랑

묏버들 갈히 것거 보내노라 님의 손디
자시는 窓밧긔 심거두고 보쇼셔
밤비예 새닙곳 나거든 날인가도 너기소서.

<역대시조선>

---

72) 『東國詩話彙成』 : "蘇讓谷世讓 少時以剛腸自許. 每日爲色所感者 非男子也. 聞松都娼眞 才名絶世, 與諸友約曰 吾與此姬同宿三十日 卽常離別, 不復一毫係念, 過此限 若更留一日 則汝輩以吾 爲非人也. 行到松都 見眞 果名姬也. 仍與交歡限一月 爲住. 明將離去 與眞登 南樓飮宴. 眞少無將別之色 只請曰"與公相別 何可無一語, 願呈拙句可乎" 蘇公許之. 卽書進 一律曰---." <21, 呈別蘇陽谷世讓>

함경도 경성의 명기 홍낭이 조선조 목릉문원(穆陵文苑)을 대표해 일컫는 삼당시인(三唐詩人) 중 한 사람인 고죽(孤竹) 최경창(崔慶昌)과 이별하며 애절한 사랑의 정을 바친 노래이다. 고려 속요의 "가시리 가시리잇고/ ᄇ리고 가시리잇고 날러는 엇디 살라ᄒ고/ ᄇ리고 가시리잇고"<가시리>와 같은 당당한 항변도 없다. '정들자 이별'이란 '홍등가(紅燈街)의 사랑법'에 익숙치 안았을 뿐, 모를 리 없기에 말이다. 그 역시 '잡ᄉ와 둘' 일이지만 '설온님 보내ᄋᆞᆸ는 뜻'은 '가시ᄂᆞᆫᄃᆞᆺ 도셔오소서'다. 그러기에 '산 버들 가려 꺾어 서러운 님 손에 들려 보내며, 주무시는 창 앞에 심어두고 밤비에 새 잎 곧 나거든 저인 듯' 봐달라 했다. 그것이 '명년 버들잎 피는 이른 봄 찾아 주실 거죠'라는 다짐임을 우리는 잘 안다.

워낙 철저한 사대부 중심 사회이자, 신분사회였던 조선조, 대부분의 기녀가 그랬던 것처럼 홍낭 역시 그럴 수밖에 없는 운명적 선택으로 기문에 들었다. 얼굴도 보이 못한 아버지, 임종도 지키지 못한 어머니와의 사별, 그 때 그녀의 나이는 12살이었다 한다. 자신의 박복한 운명은 한 지아비의 불행으로 이어질 수도 있으리라는 불안은 주변의 권유만큼 쉬 청혼을 받아들일 용기도 나지 않았다. 그녀는 결심했다. 기왕에 주어진 운명대로 살기로 더 이상 미련 없이 기적에 몸을 던졌다.

기생(妓生) 홍낭(洪娘).

꽃이 향기롭고 아름다우면 온갖 벌나비가 모이는 법이요, 홍등가에 무잡한 한량이 득실거리면 기녀는 노류장화가 된다. 타고난 미모에 뛰어난 시재(詩才), 어느 것 하나 부족함이라곤 없는 일류 기녀인 그녀의 명성은 자그만 경성 고을 내로라는 한량들의 가슴을 후끈 달궈내는데 수일(數日)이 필요치 않았다.

醉客挽羅衣	보셔요, 비단 옷자락 댕기지 마셔요
羅衫隨手裂	옷자락 손끝에 따라 찢어지리다
不惜一羅衫	한 벌 옷가지야 아까울까마는
但恐恩情絶。	그간 베푸신 정 끊어질까 두려워요

옷자락을 부여잡으며 꽤는 치근거리는 한량, 혹은 찌증스럽기도, 불쾌하기도 하련만 어쩌랴, 이른바 부귀로건 권세로건 고객이자, 사회구조상 상층민이요,

먹이사슬의 원리로야 공생관계다. 그러므로 마음에도 없는 주정뱅이들로부터의 자기 보호는 감정이 아닌 슬기로운 재치가 요구된다. 이렇게 수많은 한량들의 유혹을 뿌리치며 남성들의 선망의 대상이 되어 있던 선조 1년(1568), 고죽 최경창이 함경도병마절도사의 보좌관인 북평사로 금성에 부임했다.

취우정(翠雨亭) 주연에서의 일이다. 옆에 있던 다른 기생이 맑은 음색으로 이장길의 「장진주」 가락으로 흥을 돋구자, 고죽의 청으로 홍낭이 받아 잇되

含情還不語	하소할 길 없어 말 못하는 이 마음
如夢復如痴	정녕 꿈인가 아니면 어리석음인가
綠綺江南曲	대답 없는 강남곡 비파에 실었으나
無人問所思。	이 심정 묻는 사람 그 누구일런가.

라고 의미심장한 속내를 비파에 얹어 청아하게 사려냈다. 노래가 끝나자 고죽은 무릎을 치며 탄복하곤 이어 "너의 심사를 눈치 채지 못한 이 어리석음이 자못 크구나."하며 한 잔 술을 가득 부어 홍낭에게 권했다.

주연이 끝나자 고죽은 홍낭을 불러 이르기를 "내 너의 살아온 역정을 잘 아느니라."라고 위로하자, 홍낭은 감복했다. 한낱 천기에 불과한 자신을 진정 알아주고 위무해 주는 고죽에게서 이제껏 느껴보지 못한 따스 운 부정(父情), 아니 한없이 크고 넓은 지아비의 품 같은 아늑함을 느꼈다. 홍낭은 자신도 몰래 고죽의 가슴에 얼굴을 묻었다. 그리곤 맹세했다. '이후론 오직 이 어른만을 섬기리라'고 물론 그 밤은 두 사람의 만남의 황홀한 첫날밤이 되었다.

그러나 그처럼 텅 빈 가슴을 넉넉하게 채워주던 살맛나는 사랑의 시간이 홍낭에겐 허여되지 않았다. 해를 넘기기 바쁘게 고죽은 조정의 부름을 받아 마음에 없는 이별을 해야 했다. 홍낭인들 어찌 이날이 올 줄 몰랐으리요마는 너무 빠른 이별은 다시 그녀의 마음을 갈가리 찢어 놓았다. 서럽고 아쉬운 이별이라, 홍낭은 영흥까지 따라와 전별했다. 바로 위의 시조는 이 때 함곡관에 이르러 날이 저물자 길가의 버들가지를 꺾어 바치며 부른 별리의 정한이다. 고죽의 마음인들 어찌 서럽지 않으며, 그 아쉬움이 절절하긴 마찬가지여서

相看脈脈贈幽蘭　다정히 바라보며 건네는 유란
此去天涯幾日還　이제 가면 아득한 길 언제 오려나
莫唱咸關舊時曲　함관에서의 이별가 다시는 부르지 마오
至今雲雨暗靑山。　이 사랑 두고 가는 마음 청산만큼 암담쿠려.

＜贈別·又＞

라고 화답했다. 이렇게 이별한 두 연인은 하루가 삼 년 같은 진짜 삼 년 을해(乙亥)의 늦은 봄, 고죽이 병상에 누워 두문불출하고 있다는 근황을 듣고, 홍랑은 그 길로 밤낮 일 주일을 걸어 서울로 왔다. 이 일로 고죽은 면관(免官)이 되기에 이르렀으니, 야속할사, 박복한 운명의 작난이었다. 실로 사랑스럽되 가련하기 그지없는 홍낭, 그녀를 위해 고죽은

轔轔雙車輪　덜컹덜컹 쌍수레 바퀴
一日千萬轉　하루에도 수없이 함께 구르지요
同心不同車　사랑하나 함께 하지 못하고
別離時屢變　이별한 후 하 많은 세월
車輪尙有跡　수레바퀴야 오히려 자국이나마 남기지만
相思人不見。　그리워도 볼 수 없는 님이여.

＜古意＞

라고 자신의 변함 없는 사랑의 충정(衷情)을 전했다. 고죽의 사랑의 고백을 전해 받은 홍낭은 돌아오는 발걸음 걸음마다에 고죽을 향한 애련의 눈물을 시려 놓았다.
　다음은 고죽이 홍낭의 시조를 화전지(華箋紙)에 한역해 가전(家傳)케 했다는 「번방곡飜方曲」이다.

折楊柳與千里人　버들가지 꺾어 이별하는 님께 바치옵나니
爲我試向庭前種　주무시는 창 앞에 심어두고 보소서
一夜新生葉　하룻밤 봄비에 새 잎 나거든
憔悴愁眉是妾身。　시름 같은 눈썹 잎, 제 모습인 듯 여기소서.

풍류(風流)로 빚어낸 문자향(文字香) 【Ⅰ】
- 松江 鄭澈과 眞玉의 戀歌 -

鐵이 鐵이라커늘 무쇠 錫鐵만 너겨쩌니
다시 보니 正澈일시 분명ᄒᆞ다
내게 골풀무 잇던니 뇌겨볼가 ᄒᆞ노라.

＜근화악부＞

조선조 선조 때 강도(江都) 기생 진옥(眞玉)이 송강(松江) 정철(鄭澈)의 시조창에 화답한 답가로 전해 오는 시조 작품이다.[73]

한국 시가문학의 제 1인자이자 삼공(三公)을 지낸 정송강과 무명(無名)의 천기 진옥의 만남은 송강의 마지막 유배지 강화 우거에서 비롯되었다. 송강의 출사 이후의 삶을 3기로 구분한다면 명종 6년(1552, 공27세)문과별시에 장원급제하여 일명(一命)의 사명감으로 봉공(奉公)의 감개를 맛보는 일면, 충청강개(忠淸剛介)로 간신(諫臣)의 풍기를 떨치던 제 1기(29～39세)와, 분붕(分朋)의 와중에서 성군으로부터 '조정의 수리'라는 칭송을 듣는 반면에 동인의 참언으로 끝내 보외책에 밀려 강원·전라·함경의 방백이 되었는가 하면, 총마어사(驄馬御使)의 칭을 들었던 다사한 제 2기(40～49세), 그리고 그의 생애 중 가장 처절하고 수고로웠던 3기(50～58세), 곧 선조 18년 8월 창평에 퇴거하여 사선(四仙)에 어울려 종유하며 충신연주의 절창인 「사미인곡」, 「속미인곡」과 그의 한시 중 초택(楚澤)과 상반(湘畔)의 고음(苦吟)으로 굴원(屈原)의 유풍을 수용하는 등 창작에 정진한 때다. 한편 강계에 위리정배와 임란을 당해서는 진충보국의 신명을 다하다가 화학(化鶴)하여 선향의 객이 된 그의 종생기다. 특히 선조 24년 건저문제로 탄핵을 받아 명천, 진주를 거쳐 강계에 위리 안치되는 극형을 받아야 했던 송강이다.[74]

---

73) 『槿花樂府』: "---鄭松江與眞玉 相酬答---" 참조
74) 김갑기: 『松江鄭澈의 詩文學』 Ⅱ·一, 국한문 시가의 원류론적 접근. PP 26-27. 이화문화출판사. 1997

居世不知世   세상에 살면서도 세상을 알지 못하겠고
戴天不見天   하늘 아래 살면서도 하늘 보기 어려워라
知心惟白髮   내 마음 오직 백발만이 아나니
隨我又經年。   덧없이 또 한 해 늙는구나.

<송강원집·淸源棘裏>

위의 오절이 바로 당시 자신의 심회를 대변한 독백이다. 우울과 분만, 고독과 무상의 번뇌를 낮으론 쓰르라미와, 밤으론 을씨년스런 조각달과 애끓는 풀벌레 소리로 달래는 버려진 유배객이 되어 전전반측하는 객창에 뜻밖의 예리성이 들리더니 장옷을 걸친 여인이 찾아왔다. 바로 가녀리고 앳된 진옥, 그녀가 "일찍이 대감의 명성을 듣사왔고, 더욱 대감의 글을 읽고 흠모해 오던 터"란다. 의아롭고 놀란 송강은 "그래, 내 글을 읽었다니, 무엇을 읽었느뇨?"하고 반문하자, 진옥은 "제가 가야금을 타올릴까요?"하며 유리알 구르듯 낭랑한 소리로 "居世不知世 戴天難見天 知心惟白髮 隨我又經年"을 실어 읊조리지 않는가!

무망(無望)한 세사로 좌절해 있던 풍류문사 송강의 앞에 나타난 진옥은 정녕 구세주 같은 보배로운 옥이 아닐 수 없었다. 이제 더 이상 송강은 외롭지 않았다. 어쩌면 떨쳐버린 세사만큼 자유롭고 허허로운 적거생활, 그는 적소의 생활을 부인 안씨에게 가서(家書)로 전했다. 아내 역시 불우하고 고독한 남편을 위로하고 보살펴 주는 진옥의 존재를 허여했다. 실의한 노재상과 이름 없는 천첩 진옥은 거리낌없는 사랑의 심연으로 함께 빠져들고 있었다. 그래서인가? 숱한 사대부와 기생의 밀애가 있었지만 유독 진옥만이 '송강의 첩'으로 기록되어 있다.

어느 날 두 연인은 소담한 술상을 마주하고 앉았다. 술기운이 오른 송강이 문득 풍류남아다운 수작을 건넸다.

"진옥아, 내 한 수 읊을 테니, 너 바로 화답하겠느냐"

짐짓 재치를 겨뤄보자는 제안이다. 진옥은 말 없이 거문고를 공고른다.

玉이 玉이라 ᄒᆞ니 燔玉만 너겨쩌니
이제야 보아ᄒᆞ니 真玉일시 젹실ᄒᆞ다
내게 살송곳 잇던니 ᄯᅮ러볼가 ᄒᆞ노라.

<근화악부>

송강의 노래가 끝나자마자 받아넘긴 시조창이 바로 위의 "쇠가 쇠라 하길래 무쇠인 줄 여겼더니/ 이제야 자세히 보니 진짜 철[正鐵]이 분명하구나/ 내게 골풀무 있으니 녹여볼까 하노라"는 수사적 은유가 그것이다. 이른바 준대로 받은 수작(酬酌)이다. 이름자로 풀어쓴 재치거니와,

구분	보조 관념	원 관 념	비 교	
송강	번옥(燔玉)	인조 옥	燔玉:眞玉 = 眞玉	살송곳 + 골풀무
	진옥	진옥(眞玉)		
	살 송곳	남성 성상징		
진옥	석철(錫鐵)	불순한 쇠	錫鐵:正鐵 = 鄭澈	
	正鐵	정철(鄭澈)		
	골풀무	여성 성상징		

라는 적실한 대는 우열이 있을 수 없는 동격이다. 정녕 그것이 동격이라면 우리 시가문학의 1인자인 송강의 완패인 셈이다. 적어도 송강은 계산된 제안자요, 진옥은 순연한 응구첩대이자, 그 풍류와 문자향은 물론, 골풀무를 이겨낼 철은 고금 천하 어디에도 없기에 말이다.

이만한 재치와 문예를 함께 향유하며 잠깐 유배의 한을 달래고 있던 선조 25년, 호시탐탐 기회를 엿보던 오랑캐 일본이 우리의 강토를 유린한 임진의 난을 일으켰다. 이해 5월 송강은 충효대절로 풀려나 조정의 부름을 받게 되었다. 누구보다 기뻐한 진옥이었건만 주체할 수 없이 흐르는 눈물은 멎질 않는다. 대당의 시성 두보도 노래하지 않았던가. "죽어 이별이야 울음을 삼킬 수 있지만, 생이별은 생각사록 슬픈 법(死別已吞聲 生別常惻惻)"<夢李白二首>이라고 ---, 이른바 '잊고자 생각하는' 만해(卍海)식 아이러니다. 이에 송강은 진옥의

人間此夜離情多　　이 밤도 석별의 정으로 우는 사람 많겠죠
落月滄茫入遠波　　싸늘한 달빛만 가뭇한 물결에 뒤누이는데
惜問今宵何處宿　　님이여, 이 밤 어디서 주무시려오
旅窓空聽孤鴻過。　나그네 창가엔 속절없는 외기러기 울음.

이라는 애련한 전별시를 받으며 돌아왔다. 송강 역시 득의의 기쁨 저편에 진옥과의 이별이 아쉬워 함께 갈 뜻을 물었으나, 극구 사양했다. 돌아 온 충의(忠義)의 전시는 곧장 의주 행재소로 달려가 임금을 호종하는가 하면, 양호체찰(兩湖體察) 및 사은사로 명나라를 다녀오는 등 보국에 신명을 다했다. 그러나 시의(時議)는 망국의 난 중에도 분분하여 다시 강화에 퇴거, 호구(糊口)의 청빈을 이희삼(李希參)에게 빌며 다사한 삶을 마치니 향년이 58이요, 유작이 한시 760여 수, 가사 4편, 시조 80여 수 외에 풍류·호남의 기개를 드세운 「장진주사」가 있다.

포폄도 휜다하여 실록을 수정해야 할 난세를 수고롭게 살다 간[75] 빈청에 아미를 떨구고 가엽시 우는 청순한 한 소복녀가 있었으니, 그녀는 바로 진옥이었다. 이후 진옥은 강계를 떴다 하나, 아무도 후일담을 아는 이 없다 한다.

우암 송시열이 주도한 강계에서의 운구는 일대 거사였다. 신원(경기도 원당) 선영에 자리한(지금은 충북 진천에 이장 됨) 송강의 무덤 아래 그의 애기(愛妓)였다는 '강아'의 묘가 있어 필자가 쓴 '의기강아지묘(義妓江雅之墓)'라는 묘표를 세운 바 있는데, 그 묘의 주인이 아마도 진옥일까 한다.

---

75) 金甲起 : 주74)과 같음.

풍류(風流)로 빚어낸 문자향(文字香)【Ⅱ】

- 임제(林悌)와 한우(寒雨)의 戀歌 -

　어이 어러 준다 무슴 일 어러 준고
　鴛鴦枕 翡翠衾을 어듸 두고 어러 잔고
　오늘은 춘비 마즈니 더욱 덥게 주리라.

<청구영언>

　조선조 선조 때의 기생 한우(寒雨), 그녀는 재색(才色)은 물론 시서(詩書)에 능
했다하며, 거문고 가야금에 뛰어났으며, 노래 또한 명창이었다 하니 장히 장안 풍
류남아들의 선망의 대상이었다.
　위의 노래는 당대의 풍류남아 임제(林悌 : 1549~1587)의 연정에 화답한 한우
의 시조창이니 '맛깔스런 문자향이 앙증맞다'할 만하다.
　두루 아는 바와 같이 임제는 그의 호 백호(白湖)로 더 잘 알려진 조선조 500
년 내의 멋쟁이 풍류 한량이었다. 성혼(成渾)의 문인으로 선조 10년 문과에 급제
하고 예조정랑겸 지제고를 지내던 중 동·서 분당을 개탄하고 명산에 들어 나지
않으며 시문에 전념했다. 삼당시인의 뒤를 이어 그들보다 더 지사적인 열정과 반
유가적인 비판의식 및 고뇌를 첨예하게 노정했다. 특히 전통 사대부문학의 체질
을 개선하기 위한 가전체 「화사」 및 「원생몽유록」·「수성지」 등 소설 작품은 그
의 1,000여 편 시문학 못지 않게 주체적이고 개성적인 문학관을 잘 들어내고 있
다. 뿐만 아니라 인간의 정·욕(情欲)에 대한 긍정적 사고는 분방호일(奔放豪逸)한
일화로 전승되고 있다.76) 예컨대

　靑草 우거진 골에 주는다 누엇는다
　紅顔을 어듸 두고 白骨만 뭇쳣는다
　盞잡아 勸ᄒ리 업스니 글을 슬허ᄒ노라.

<병와가곡>

---

76) 金甲起 : 『松江鄭澈의 詩文學』 Ⅱ·一, 국한문 시가의 원류론적 접근. P 316. 이회문
　　회출판사. 1997

는 그가 평안평사(平安評事)가 되어 부임하는 길에 황진이를 찾았더니 이미 죽어 송도 장단의 대로변에 묻혔다 한다. 그는 아쉬운 나머에 그녀의 무덤을 찾아가 이렇게 호곡하며 조상했다는[77], 실로 선비이기 전에 풍류남아의 멋이 물씬 풍기는, 그러나 도덕 군자의 나라 조선의 사대부 체통엔 용납되지 않는 '경박함' 바로 그것이어서, 끝내는 벼슬에서 물러나게 되었다[78]는 임제의 상사곡인 셈이다.

하기야 연연한 바 없는 현실인데 미련이 있을 리 없고, 실의할 것이 없으니 꺼릴 게 없어 자유분방한 그의 풍류는 이르는 곳마다 여인과 술과 시문으로 흥청거렸다. 따라서 그의 발길이 이르지 않은 팔도 명승이 없고, 그를 모르는 기생이 없었다. 어쩌면 여인의 심성을 가장 잘 아는, 그러기에 공규(空閨)의 여심도 영락없이 꿰뚫어 묘파(描破)해 낼 수 있었던 백호였으니,

> 十五越溪女　　열다섯 아리따운 새아씨
> 羞人無語別　　남부끄러워 말 없이 이별하곤
> 歸來掩重門　　돌아와 샛문일랑 겹겹으로 닫아걸더니
> 泣向梨花月。　배나무 흰 꽃가지에 걸린 달을 향해 웁다.
>
> <白湖集·無語別>

만해도 그렇다. 워낙 월계녀(越溪女)의 원관념은 '월나라 약야계(若耶溪 : 중국 절강성 회계현 동남에 있는 시내. 서시(西施)가 연밥 따던 곳으로 유명)의 여인, 곧 서시'를 뜻하나, '아리따운 여인', 곧 갓 시집 온 새아씨의 비유다. 정작 강남의 오(吳)와 월 나라는 색향이다. 수인(羞人)은 '하도 충충시하라, 어려워 내색도 못하고'라는 뜻이며, '엄중문(掩重門)'은 '흥, 난 몰라'라는 '앵토라짐이자, 독수공방에의 애절함'에다 '이화월(梨花月)의 애상성(哀傷性)'을 절묘하게 접목하므로 신혼의 첫 정이 막든 새 신부가, 아마도 어른들의 명을 받들고 학업이나, 혹은 과거라도 보러 가는 신랑과 '말 없이 이별한 여심'을 대신해 용히도 그려낸 '대인작(代人作)'이다. 그러니 여심을 모르곤 쓸 수 없고, 안대도 추측으로나 되는 일이 아님은 물론이다.

하기야 용모자태와 문장가무로 이름난 평양 기생 일지매의 도도함도 임백

---

77) 『海東歌謠』: "---見松都名妓黃眞伊塚上 作詞弔之" 참조
78) 『於于野談』: "今松都大路邊 有眞伊塚, 林子順爲平安評事 爲文祭眞　伊 卒被朝議 ---" 참조

호의 재치와 풍류 앞에선 제풀에 흐느적거리는 바람 탄 수양버들가지였다니, 한우와의 인연 역시 마음먹기 나름이었으리라.

그러던 어느 날, 백호 선수가 드디어 작심했다. 물론 초면 대작도 아닌터였기에, 서로가 서로를 기다렸으리니 기회만 남았던 게다. 세상사랴 시답잖고, 능한 시서로 취흥을 돋우며 마주 앉은 두 사람, 백호가 그 능한 재주와 유창한 성조로 무드를 리드한다.

> 北天이 몱다커늘 雨裝 업시 길흘 나니
> 山에는 눈이 오고 들에는 츤비 온다
> 오늘은 챤비 마즈니 어허 잘가 ᄒ노라.
>
> <청구영언>

뭇 남성들의 선망의 대상이었던 한우라지만, 백호 역시 진작 뭇 여성들의 선망의 대상이었으니, 멋을 아는 일류 기생 한우인들 얼마나 기다리던 프로포즈인가. 불감청고소원(不敢請固所願)이 아니었던가!

"어이하여 얼에[언 채, 춥게] 주무시렵니까. 무슨 일로 언 채 주무시렵니까./ 원앙금 비취이불 어디 두고 얼어 주무신단 말입니까./ 오늘은 챤비[寒雨] 맞았으니[만났으니] 덥게 주무시옵소서"라고 한 수 더 떴다. 역시 이름자로 풀어쓴 수사상 비유는

구 분	보조 관념	원 관 념	비 교	
임 제	츤 비	妓 寒雨	찬 비 + 맞음 : 얼어 잠	임제 + 한우 = 雲雨之情
	마즈시니	만났으니[相逢]		
	어허 자다	얼어 춥게 잠		
한 우	원앙침 비취금	한우의 침실	사랑의 밀실 : 한우	
	츤 비	자신 寒雨		
	덥게 즈리라	열정의 밤		

와 같은 등식이 성립되어, 열정의 한 밤 내 기나 긴 장성(長城)을 쌓았다 한

다.79) 그렇다. 이 정도의 수창이면 가히 지적 문화라 하리라. 천하의 풍류 남에 천하 명기의 수답이니 이른바 형이상, 혹은 풀라톤적 고급 연가라 할 것이다. 대저 누가 기생이라 천대할 것인가. 우리네 기방문학은 한국 시가문학의 차원을 아름답게 무늬 놓았음을 실감케 해주는 실증이기에 족하다.

---

79) 『珍本靑丘永言』: "林悌 字子順 號白湖 錦城人. 宣祖朝登第 官至禮
    曹正郎, 詩文俱奇 歌琴亦善 豪放之士. 見名妓寒雨作詩. 是夜 與寒 雨同寢" 참조

'달빛 서린 매화향(梅花香)' 같은 연정
- 劉希慶을 그리는 梅窓의 情恨 -

梨花雨 흣쑤릴 제 울며 줍고 離別흔 님
秋風落葉에 져도 나를 生覺는가
千里에 외로운 꿈만 오락가락 흐패라.

<가곡원류>

조선조 선조 때의 명기 매창(梅窓), 그녀의 성은 이씨(李氏)요, 본명은 향금(香今)이며, 기명은 매창, 혹은 계생(桂生)으로 불린 부안(扶安)이 낳은 명기다. 그녀가 일편단심으로 사랑했던 님 유희경(劉希慶)이 일거 후 소식이 없자, '남 다 자는 밤에 홀로 우는 정한을 실어 보낸 노래다. 허균의 『성수시화』에 의하면 유희경(1545~1636) 역시 천인 출신이나, 서경덕의 학통을 이어 문공가례(文公家禮)에 밝았으며, 사암(思庵) 박순(朴淳)에게서 당시(唐詩)를 배워 그의 시는 순수하고 원숙한 경지에 이르렀다는 극찬을 받기도 했다.[80] 특히 충효대절로 선조 대왕 때 통정대부, 인조대왕 때 가의대부·자헌대부 한성판윤에 추증되었다[81]

그는 집 주위에 석탑을 조성하여 물을 흐르게 하고 침류대주인(枕流臺主人)이라 자호(自號)하며, 중인문사 백대붕(白大鵬)과 시사(詩社) 풍월향도(風月香徒)를 결사하여 박계강(朴繼姜) 정치(鄭致) 최기남(崔奇南) 등과 함께 중인 문학 활성화에도 기여한 바 크다.

한편 매창 역시 시조창과 거문고는 물론, 특히 시조보다 한시에 뛰어나 약 53수의 유전 작품이 『매창집』으로 전해지고 있을 뿐만 아니라,

---

80) 許筠 : "劉希慶者 本賤隷也, 爲人淸愼 事主忠事親孝 士大夫多愛之. 能詩 甚純熟 --- 梁松川 見而亟稱之" 참조

81) 임진왜란 때 의병으로 출정해 싸운 공으로 포상과 교자를 받는 일면, 호조의 경비절감 비책을 품신하여 선조로부터 통정대부의 직을하사받았으며, 광해군 10년 이이첨(李爾瞻)으로부터 폐모 상소를 강권받았으나 거절하고 낙향, 후학양성에 전심했다. 인조 반정 때 절의로 포상되어 가의대부가 되고, 아들 일민(逸民)의 원종훈(原從勳)으로 한성판윤에 제수됨. 저서 『隱村集』三卷과 『喪禮抄』.

平生恥學食東家	평생 부끄러운 바는 기생 신분이나
獨愛寒梅暎月斜	홀로 달빛 서린 매화향을 짝한다오
時人不識幽閑意	한량임네, 나의 고매한 뜻 알지 못하고
指點行人枉自多。	오가는 길손들 너나없이 치근대누만.

<次過客韻>

에서 쉽게 그녀의 도도한 자존심을 읽을 수 있다. 아마도 매창의 이름만 듣고 찾아온 건달이 어설픈 문자속으로 유혹의 시 한 수를 건넨 모양이다. 매창이 바로 그 시운에 따라 응구첩대했다. "그래, 나 기생이다. 그러나 나는 오상고절(傲霜孤節)의 암향(暗香)을 사랑하는 유규(幽閨)의 한정(閑情)이 취향'이니 '어서 비키라'는 불호령이 아닌가. 이른바 권세도, 금력도, 번지르르한 허우대만도 아닌 학덕과 인품, 그리고 멋을 아는 풍류 남아만이 그녀의 남성 이상형이었던 모양이다.

당시 매창은 풍류와 시(詩)로 이름 높던 촌은 유희경의 시에 매료되어있으며 그에 대한 사모와 함께, 한 번 시를 겨뤄 보고픈 충동을 느껴 오던 터였다. 지성이면 감천이랬던가. 그녀의 꿈은 뜻 밖에 쉽게 이루어졌다. 이미 기적에서 벗어나 자그만 초막을 얽고 한가로이 지내던 매창에게 부안 부사 이귀(李貴)로부터 '촌은이 부안에 온다'는 전갈이 왔다. 아마도 시명이 높은 촌은의 수창자로 매창이 적임임을 헤아린 이부사의 용의주도였으리라.

그러니 매창의 다음 시는 오늘의 이런 경사의 조짐이었나 보다.

石田茅屋掩柴扉	두메의 오막살이 사립문 닫고 사노라니
花落花開辨四時	피고 지는 꽃이 계절을 알린다오
峽裏無人晴晝永	산 마을 찾는 이 없고 맑은 날 길기만 한데
雲山逈水遠帆歸。	구름 산 희멀건 뱃길로 돌아드는 먼 돛배.

<閑居>

열 아홉 꽃다운 나이에 그릇 기적에 들었다 물러나, 유한(幽閑)을 온전히 지키기란 뜻처럼 용이한 일이 아니다. "스산한 가을비 내리고 난 산 마을, 휘영청 밝은 달 드높이 다락 위에 걸리고, 밤 새워 짝 찾아 우는 풀벌레 소리가 애간장 녹이는(雨後凉風玉簟秋 一輪明月卦樓頭 洞房終 夜寒蛩響 掛盡中腸萬斛愁)"<매창

집 · 閑居> 전전반측의 정한(情恨), 그 밤바다처럼 밀려드는 고독을 달래며 멍하니 바라보는 강나루로 님 실은 반가운 한 척 돛배가 닻을 내리는---, 그 환상의 꿈이 실현되는 듯한 황홀경으로 안절부절하기를 닷새 후, 기다리던 촌은이 매창의 앞에 무슨 운명의, 아니 오늘의 매창이게 한 은인처럼 나타났다.

두어 순 배 술잔으로 취기가 돌자, 예의 풍악이 작흥(作興)을 돋울 차례다. 거문고 시울을 공그르는 매창의 가녀린 섬섬옥수가 오늘따라 예사롭지 않게 떨린다. 이윽고 이태백의 「장진주」 가락이 좌중을 황홀경으로 몰아간다. 곡이 파하자, 감격한 촌은이 지필묵을 당겨

曾聞南國桂娘名　　그 이름 일찍이 들었노라, 남도의 매창
詩韻歌詞動洛城　　시와 노래로 장안까지 요란하더니
今日相看眞面目　　이제 와 참다운 그 모습 대하니
却疑神女下三淸。　하늘 나라 선녀가 인간에 내려온 듯.

하다고 극찬했다. 이른바 '시사'는 장안[洛城]에서 듣던 소문 그대로요, 실물은 신선 뗏목을 타고 등선한 이태백과 짝할 선녀라 하고, 이어

我有一仙藥　　내게 신비로운 선약 있어
能醫玉頰嚬　　찡그린 얼굴도 능히 고치느니
深藏錦囊裏　　비단 주머니 속 잘 갈무린 약
欲與有情人。　정 둔 그대에게 기꺼이 주리라.

라며 즉석에서 프로포즈했다. 수달의 골[獺髓]로 등부인(鄧夫人)의 고운 볼[玉頰]을 치료했다는 고사[82]야 두루 아는 바이지만 '찡그린 볼'이라니? 옳거니, 님 그리는 애수, 그래, 상사에 찌든 얼굴, 그야 편작도 못 고칠 병이지만, 매창의 '찡그린 볼'엔 촌은의 '사랑'이면 만사형통이다. 이 시 한 편으로 이미 매창은 완치되어 '언제 그랬느냐'는 듯

---

82) 『拾遺記』 : "獺骨中之脂也. 孫和舞水精如意 誤傷鄧夫人頰. 命太醫合藥 醫曰'得白獺髓 雜玉與琥珀屑 當滅此痕. 卽購致百金 能得白獺髓者 厚賞之---"김갑기 역주 『三韓詩龜鑑』 卷中, PP228-229 참조

我有古奏箏	소녀가 예로부터 타던 거문고
一彈百感生	온갖 정감 실어 내건만
世無知此曲	아무도 이 곡 아는 이 없더니
音和縱山笙。	조화롭기는 임의 피리소리 뿐이랍니다.

라고 화답했다. 이렇게 '시운'과 '가사'로 서로의 '진면목'이 확인된 '오십대의 노풍류 문사'와 '싱그런 열 아홉 해어화(解語花)'의 만남은 '오십객의 지조'도 '오래 잠겼던 비밀의 성' 안에서 회한도 후회도 없이 마구 녹아 내렸다. 매창의 '옥 같은 얼굴에 드리웠던 수심[玉頰嚬]'도 자취 없이 치유되었음은 물론이다.

그러나 호사다마(好事多魔)랬던가. 워낙 회자정리(會者定離)야 숙명의 질서이자, 우주의 섭리인 것을---. 꿈같은 십여 일이었는데---. 다시 만날 기약도 없이 이들을 갈라놓은 것은 바로 임진왜란이었다. 충효대절의 촌은이 매창의 부여잡는 손길 때문에 대의(大義)를 망기할 위인이 아니다. 그 길로 의병 출전 길에 오른 촌은과의 이별가가 바로

울며불며 잡은사민 썰썰이고 가들마오
그디는 장부라 도라가면 잇건마는
소첩은 아녀자라 못니 잇씀네.

<남훈태평가>

다. "울며불며 잡은 소매자락 떨치고 가지 마오 그대야 대장부라, 어디 간들 님이 있겠지만, 소첩은 아녀자라, 당신 그리는 마음 뿐 어찌 잊으리오"라고 하소연했지만, 위국 일념의 사나이 가는 길, 더구나 그 위국 충정이 매창에겐 더욱 자랑스러운 미더움으로 자리했을 것이다.

그러나 아녀자란 본디 '자기를 기쁘게 해 주는 사람, 그 사람을 위해서만 존재가치를 느끼는가. 매창은 이 후로 자리에 누웠다. 찬란한 상사의 병을 자청해 드리곤 만단정회를 붓으로 그려낸다. "흰 배꽃이 꽃비처럼 흩뿌릴 제 울며 잡고 이별한 님이여/ 봄여름 다 가고 하마 낙엽 지는 가을이 다 되도록 제 생각이나 하시는지요/ 당신을 그리는 천리 밖 외로운 꿈만 오락가락 합니다"라는 시조는 바로 기다림에 지친 매창의 촌은을 향한 단장곡이다.

蒼梧山崩 湘水絶이라야 이너 시름 업슬거슬
九疑峯 구름이 가지록 새로왜라
밤中만 月出東嶺ᄒ니 님 뵈온 듯ᄒ여라.

<병와가곡집>

창오산이 무너질 리가 없고, 상강의 치렁한 강물이 마를 리 없으니 결국 그리
워도 뵐 수 없는 님을 향한 '태산 같은 시름이요, 장강처럼 다함 없는 연정'으로
몸살 앓다, 한 밤 동산에 두둥실 뜬 달을 님인가 반기는 연심, 이것이 바로 가련
하고 안쓰러운 연정의 비장미다.

離懷消消掩中門   이별이 하 서러워 문 닫고 누웠자니
羅神無香滴淚痕   하염없는 눈물이 옷자락 적시네요
獨處深閨人寂寂   홀로 누은 잠자리 그리운 님 오지 않고
一庭微雨鎖黃昏。 뜨락에 내리는 봄비 외로운 밤 또 저무네요

<매창집·春雨>

배꽃 필 무렵에 떠난 님, 다시 봄비 내리는 적적한 밤이다. 떠나실 때내리던
그 봄비 기운이 땅거미를 적신다. 기다려도 오지 않는 님이지만 기다릴 수밖에
없는 님을 어찌 하란 말인가. 그러던 어느 날 긴긴 기다림 끝에 님의 소식이 왔
다. 기다림의 긴 날에 비해 사연은 너무나 짧았다. '의병을 모아 왜구를 맞아 싸
우기에 여념이 없다'는 시답잖은 소식, 그리고 곱게 써 내려간 한 편의 시,

一別佳人隔楚雲   그대와 헤어진 후 아득히 멀어
客中心緒轉紛紛   떠도는 시름에 그리움뿐이라오
靑鳥不來音信斷   소식조차 끊어져 애간장 타는데
碧梧凉雨不堪聽。 오동잎 찬 빗소리 차마 못 들어.

는 또 한없이 매창을 울렸다. '그리움에 에인 님의 간장,' 님의 나를 향한 사랑을
확인한 이상 앉아서 기다림은 '사랑의 법'이 아니다. 드디어 매창은 촌은을 찾아
길을 나서기로 결심했다. 그러나 난리 통에 나약한 아녀자의 몸으로 '내 사랑 찾

기란 가당찮은 일, 전장(戰場)이 따로 있지도 않거니와, 워낙 전장이란 아녀자의
접근 지역이 아니다. '지친 육신, 허기진 사랑의 몸으로 돌아 온 매창이 의지할
것이란 촌은의 소식을 전해줄 기러기뿐이었다.

> 기럭이 손이로 줍아 情드리고 길쓰려서
> 님의집 가는길을 歷歷히 가릇혀 두고
> 밤中만 님생각 날제면 消息伝케 흐리라.
>
> <원류 하합본>

진실로 가여우리만큼 갸륵하고 고운 정성이지만, 유감스럽게도 그 소망이 이뤄지
기도 전에 그녀는 상사의 병이 깊어 불귀의 객이 되고 말았으니 방년 38이었다.
다음의 한시 한 편을 통해 매창의 시정을 기늠하기로 하자.

> 春冷補寒衣　　쌀쌀한 봄 날씨에 옷을 깁자니
> 紗窓日照時　　사창으로 따사로운 햇볕 비춰드누나
> 低頭信乎處　　머리 숙여 한 곳 유심히 바라보니
> 珠淚滴針絲。　구슬 같은 눈물 침선을 적시누나.
>
> <梅窓集>

아마도 의병에 출정 한 촌은의 옷을 마름하는 정회인가 한다. 따사로운 봄날,
함께 있어야 할 님은 지금쯤 어디 계실까? '유심히 바라본 곳' 그것은 혹 미물들
의 봄 '짝짓기'였을까? 문득 님을 향한 그리움을 샘솟게 한 있을 법한 자연사로
유추해 볼 일이다.
다음은 매창의 부음을 듣고 달려온 촌은의 애도시다.

> 明眸皓齒翠眉娘　　맑은 눈 하얀 이 푸른 눈썹 매창아
> 忽逐浮雲入杳茫　　문득 뜬구름 따라 간 곳 아득하구나
> 疑是芳魂歸泿色　　꽃다운 넋은 죽어 저승으로 갔는가
> 誰將玉骨葬家鄕。　그 누가 너의 옥골 고향에 묻어주랴.

한편 촌은이 떠난 후 허균과의 낭설이 분분했지만, 허균 자신의 말처럼 '고개 (孤介)한 성품과, 정숙한 품성'을 좋아한 막역지교[83]였으며, 그 역시 애도시 오율 2수를 남겼다. 그 중 1수를 소개하면 다음과 같다.

妙句堪擒錦	묘한 싯구는 비단을 자아내고
淸歌解駐雲	해맑은 노래 가던 구름 머물게 하네
偸桃來下界	선도를 훔치고 하계한 서왕모인가
竊藥去人群	단약을 훔쳐 월궁으로 간 항아인가
燈暗芙蓉帳	촛불 꺼진 부용 장막 어두운데
香殘翡翠裙	향긋한 체취는 비취 치마에 남았구나
明年小桃發	돌아오는 새해 복사꽃 만발할 제
誰過薛濤墳。	그 누가 설도의 무덤 찾을 건가.

<성소부부고・哀桂娘二首. 1>

'아름다운 시와 맑은 노래'로 시상을 열어, 선도와 단약을 훔친 '서왕모와 항아'의 아름다움으로 생전의 모습을 추모하고, 사후의 적막과 무상으로 적대(的 對)한 수작이다. 특히 결구에서 허균은 매창을 아예 음율과 시서로 당나라 중기 의 대표적 양가 규수 출신 명기(名妓) 설도(薛濤)와 동격의 위상에 매김 하기를 주저하지 않았다.

꽃다운 나이 열 아홉에 만나 불같은 열홀 남짓 사랑한 님, 그 님을 위해 20여 년을 수절한 의기 매창이다. 그러나 후회는 없으리라. 워낙 섬세하고 고운 시상과 시어도 아름답지만, 사랑을 아는 여인의 절절한 사랑이었고, 기녀답지 않은 수절 이 있었기에 그 많은 기녀 가운데 유일하게 문집이 남았으며, 예술을 아는 부안 사람들의 사랑을 받아 기녀 중 또 유일하게 시비는 물론, 매창공원까지 조성되어 기림을 받고 있기에 말이다.

---

83) 『惺所覆瓿藁』: "桂生扶安娼也. 工詩解律 又善謳彈. 性孤介 不喜淫. 余愛其才 交莫逆, 雖 談笑狎戱 不及於亂故 久以不衰 今聞其死 爲之 一涕 作二律哀之" 참조

'남 다 자는 밤에' 홀로 우는 연정
- 比丘尼가 된 松伊의 슬픈 사랑 -

솔이 솔이라 ᄒ여 무슴 솔만 너겨더니
천심절벽에 낙낙장송 너 긔로다
길 아래 樵童의 졉낫이야 걸어볼줄 이시랴.

<병와가곡>

　　적어도 기방문학 작가로 논의되는 해어화(解語花 : 기녀)는 권세와 부귀에 연연하지 않는다. 이른바 선비문화라 할 풍류만이 그 성곽 같이 굳게 닫힌 심신의 문을 여는 열쇠이다.

　　조선조 선조 때 해주(海州) 유생 박준한(朴俊漢)이 과거시험을 보기위해 상경하는 길에 강화 객사에 투숙하게 되었다. 이 때 정절이 뛰어나다는 강화 명기 송이를 만난다. 물론 박준한은 진사급제 후 요사해서 별다른 행장을 접할 수 없고, 송이 역시 '이름난 기생 9인「名技九人」<해동가요>'으로 소개된 정도나, 현전 기방작가 중 가장 많은 7편의 시조를 남겼다.[84]

　　그 작품 창작과 관련된 담론은 이렇다. 첫째 '강화 명기라?', 둘째 '얼마나 뛰어난 정절이기에?'라는 호기심이 유발된 박준영은 송이의 시재(詩才)와 정절을 시험하고는 "시에 관한 한 너의 소양은 실로 놀랍다. 내 오늘 명민한 너와 정을 나누고 싶구나"라는 한량들의 일반적 수작을 건넸다. 재치로운 송이가 대답 대신 지어 부른 노래가 "소나무[松伊] 소나무라 하니 무슨 소나무로만 여겼는가?/ 천 길 높은 절벽 위 사시사철 푸른 낙낙장송 그게 바로 나랍니다./ 길 아래 더벅머리 나무꾼의 작은 낫으로야 걸어나 볼까보냐"라고 단칼로 무 베듯 보기 좋게 거절했다. 역시 '송강과 진옥' '임제와 한우'의 작시법대로 이름을 풀어 짓되 낙낙장송이라 했다. 당돌하기도 하려니와, 당찬 기백에 기선이 꺾이기도 했지만, 처절히 무시당한 사대부다. 그러나 그 참신한 비유와 재치로운 말결은 범상치 않다. 이 때 선비라면 물러날 수도, 옹졸해선 더욱 못쓴다[85]. 송이의 거부론인 즉 감격스

---

84) 박을수 : 『時調詩話』, 「사랑, 그 끝없는 그리움의 샘」, pp124-130, 예그린출판사, 주
　　73) 참조

러우리만큼 고마웠다. 곧 "원대한 꿈을 안고 과시 길 행차 중이신 모양인데 중도에 기방에 빠져 소홀하실까 두렵기 때문"이란다. 이 얼마나 사려 깊은 배려이며, 거절당한 박준한은 또 얼마나 명분 있게 물러날 빌미를 얻었는가. 이 또한 송이의 남다른 재치인가 한다. 그들은 과거시험 후 귀가 길에 다시 만나기로 언약하고 헤어졌다. 이제 박 선비에게는 꼭 합격해야 할 필요조건 하나가 더 는 셈이다. 천심절벽의 낙락장송 송이와의 당당한 재회를 위해서라도 ---.

그 6개월 후 진사시에 합격한 박 선비는 지난날의 언약대로 송이를 찾아 강화에 들렀다. 송이의 충고에 대한 감사의 정도 정이지만 '초동의 겹낫'이 아닌 헌헌장부로서의 호방함과, 풍류남아의 기개도 과할 좋은 기회였다.

송이 역시 이만한 장부면 믿음직했다. 첫 만남 때의 면박도 박 만한 선비니 용납되었겠고, 남아일언(男兒一言) 못지 않게 의기일언(義妓一言)도 지켜야 할 중천금(重千金)이요, 무엇보다 변방의 하찮은 천기를 다시 찾아준 '사랑의 확신, 송이는 더없이 행복했다. 그 밤은 오랫동안 훨훨 꿈으로만 나닐던 천상으로부터 살포시 나래를 접고 포근한 깃에 든 한마리 학인 자신을 보는 듯했다. 안길수록 포근한 듯 뜨겁고, 뜨거운 만큼 황홀한 밤, 이 밤은 이대로 영 새지 않아도 좋으련만 ---.

> 닭아 우지마라 일 우노라 즈랑마라
> 半夜秦関에 孟嘗君 아니로다
> 오늘은 님 오신 날이니 아니 우다 엇더리.
> <병와가곡>

첫날밤 아침을 알리는 계명성(鷄鳴聲)은 생증스럽기만 했다. 한 밤중에 함곡관(函谷關)에서 식객들로 하여금 닭 울음소리를 흉내내게 하여 도망친 맹상군이 아닌, "반가운 서방님 오신 밤인데 방정맞게 호들갑이냐'는 송이의 즐거운 비명이다.

그러나 삶의 질곡 속엔 숙명처럼 감춰진 진리가 있지 않은가? 회자정리 (會者定離)라는 철리 이전에 체험학적 진리인 낙극생비(樂極生悲)가 그것이다. 그렇다면 이자필회(離者必會), 비극생락(悲極生樂)이라는 정반합(正反合)의 논리도 진리이겠건만, 인간은 유추의 법칙보다 체험적 즉물현상에 더 가치를 둔다. 그리고 그것은

---

85) 예컨대 합당한 논리면 물러남이 식자인의 도리요, 노기를 부린다면 스스로 졸장부임을 자인하는 결과일 뿐이다.

긍정적 낙관보다는 적어도 문학에서는 부정적 비관일 경우가 많다.

구 분	보조 관념	원 관 념	비 교
송 이	솔이	松伊	거절
	낙락장송	범접치 못할 정조	
	초동의 졉낫	한량을 자칭하는 범부	

  송이의 경우도 예외가 아니다. 워낙 박준한이야 오래 머물 수 없는 님인 줄 몰랐을 송이가 아니다. 도대체 사랑이 뭐길래 이렇게 치졸해 질 수 있단 말인가. 님이야 보내야 하고 말고다. 선영도 선영이지만, 학수고대하실 홀 노모와 대소 댁 어른도 찾아뵈어야 한다. 그러나 어쩌랴, 하룻밤 사랑이건만 보내기엔 너무나 서러운 님인 것을 ---.

  내 思郞 남 주지말고 남의 사랑 탐치 마라
  우리 두 思郞의 행여 잡사랑 섯길셰라
  一生에 이 思郞 가지고 괴야 술려ᄒ노라.

  <병와가곡>

  '설온 님' 보내는 송이의 애끓는 서맹이다. 노래대신 님의 가슴에 눈물로 아로 새기며, 그대만을 위해 수절하리라는 결행의 전주였다. '이른 시일 안에 데리러 오겠다'는 님의 약속은 전혀 허언이 아닌 줄 믿기 때문에 송이는 6개월, 아니 1 년도 무던히 기다렸다. 그러나

  이리ᄒ야 눌 속이고 져리ᄒ야 나를 속이니
  원수의 이님을 이졈즉 ᄒ다마는
  前前에 言約이 重ᄒ니 못이즐가 ᄒ노라.

  <병와가곡>

  이른바 믿지 못해서가 아니라, 그립고 아쉬운 정이 '잊고자 생각하는' 아이러니

바로 그것이다. 그러나 믿음과 기다림에도 정도가 있는 법, 원망(願望)이 지나치면 원망(怨望)이 되고, 이는 다시 원한(怨恨)이 된다. 송이의 다음 시는 자조와 함께 초조한 자아가 은연중 노정되어 있는 듯하다.

남은 다 쟈는 밤에 니 어이 홀로 찌야
玉帳깊은 곳에 쟈는 님 싱각는고
千里에 외로운 숨만 오락가락 ᄒ노라.

<가곡원류>

銀河에 물이 지니 烏鵲橋 쓰단 말가
쇼 잇근 仙郎이 못 건너 오단 말가
織女의 寸만ᄒ 肝腸이 봄눈 스듯ᄒ여라.

<가곡원류>

酒色을 삼간 後에 一定百年 살작시면
西施ㅣ들 關係ᄒ며 天日酒ㅣ들 마실소냐
아마도 춤고 춤다가 兩失홀가 ᄒ노라.

<병와가곡>

玉ᄀᄐᆫ 漢宮女도 胡地에 塵土되고
解語花 楊貴妃도 驛路에 ᄇ렷ᄂ니
閼氏니 一時花容을 앗겨 무슴ᄒ리오

<병와가곡>

"정작 홀로 애타게 기다릴 뿐 옥병풍 두른 꽃 같은 침실에서 단잠에 빠진 님을 천리 밖에서 꿈길로만 헤맨다"거나, "은하에 큰물이 나 오작교가 끊어져, 우리 님[쇼 잇근 仙郎] 건너지 못했단 말인가."라는 가정은 끝내 '수명장수를 위해 주색을 멀리한 님,' 혹은 '왕소군과 양귀비 같은 경국지색도 무상한 삶을 마쳤다'며, 자신의 무망한 삶에 대한 자조로 맺었다.

흔들리는 송이의 마음을 잡아준 것은 바로 박준한의 한 통 서찰이었다.

  기다림에 지친 원망이 무안해 기쁨의 눈물로 개봉했다. 거기엔 달랑 다음 한 수
의 시조가 적혀 있었다 한다.

  月黄昏 期約을 두고 둙 우도록 아니온다
  싀 님을 만낫는지 旧情의 잡히인지
  아무리 一時 貴缘인들 이디도록 소기랴.
<병와가곡>

  실로 송이가 해야 할 말이 아닌가? '데리러 오기로 언약한 사람'이 '찾아주지
않았다'는 원망이니 적반하장도 유분수 아닌가. 그러나 그럴 수밖에 없는 불행한
사연이 있었지만 송이는 알지 못했다. 곧 고향에 돌아 간 박 선비는 그 길로 불
치의 병에 걸려 홀어미의 지극한 간병에도 회복하지 못한 채 어미의 가슴에 묻
혔다 한다. 위 시조는 아들이 병석에서 송이를 연연해하며 적어 책갈피에 두었던
것을 사후 그 어미가 하인을 시켜 송이에게 보낸 것이란다. 이후 노모는 불도에
입문했다는 하인의 전갈을 듣고, 송이는 박준한의 넋을 위로해 한 바탕 통곡해
울고, 불일(不日)에 주변을 정리해 길을 나섰다. 황해도 자그만 어느 암자를 향해
--- 님의 홀어머니 계신 암자로--- 비구니로 살며 늙으신 노모를 섬기는 한편, 박
  준한의 극락왕생을 기원하며 ---.
  다음은 그녀가 이생에서 마지막으로 남겼다는 절필시다.

  곳보고 춤추는 나뷔와 나뷔 보고 당싯 웃는 곳과
  저 둘의 思郞은 節節이 오건마는
  엇더타 우리의 思郞은 가고 아니 오느니.
<병와가곡>

  이상 시조시학은 박을수 교수의 『時調詩學』(예그린출판사. 1977)에서 그 체제와 시화
를 참조할 수 있었음을 밝혀 정중한 사의를 표합니다.

제 二 부 서양고전 연시

제 1 장

서양고전 연시론

Ⅰ.

Courtly Love and Western Love Poetry

서양의 연가(戀歌)는 11세기경에 프랑스 남동부 Provence 지역에서 활동하던 서정(抒情)시인(troubadour)들에 의해 시작되었다고 추정되는 Courtly Love 전통에 그 뿌리를 두고 있다. 궁정(宮廷)풍 사랑 또는 기사도적(騎士道的) 사랑으로 번역되는 Courtly Love (*Amor cortese*)는 1883년 Gaston Paris에 의해 처음 고안된 용어로 종종 이해되고 있으나 이미 중세 이탈리아와 초서(Geoffrey Chaucer)시대에도 흔히 사용되는 개념이었다(Benson 239). Augustus황제 시절의 로마제국에서 활동하던 시인 Ovid는 궁정연애라는 개념을 잉태시킨 인물로 볼 수 있는데 대표적으로 그의 시 *The Art of Love* (*Ars amatoria*)는 한 남자 연인을 열정(passion)의 노예로서 쉽사리 이루지 못하는 사랑 때문에 탄식과 비탄으로 얼굴이 창백해지고 잠을 못 이루어 결국 죽게 된 사람으로 묘사한다. 그러나 Ovid 풍 사랑에 있어서 남자 연인의 여성숭배에는 궁극적으로 육체적인 성(性) 관계의 의도가 숨겨져 있는 반면, Courtly Love에서는 겉으로는 Ovid 풍 시와 마찬가지의 열정을 나타내지만 동시에 자신이 사랑하는 귀부인에 대한 존경심으로 불타고 있다. 궁정연애를 하는 남자(courtly lover)는 자기가 사모하는 귀부인(lady)만을 섬기기 위해 존재하기 때문이다.

Courtly Love는 중세 유럽의 서정연가(lyric)와 로망스(Romance) 문학에 많이 나타나는 당시 상류 귀족층들의 연애관이다. 우연히 '첫눈'에 반해 자신의 목숨까지도 기꺼이 바치려 하는 태도로 일괄하면서 끝없는 사랑을 보이는 남자와 상대방인 도도하면서도 냉정한(cruel) 귀부인(lady)과의 관계는 가신(家臣)과 군주 또는 하인(servant)과 마님(lady)의 관계라 할 수 있다. 11세기말 남부 프랑스 아키텐의 엘레오노르(Eleanor of Aquitaine), 그녀의 딸 마리 백작부인(Countess Marie of Champaign), 그리고 남부 프랑스 Provence의 궁정 서정시인들(courtly love troubadour)의 서정시에 처음 나타난 이 개념은 당시 유럽 상류지식층의 사고와 감정, 그리고 lifestyle에 폭발적인 반응을 불러일으키면서, 그 영향은 서구의 문학과 문화에 지금까지도 남아있다.

중세 이후 서구문학의 가장 중요한 주제 중의 하나로 자리하게 된 Courtly Love는 사회 풍습으로서가 아니라 하나의 개념으로서 Arab Love Poetry와 11-13세기 남부 프랑스와 북부 이탈리아 등에서 활약하던 서정시인들(Troubadour)의 시가 결합되고, 뒤 이어 마리아 숭배사상(The Cult of the Virgin Mary)이 접합됨으로써 발전하게 되었다고 한다. 비록 오늘날 Courtly Love의 실체에 대해 많은 이론(異論)들이 제기되고 있지만 중세 이후 특히 서양연가(戀歌)의 전통에서 보았을 때 이 개념은 가장 중요하며 가장 흔한 주제로 다루어지고 있음을 알 수 있다.

Alexander J. Denomy에 따르면 Courtly Love는 다음과 같은 3가지 독특한 특색을 가진다.

1. the ennobling force of human love
2. the elevation of the beloved above the lover
3. love as ever unsatisfied, ever increasing desire (Denomy 20)

Courtly Love의 관점에서 사랑은 연인들을 품위 있게 만들고, 사랑하는 여인을 존중하게 하며, 열정의 욕망을 끝없이 타오르게 한다는 것이다. Maurice Valency 또한 Denomy의 견해와 비슷하게 Courtly Love의 가장 중요한 두 가지 요소로 "the adoration of women"과 "the ennoblement of man through love"를 들고 있다 (Valency 37).

이와는 달리 C. S. Lewis는 *The Allegory of Love*에서 Courtly Love를 'adultery'와 긴밀하게 연결 지어 파악하고 있다(13). 즉 결혼한 부부 간에는 진정한 '사랑'이 성립될 수 없다는 Andreas Capellanus의 말에 Lewis는 근거를 두고 있다.

We declare and we hold as firmly established that love cannot exert its powers between two people who are married to each other. For lovers give each other everything freely, under no compulsion of necessity, but married people are in duty bound to give in to each other's desires and deny themselves to each other in nothing. (*The Art of Courtly Love*, 106-107)

Andreas가 말하는 부부 간의 의무적인 사랑은 St. Paul이 언급한 "marital debt"(I

Corinthians 7: 3-4)에 근거한다. 부부 사이에서는 상대방이 성적 행위를 요구할 때는 이를 들어주어야 하는 의무가 있으며, 이러한 의무감 때문에 자유롭고 진정한 열정적인 사랑은 부부 사이에 존재할 수 없다는 주장이다. 따라서 Lewis에 따르면, 열정적인 Courtly Love는 'adultery'를 전제로 하는 혼외의 사랑이라는 것이다.

  그러나 많은 다른 중세 서정시인들(troubadour)과 현대 비평가들은 'adultery'의 부정적인 면을 인정하면서도 사랑에 빠진 연인들(특히 남자)의 인격을 고양시키고 변화시킬 수 있는 힘을 Courtly Love의 현저한 특색으로 보고 있다. 프랑스 남서부의 도시인 Toulouse에서 활동하던 중세 troubadour인 Guillem Montanhagol은 사랑의 긍정적인 면을 다음과 같이 말한다:

"Truly, lovers must serve love with all their hearts, for love is not sin but a virtue which makes the wicked good and the good better, and puts a man in the way of doing good every day: and out of love comes charity, for whoever truly gives his mind to love cannot thereafter do evil." (Valency 183)

사랑은 사악한 사람을 선한 사람으로, 선한 사람을 더욱 나은 선한 사람으로 교화시킬 수 있는 강력한 힘을 가진 미덕이라는 것이다. 또 다른 중세 서정시인인 N'At de Mons 또한 Guillem Montanhagol의 생각과 비슷한 맥락에서 사랑의 긍정적인 효과를 다음과 같이 말한다:

True lovers know that through love the haughty become humble and the base are ennobled and the lazy become skilled and the simple, wise. (Valency 178)

  고대 그리스인들과 로마인들은 양성 간의 열정적인 사랑이 두 연인의 품성을 고양시키거나 변모시킨다고는 생각지 않았다. 오히려 그들은 열정적인 사랑에 빠진 연인들의 고통을, 마치 광기(狂氣)에 빠진 사람들처럼 신들의 징벌로 생각하거나 또는 그 어떤 심오한 정신적 면도 없는 단순한 육체적 희열로만 여겼을 뿐이다. 이후 등장한 기독교는 한걸음 더 나아가 양성 간의, 심지어는 배우자 간의 열정적 사랑까지도 비판하였으며, 이는 독신주의(celibacy)를 강조한 정통 기독교적 교리로만 보았을 때 죄를 짓는 행위였기 때문이다. Courtly Love는 여러 면에서

로마 가톨릭 교회의 교리와 충돌하는데, 열정(熱情: passion)은 나쁜 것이 아니라 오히려 선(善)의 원천이라는 점, 결혼보다 더 숭고하고 그 대상은 부인이 아닌 다른 여자라는 점, 결혼을 궁극적인 목표로 하고 있지 않은 점 등에서 아주 큰 차이점을 보이고 있다. 이러한 환경 속에서 이전에는 볼 수 없었던 사랑 지상주의를 내걸고 lady의 우월적 지위를 인정하는 Courtly Love는 중세 서구인들에게 일면 색다른 호기심을 자아낼 수도 있었을 것이다.

Courtly Love의 보급과 발달에 큰 역할을 하였던 Troubadour들은 1100년경부터 1350년경까지 프랑스 남부의 여러 궁성에서 번성하며 활동하였고 그들은 주로 육체적인 사랑(sexual love)을 바탕으로 하는 연애시를 썼다. 그들의 시는 보통 다음과 같은 특징들을 갖는다:

an attitude of subservience and fidelity to a cold and cruel mistress
an exorbitant and quasi-religious praise of the lady's beauty
the requirement that love be extramarital (*Princeton Encyclopedia of Poetry and Poetics*, 871)

중세 서정 시인들에 의해 즐겨 다루어지던 Courtly Love는 사회적·성애적·종교적·철학적인 요소 등 여러 가지가 결합되어 생긴 복잡한 개념이라고 볼 수 있다. 이 사상은 유럽 전역에 급속도로 퍼졌으며 이에 결정적인 영향을 미친 사람은 프랑스 루이 7세의 왕비였다가 뒤에 잉글랜드 헨리 2세의 왕비가 된 Eleanor of Aquitaine이다. Eleanor는 12세기 말 프랑스 서부 중앙에 위치한 Poitiers 궁정의 여왕으로서 그녀의 딸인 Marie 백작부인(Countess of Champagne)과 함께 당시의 거친 궁정사회를 교화시키고 '세련되게(civilizing)'할 목적으로 여성들에 의해 통제되는 궁정 분위기를 형성시켰다. 많은 재능 있는 시인들과 학자들이 Poitiers 궁정으로 몰려들었으며, 이는 역사적으로 부유하고 강력한 힘을 지닌 여성들이 자신들만의 세계를 창출할 수 있었던 독특한 예이다.

이와 같이 Courtly Love는 궁정인들(courtiers)의 심성을 교화시키고 매력적인 세련미와 정중함을 갖추도록 교육시키는 긍정적인 효과를 갖는다. Poitiers 궁정에서 발달한 이러한 Courtly Love의 이상(理想)은 열등하면서도 남자를 파멸시키는 Eve와 같은 존재로서의 여성의 이미지를 성녀 Mary의 이미지로 어느 정도 끌어 올리는데 이바지 한 면도 있다. 즉, 당시의 중세 봉건주의 유럽사회에서 남성의 소유물로 인식되던 여성이 오히려 남성을 지배하는 여주인의 자리에 올라서는 것을 의미한다.

Amy Kelly의 *Eleanor of Aquitaine and the Four Kings*에 따르면 Marie와 Eleanor는 60명의 우아한 귀족부인들로 구성된, 실질적인 법정이 아니라 사교적인 성격이 짙은 Court of Love를 운영하였는데 그들만의 Courtly Love 법전에 따른 여러 사랑에 관련된 문제들을 토론하고 판결하였던 것으로 알려졌으며, 이는 Marie의 궁정 성직자였던 Andreas Capellanus가 쓴 *The Art of Courtly Love (De Amores)*와 깊은 연관성을 갖는다.

Andreas Capellanus는 Marie의 Poitiers 궁정의 궁정 신부로서 마리백작부인이 Poitiers의 궁정인들을 교화시킬 프로그램을 실시할 때 연인으로서의 적절한 행동양식을 가르칠 목적으로 공식적인 사랑의 법전을 작성하였고 이것이 바로 중세 Courtly Love의 기본서라 할 수 있는 *The Art of Courtly Love (De Amores)*이다. 이 책은 로마시대 Ovid가 쓴 *The Art of Love (Ars amatoria)*, *The Cure for Love (Remedia amoris)*, 그리고 *Amours (Amores)* 등을 그 source로 하고 있다. 그러나 Ovid의 저서들이 성적 쾌락을 위해 여성들을 유혹하는 주인(master)으로서 남성을 내세운 것과는 정반대로 Andreas의 저술은 여성을 여주인으로서, 그리고 남성을 여주인을 섬기는 하인으로 그렸다는 점이다. Andreas의 *The Art of Courtly Love (De Amores)*는 세 부분—Books Ⅰ, Ⅱ, Ⅲ—으로 이루어져 있으며 이를 요약하면 다음과 같다.

The Art of Courtly Love (De Amore) (1184-86)   (Excerpts)

1. Book Ⅰ은 어원(語源) 정의에 중점을 두며 학구적인 강연 형식으로 이루어져 있다.

What is Love?: 사랑이란 서로 다른 성(性)의 아름다움을 보고 그에 대한 무절제한 생각으로부터 기인하는 타고난 고통이다. 오로지 상대방을 껴안아보고 싶은 욕망만이 지배하고 이를 이룸으로써 사랑의 과업은 완수되는 것이다.

From Whence Love is Named: "Love (amor)"는 "capture" 또는 "be captured"를 의미하는 "hook (amar)"에서 유래하였다. 마치 어부가 미끼로 물고기를 유인하여 낚시 바늘로 낚듯이 사랑에 빠진 사람 또한 자신의 바늘로 다른 이를 잡으려는 욕망과 소망의 체인 속에 그 자신 사로잡힌다.

What is the Effect of Love: true lover는 탐욕에 타락하지 않고, 사랑은 추악하며 교양이 없는 사람을 아름다움으로 빛나게 하고, 비천한 출신이라 하더라도 고결함을 부여하는 방법을 알며, 심지어는 오만한 사람에게 겸손을 빌려 줄 수도 있다. 사랑이란 이처럼 놀라운 것이다.

What Persons are Suited for Love: 사랑을 하기 위해서는 적어도 여자아이는 12세, 남자아이는 14세가 되어야 하며, 진정한 사랑을 하기 위한 나이로 남자는 18세에서 60세 사이여야 한다. 왜냐하면 60세가 넘으면 남자는 비록 성교를 할 수는 있지만 진정한 열정(passion)은 부족하기 때문이다. 반면에 여자는 50세 이하여야 한다. 또한 나이 말고도 시각장애, 그리고 과도한 열정은 진정한 사랑을 방해한다. 시각장애자는 마음속으로 무절제하게 받아들일 수 있는 상대방의 아름다움을 볼 수 없기 때문에 시각장애는 사랑을 방해한다. 지나친 열정도 사랑을 방해하는데 이는 욕망의 노예가 됨으로써 사랑의 유대에 의해 억제될 수 없기 때문이다. 즉, 한 여인과의 열렬한 사랑을 나누고 그 사랑의 결과를 즐긴 후 또 다른 여인을 보게 되면 사랑의 욕망이 일어나고 배은망덕하게도 전의 여인을 잊게 되기 때문인 것이다.

이와 같이 사랑과 관련된 여러 개념들을 정의한 후 Andreas는 이어 여러 사회 계층에 적절한 대화 샘플들을 독자들에게 제공한다. 왜냐하면 사랑을 나눔에 있어서 유창한 말솜씨가 필요하기 때문이다.

First Dialogue

중산층 평민(gentleman)이 같은 계층의 여인과 대화를 나누면서 그녀의 아름다움을 칭송하는데 그 여인은 자신이 아름답지도 않은데 자신에게 발림말 한다고 답한다.

The woman says: Your words seem to be false, since I do not have a beautiful figure. Yet you extol me as more beautiful than other women.

The man says: The custom of the wise is never to praise their own beauty . . . And if you think yourself not beautiful, then you should consider me a true lover, since your beauty seems to me to be greater than that of all other women: love makes even an ugly woman seem beautiful to her lover. . .

The woman says: Although, your virtue is greatly to be praised, I am young and I shudder at the thought of the embraces of old men.

The man says: Certainly old age is not to be blamed . . .

[나이가 많다는 여자의 말에 자신은 경험이 많기 때문에 젊은이가 할 수 있는 것보다도 더 많은 고결한 행동을 할 수 있다고 설명한다.]

Third Dialogue

중산층 평민(gentleman)이 자신보다 신분이 높은 귀족층(higher nobility) 여인과 대화를 나눈다.

The man says: If a man of the middle class seeks to join himself in love with a women of the higher nobility, he ought to have a multitude of good qualities, for in order for a lower-born man to be worthy to seek the love of a higher born woman, he should be filled with innumerable good qualities, and an infinite number of good deeds should extol him. . . .

. . . Thus if, after a long period of proof, he is found worthy of love, a woman of the higher nobility may choose a plebian (gentlemen) as her lover. . .

[신분은 비록 낮지만 자신은 훌륭한 인품과 내적 자질을 지닌 사람이라고 얘기한 후 자신의 사랑을 받아달라고 호소한다. 이에 그 여인은 상대방 남자의 낮은 신분이 마음에 들지 않는다는 대답을 한다.]

The man says: I admit that I ask to be loved, for to live in love is sweeter than anything else in life. But your words show clearly that you refuse to love me and that this is because of the lowness of my inferior rank, even though I have great virtue. . . The aforementioned distinction of classes does not prohibit me from being numbered among the superior classes or to ask the rewards of a higher class, provided that can justly object to me on the grounds of my character . . .

The woman says: Although virtue can ennoble a plebian, yet you cannot change your rank to the extent that a plebian is made a great lord or vavasor, unless he is granted that by the power of the prince, who as he pleases may add nobility to good morals. By right then you are denied advancement to the love of a countess. . . Moreover, you claim to be numbered among the knights, yet I discern in you much that is contrary and harmful to that state. For knights by their nature should have thin and graceful calves and a foot of moderate size, longer than it is wide, as if it had been formed with a certain touch of art. I see that your thighs on the contrary are fat and round and your feet are huge and as wide as they are long.

The man says: If for his manners and integrity a commoner is worthy of being ennobled by a prince, I do not see why he should not be worthy of a noble woman's love. For if moral integrity alone makes a man worthy of being noble and only nobility is considered worthy of the love of a noblewoman, then it follows that only moral integrity is worthy to be crowned with the love of a noble lady.

But that objection which you put to me about my flabby legs and big feet is not very reasonable. It is said that in the frontier regions of Italy, there lives a certain count who has finely shaped legs, descended from a line of counts, illustrious ancestors, who in the sacred palace of the Holy See rejoices in elevated offices and shines with every sort of beauty and abounds in riches: yet it is said that he is devoid of virtue: all good customs fear him and every depravity finds its dwelling place in him. On the contrary, there is a king in Hungary who has very fat legs and big feet, and is almost entirely destitute of beauty. And yet he has such shining virtue he is worthy to recieve the glory of the royal crown and almost the whole world resounds with his praises. And so you should not ask about my legs and my feet, but what virtues I have acquired by my own deeds . . . You should learn to object not to one's legs but to one's morals, since in objecting to legs you seem to be objecting to divine nature.

[Book I은 다양한 부류의 연인들에 대한 언급으로 끝을 맺는다. 남자 성직자는 사랑을 할 수 있지만 수녀들은 사랑을 할 수 없다. 탐욕스런 여인들을 피하라. 매춘부도 피하여야만 한다. 소작농들(peasants)은 거의 사랑을 할 수 없는 존재들이다. 그들은 짐승같이 육체적 사랑을 나누며, 더욱이 농사일을 소홀히 하게 할 수 없어 사랑의 강의를 받음으로써 시간을 낭비하면 안 되기 때문이다. 혹 우연히 소작농 계층 여인과 사랑에 빠지게 될 경우, 감언이설로 그녀를 칭송하고 "적절한 장소에 이르게 되면 주저 말고 무력으로 네가 하고 싶은 일을 하라"고 권고하기도 한다.]

[Book II는 사랑을 유지하는 방법에 대해 설명한다. 그 다음에 Countess Marie of Champagne, Queen Eleanor of Acquitaine, 그리고 다른 궁정 귀부인들이 주재하는 Courts of Love에서 내린 다양한 판결들을 소개한다. 여기서 마리공작부인은 남편과 부인 사이에 사랑이 가능한 가에 대한 문제의 결말을 지어줄 것을 요청받는다. 공식적인 편지를 통하여 그녀는 남편과 부인 사이에 사랑은 불가능하다고 답하는데, 사랑에는 질투심이 반드시 필요하기 때문이라는 이유에서이다.]

Thus, our judgement, which has been pronounced with great moderation and is supported by the opinion of many great ladies, should be to you an indubitable and eternal truth.
The year 1174, the Kalends of May [i.e., May 1], the Seventh of the Indiction.
[그녀의 판결은 아래 결정문에 공시되어 있다]

XVII. A Knight was in love with a lady who was already in love with another: he received some hope to be loved in the following manner—that if she was ever deprived of the love of her present lover, then certainly this knight would have her love. After a brief time the lady married her lover. The aforesaid knight then demanded that she grant him the fruit of the hope granted to him, but she refused, saying that she had not lost the love of her lover. In this case the queen answered thus: "We do not dare oppose the decision of the Countess of Champagne, who in her decision decreed that love can exercise no power over husband and wife. Therefore we recommend that the aforesaid women grant the love that she has promised."

[Book II는 아래와 같은 31항의 연인들을 위한 규칙들을 인용하는 것으로 끝을 맺는다.]

The Rules of Love

1. Marriage is no excuse for not loving.
2. He who is not jealous can not love.
3. No one can be bound by two loves.
4. Love is always growing or diminishing.
5. It is not good for one lover to take anything against the will of the other.
6. A male cannot love until he has fully reached puberty.
7. Two years of mourning for a dead lover are prescribed for surviving lovers.
8. No one should be deprived of love without a valid reason.
9. No one can love who is not driven to do so by the power of love.
10. Love always departs from the dwelling place of avarice.
11. It is not proper to love one whom one would be ashamed to marry.
12. The true lover never desires the embraces of any save his lover.
13. Love rarely lasts when it is revealed.
14. An easy attainment makes love contemptible: a difficult one makes it more dear.
15. Every lover turns pale in the presence of his beloved.

16. When a lover suddenly has sight of his beloved, his heart beats wildly.

17. A new love expells an old one.

18. Moral integrity alone makes one worthy of love.

19. If love diminishes, it quickly leaves and rarely revives.

20. A lover is always fearful.

21. True jealousy always increases the effects of love.

22. If a lover suspects another, jealousy and the efects of love increase.

23. He who is vexed by the thoughts of love eats little and seldom sleeps.

24. Every action of a lover ends in the thought of his beloved.

25. The true lover believes only that which he thinks will please his beloved.

26. Love can deny nothing to love.

27. A lover can never have enough of the embraces of his beloved.

28. The slightest suspicion incites the lover to suspect the worse of his beloved.

29. He who suffers from an excess of passion is not suited to love.

30. The true lover is continuously obsessed with the image of his beloved.

31. Nothing prevents a woman from being loved by two men, or a man from being loved by two women.

[**Book III**는 앞서의 주장을 철회하는 취소문으로서 다음과 같은 사항들을 그 근 거로 든다: 종교적 가르침에 어긋난다: 건강을 해친다 (성교는 육체를 약화시키고 사랑에 빠진 연인들의 불면과 식사를 거르는 경향은 심신에 해로운 영향을 미친 다): 여자들은 아주 끔찍한 존재들이다. 이 책은 여성혐오적인 장광설로 끝을 맺 는다.]

Andreas's Rejection of Love (Book III)

Courtly Love의 불륜적인 면은 결국 성직자인 Andreas와는 맞지 않았다. 따라서 그는 Book I과 Book II의 내용을 논박하는 Book III를 썼다. 이는 곧 Courtly Love의 이교도적인 자연주의(pagan naturalism)와 극기와 절제를 강조하는 기독교 교리와의 갈등을 의미하는 것이기도 하고, 또는, 일부 비평가들이 주장하듯이,

Andreas의 *Art of Courtly Love*는 처음부터 의도적으로 비기독교적이며 불경한 '사랑의 종교'를 조롱하기 위한 것일 수도 있다. Book III에서 Andreas는 Courtly Love에 대한 자신의 관점을 다음과 같이 결론 짓는다:

The mutual love which you seek in women you cannot find, for no woman ever loved a man or could bind herself to a lover in the mutual bonds of love.

*The Art of Courtly Love*의 Book I과 Book II에서 보듯이 종교적, 도덕적인 입장에서 그 금기적인 한계라 할 수 있는 Courtly Love의 불륜적인 면은 결국 성직자인 Andreas 자신으로 하여금 Book III에서 자신이 피력했던 사랑의 규범들을 철회하게 만든다. 더욱이 남성과 여성 상호 간의 진실한 사랑은 있을 수 없다고까지 주장하면서 자신의 이의제기를 정당화하는데 이는 전통적인 반여성주의, 즉 모든 여자들은 속이기를 잘 하고(deceitful) 신의가 없다(faithless)는 근거 없는 믿음에 기반을 두었기 때문이다. Andreas의 이러한 반여성주의 시각은 그의 저술이 중세 그리고 그 이후의 사랑의 담론에 끼쳤을 중대한 영향력에 비추어 볼 때 Courtly Love를 바탕으로 하는 서구 사랑시의 실체에 대해 시사하는 바가 크다.

The Sonnet Tradition

중세의 Courtly Love 전통은 Renaissance 시대에 들어와 sonnet라는 정형시를 통해 더욱더 세련된 형태로 발전하게 된다. 이 14행(行)의 정형시는 13세기 이탈리아의 민요에서 파생된 것이며, 단테나 페트라르카에 의하여 완성되었고, 르네상스시대에는 널리 유럽 전역에 유포되었다. 대부분의 소네트는 남녀 간의 사랑, 특히 Courtly Love를 다룬 시로 수십 편의 연작(聯作 : Sonnet Sequence)으로 된 것이 많다. 대표적인 서구시인들이 수 백 년에 걸쳐 즐겨 썼다는 점에서 소네트는 서양문학의 여러 정형 시형 중에서 가장 발전된 형태라 할 수 있다.
소네트는 프로방스(Provence) 음유시인들의 연애시에 영향을 받은 시칠리아 궁정시인들에 의해 시작된 것으로 추정되며 14세기에 Petrarch의 시를 통해서 가장 세련되게 표현되었다. 이탈리아 모국어로 쓴 그의 317편의 소네트 연작시(Sonnet Sequence) *Canzoniere*('시집')는 그가 평생을 두고 사랑했던 여인 Laura에 대한 찬양과 사랑, 그리고 이로 인한 비탄과 슬픔을 시로 표현한 노래이다. 이상화된 연인 Laura에게 보내는 이 시의 창작을 계기로 Italian(Petrarchan) Sonnet가 정착되고 완성되었다. 이 형식은 소네트 형식 중 가장 널리 사용될 뿐 아니라 English (Shakespearean) Sonnet와 더불어 2대 소네트 형식으로 꼽힌다.

Italian(Petrarchan) Sonnet가 영국에 소개된 것은 16세기에 Sir Thomas Wyatt 와 Henry Howard, Earl of Surrey를 통해서였다. 이 새로운 시형은 Elizabeth 여왕시대의 서정시를 꽃피웠고, 이 형식을 바탕으로 자신들의 독특한 English (Shakespearean) Sonnet를 만들어내기에 이르렀다. 엘리자베스 시대의 전형적인 소네트는 페트라르칸 형식으로 된 연작 연애시였다. 엘리자베스 시대의 연작 소네트 가운데 유명한 것은 Sir Philip Sidney의 *Astrophel and Stella* (1591), Samuel Daniel의 *Delia* (1592), Michael Drayton의 *Idea's Mirrour* (1594), Edmund Spenser 의 *Amoretti* (1591), William Shakespeare의 *The Sonnets*, 그리고 Lady Mary Wroth 의 *From Pamphilia to Amphilanthus* 등이다. *Amoretti*는 English Sonnet 형식을 변형시킨 Spenserian Sonnet 형식을 사용하고 있다.

르네상스 시대의 소네트 작품은 각기 독립적인 주제를 다루는 개별적인 소네트라기보다는 한 주제를 일관적으로 다루는 독립적인 소네트들이 모여 하나의 큰 줄거리를 이루는 Sonnet Sequence이다. 즉, 연작시를 이루는 각 소네트는 페트라르칸 류의 상투적인 내용과 시인 자신의 개인적인 감정을 담은 독립된 시들이지만, 연작이라는 형식을 통해 무엇인가 이야기가 전개되어가는 듯한 흥미로움을 더해준다. 르네상스 시대의 소네트는 정교한 비유법인 'Petrarchan Conceit'의 첨가로 인해 중세의 Courtly Love 연시보다 한층 발전된 형태의 이상화된 Courtly Love를 담고 있다. 남자인 화자는 한탄과 고통으로 '절망의 바다'에서 폭풍에 이리저리 내몰리고 있는 "humble servant"이고, 그가 사랑하는 여인은 "cruel lady"로 눈빛 하나로도 자신을 끝없이 흠모하는 남자에게 상처를 입힐 수도 있다. 그녀의 아름다움은 상투적(stereotype)인 방식으로 묘사되는데, 그녀의 양 볼은 장미처럼 아름답고, 두 눈은 영롱한 별빛이요, 두 입술은 루비처럼 빨갛다.

르네상스 시대 이후 거의 연애시로 인식되던 소네트 장르는 애정과 사랑의 주제에서 더 확대되어 다양한 주제들을 담게 된다. John Donne의 종교적 소네트, John Milton의 정치적·개인적·종교적인 주제 등 소네트는 '연인들의 고통과 기쁨' 뿐만이 아니라 인간·자연·시간·죽음·영원 등에 대한 고찰에 이르기까지의 다양한 주제들을 다루게 된다. 그러나 르네상스 시대 Lady Mary Wroth의 *From Pamphilia to Amphilanthus*, 19세기 Elizabeth Barrett Browning의 *Sonnets from the Portuguese* (1850) 등 여류 시인들의 소네트 연작집의 예외가 있기는 하지만 주로 남성작가들에 의해 씌어진 여타 사랑 시를 포함한 연작 소네트 연가에서 과연 여성들도 이 밀고 당기는 사랑의 갈등 속으로의 자발적인 참여를 보장 받았는가 하는 물음에 대해서는 신중한 접근이 필요하다. 즉, 전통적인 이분법적인 여성 이미지—Eve & Mary—의 굴레 속에서 소네트를 포함하는 영시 연가 속에 재현된 여성의 정체성이 과연 연가의 표면에 나타나 있는 '여성숭배'는 겉치장에 불과한 것인가, 아니면 실질적인 여성숭배의 모습도 볼 수 있는가에 대한 신중한 접근의 문제이다.

Ⅱ.

Did Woman Love Too? - Woman and Love

Eve & Mary - Women in the Middle Ages

중세봉건주의 귀족층은 가문의 이익을 위해 종종 유아 시절부터 자녀들의 결혼을 사전에 계약하는 풍습이 있었다. 기혼여성은 남편의 보호 아래 제한된 법적 권리를 갖고 있었을 뿐이고 육체적인 징벌까지 가할 수 있는 힘을 가진 남편의 의지에 종속되었다. 잦은 임신과 출산으로 인해 심한 위험에 처해 있으면서도 기독교 교리의 전통적인 여성혐오주의(mysogyny)에 시달려야만 했다. 즉, 'Adam's rib'에 기초하여 여성들은 남성들에 비해 열등(inferior)하다는 점, 뱀으로 변신한 Satan의 유혹에 먼저 넘어갔기 때문에 여성들은 죄 많은(sinful) 존재라는 점 등에 기초하여 모든 여성들은 Eve의 후손('Second Eve')이라는 근거 없는 비난의 대상이 되었던 것이다.

And do you not know that you are (each) an Eve? The sentence of God on this sex of yours lives in this age: the guilt must of necessity live too. You are the devil's gateway: you are the unsealer of that (forbidden) tree: you are the first deserter of the divine law: you are she who persuaded him whom the devil was not valiant enough to attack. You destroyed so easily God's image, man. On account of your desert--that is, death--even the Son of God had to die. Tertullian, *On the Apparel of Women*, Book I, Ch. I)

그러나 중세 여성의 이미지는 부정적인 Eve의 이미지뿐만 아니라 성모 마리아(Mary)의 이미지 또한 담고 있다. 마리아는 특히 이상적인 여성성을 대표하는 이미지로 그 주요 덕성들은 성욕(sexuality)으로부터의 자유로움, 즉 성욕과는 무관한 여성의 순결함에 집중되어 있다. 13세기에 성모마리아는 하나님과 인간 사이의 부드러운 여성 중재자로 인간의 구원 문제에 있어 그 중요성이 높아졌으며, 이는 곧 마리아 숭배사상(the Marian cult or cult of the Virgin Mary)으로 이어졌고 중
세 서구의 문학, 음악, 그리고 예술 등에 지대한 영향을 미쳤다.

이와 같이, 중세 서구사회의 여성관은 여성혐오와 여성숭배의 두 상반적인 여
성관이 존재하였으며 이러한 이원적인 Eve/Mary 여성관은 담론을 통해 표출된 중
세 여성들에 대한 부정적, 긍정적인 태도들이 상호 치열한 충돌을 불러일으키게
하였다. 즉, 여성들은 기독교의 구원 시스템에 있어 아주 높은 위치에 있는 반면에
인간의 타락으로 인한 원죄의 고통을 가져오게 된 장본인이기도 하였다. 이러한 이
중적인 종교적 여성관은 중세의 Courtly Love 시와 로망스에도 깊이 반영되어 여
성은 Dante의 정신적 구원을 이끈 Beatrice나 Petrarch의 Laura와 같은 순결한 존
재로 또는 Troilus를 파멸시킨 사악한 Criseyde로 끊임없이 재현되기도 하였다.

Eve & Mary - Women in the Renaissance Period

중세의 여성과 마찬가지로 르네상스(Renaissance) 시대의 여성도 모든 정치적 권리
들이 거부되었고 남자들에게의 예속(subjugation)이라는 대명제 하에서 법적으로도
부모와 남편들에게 종속되어 있는 존재로 여겨졌다. 비록 농사일이나 길드(guild)
의 일 등 남편의 직업에 공동으로 참여하여 힘든 일을 수행하였지만, 신분의 차
이를 불문하고 대부분 여성들에게 당연시되었던 가장 중요한 일은 주부(housewife)
로서의 역할이었다. 결혼을 하지 않은 여성들조차 독립적으로 살아가는 것이 용
납되지 않아 친척의 보호 아래 살아가거나 또는 당시 여성으로서 유일한 직업
(career)이라 할 수 있는 수녀로서의 삶을 살아가야만 했다. "Life of Women in
Tudor England"에서 Kelly Crispen이 요약한 Tudor 왕조 시대 영국 여성의 삶에
서 당시 서구 여성의 삶을 유추해 볼 수 있다.

Inferiority

Women were taught from birth they were inferior to men.

The concept of female inferiority predates Christianity. But Medieval and
Renaissance society was shaped by the Church in ways that Westerners find hard
to fathom nowadays. And the Church was shaped by Paul's misogyny.

Women were taught, and believed, they were instruments of the devil. Females were the authors of original sin who lured men away from God and salvation.

Women were the only imperfection in God's creation.

"Woman in her greatest perfection was made to serve and obey man", John Knox, First Blast of the Trumpet against Monstrous Regiment of Women, 1558

Education

Most people in the first half of the 16th century didn't believe in education for women. They held the medieval belief that teaching girls to read and write would cause them to waste their time and skills on love letters.

There are exceptions to that, though. Sir Thomas More saw to it all his daughters were educated. Lady Jane Grey was quite a scholar ("for a woman"). Katherine of Aragon and Katherine Parr were both educated and considered virtuous despite their education.

But the idea of education for women really begins as a Renaissance concept.

The education of girls was for the privileged and the rich. Its aim was to produce wives schooled in godly and moral precepts. It was not intended to promote independent thinking or problem solving.

Most girls were taught the wifely arts, how to manage a household, needlework, herbs and wild plants that could be used in healing, meal preparation, and their duty to their future husband. But foremost was their strong religious training.

Girls who were educated were generally taught by tutors hired by their father or male guardian. These tutors were generally clerics whose chief aim was to give the girl a strong foundation in religious dogma.

The Law

A woman's body and her goods became her husband's property when she married and the law allowed him to do whatever he wanted with them.

Infidelity in a wife was not tolerated. Henry VIII made infidelity in a Queen treason because it threatened the succession.

An adulterous wife of a peer could also be executed if the King granted her husband's petition to put her to death.

A wife who killed her husband was guilty of petty treason, not murder. The punishment was death by burning.

If a wife displeased her husband in any way, real or imagined, he would turn her out of the house with just a shift to cover her. And she had no right of redress.

Wife beating was common and was considered righteous punishment for an erring and disobedient wife.

Divorces were rare and only granted by Parliament in extreme cases.

Annulments were granted by an ecclesiastical court or by the Pope. They were granted for: nonconsummation, near degree of relationship, insanity, or previous Pre contract with another. (http://tudors.crispen.org/tudor_women/)

페미니스트 관점에서 이와 같은 르네상스 시대 여성들의 열악한 사회적 지위와 삶은 따라서 "Rebirth [of *Man*]"을 의미하는 Renaissance의 의미 그 자체에 대한 회의감을 불러일으킨다. "Did Women Have a Renaissance?"에서 르네상스 이탈리아 귀족층 사회와 여성을 연결 지어 사회-문화적 맥락에서 Renaissance 시대를 연구한 Joan Kelly-Gadol은 Renaissance가 비록 지적, 정치적, 예술적, 등등의 면에서 중세와의 단절을 의미하는 새로워진 시대라고는 하지만 이와 같은 인간 중심 문명의 부활은 단지 남성에게만 해당되는 것이라 주장한다. 선하고, 유순하며, 정숙한 여성상(Mary)과 사악하고, 적극적이며, 성적으로 문란한 여성상(Eve)의 이분법적인 이미지는 중세시대의 그것과 변함없이 이어지고, 오히려 Aristotle과 같은 고대학자들의 저술로 무장한 르네상스 가부장제 체제는 상류층 여성들을 "남성 문화의 권위(male cultural authority)" 하에 둠으로써 "궁중사회에서의 여성들의 영향력 감소를 촉진시키는(spelled a further decline in the lady's influence over courtly society)" 결과만을 가져왔다고 주장한다(151). 즉, 상류층 여성들조차도 그 행동반경이 집안으로 한정될 정도로 여성은 아이를 출산함으로써 가문을 잇게 하는 존재로서 자리매김 되어졌으며, 또한 남성들을 즐겁게 하는 여자로서의 매력과 상냥함이 귀족층 여성들에게 무엇보다도 중요한 교육이요 덕목으로 여겨졌다는 것이다.

Culture is an accomplishment for noblewoman and man alike, used to charm others as much as to develop the self. But for the woman, charm had become the primary occupation and aim. Whereas the courtier's chief task is defined as the profession of arms, "in a Lady who lives at court a certain pleasing affability is becoming above all else, whereby she will be able to entertain graciously every kind of man." (150)

Eleanor of Aquitaine과 Marie 백작부인(Countess of Champagne)과 같이 중세 봉건주의 하에서 정치적, 경제적 힘의 지원 하에 주도적으로 문화 활동을 하던 귀족층 여성들은 르네상스 이탈리아에서는 그 예를 찾아보기 힘들 정도로 무력화되었다고 Joan Kelly-Gadol은 주장하고 있다. "In this sociopolitical context, the exercise of political power by women was far more rare than under feudalism or even under the traditional kind of monarchical state that developed out of feudalism...."(148). 여성의 활동공간이 집안으로 한정되었다는 Joan Kelly-Gadol의 견해와 같은 맥락에서 Lorna Hutson 또한 르네상스 시대는 "여성을 감금시키는 비정치적 공간으로서 가정의 중요한 의미를(the prior definition of the household as the non-political sphere to which women were confined)" 구체화 시켰다고 주장한다(87).

그럼에도 불구하고, Janet Clare가 주장하듯이, 르네상스시대는 문화적으로 확고부동한 획일적인 시대라기보다는 변화의 움직임이 미약하나마 저변에서 꿈틀대던 시대임은 확실하다(6). 특히 여성작가들의 출현은 비록 소수이지만 변화하는 시대의 문화의 다양성을 촉구하면서 그동안 가부장적 주류문화의 그늘에 묻혀있던 여성의 목소리를 대변하였다는 점에서 의의가 있었다. Isabel Whitney와 Lady Mary Wroth와 같은 르네상스 영국의 여성시인들은 그동안 남성작가들에 의해 거의 독점되었던 로망스와 소네트, 연애 서정시 등의 문학 장르에 진출하여 해당 장르의 전통적인 문학적 규범을 따르면서도 여성적인 관점에서 사랑의 문제를 다루었다.

Did Woman Love Too?

주로 남성작가에 의해 씌어진 중세와 Renaissance 시대 서양연가의 가장 큰 특징은 시 속에 전개되는 사랑이 쌍방 간의 상호교류에 의한 것이 아니라 일방적으로 사랑에 빠진 남성 화자의 입장에서 그 사랑이 표현되어 있다는 것이다. 즉 주체(subject)인 남성화자는 자신의 상상 속에서 품은 짝/사랑하는 여인을 향한 자신의 애타는 마음만을 표현함으로써 상대방 여인은 단순히 하나의 객체(object)로 남게 되는 것이다. 따라서 남성 화자에 의해 언급되어지는 여성은 남성 화자의 상상 속에서 수동적으로 이상화되어지고 시시각각 변하는 남성화자의 심리상태에 따라 증오나 찬탄의 대상으로 변화무쌍하게 그려지며, 시 속에서 벌어지는 '사랑의 게임'에서 여성은 그 어떤 상호 작용(interaction)도 없이 단순히 남성화자의 욕망의 대상으로 한정되어 있다. 이를 Janet Clare는 "부재의 존재(an absent presence)"(44)라고 정의한다. 시 속의 주된 주제는 여자이지만 정작 그 여자는 그림 속의 '꽃'처럼 그 의미가 보는 이의 주관에 따라 변한다는 것이다.

Samuel Daniel의 다음 소네트는 전형적인 Courtly Love를 담은 시로서 일방적인 여성의 '객관화'(objectification)가 잘 나타난 예이다. '담즙'과 '벌꿀' 등의 극명한 예를 들어 'Delia'라는 한 'lady'의 아름다움('fair')과 매정함('cruel')을 대조하는 동시에 그 정숙함('chaste')까지 찬미하고 있다.

Fair is my Love and cruel as she's fair:
Her brow-shades frown, although her eyes are sunny.
Her smiles are lightning, though her pride despair,
And her disdains are gall, her favours honey:
A modest maid, deck'd with a blush of honour,
Whose feet do tread green paths of youth and love:
The wonder of all eyes that look upon her,
Sacred on earth, design'd a Saint above.
Chastity and Beauty, which were deadly foes,
Live reconciled friends within her brow:
And had she Pity to conjoin with those,

Then who had heard the plaints I utter now?

For had she not been fair, and thus unkind,

My Muse had slept, and none had known my mind.   (From *Delia*, Sonnet VI)

이 소네트의 마지막 couplet에서 화자는 아름다움과 정숙함을 다 같이 지닌 그녀가 몰인정('unkind')하지 않았더라면 이러한 시를 쓸 수 있겠냐면서 자신이 시를 쓰는 이유와 그 사랑의 고통을 시로 승화시킨다는 동기를 밝히고 있다. 그러나이 시에서 드러나듯이 화자가 사랑에 빠진 이유는 모든 이들이 감탄해 마지않는("The wonder of all eyes that look upon her") 그녀의 아름다움과 정숙함("Chastity and Beauty") 때문이다. 비록 'Sacred,' 'Saint' 등 정신적 연애의 가능성을 내포하는 시어(diction)도 있지만 절대 다수의 시어는 그녀의 육체적인 아름다움과 냉정함을 묘사하는데 집중되어 있다.

위 소네트의 예에서 보듯이 남성 시인들에 의해 씌어진 중세와 Renaissance 시대 절대 다수의 서양연가는 여성에 대한 남성의 육체적 욕망이 그 저변에 잠복해 있다고 볼 수 있다. 서양 Courtly Love와 낭만적 사랑의 전통을 세운 '건축가'라 할 수 있는 Andreas Capellanus는 일찍이 사랑의 감정이란 아름다운 여인을 보는('seeing') 순간 마음속에 품어('conceiving') 발생한 [육체적] 욕망('desire')의 발로라고 정의 한다:

사랑이란 서로 다른 성(性)의 아름다움을 보고 그에 대한 무절제한 생각으로부터 기인하는 타고난 고통이다. 오로지 상대방을 껴안아보고 싶은 욕망만이 지배하고 이를 이루기 위해 사랑의 모든 가르침을 시도하는 것이다.

Love is a certain inborn suffering derived from the sight of and excessive meditation upon the beauty of the opposite sex, which causes each one to wish above all things the embraces of the other and by common desire to carry out all of love's precepts in the other's embraces. (*The Art of Courtly Love*, 28)

Andreas에 의해 정의된 사랑이란 정신적이라기보다는 주로 육체적인 맥락에서 이해된다. 즉 사랑이란 아름다운 여인을 눈으로 보는 순간 마음에서 그녀에 대한

욕정으로 변하며 맹목적으로 이를 성취하기 위해 심한 내적 고통을 겪는다는 의미이다:

. . . when a man sees some woman fit for love and shaped according to his taste, he begins at once to lust after her in his heart: then the more he thinks about her the more he burns with love, until he comes to a fuller meditation, Presently he begins to think about the fashioning of the woman and to differentiate her limbs, to think about what she does, and to pry into the secrets of her body, and he desires to put each part of it to the fullest use. Then he has come to this complete meditation, love cannot hold the reins, but he proceeds at once to action . . . . (*The Art of Courtly Love*, 29)

사실상 여자의 육체적 아름다움은, 전형적인 'Eve'의 이미지에서 알 수 있듯이, 정신을 파괴하는 감각적인 것으로 눈을 통해 들어와 죽음에 이르게 하는 극히 위험한 요소다: "Do not let the beauty of a body seduce you: do not let death enter into your soul through the windows of your eyes" (Paul the Deacon, *Exhortation to Henry, Count of Forun Julii*). Geoffrey Chaucer의 다음 시는 한 여인의 뇌쇄적인 눈에 의해 갑작스레 사랑에 빠진 한 남성 화자의 고통을 담고 있다:

Your two eyes will slay me suddenly,
I cannot endure their beauty,
So deeply does it wound my eager heart.
And unless your word will heal, without delay,
My heart's wound while it is new—
On my oath, I tell you faithfully
That you're the queen of my life and death,
And in my dying will that truth be seen. ("A Rondel of Merciless Beauty")

아름다운 여인의 눈을 통해 사랑에 빠진다는 전형적인 Courtly Love의 패턴을 보여주는 이 시는 눈을 통해 마음에 품은 여인의 정신적인 아름다움이 아닌 육체적인 아름다움이 얼마나 파괴적인 힘을 가지는 가를 잘 보여주고 있다. 또한 "부재의 존재 (an absent presence)"로서 이 시에 등장하는 여인은 남자에 의해 일방적으로 그 사랑의 대상(object)으로 '선정'되는 피동적인 "그림 속의 꽃"으로만 남는다. 상호 교류와 소통도 없이 막무가내로 자신의 사랑을 받아주지 않으면 죽음으로서라도 자신의 진정한(true) 사랑을 보여주겠다는 억지에 과연 이 여인은 어떤 반응을 보였을 지가 궁금할 정도로 남자의 일방적인 '사랑 놀음'인 것이다. 뇌쇄적인 그녀의 두 눈에 의해 사랑의 포로가 되었던 화자는 그녀를 향한 자신의 마음이 진정하다고 호소하지만 결국 자비라고는 조금도 찾아볼 수 없는 냉담한 그녀에 의해 그 사랑이 철저히 거부당하고, 맹목적인 사랑에 빠졌던 화자는 현실을 직시하게 되어 마침내는 사랑의 노예상태로부터 탈출한다는 내용으로 이 시는 끝을 맺는다. 자신도 모른 채 어느 날 일방적으로 한 남자의 짝사랑의 대상으로 되어버리고, 이 남자의 진실한 마음을 받아주지 않았다 하여 이 여인은 결국 'Merciless Beauty'라는 달갑지 않은 칭호를 받게 된 것이다.

물론 Dante의 소네트에서와 같이 마리아 여성관을 바탕으로 하는 연가는 여자의 눈을 통해 전파되는 사랑의 힘은 보는 이의 마음을 순화시키는 기적과도 같은 일("gracious miracle")을 행한다고 여성의 아름다움과 사랑의 힘을 찬양하기도 한다:

My lady carries love within her eyes:
All that she looks on is made pleasanter:
Upon her path men turn to gaze at her:
He whom she greeteth feels his heart to rise,
And droops his troubled visage, full of sighs,
And of his evil heart is then aware:
Hate loves, and pride becomes his worshiper.
O women, help to praise her in somewise.
Humbleness, and the hope that hopeth well,
By speech of hers into the mind are brought,
And who beholds is blessed oftenwhiles.
The look she hath when she a little smiles

Cannot be said, nor holden in the thought:
'Tis such a new and gracious miracle.

사랑은 여인의 눈으로부터 나온다는 전통적인 'eye topos'를 기반으로 하여, 마치 기적과도 같이, 여자의 아름다움으로 마음에 품게 되는 사랑이 남자들의 사악한 마음을 순화시킨다는 내용을 담고 있는 Dante의 이 도네트는 사랑과 여인의 아름다움의 긍정적인 힘을 부각시킨다. 그럼에도 불구하고 서양 연가의 대부분은 마리아 이미지보다는 이브 이미지를 강조하는 반여성주의적, 나아가 여성혐오적인 태도를 바탕으로 하고 있다. 전형적인 여성의 부정적인 속성들—유혹, 변절, 배신 등—을 기반으로 하여 그 파괴적이고 뇌쇄적인 아름다움의 덫에 빠져 허우적대는 자신들의 고통을 호소하는 시들이 절대 다수이다. 비록 스스로 자초한 일방적인 고통임에도 불구하고 근거 없이 이어지는 진부한(stereotypical) 여성의 부정적 속성에 그 책임을 전가하면서 사랑의 덧없음을 토로하고 있는 것이다.

이렇듯 남성 중심 서양연가의 전통, 특히 Courtly Love의 전통에서 주체(subject)가 아닌 객체 또는 대상(object)으로서 남성 시인들에 의해 이브와 마리아의 이분법적인 이미지 사이에서 그 극단적인 의미를 부여 받는 여성들도 과연 사랑에 적극적으로 참여하였고 또한 참여할 수 있는가에 대한 의문이 따른다. 또한 여성의 입장에서 쓴 서정 연애시에도 남성작가들에 의해 주도된 주류 연애시에서 보이는 유사한 사랑의 양태를 볼 수 있을 것인가 하는 것도 매우 흥미로운 점이다.

기원전 600년경의 고대 그리스 여류 시인인 Sappho는 사랑의 속성을 다음과 같이 정의하고 있다:

Without warning
as a whirlwind
swoops on an oak
Love shakes my heart

사랑을 사전 경고도 없이 갑작스레 나무에 몰아치는 회오리바람에 비유함으로써 사랑의 의외성을 강조하였고, "With his venom / irresistible / and bittersweet / that loosener / of limbs, Love / reptile-like / strikes me down"라고 사랑에 빠진

자신의 모습을 뱀의 독에 마비된 것으로 묘사함으로써 달콤쌉쓸한 (bittersweet) 사랑의 속성을 잘 드러내고 있다. 물로 여성도 남몰래 사랑하는 이와 마주하면 소위 남성 Courtly Lover에게 나타나는 여러 사랑의 증상들을 느낄 수도 있고 능동적으로 사랑에 빠질 수 있음을 Sappho는 보여준다:

. . . . If I meet
you suddenly, I can't

speak—my tongue is broken:
a thin flame runs under
my skin: seeing nothing,

hearing only my own ears
drumming, I drip with sweat:
trembling shakes my body

and I turn paler than
dry grass. At such times
death isn't far from me...

이 시에는 마음속으로 사랑하는 이를 갑작스레 만났을 때의 당황해하는 화자의 모습이 Courtly Lover에게 나타나는 상사병의 여러 증상들과 함께 구체적으로 표현되어 있다 — 일단 얼굴이 빨개진 후, 말문이 막히고, 앞이 깜깜해지고, 그러다가 사시나무 떨듯 몸이 떨리면서 백지장처럼 안색이 창백해지고, 마치 죽음이 그리 멀리 있지 않은 것처럼 느끼는 그런 증상들. 또한 다음 시에서는 사랑에 한번 빠지면 다른 일은 관심 밖에 있다는 일반적인 상사병의 증상을 보여주고 있다:

It's no use
Mother dear, I
can't finish my

weaving
You may
blame Aphrodite

soft as she is

she has almost
killed me with
love for that boy

베틀 일을 소홀히 하는 딸을 나무라는 어머니에게 자신이 사랑에 빠졌음을 고백하는 한 평범한 소녀를 묘사함으로써 일상적인 분위기에서 사랑의 힘에 대한 속성이 소박하면서도 직설적으로 이 시에 잘 드러나 있다.

Plato가 "the tenth Muse"라고까지 했고 동전에 그녀의 모습이 새겨지는 등 고대시대에 위대한 시인으로 칭송받았던 Sappho는 기원전 3세기경에 9권의 시집이 발간되는 등 여성의 입장에서 사랑의 여러 양태를 보여주는 수많은 서정시를 썼지만 대부분 역사의 질곡 속에서 사라지게 되었다고 한다. 위대한 시인으로서의 그녀의 평판은 사후 3세기가 지난 후 로마의 코미디 작가들에 의해 난잡한 성생활을 즐겼던 여성 동성애자("lesbian"이란 용어는 그녀가 살았던 Lesbos섬에서 기원)로 조롱을 당했고, 이런 연유로 1073년 Pope Gregory가 그녀의 작품을 불사르라는 명령을 내리게끔 하였다고 한다. 1898년과 1914년에 이집트 등지에서 발굴된 파피루스에 남겨진 몇몇 시 단편들이 현존하는 그녀의 작품 전부이다.

이후 여류 서정시 전통은 중세에 들어와 Marie de France에 의해 'Romance'라는 새로운 문학 장르로 그 명맥이 이어졌고 르네상스와 17,8 시대에 이르러 본격적인 여류 서정 시인들이 등장하게 된다. 특히 Marie는 여성 작가로서의 자부심과 함께 남녀 간의 사랑의 문제를 남성적 장르라 할 수 있는 중세 로망스의 중심 주제로 다루었다는 점에서 특기할 만하다. 르네상스 시대의 가장 대표적인 여류 시인으로는 Lady Mary Wroth와 Isabel Whitney 등이 있고 이후 Margaret Cavendish, Katherine Fowler Philips ('Orinda'), Aphra Behn, 그리고 Anne Finch 등의 여류 시인들이 등장하게 된다. 이들 여류 작가들의 서정시에서 보이는 가장

큰 특징들은 전통적인 Courtly Love 서정시의 여러 pattern과 속성들을 따르면서
도 남성작가들의 그것과는 다른 사랑의 양태를 보여준다는 데에 있다. 즉 이들
여류 시인들의 서정시에는 여성으로서의 솔직한 자기표현, 남자를 조심하라는 뭇
여성들에 대한 경고, 상대방 연인에 대한 맹목적이며 극히 이상화된 자기표현의
절제, 그리고 사랑에 있어 constancy의 문제 등이 부각되어 다루어지고 있다.

　　Lady Mary Wroth는 Sir Philip Sidney의 조카로서 장편 산문 로망스 *The
Countess of Montgomery's Urania*와 소네트 연작집(sonnet sequence) *From Phamphilia
to Amphilantus*를 쓴 여류시인이다. 특히 103편의 소네트와 노래로 이루어진, 영문
학사상 처음 여성시인에 의해 씌어진 그녀의 sonnet sequence는 여성의 입장에서
이중적 사랑을 즐기는 Amphilantus("dual-affections")의 배신과 이에도 불구하고 지
조를 지키는 정숙한 Phamphilia("All-loving")의 질책과 변명을 소네트 형식으로 표
현한다. Wroth는 비록 Petrarch 풍의 전통적인 비유법과 수사법 등을 사용하였지
만 ("In writing in the Petrarchan mode, Mary Wroth was following paths that
were (to put it mildly) heavily trodden") (Waller 195), 여느 남성시인의 사랑 시
와는 달리 그 다루는 주제와 내용면에 있어 여성 시인으로서의 차별성을 보이고
있다.

Wroth reworks and revises standard tropes in the service of a poetics of love
designed not to court a lover or to express the physical charms of a desired
object, but to enact a drama of love, desire and loss in the consciousness of the
woman-lover-poet. (Clare 47)

즉, 여느 남성 시인들이 한 특정한 인물에 대한 Petrarch 풍의 화려한 외적 묘사
나 눈물겨운 사랑의 갈구에 집중하고 있는 반면에 Wroth의 소네트는 사랑에 빠
진 한 여류시인의 희비가 엇갈리는 내적인 사랑의 드라마에 치중하고 있다는 것
이다. 이 같은 Janet Clare의 견해와 비슷하게 R. S. Bear 또한 Pamphilia가 사모
하는 Amphilanthus는 남성 시인들의 소네트에서와는 달리 시가 집중하는 대상
(object)이 아니라고 주장한다. 그러나 Clare의 견해와는 달리하여 Wroth의 전체
sonnet sequence는 공히 남성과 여성 연인들의 "constancy"의 문제를 집중적으로
부각시키고 있다고 주장한다.

The sonnet cycle, *Pamphilia to Amphilanthus*, shares with the *Urania* the project of turning Amphilanthus from the path of inconstancy, and concentrates on a single argument: constancy is not a gender-specific virtue. This project by itself stands on its head the Petrarchan tradition of courtly love poetry, for Amphilanthus, unlike Stella, Caelica, Phyllis, and a hundred others to whom sonnet cycles were addressed, is not an object. He is instead enlisted in Pamphilia's quest for a mutually supported happiness founded upon the relinquishing of objectification, the mode by which oppressive power relations are constructed. (Bear, "Introduction")

Wroth의 sonnet sequence는 Amphilanthus를 향한 뜨거운 사랑의 마음을 표하기보다는 사랑에 있어서 "constancy"의 문제는 특정한 gender에 국한되는 것이 아니라 쌍방 모두에게 해당되며 진정한 사랑은 "constancy"를 지키려는 그 인내에 있다는 것을 보여주기 위한 하나의 수단으로 시에 등장시켰다는 것이다. 그러나 gender에 기초한 이러한 페미니스트 비평에도 불구하고 Wroth의 소네트는 Sappho의 시에서 볼 수 있는 사랑의 불가항력과 그 거역할 수 없는 힘에 어찌할 수 없는 나약한 '인간'의 적나라한 모습 또한 담겨 있다:

How like a fire doth Love increase in me?
The longer that it lasts the stronger still:
The greater, purer, brighter: and doth fill
No eye with wonder more than hopes still bee.
Bred in my breast, when fires of Love are free
To use that part to their best pleasing will,
And now unpossible it is to kill
The heate so great where Love his strength doth see.
Mine eyes can scarce sustaine the flames, my heart
Doth trust in them my passions to impart,
And languishingly strive to shew my love.
My breath not able is to breath least part
Of that increasing fuell of my smart:

Yet love I will, till I but ashes prove.

자신의 사랑을 사랑하는 이에게 보여주지 못하고 가슴 속에서만 타오르는 맹렬한 사랑의 불길을 감당하지 못하고 화자는 참을 수 없는 고통을 토로하지만 결국 자신은 비록 그 불길로 인해 재가 된다 하더라도 사랑할 수밖에 없음을 이 시의 화자인 Pamphilia는 고백하고 있다.

남자들의 지조 없음과 "constancy"의 문제는 Isabella Whitney의 *The Copy of a Letter*에서도 계속적으로 다루어지고 있다. 편지 형식으로 된 "I. W. To her Unconstant Lover"에서 Whitney는 전 남자 애인이 다른 여자와 결혼한다는 소식을 듣고도 인내를 으뜸가는 미덕으로 여기는 가부장사회의 전형적인 정숙한 여인처럼 그가 결혼하여 잘 살기를 바라는 마음을 담담하게 전한다.

As close as you your wedding kept,
　　　　yet now the truth I hear,
Which you (ere now) might me have told—
　　　　what need you nay to swear?

You know I always wisht you well,
　　　　so will I during life:
But sith you shall a husband be,
　　　　God send you a good wife.　(1-8)

그러나 Whitney는 곧바로 전 남자 애인이 굳건하게 다짐했던 사랑의 맹세를 상기시키면서 자신과 결혼해 줄 것을 당당하게 요구한다.

And if you cannot be content
　　　　to lead a single life?
(Although the same right quiet be)
　　　　then take me to your wife.

So shall the promises be kept
        that you so firmly made:
Now choose whether ye will be true,
        or be of Sinon's trade. (21-27)

Whitney는 이 남자에게 그리스의 첩자로서 트로이를 배신한 Sinon과 같은 사랑의 배신자가 될 것인지 아니면 자신과 결혼하여 변함없는 지조의 상징으로서 사랑의 사표가 될 것이지를 단도직입적으로 요구하고 있다. 이어 지조와 사랑의 맹세 등에 대한 과거의 여러 사례들을 열거하면서, 특히 여자를 버린 수많은 남성 영웅들에 초점을 맞추어 그 진정(眞正)성에 대해 의문을 제시함으로써 자신과의 관계에서 언행이 불일치한 그의 과거와 지금의 행적을 때로는 직접적으로, 때로는 우회적으로 비난한다. 그러나 결국 Whitney는 이 시의 결말에서 자신을 버리고 다른 여자와 결혼하려는 남자에게 예전 사랑의 맹세를 지켜 자신과의 결혼을 다시 한 번 재고해 줄 것을 담담한 톤으로 말하고 있다:

And now farewell, for why at large
        my mind is here exprest,
The which you may perceive if that
        you do peruse the rest. (137-140)

이 시는 사랑의 배신을 하려는 남자를 설득하는 내용으로 이루어져 있으나 그 방식이나 어조는 매우 담담하면서도 단호하며, 논리적으로 전개되어 있다. 한숨이나, 애원, 한탄, 유혹과 협박을 곁들인 호소 등의 Petrarch 풍 분위기는 전혀 찾아볼 수 없으며 이것이 바로 기존의 남성 시인들과의 시와는 상당히 다른 점이라 할 것이다. "The Admonition by the Author to all Young Gentlewomen: And to all other Maids being in Love"라는 긴 이름의 시에서 Whitney는 차분하면서도 담담한 어조에서 벗어나 보다 단호하게 애인(아마도 약혼자)에게 버림받은 자신의 예를 들어 '악어의 눈물'같이 위험한 남자들의 간계(奸計)로부터 자신들의 마음과 명예를 지킬 것을 여러 미혼 여성들에게 경고하고 있다:

Beware of fair and painted talk,
        beware of flattering tongues:
The Mermaids do pretend no good
        for all their pleasant songs.

Some use the tears of crocodiles,
        contrary to their heart:
And if they cannot always weep,
        they wet their cheeks by art.

Ovid, within his *Art of Love*,
        doth teach them this same knack
To wet their hand and touch their eyes,
        so oft as tears they lack.   (13-24)

이 시가 더욱 더 설득력이 있는 것은 바로 시인 자신이 겪은 쓰라린 경험을 바탕으로 하고 있다는 점이다: "I who was deceived late / by one's unfaithful tears (125-126)." Louise Schleiner에 따르면 Whitney가 이 시를 쓰게 된 동기는 바로 자신의 파경 때문이라고 한다:

It has been speculated that Whitney's motivation for writing this piece was a broken engagement. With four daughters in the family, Isabella's dowry probably fell short of what was promised, and, thus, she may have been jilted by her fiancé. (Schleiner 7)

역사적으로도 그 진위를 증명할 수 있는 Whitney의 생생한 증언은 남성 작가들에 의해 허구로 창조된 여성인물들의 미사여구로 수놓은 화려한 한탄이나 또는 사탕발림으로 일관하는 남성 화자들의 스스로 만들어낸, 위선적인 고통과는 비교가 되지 않을 정도로 독자의 마음에 와 닿는다: "In Whitney's verse, the female voice is by turns jocular, teasing and sceptical, far removed from the plaintive

tones of the dominant cultural form of male-authored Petrarchan love poetry"
(Clare 12).

Why have ye such deceit in store?
   have you such crafty wile?
Less craft than this, God knows, would soon
   us simple souls beguile.

And will ye not leave off? but still
   delude us in this wise?
Sith it is so, we trust we shall
   take heed to fained lies.

Trust not a man at the first sight
   but try him well before:
I wish all maids within their breasts
   to keep this thing in store.

For trial shall declare his truth
   and show what he doth think,
Whether he be a lover true,
   or do intend to shrink. (25-40)

18세부터 문학 활동을 시작한 것으로 알려진 Isabella Whitney는 여성으로서는 최초로 시를 발간하였고 또한 최초로 종교적인 작품이 아닌 세속적인 작품을 출판한 영국 시인이다. 정규적인 교육을 받지 못한 중산층 출신 여성으로서 Isabella Whitney는 문학적으로, 또한 역사적으로 오늘날 크게 주목을 받고 있다. 특히 남성 연인들의 화려한 수사로 포장된 유혹과 배신을 스스로의 생생한 경험에 비추어 시로 폭로한 점은 중세 이후 남성 시인들에 의해 주도된 Courtly Love 시 전통에 대한 새로운 시각을 갖게 하는 동시에 남성들의 일방적인 '사랑 놀음'에 대한 강력한 비판으로 부각된다.

"With the word the garment entered": Language for Seduction

2세기말에서 3세기 초 활동하던 초대교회의 유명한 라틴교부로 북아프리카 Carthage에서 활동한 Tertullian(ca. 155/160-after 220)은 "With the word the garment entered"라고 말함으로써 언어(language)란 장식으로 감싸 있어서 본질적으로 사악한 포장이라는 것을 암시 한다 (Bloch 14). Tertullian은 화려한 복장과 치장에 가려진 여성들에게서 Eve의 본 모습을 발견하고는 다음과 같이 통렬하게 비난한다:

And do you not know that you are (each) an Eve? The sentence of God on this sex of yours lives in this age: the guilt must of necessity live too. You are the devil's gateway: you are the unsealer of that (forbidden) tree: you are the first deserter of the divine law: you are she who persuaded him whom the devil was not valiant enough to attack. You destroyed so easily God's image, man. On account of your desert—that is, death—even the Son of God had to die. And do you think about adorning yourself over and above your tunics of skins? ("On the Apparel of Women," Chapter I)

하나님의 말씀을 거역하고 인간을 타락하게 만든 악마의 문이요 장본인인 여자들이 화려한 치장을 함으로써 humility와 chastity를 버리고 Eve가 그러했던 것처럼 다시 유혹의 준비를 하는 것으로 Tertullian은 이해하고 있는 것이다.

여성들의 화려한 치장에 대한 Tertullian의 비판은 말 그대로 Courtly Love 사랑 시에도 적용될 수 있다. 화려한 미사여구로 거짓과 위선을 치장하여 미화시킨 Courtly Love 사랑 시는 Andreas Capellanus가 강조하듯이 여성들을 유혹하기 위한 화려한 언술을 자랑하는 Courtly Lover의 그것과 동일하기 때문이다:

Many times fluency of speech will incline to love the hearts of those who do not love, for an elaborate line of talk on the part of the lover usually sets love's arrows a-flying and creates a presumption in favor of the excellent character of the speaker. (The Art of Courtly Love, 35)

Andreas가 주장하듯이 유창한 언변은 화자의 인격을 호의적으로 추정해볼 수 있는 하나의 지표(指標)이기 때문에 Courtly Lover에게 있어서 아주 유효한 수단이며, 따라서 훌륭한 Courtly Lover가 되기 위해서는 먼저 유능한 시인이 되어야 하는 이유가 바로 여기에 있다:

Courtly love. . . , is especially dependent on the forms of speech, since not only is every lover a poet, but the main characteristics of the courtly lover—his courtesy, humility, and religion of love—are expressed in speech. (Benson 243)

Larry D. Benson이 언급하듯이 Courtly Lady에게 사랑을 호소할 때, 능숙한 시인의 그것과도 같은 화려한 언술은 필수불가결한 요소이지만, 그러나 비열한 불한당들도 진정한 Courtly Lover의 언술을 모방한다는 점에서 그 문제점이 더욱 심각하다:

. . . in the late fourteenth century even a scoundrel, if he had any pretensions to gentility, had to express himself in the language of courtly love. It was the emblem of aristocratic respectability. (Benson 246)

이러한 이유로 인해, 즉 fabliaux 등에서 볼 수 있듯이 사이비 Courtly Lover의 달콤한 유혹에 넘어가 크나큰 상처와 고통에 시달리는 젊은 처녀들의 비애를 방지하기 위해 Christine de Pisan이나 the Knight of la Tour Landry의 부인과 같은 자녀를 둔 중세의 어머니들이 화려한 Courtly Love의 언술에 극도의 경계심을 나타내는 동시에 이를 신랄하게 비판하였던 것이다:

The fact that prigs like Geoffrey de la Tour Landry and scoundrels like William Gold could so easily use the language of courtly love was one of its problems: the noble art of love talking was all too open to abuse by clever scoundrels, such as those clerks in the fabliaux, who realized the tactical advantages of love talking to impressionable young ladies. Perhaps that is why the most telling attacks on courtly love come from concerned mothers, such as Christine de Pisan or the wife of the Knight of la Tour Landry. (Benson 248)

같은 맥락에서 그 자신 Courtly Lover의 달콤한 유혹에 넘어가 크나큰 상처와 고통을 겪었던 Isabella Whitney는 앞에서 언급되었듯이 화려한 화술의 유혹에 넘어가지 말고 항상 상대방 남자를 시험해보고 또 시험해보라고 젊은 처녀들에게 경각심을 고취시켰던 것이다 ("Beware of fair and painted talk, / beware of flattering tongues").

Courtly Love 전통에 기초한 화려한 화술과 비유법, 그리고 시적 기교 등에 대한, 특히 소네트 전통에 대한 신랄한 비판은 17세기 형이상학파 종교시인인 George Herbert의 "Jordan (I)"에도 잘 드러나 있다:

Who says that fictions only and false hair
Become a verse? Is there no truth in beauty?
Is all good structure in a winding stair?
May no lines pass, except they do their duty
Not to a true, but painted chair?

Is it no verse, except enchanted groves
And sudden arbors shadow coarse-spun lines?
Must purling streams refresh a lover's loves?
Must all be veiled, while he that reads, divines,
Catching the sense at two removes?

Shepherds are honest people: let them sing:
Riddle who list, for me, and pull for Prime:
I envy no man's nightingale or spring:
Nor let them punish me with loss of rime,

Who plainly say, *My God, My King*.

이 시는 Petrarchan poetry를 비판하는 시로 화려하고 복잡한 수사와 비유, 그리고 기교만이 좋은 시를 만드느냐며 'complexity'를 비난하면서 동시에 'simplicity'를 찬양하고 있다. "Who says that fictions only and false hair / Become a verse?"라고 반문하면서 이 시의 화자는 의복과 장신구가 자연스러운 인간의 외양을 가리듯이 말이란 화려함으로 진실을 숨기는 치장이라고 주장하는 Tertullian처럼 비록 소박하지만 자연스러운 시와 그 시의 흐름을 강조하고 있다.

주로 남성 화자의 관점에서 사랑의 과정을 전개시키고 있는 Petrarch 풍의 연가를 가장 지독하게 풍자하고 있는 여류 시인은 바로 Aphra Behn이다. 남성 또는 남성권위에 대한 복종을 거부하고 보헤미안적인 기질과 사치스러운 생활 등의 자유분방한 그녀의 라이프스타일은 Aphra Behn을 페미니스트 운동의 선구자로서 자리매김하는데 부족함이 없다. 그녀의 사상과 견해는 당시 남성중심사회의 인습에 얽매이지 않았으며 자신의 이러한 파격적인 의견들을 거리낌 없이 자신의 소설과 드라마, 그리고 시 작품에 담았다. 그녀의 시는 이성 간의 낭만적인 사랑뿐만이 아니라 동성 간의 사랑도 다루고 있으며 성폭행과 임포텐스에 대한 논의, 성적 쾌락에 대한 여성의 권리를 주장하기도 하는 등 당시 사회의 기준으로서는 가히 파격적이었다. 그녀는 "The Libertine"이라는 시에서 거짓과 위선으로 일관하여 수많은 여성들을 순수한 사랑의 이름으로 농락한 한 Courtly Lover의 독백을 담는다:

A thousand martyrs I have made,
    All sacrificed to my desire,
A thousand beauties have betray'd
    That languish in resistless fire:
The untamed heart to hand I brought,
And fix'd the wild and wand'ring thought.

I never vow'd nor sigh'd in vain,
    But both, tho' false, were well received:

The fair are pleased to give us pain,
   And what they wish is soon believed:
And tho' I talk'd of wounds and smart,
Love's pleasures only touch'd my heart.

Alone the glory and the spoil
   I always laughing bore away:
The triumphs without pain or toil,
   Without the hell the heaven of joy:
And while I thus at random rove
Despise the fools that whine for love.

Courtly Love를 가장하여 수많은 여자들을 능욕한 한 난봉꾼의 고백을 담은 이 시는 Courtly Love를 배경으로 하는 전통적인 Petrarch 풍 소네트를 풍자하는 동시에 자신의 사랑을 받아주지 않는 courtly lady의 무자비함과 경멸로 인한 고통을 절절히 호소하는 남성 화자의 이면에 숨어 있는 검은 의도를 낱낱이 폭로한다고도 볼 수 있다. 사랑을 쉽사리 받아주지 않는 'cruel' lady로 인한 슬픔과 한탄, 사랑의 고통과 맹세는 단지 생물학적 욕구만을 채우려는 "악어의 눈물"이었음을 보여준다. "미인들은 [자신을 흠모하는] 남자들에게 고통을 주는 것에 만족해하고 / 그들이 소망하는 것은 다 이루어지는 것처럼 믿어졌다 (The fair are pleased to give us pain / And what they wish is soon believed)"는 말을 통해 'cruel lady'의 그 서슬 퍼런 권위도 남자들에 의해 조작된 허구였음이 드러난다. 결국 지고지순한 lady로 시 속에서 칭송받던 여성들은 화려한 말의 향연 속에 포장된 남자들의 검은 색욕의 희생이요 장난감에 지나지 않았다는 사실을 이 시는 폭로하고 있는 것이다.

남성 시인들에 의해 주도된 전형적인 Courtly Love 연가의 전통에서 보았을 때, 시 속의 핵심이라 할 수 있는 'lady'는 주체(subject)인 남성 화자의 욕망의 대상(object)에 불과했음이, 비록 아주 소수이지만, 여성의 입장에서 본 여류 시인들의 작품 속에서 드러나고 있다. 아름다운 사랑을 표현한 시를 감상하는 방법은 여러 가지가 있을 수 있고 또한 T. S. Eliot가 주장한대로 "시는 시로서만 (poetry as poetry)" 감상할 수도 있겠으나 사랑을 서로 나누는 상호 작용의 과정 속에 그 한 축인 여성들이 전통적인 반 여성주의와 결합된, 소위 "male gaze"의 대상으로만 존재한다면 진정한 사랑의 과정을 아름다운 시로 승화시킬 수 없을 것이다.

이렇듯 남자들의 일방적인 여성관과 여성의 객체화-주변화는 중세와 르네상스 시대, 그리고 그 이후까지 지속되는 Courtly Love 연가 전통의 주류로 자리 잡는다. 남성 시인들이 자신들의 작품 속에 일방적으로 규정하고 있는 여성의 의미와 이분법적인 Mary/Eve 이미지는 뿌리 깊은 서구 사회의 여성혐오주의(misogyny)와 맞물려 상호 간 상승작용으로 그 정도를 더하게 됨으로써 현대의 프랑스 페미니스트 비평가인 시수(Hélèna Cixous)는 남성작가에 의한 모든 글(writing)은 "종잡을 수 없는 허구의 마력(the mystifying charms of fiction)"으로 여성을 영원히 억압하고 있는 장소(locus)라고 극단적으로 정의를 내리게끔 하였다. 다음 장(章)에서는 중세 여류시인인 Marie de France가 남성 장르이면서 기사도와 Courtly Love의 꽃이라 할 수 있는 King Arthur의 남성세계를 여성적인 시각으로 어떻게 재구성했는지를 살펴본다. 또한 마지막 장(章)에서는 지조가 없는 요부(femme fatale)로서 유럽 문학의 가장 가증스러운 여주인공 중의 한 명인 Criseida라는 여성인물이 400년의 세월 속에서 여러 남성작가들에 의해 어떻게 재현되었는지를 살펴본다.

Female Writing of Romance: Marie de France' *Lanval*

I.

마리 드 프랑스(Marie de France)에 대한 명확한 전기적 사실은 오늘날 거의 알려진 것이 없다. 프랑스 출신으로 헨리 2세(Henry II)가 왕으로 군림(1154-1189)하던 12세기 후반부에 자신의 모국어(Anglo-Norman French)로 영국에서 작품 활동을 하면서 당시의 프랑스 출신 영국 왕실과 밀접한 관계를 유지하고 있었을 것이라는 것 이외에는 오로지 그녀의 이름으로 남겨진 작품을 통하여 그녀에 대한 여러 가지 추론만이 있을 뿐이다(P. J. Marique 1). 그러나 오늘날 마리의 작품이 중요시되는 이유는 마리가 프랑스 최초의 여류작가라고 추론되는 점 이외에도 당시 남성작가 중심의 주류작품과는 다른 관점(perspective)에서 그녀의 작품이 씌어졌다는 점일 것이다. 디스(Dorothy Disse)에 따르면, 마리의 작품에 관한 흥미로운 언급이 피라무스(Denis Pyramus)라는 동시대 남성작가에 의해 나왔는데, 이 언급은 여성작가인 마리와 그녀의 작품이 그 당시에 어떤 평가를 받고 있었는가를 잘 알 수 있게 해준다:

> 마리 드 프랑스와 동시대인인 데니스 피라무스라는 영국 수도사가 성 에드먼드의 삶에 대한 자신의 시의 서장에서 마리에 대해 다음과 같이 이야기했다: "마리는 허무맹랑한 로맨스 이야기를 운문으로 썼다. 그럼에도 불구하고 귀족들에 의해 그녀의 작품은 많은 칭송을 받았으며 즐겨 읽혀졌다." 아마도 피라무스는 도덕적이며 정통 문학으로서 [마리의 것보다 훨씬 우수하다고 믿었던] 자신의 시작품의 인기도를 의식한 나머지 다음과 같이 한탄하면서 결론을 맺었다: "로맨스 이야기들은 단순히 재미만을 추구하는 여성독자들을 즐겁게 해준다." (1)

피라무스의 이와 같은 언급은 마리 드 프랑스에 대해 여러 가지 점을 시사한다. 즉, 마리 드 프랑스의 작품들이 (특히 로맨스 작품이) 당시의 귀족사회 독자층에 크게 인기가 있었으나, 당시의 문학 주류에서 보았을 때 마리의 작품들은 고상하지 못했고 통속적이었음을 밝히고 있다. 피라무스는 로망스 문학을 부녀자들이나 읽는 하찮은 3류 담론으로 비하하는 동시에 진리(truth)와 도덕성(morality)이 결여되고 그 어떤 고결한 교훈도 없으며 다만 독자에게 영합하여 재미(joy and pleasure)만을 추구하는 마리의 문학과 같은 로망스 문학이 당대에 인기를 누리고 있음에 대해 개탄을 하고 있는 것이다.

그러나 피라무스의 개탄에도 불구하고 당시에 (오늘날에도 마찬가지이지만) 마리 드 프랑스의 로망스가 인기가 있었던 이유가 무엇인가? 오늘날의 독자적 관점에서 보았을 때는 당시의 상투적 문학주류에서 벗어나는 마리 드 프랑스의 문학성이 크게 어필하고 있는 것이다. 무엇보다도 오늘날의 독자들이 마리 드 프랑스의 로망스에 관심을 갖는 것은 그녀의 로망스가 동시대의 다른 작가들의 작품과는 큰 차별성을 보여준다는 데에 있다 할 것이다. 여러 비평가들이 지적하였듯이 마리의 로망스 작품에는 남녀 역할이 뒤바뀌는 것과 같은 주류 로망스 문학에서 흔히 볼 수 없는 요소들이 빈번하게 등장하고 있는데, 이 점이 여성 작가로서의 마리 드 프랑스가 재현한 로망스 문학의 한 모습인 것이다. 본 Chapter는 마리의 『로망스 작품집』(Lais)에 수록되어 있는 12편의 작품 중의 하나인 『란발』(Lanval)을 페미니스트 관점에서 분석하여 여성작가로서의 마리 특유의 로망스 장르에 대한 해석을 고찰해보고자 한다. 형식, 내용, 주제 면에서 『란발』과 유사한 점을 공유하고 있는 초서(Geoffrey Chaucer)의 『바쓰댁의 이야기』(The Wife of Bath's Tale)와 이 작품을 비교해봄으로써 정통 로망스 전통에서 벗어나는 마리 드 프랑스 로망스의 파격성을 논하고자 한다. 즉, 마리의 작품 속에서는 이상적 군주로서의 아서왕의 위상과 그의 카멜롯(Camelot) 궁전은 심히 왜곡되어 있으며 전통적인 이상적 기사의 모습은 막강한 영향력을 행사하는 여인들에 의해 일그러지게 된다. 따라서, 피라무스가 불평하듯이, 마리의 로망스에는 그 어떤 심각한 진리나 도덕의 문제가 결여되어 있고 외견상 단순히 여흥을 위한 허구의 이야기로만 보이게 되는 것이다. 『란발』에 대한 새로운 해석의 가능성은 바로 이러한 여성작가로서의 마리의 전통적 로망스에 대한 파격적인 해석에 기초한다.

II.

자신의 『로망스 작품집』(*Lais*) 서문(Prologue)에서 마리 드 프랑스는 다른 남성 작가들과는 달리 라틴(Latin)어권 문학을 모국어로 바꾸는 작업을 단호히 거부한다. 왜냐하면 이미 다른 많은 작가들이 이러한 작업을 했기에 자신의 작가로서의 명예를 드높일 틈이 보이지 않았기 때문이다:

> 내가 라틴어 작품들을 로망스어로 번역하여
> 몇몇 훌륭한 이야기들로 다시 쓰는 일에
> 관심을 갖게 되었던 이유가 바로 그것입니다.
> 그러나 이 일이 나의 명성에 별 도움이 되지 않으리라 생각했지요.
> 왜냐하면 이미 많은 작가들이 해놓았기 때문입니다.

> That's why I began to think
> about composing some good stories
> and translating from Latin to Romance:
> but that was not to bring me fame:
> too many others have done it. (28-32)

결국 마리는 자신의 이야기들은 고대 영국(Britain)의 전통적인 구전문학에 그 기반을 두고 있음을 밝힌다 ("The Prologue," 33-42). 이처럼 작가로서의 자부심과 자신의 작품에 대한 차별성을 유난히 강조하고 있는 마리 드 프랑스는 이러한 작가로서의 자의식에 관한 한 중세 문학에서도 가장 돋보이는 작가에 속한다 (Finke 156). 그러나 지금까지 알려진 초기 유럽의 몇 안 되는 여성작가 중 한 사람으로서 마리 드 프랑스에 대한 페미니스트적 접근은 물론 본격적인 연구가 영문학계에서는 아직도 미미한 상태이다. 비록 당시 글을 쓸 수 있는 "희귀한" 여성으로서의 (Larrington 222) 마리가 가부장제 교육의 영향 하에 남성화된 작가로 여겨질 수도 있으나, 현존하는 그의 여러 작품에서 보이는 여성작가로서의 자부심은 마리가 단순히 가부장제 이데올르기를 좇아서 글쓰기를 했다고는 보여지지 않는다. 『우화집』(*Fables*)의 에필로그에서 보면 마리는 당당하게 자신이 여성임

을 밝히고 있으며 동시에 작가(*auctores*)로서 인정받기를 강력하게 주장하고 있다:

> 내가 로망스어로 번역하여 서술했던
> 이 이야기들을 끝내면서
> 기록으로 내 이름을 밝힙니다.
> 나는 프랑스에서 왔고, 이름은 마리입니다.
> 아마도 많은 남성작가들이 내 작품을
> 마치 자신의 것으로 치부할 수도 있을 텐데
> 그러한 작태가 제발 일어나지 않았으면 합니다!
> 작가로서 익명으로 잊혀지는 일이 얼마나 어리석은가요!

> To end these tales I've here narrated
> And into Romance tongue translated,
> I'll give my name, for memory:
> I am from France, my name's Marie.
> And it may hap that many a clerk
> Will claim as his what is my work.
> But such pronouncements I want not!
> It's folly to become forgot! ("The Epilogue," 1-8)

마리 드 프랑스가 이와 같이 여성작가로서 자신의 정체성과 목소리를 뚜렷이 내고 있다는 사실은 시수(Hélèna Cixous)의 언급에 비추어 보면 당시엔 무척이나 용기 있는 일이라 할 수 있다. 시수는 "여성으로서 대중 앞에서 자신의 목소리를 낸다는 것은 위험천만한 무공이며 위대한 침입"(338)이라고 주장한다. 사실상 당시의 다른 여성작가들의 글을 보면 시수의 이와 같은 주장이 타당하다는 것을 알 수 있다. 즉, "여성이 어떻게 감히 글을 쓸 수 있는가?"하는 것이 당시 글을 쓸 수 있는 여성들의 입에서 나온 자괴감 및 한탄이었다.[1] 종교적으로 왕성한 글쓰기 작업을 했던 줄리안(Julian of Norwich)도 여성으로서의 자신의 한계를 명확

---

1) ". . . many medieval women writers . . . use the humility topos to deprecate their authorship out of anxiety about their sex" (Finke 156).

히 밝히고 있으며 자신의 글쓰기를 단순히 미천한 여자의 건방진 행위로만 받아
들여 주지 말 것을 독자들에게 당부하고 있다:

> 독자들이여, 제발, 여러분들을 훈계하기 위해 내가 단순히 글을 쓴다고 생각지
> 말아 주시기 바랍니다. 나는 그런 의도가 전혀 없습니다. 왜냐하면 나는 무지하고,
> 연약하며, 한낱 보잘 것 없는 아녀자이기 때문이지요. 그렇다고 해서, 널리 알리라
> 는 하나님의 의도를 뻔히 알고 있는데도, 제가 아녀자라고 하여 그 분의 선하신
> 뜻을 여러분께 말씀드리면 절대 안 된다고 생각하시는지요? (Julian 47-48)

그러나 마리의 경우에는, 프롤로그에서 드러나듯이, 겸손(humility)과 익명성
(anonymity)을 뛰어 넘어 여성작가로서의 자신의 신분뿐만이 아니라 자신의 작품
에 대한 자부심을 당당하게 드러내고 있다. 한 걸음 더 나아가 자신의 작품을 도
용하지 말라는 경고에서도 볼 수 있듯이 마리는 여성작가의 익명성을 이용하여
마치 자신의 작품인 것처럼 사칭하는 당시 남성작가(clerk)들의 파렴치한 행위 또
는 관행까지 비난하고 있는 것이다.

래링톤(Carolyne Larrington)은 글을 쓰는 의도(intention)와 그 글을 뒷받침해줄
공인된 권위(authority)의 두 가지 문제 때문에 여성작가들이 작품을 쓰고도 실명
으로 발표하기를 꺼려했을 것이라는 가능성을 제시한다(224).[2] 바쓰댁의 경우 이
와 같은 어려움을 짐짓 묵살하고 철저한 가부장적 텍스트 내에서 자신의 경험,
자신의 "몸"에 기초하여 그 가부장제의 철옹성을 뒤흔드는 적극적인 몸짓으로 자
신의 글쓰기 의도와 개인적 권위를 역설하고 있다:

> "비록 나의 주장을 뒷받침해줄 그 어떤 공인된 권위도 없지만
> 결혼 생활에 있어서의 그 끔찍한 고통을 얘기하기에는
> 내 다섯 번 결혼의 경험만으로도 충분하다오"

> "Experience, though noon auctoritee
> Were in this world, were right y-nough to me

---

2) "Women writers may very well have chosen to remain anonymous because of the two
   problems of intention and authority."

To speke of wo that is in mariage" (*The Wife of Bath's Prologue* 1-3)

그 어떤 공인된 "권위(auctoritee)" 없이 자신의 경험만으로도 결혼의 문제에 있어 여성의 고뇌를 충분히 이야기할 수 있다는 바쓰댁의 선언은 성서를 최고의 권위로 받아들이는 가부장제에 대한 정면도전이라 할 수 있다. 육체적으로 한 쪽 귀가 둘리지 않는 바쓰댁은 정신적으로도 귀머거리인양 세상의 비난을 무시한 채 자신의 "알몸"으로 가부장제의 모순과 횡포를 꿰뚫고 있다. 언제라도 "여섯 번째 남편(husband no. 6)"을 환영한다는 바쓰댁의 거리낌 없는 선언에서도 알 수 있듯이,3) 전형적으로 비도덕적이라고 비난받아온 이브의 표상들을 마치 호슨(Nathaniel Hawthorne)의 헤스터(Hester Prynne)가 가슴에 달고 다니던 "주홍 글씨"처럼 소중하고 자랑스럽게 내보이고 있는 것이다.

이와는 달리, 마리 드 프랑스는 줄리안(Julian of Norwich)을 비롯한 중세 유럽의 여성작가들이 흔히 구사했던 "하나님의 뜻(God's Will)"을 표면에 내세우는 전략을 사용한다.4) 즉, 하나님께서 부여하신 재능으로 하나님의 말씀을 전파하는 것은 여성이라 하더라도 아무 문제가 없다는 전략이다. 로망스 작품집(*Lais*)의 프롤로그에서 마리는 자신의 글을 쓰는 행위를 다음과 같이 정당화하고 있다:

> 하나님으로부터 유창한 웅변과 그 지식을
> 부여받은 사람이라면 그 누구라도
> 침묵하거나 자신의 재능을 숨기면 아니 되며
> 기꺼이 그 재능을 과시하여야만 합니다.
> 위대한 하나님의 선이 널리 알려지게 될 때,
> 그 때 비로소 그 선이 꽃을 피우게 되는 것이지요
> 그리고 그 선이 수많은 사람들의 입에 오르내릴 때,
> 그 결실도 함께 사람들 사이에 널리 퍼지게 됩니다.

---

3) "Blessed be God that I have wedded fyve! / Welcome the sixte, whan that ever he shal" (*The Wife of Bath's Prologue* 44-45).

4) "Authorizing strategies thus had to be found: the argument that one was writing to instruct in morality, or to educate through commentary on, or making new versions of, 'authorized' material was one effective means of circumventing the inhibition" (Larrington 225).

Whoever has received knowledge
and eloquence in speech from God
should not be silent or secretive
but demonstrate it willingly.
When a great good is widely heard of,
then, and only then, does it bloom,
and when that good is praised by many,
it has spread its blossoms. (*Prologue*, 1-8)

비록 자신이 여성일지라도 하나님께서 부여해주신 재능을 썩히는 일은 위대한 하나님의 선('a great good')을 널리 알리라는 하나님의 뜻에 대한 도리가 아니라는 수사학적 이유를 내세우면서 여성작가로서의 자신의 글쓰기를 당당하게 정당화하고 있는 것이다. 그러면서도, 한 걸음 더 나아가, 마리는 마치 바쓰댁이 자신의 경험을 기초로 하여 성서 해석을 했듯이, 자신은 전래되는 이야기를 그대로 답습하지는 않을 것이라고 분명하게 밝힌다:

로마의 문법학자 프리시안이 증명하듯이
과거 고대인들의 글을 쓰는 관행은
자신들의 책들에서
아주 모호하게 쓰는 것이었습니다.
그리하여 나중 시대에
그 책들을 연구하는 사람들은
자기 나름대로 그 의미를 해석하여
그 중요성을 추출하여야 할 것입니다.

The custom among the ancients--
as Priscian testifies--
was to speak quite obscurely
in the books they wrote,
so that those who were to come after

and study them
might gloss the letter
and supply its significance from their own wisdom. (*Prologue*, 9-16)

즉, 이 말은 독일의 수용미학론자인 야우스(Hans Robert Jauss)가 주장한 바와 같이 시간과 공간을 달리하는 모든 독자들은 한 텍스트에 대해 상이한 해석을 할 수 있다는 말이다. 문학작품이란 오랜 세월이 흘러도 변하지 않는 기념물(monument)처럼 "각 시대의 각 독자에게 똑 같은 견해를 주는 것"(Jauss 21)이 아니기 때문에, 오랜 시간에 걸쳐 수용된 아서왕 로망스 이야기일지라도 새로운 해석의 가능성은 항상 열려 있는 것이다. 과거의 작가들이 모호하게 작품을 씀으로써 후세 독자/작가들에게 다양하고 상이한 해석의 가능성을 주었기 때문에 마리 자신도 전통적인 아서왕 로망스에 대해 자기 나름대로의 해석을 할 것이라는 다짐을 하는 것이다. 마리는 자기가 들은 전래적인 로망스를 자기 나름대로의 해석에 따라 전개시킬 것임을 분명히 하고 있으며, 그렇지 않으면 작가로서의 명예를 얻지 못할 것이라는 강한 자부심까지 프롤로그에서 밝히고 있다.5) 이와 같은 발언에서 보면 마리는 자신의 로망스가 종래의 여느 로망스와는 아주 다르리라는 것을 암시하고 있는 것이다.

III.

서문에서 이미 예견할 수 있듯이, 마리 드 프랑스의 『란발』(*Lanval*)은 중세 문학의 대표적 문학 장르라 할 수 있는 로망스에 속하면서도 이의 전통에서 상당히 벗어나 있는 작품이다. 초서의 『바쓰댁의 이야기』와 서로 밀접하게 비교가 되는 동시에 여러 면에서 여느 중세 로망스와 대조가 되는 작품이다. 페미니스트 시각에서 볼 때, 정도의 차이는 있지만, 이 두 작품은, 시수(Hélèna Cixous)가 지적하듯이, 남성/화된 작가들에 의해 쓰여진 글(writing)은 "종잡을 수 없는 허구의

---

5) "That's why I began to think / about composing some good stories / and translating from Latin to Romance: / but that was not to bring me fame: / too many others have done it" ("The Prologue" 28-32).

마력(the mystifying charms of fiction)"으로 치장되고 숨겨져 있는, "여성을 영속적으로 억압하고 있는 장소(locus)"라고도 할 수 있을 것이다(Cixous 337). 귀네비어(Guinevere)와 같은 사악한 여성과 "마이다스 이야기(Midas episode)"와 같은 반여성적인 담론이 도덕적 교훈이라는 명분하에 작품 곳곳에 버젓이 자리 잡고 있으며, 또한 작품 속에 재현된 여성상을 보았을 때도 가부장 사회에서 규정된 이상적인 여성의 모습과 역할 그 이상도, 그 이하도 아니다. 여성인물의 재현이라는 면에 있어서도 이 두 작품은 선녀와 악녀(the virgin/whore stereotypes)의 이분법적인 가부장제 담론의 전형적 여성상을 보여주고 있으며, 주제 면에 있어서도 극히 전통적이라 할 수 있다.

그러나 이 두 작품에서 페미니스트적인 가능성을 찾고자한다면, 이 두 작품이 중세의 대표적 가부장적 담론이라 할 수 있는 로망스의 전통적 양식을 파괴했다는 데에 있을 것이다. 비록 작품의 표면에서 보았을 때, 여성 주인공들은 "인간(blood and flesh)"이 아닌 초자연적인 존재로서 그저 몽매한 남성들을 교육시키고 올바른 길로 인도하는, 헌신적인 마리아(Mary)와 같은 '선녀'로 그려져 있지만, 남성 주인공들 역시 중세 로망스의 경건하면서도 멋지기만 한 기사가 아닌, 여성 주인공들의 선처와 인도만을 그저 기다리고 있는 형편없는 멍청이로 묘사되고 있어 전통적 로망스와는 거리가 멀다. 이와 같이 아서왕 로망스(Arthurian romance)에 속하는 이 두 작품의 가장 두드러진 특징은 전통적 양식에서 크게 벗어날 뿐만 아니라 오히려 결과적으로 이 남성적 장르에 대해 지독한 풍자를 함으로써 "전통적인 양식과 스타일에 의해 형성된 독자들의 기대의 지평(horizon of expectations)을 순차적으로 좌절시키고 있다"는 것이며 (Jauss 24), 이 점이 오늘날의 많은 독자들의 관심을 끌고 있는 것이다. 더 나아가 전통적인 아서왕 로망스를 기대했던 독자들에 있어서 이 두 작품은 은연중 그 장르에 대한 풍자(burlesque)로도 여겨졌을 것이다.

두 작품 속에서 보여 지는 전통적 로망스의 양식 파괴가 페미니스트 시각에서 이 두 작품 속에 담긴 담론을 이해하는데 있어 중요한 이유는 이 문학 양식의 주체가 항상 남성이었으며 전형화된(stereotypical) 여성성을 전파하는(imparting) 가부장적 담론이기 때문이다 (Larrington 52-53). "영국에서 트리스탄(Tristan)이나 란슬로트(Lancelot)에 관한 아서왕 로망스를 소유한 계층은 주로 여성들이었다"는 밀(C. Meale)의 조사에서 드러나듯이(39-42), 당시의 로망스를 즐겨 읽던 독자층은 주로 여성들이었다(Larrington 53). 이 점에 대해 블로크(R. Howard Bloch)는 궁정식 사랑(courtly love)과 로망스를 포함한 낭만적 사랑(romantic love)을 다루는 모든 기독교 서구 사회의 문화/문학적 형식은 여성혐오주의(misogyny)보다도 더 여성들을 교묘하고 효과적으로 통제하는 서구 가부장제 문화의 산물이라고 주장한다(196).6) 이 말은 곧 한센(Elaine Tuttle Hansen)이 주장하는바 "남성들의 집단음모설(male conspiracy theory)"로 이해될 수 있는데, 여성을 지속적으로 그리고 집단적으로 억압함으로써 여성의 종속적 위치를 항구화하려한다는 의미이다(191). 그러나 『란발』과 『바쓰댁의 이야기』는 여성 독자들을 세뇌시키기 위한 것도, 도덕적 교훈에 관한 강의도 아니며, 가부장제의 이상적 사회의 뒷모습을 꼬집는, 반여성주의 담론의 희화화를 통하여 가부장제의 지배 이데올르기의 위선과 허구를 드러내고자함이었다고 볼 수 있다.

페미니스트 관점에서 『란발』과 『바쓰댁의 이야기』는 중세 가부장제 문학의 "꽃"이라 할 수 있는 아서왕 로망스를 희화화하고 있다는 점에 주목할 필요가 있다. 이 두 작품의 발단은 가부장 사회의 고결한 이데올르기와는 전혀 관계없는 치정적인 사건에서 시작이 되며, 작품의 그 어디에서도 그 흔한 마상 창시합(jousting) 한번 없는 것은 물론 그 어떤 영웅적인 기사도의 행위가 보이지 않는다. 두 남성 주인공들은 원대한 이상보다는 자신들의 과오 때문에 목숨을 부지하고자 오히려 자신들이 보호해야할 여성들의 구원을 애타게 기다리고 있으며, 각 이야기의 마지막 부분에서는 비록 남녀간의 화합으로 끝을 맺게 되지만, 두 기사는 남성성이 거세된 채 무력하게 여성들의 뒤를 쫓아가는 가련한 존재로 그려지고 있다.

이와 같이 마리의 『란발』과 초서의 『바쓰댁의 이야기』는 아서왕 로망스를 희화화했다는 점에서 많은 공통점을 지니고 있으나 글쓴이의 주체가 여성과 남성이라는 점에서 결정적인 차이를 보인다. 특히 페미니스트 비평가들은 『바쓰댁의 서문』(The Wife of Bath's Prologue)에서 남성중심의 "성서 해석 (glossing)"을 통렬하게 논박하던 "훌륭한 설교가(noble prechour)"로서의 바쓰댁의 모습이 정작 본 이야기에서는 상당히 완화되어 있다는 점에서, 또한 모든 시시비비는 뒤로 한 채 부부 사이의 조화로운 공존으로 귀결되는 이야기의 결말에 대해 남성작가로서의 초서

---

6) ". . . courtliness . . . is a much more effective tool even than misogyny for the possession and repossession of woman in what Julia Kristeva terms 'the eternal war of the sexes'" (Bloch 196).

의 글쓰기를 의심하고 바쓰댁을 "당시의 반여성주의 문화에 길들여져 있는" 여성
인물로까지 치부하고 있다(Weisman 105). 물론 남성작가의 산물인 바쓰댁이 궁극
적으로 가부장제의 이념 체계를 전복시키는 인물은 아니라 하겠지만, 그러나 적
어도, 딘쇼(Carolyn Dinshaw)가 주장하듯이, 바쓰댁은 "가부장적 담론"을 "개혁
(reform)"하고 "여성적 욕구(feminine desire)"를 당당하게 남성담론속에 포함시킨
인물로 볼 수도 있다(116). 물론 『바쓰댁의 이야기』에 나오는 여러 반여성적인
담론들과 가부장적 도덕률, 즉, "마이다스 이야기"와 노파의 "고결한 신분
(gentillesse)"에 대한 부인의 "잠자리 강의(pillow lecture)" 등을 근거로 이 이야기
가 전통적인 가부장제 담론을 강화시키고 있으며 교묘하게 여성을 억압하거나 회
화화시키고 있다고 일부 비평가들이 주장하고 있지만, 바쓰댁의 로망스 쓰기를
이 장르의 희화화라는 측면에서 보았을 때 『바쓰댁의 이야기』는 여성을 희화화하
기보다는 바로 이 "여성혐오"를 즐기고 있는 반여성주의 담론과 그 독자들을 희
화화하고 있음을 은연중 깨닫게 된다.

IV.

성폭행이라는 무거운 주제에서 시작하여 이 세상에서 여성들이 가장 원하는
것이 무엇인가에 대한 비교적 가벼운 주제로 끝을 맺게되는 『바쓰댁의 이야기』는
남성작가인 초서와 화자인 바쓰댁도 그렇거니와 작품 속 곳곳에 표출되어 있는
반여성적인 담론으로 인하여 많은 페미니스트 비평가들의 의심을 받고 있는 것이
사실이다. 그러나 마리 드 프랑스의 『란발』은 형이상학적인 담론들은 처음부터
배제된 채 마치 보통사람들의 일상사를 다루는 일일 연속극처럼 여성의 미모를
둘러싸고 그 위상에 맞지 않게 아서왕 궁정에서 벌어지는 한 해프닝을 다루고
있다. 워렌(Nancy Bradley Warren)의 주장에 따르면, 마리의 로망스 작품집에 등
장하는 주요 인물들에 대한 정교한 외형묘사나 성격묘사는 생략되어 있고 각 인
물들의 정체성은 대상과 소유의 관계 속에서 성립된다고 한다(1).7) 즉, 마리의 로
망스는 인간 내면의 복잡다단한 심리적 요소보다는 인물 상호간의 사회관계

---

7) "In Marie's *Lais*, association with objects and ownership (or lack thereof) are profoundly
   tied with characters' identities."

(human social relations)와 행동(action)에 그 초점이 맞추어져 있다는 것이다.

『란발』의 세계도 이러한 보통사람들의 일상적인 움직임과 인간적인 욕구에 의해 이끌려가고 있는 사회이다. 애증과 애욕, 좌절과 질투, 시기 등의 인간적 욕구들이 이 선남선녀들의 세계에 갈등을 불러일으키며 지지고 볶는 보통 사람들의 인간사회를 만들어가고 있는 것이다. 물론 『란발』도 다른 아서왕 로맨스와 마찬가지로 영웅적인 모습으로 시작된다. 외적들(Scots and Picts)의 침입을 성공적으로 막아내고 유린된 국토를 추스르면서 모든 신하들에게 공평하게 논공행상을 하는 모습으로 이 로맨스는 시작하는 것이다. 그러나 이상적 사회라고 회자되던 아서왕의 세계는 이야기의 시작부터 그 화려한 위상이 여지없이 무너지게 된다.

> 이 세상에서 대적할 바가 없는
> 바로 원탁의 기사들인
> 자신의 충실한 신하들에게
> 아서왕은 값비싼 하사품을 주었다.
> 한 사람만을 제외하고는 모든 이에게
> 미녀와 토지를 분배해 주었는데 그가 곧 란발이었다.
> 아서왕은 깜박 했던 건데, 아무도 그를 좋아하지 않아
> 왕에게 이를 고하지 않았기 때문이었다.
> 란발의 용기와 관대함 때문에,
> 용모의 수려함과 용맹함 때문에,
> 대부분 동료들이 그를 질시하였던 것이다.
> 좋지 않은 일이 란발에게 생겼어도
> 어떤 이들은 겉으로는 동정하는 척 했으나
> 속으로는 전혀 마음 아파하지 않았다.

> He gave out many rich gifts:
> to counts and barons,
> members of the Round Table--
> Such a company had no equal in all the world--
> he distributed wives and lands,

to all but one who had served him.

That was Lanval: Arthur forgot him,

and none of his men favored him either.

For his valor, for his genorosity,

his beauty and his bravery,

most men envied him:

some feigned the appearance of love

who, if something unpleasant happened to him,

would not have been at all disturbed.   (13-26)

물건으로 취급되던 여성과 토지가 전쟁에서 승리한 공으로 모든 신하들에게 하사되었건만 유독 란발만이 뚜렷한 이유 없이 이 분배에서 제외되었던 것이다. 아서왕 자신은 이를 잊었고 다른 기사들조차 이러한 부당한 처사에 대해 왕에게 탄원하지도 않는다. 한심한 것은, 단순히 란발을 시기하여 다른 기사들이 이런 처사에 대해 침묵을 지켰다는 것이다. 더욱이 란발의 훌륭한 인물 됨됨이를 질투해 비록 겉으로는 안됐다는 표정을 짓지만 속으로는 고소해하고 있는 "원탁의 기사들"의 모습에서 독자들은 일그러진 영웅들의 유치한 세계를 보게 된다.

　아서 궁정에 대한 이러한 부정적인 시각은 이야기가 진행되면서 더욱 심화된다. 결국 궁에서 외톨이가 된 란발은 순례의 여정(quest)을 떠나게 된다. 래링톤에 의하면 순례란 한 기사가 자신의 정체성을 찾기 위해 떠나는 여행을 통한 기사수업을 의미한다(52).8) 그러나 란발의 여정의 동기는 자신의 집단에서 외톨이가 된 한 기사가 신세한탄과 함께 답답한 마음을 풀어보려는 의도에서이다. 여기서 독자들은 남녀 성이 바뀌는 상황에 접하게 되는데, 일종의 패러디로서 란발은 "곤경에 처한 처녀의 입장(the damsel in distress rescued by the valiant knight)"이 되고 구원의 기사 대신에 한 신비로운 요정의 여왕이 그를 인도하게되는 것이다 (Bloch 167). 이 신비의 여성은 아서왕이 자신의 신하에게조차 소홀히 했던 부분을 채워주는, 고대 코미타투스(*comitatus*) 전통에서 볼 수 있는 강력한 보스 겸 후원자("ring-giver")의 역할을 하게 되는데, 사실상 귀네비어 여왕과 함께 이 로망

---

8) "The hero moves from ignorance, complacency or immaturity to enlightenment, knightliness and full adulthood."

스의 세계를 주도하는 강력한 여성인물이다:

> 이제 란발에게 아무런 근심걱정이 없었다.
> 나중에 신비의 요정은 그에게 후하게 돈을 주었는데,
> 그에겐 더 이상 부족함이 없었고
> 원하는 만큼 충분히 받을 수 있었다.
> 필요한 만큼 주었기 때문에
> 항상 남들에게 후하게 해주었다.
> 이제 란발은 대접을 잘 받게 되었다.
> 아낌없이 쓰면 쓸수록
> 더 많은 돈을 받을 수 있으니.

> Now Lanval was on the right road!
> Afterward, she gave him a gift:
> he would never again want anything,
> he would receive as he disired:
> however generously he might give and spend,
> she would provide what he needed.
> Now Lanval is well cared for.
> The more lavishly he spends,
> the more gold and silver he will have.   (134-142)

워렌이 지적하듯이 『란발』의 세계는 여느 로망스에서 볼 수 있는 고매한 인격이나 도덕률과 같은 형이상학적인 이상이 지배하는 세계가 아니라 금은보화, 미모와 같은 인간들이 보고 만질 수 있는 실질적인 물질이 중심이 되는 세계이다. 이러한 세계에서 가장 필요로 하는 것을 공급해주는 인물은 그동안 전통적으로 로망스에서 중심역할을 해왔던 아서왕을 비롯한 남성인물이 아니라 바로 주변적 인물로 치부되었던 여성인물이라는 점에서 이 이야기의 방향이 명백하게 드러나고 있는 것이다.

이렇듯, 여느 로망스에서 여성인물은 남성 기사세계를 치장하는 화려한 장식용

꽃이나 주인공 기사의 정체성 성취를 위한 수단으로 등장하는 반면에(Larrington 52) 『란발』의 이 두 여성은 이야기의 전면에서 사건을 주도하는 인물로 등장한다. 오히려 이 로망스의 남성 인물들은 인간적 약점을 드러내는 나약하며 주변적인 인물로 그치게 되는 것이다. 가부장제 미덕중의 하나인 남성간의 고귀한 '우정'은, 비록 귀네비어 여왕의 신뢰할 수 없는 비난이었지만, '동성애'로 변질되고, 이런 모욕에 자극 받은 란발의 성급한 반발은 궁적식 사랑에 있어서 가장 중요한 기사의 덕목인 귀부인에 대한 예의(courtesy)를 저버린 유치한 행동으로 남는 것이다.

> ". . . 그대가 여자에게 관심이 없다고
> 하는 소문들을 내가 익히 듣고 있었소
> 얼굴이 반듯한 총각들과 어울려
> 재미있는 시간을 보낸다는 것도"
>
> . . . .
>
> 란발이 이에 대답했다. "마마, 그 같은 일에 대해
> 전 전혀 알지도 못하고 또한 상관도 없는 일입니다.
> 다만, 제가 알고 있는 그 어떤 여성보다도
> 비할 바 없이 훌륭한 여인이 절 사랑하고
> 저 또한 그녀를 사랑하고 있다는 것 뿐 입니다.
> 마마께서도 잘 아시리라 생각되지만,
> 한가지 더 말씀을 드리지요
> 제가 사랑하는 여인에게는 많은 하녀들이 있지만
> 그 중에서 가장 보잘 것 없는 하녀라 할지라도
> 얼굴과 몸매 등 외모에 있어서나,
> 가정교육이나 행동거지에 있어서
> 왕비마마보다 더 나으리라 자부합니다."

> ". . . people have often told me
> that you have no interest in women.
> You have fine-looking boys

with whom you enjoy yourself."

· · · · · · · · · · · · · · · · · · · ·

"Lady," he said, "of that activity
I know nothing,
but I love and I am loved
by one who should have the prize
Of all the women I know.
And I shall tell you one thing:
you might as well know all:
any one of those who serve her,
the poorest of all,
is better than you, my lady queen,
in body, face, and beauty,
in breeding and in goodness."   (279-302)

물론 귀네비어의 비난은 사실이 아닐지라도 이야기의 문맥상 충분한 근거가 있는 말이다. 왜냐하면 란발은 다른 여성들과는 접촉을 하지 않고 틈만 나면 다른 사람 눈에는 보이지 않게 나타나는 요정 애인과 밀회를 즐기고 있었기 때문이다.

다른 사람들과 멀리 떨어져
란발은 혼자서 한켠으로 비켜섰다.
한시라도 뭇사람 눈에는 보이지 않는 애인을 껴안고
키스하며 애무하고 싶은 욕구를 떨칠 수 없었기 때문이었다.
란발에게 있어서 이런 즐거움보다도
더한 즐거움이란 이 세상에 없는 것처럼 보였다.

Lanval went off to one side,
far from the others: he was impatient
to hold his love,
to kiss and embrace and touch her:

> he thought little of others' joys
>
> if he could not have his pleasure.   (253-258)

따라서 혼자서 희희낙낙하고 있는 란발의 모습이 다른 이들의 눈에 이상스럽게 보이는 것은 당연하다 할 것이며 동성애의 소문이 퍼진 것도 (왜냐하면 여성을 제외한 다른 기사들과는 만나곤 했을 것이기 때문에) 그리 이상한 일은 아닐 것이다. 이 장면은 일과성 비난의 한 해프닝으로, 또는 이야기 전개상 란발의 성급한 반응을 이끌어내기 위한 극적 장치로 여겨질 수도 있으나 보다 중요한 것은 당시 여성의 눈에 비친 남성들의 가당찮은 '우정 놀음'에 대한 간접적인 희화화로도 볼 수 있다는 점이다.

　이 장면에서 또한 부각될 수 있는 관점은 자신과의 관계를 밝히면 영원히 헤어져야 할 것이라는 여인의 경고(143-150)를 저버린 인물, 즉 비밀을 참지 못하고 공개해버린 인물이 바로 남성인 란발이라는 사실이다. 마이다스 부인의 일화를 비롯한 수많은 반여성적인 담론에서 조소당하고 비난받던 "가벼운 여자의 입"이 천근만근 무겁다던 "남자의 입"으로 도치가 된 것이다. 이후 이 이야기는 가부장제 문학의 "꽃"이라는 아서왕 로망스의 본질과는 동떨어진 방향으로 절정을 향해 치닫게 되는데 "누가 더 예쁜가?"의 미모 경쟁으로 이야기가 진행되는 것이다. 이 과정에서 아서왕 궁정의 이상적 위상은 철저하게 무너지게 된다. 공정한 법의 집행자임에도 불구하고 부인과의 개인적 친분에 의해 감언이설에 섣불리 넘어가 공식적인 법체계를 무시하는 것도 기사 중의 기사, 왕 중 왕이라 칭송을 받는 남성인물이다:

> 판결을 애타게 기다리는 왕비 때문에
>
> 아서왕은 재판관들을 심하게 다그쳤다.

> The king pressed them[the judges] hard
>
> because of the queen who was waiting.   (469-470)

> 아서왕은 신속한 판결을 내릴 것을
>
> 신하들에게 거듭 요구했다.

판결이 더디다고 생각했기에
왕은 무척이나 화가 났던 것이다.

The king asked his barons
for their judgment and decision:
he said they had angered him very much
with their long delay.   (499-502)

일차로 파견된 요정 하녀들을 보고 나서도
왕은 신하들을 소집하여
재차 신속한 판결을 내릴 것을 명했다.
이미 많은 시간이 흘러갔기 때문이었다.
너무 오래 기다렸다고 느꼈기에
왕비 또한 점점 더 화가 나기 시작했다.

When he had seen to the girls,
he summoned all his barons
to render their judgment:
it had already dragged out too much.
The queen was getting too angry
because she had fasted so long.   (541-546)

재판관들이 보기에도 왕비보다 훨씬 아름다운(503-508), 신비의 여성이 미리 보낸 하녀들이 속속들이 궁정에 등장하는 가운데서도 부인의 성화에 못 이겨 신속한 판결을 내리라고 거듭 재촉하면서 역정을 내는 아서왕의 모습은 더 이상 군주의 전형으로 칭송 받는 그 위상이 아니라 보통사람들의 세계에서 흔히 볼 수 있는 나약한 공처가로서 여느 보통사람의 모습과 조금도 다를 바 없다.

또한 아서를 비롯하여 이 작품에 등장하는 모든 기사들은 틈만 나면 칙칙한 남성의 눈길("male gazing")을 보냈다는 혐의에서도 자유로울 수 없다.

그녀들을 보기만 해도 무척이나 즐거웠기 때문에
원탁의 기사들은 왕비 일행을 맞이하기 위해 우르르 몰려갔다.

The knights came to meet them [Queen Guinevere and other courtly
ladies]
because they were delighted to see them.   (249-250)

하얀 맨몸을 덮고 있을
진홍색 비단 옷을 차려 입은
그녀들은 참으로 매력적이었다.
사내들은 흐뭇한 표정으로 그들을 지켜보고 있었다.

They were very attractive,
dressed in purple taffeta,
over their bare skin.
The men looked at them with pleasure.   (474-477)

그사이 두 번째 요정 하녀들이 도착하여
아서왕 앞으로 와 말에서 내렸다.
그들의 몸매와 얼굴, 피부색 등이 하도 아름다워
그 곳에 있던 모든 이들이 입을 다물지 못했다.

Meanwhile they'd arrived,
and dismounted before the king.
Most of those who saw them praised them
for their bodies, their faces, their coloring:...   (527-530)

그 중에서도 이야기의 마지막 부분에서 자신의 뛰어만 몸매와 미모를 만천하에
보여주기 위해 퍼레이드를 벌이고 있는 신비의 여성이 등장하는 장면에서 "남성
적 시선"의 백미를 보여주게 된다:

신비의 여성을 보기 위해
남녀노소 할 것 없이
모든 이들이 몰려 나왔다.
그녀가 그들 앞을 지나칠 때에 그 누구도
그녀의 빼어난 미모에 토를 달지 않았다.
그녀는 그렇게 천천히 지나쳐 갔다.
그녀의 모습을 본 재판관들은
그 미모에 경탄을 금하지 못했다.
그녀를 본 모든 사람들은
온 마음이 기쁨으로 가득했다.

In the town, no one, small or big,
old man or child,
failed to come look.
As they watched her pass,
there was no joking about her beauty.
She proceeded at a slow pace.
The judges who saw her
marveled at the sight:
no one who looked at her
was not warmed with joy.   (575-584)

물론, 어떤 이유에서인지는 몰라도 (아마도 신비의 여성이 준 돈을 가지고 동료들에게 후하게 대접한 이유에서인지는 몰라도), 과거 빈 털털이 란발에 대한 극히 냉담한 태도에서 이제 우호적 태도로 바뀌게 된 동료들이 란발의 안위를 걱정하여 여인들의 빼어난 미모를 안도의 심정으로 바라보는 것으로도 해석될 수 있다. 그러나 이미 타락한 사회에서 이와 같은 순수한 우정과 동정심이 그 전부라고는 단언할 수 없을 것이다. 이러한 위선의 관점을 뒷받침하는 것이 바로 도발적인 여성들의 태도이다. 특히 신비의 여성은 이러한 남성들의 시선을 비웃기라도 하는 듯 자신의 미모와 몸매를 거침없이 보여주는 행동을 취함으로써 비웃듯이 남성들의 행위에 대해 정면으로 대응한다.

> 넉넉한 잠옷을 입은 채
> 성 한 채를 살만큼 비싼 시트가 깔린
> 침대 위에 그녀는 누워 있었다.
> 몸매의 굴곡은 빼어났고 자태는 우아했다.
> 추위서인지 하얀 족제비 털이 달린
> 진홍색 비단 망토를 몸 위에 걸치고 있어
> 그녀의 아름다운 육체를 가리우고 있었지만
> 목과 얼굴, 그리고 가슴 등,
> 비스듬히 그녀의 몸매가 드러나 있었다.
> 그녀의 피부는 5월의 산사나무 꽃보다 더 희었다.

> She lay on a beautiful bed--
> the bedclothes were worth a castle--
> dressed only in her shift.
> Her body was well shaped and elegant:
> for the heat, she had thrown over herself,
> a precious cloak of white ermine,
> covered with purple alexandrine,
> but her whole side was uncovered,
> her face, her neck and her bosom:
> she was whiter than the hawthorn flower.   (97-106)

> 그녀는 아서왕 앞으로 와 말에서 내렸다.
> 그리하여 모든 이들에게 더 잘 보이게 되었다.
> 그리고는 몸을 가리우고 있었던 망토를 벗으니
> 한층 더 그녀의 몸매가 훤히 드러나게끔 되었다.

> She dismounted before the king

> so that she was well seen by all.
> And she let her cloak fall
> so they could see her better.   (603-606)

보란 듯이 자신의 몸매를 드러내는 이러한 도발적인 행위는 (물론 한 남자의 목숨을 걸고 벌어지는 "미모 경연"에서는 당연한 것이지만) 당당하지 못한 소위 영웅들의 위선적인 태도와는 극명하게 대조가 된다. 여인의 미모에 한 인간의 목숨이 걸렸다는 것이 이야기의 가장 중요한 토픽이라는 점, 그 것도 이상적인 아서왕의 궁정에서 벌어지고 있다는 그 자체는 일반적으로 영웅호걸들의 무용담과 이상적인 가부장제 사회의 모습을 주로 보여주는 전통적인 로망스가 아니라 한 편의 소극으로서 바로 이 남성적 장르의 희화화라는 점을 암시해 주고 있다고 볼 수 있다. 더 더욱이 그 와중에서 부인의 한을 풀어주려 신하들을 재촉하는 성마른 아서왕의 모습은 이상적인 군주의 위상과는 거리가 아주 먼 광대의 몸짓에 다름 아니다.

결국 이야기가 끝났을 때, 추한 노파에서 아름답고 현명하고 정숙한 젊은 부인으로 변신한 신비의 요정을 본 순간, 바쓰댁의 기사가 성폭행이라는 파렴치한 범죄를 저지른 것에 대해 반성은커녕 뜻하지 않았던 "횡재"의 기쁨에 눈물의 홍수 속에서 그 행복감에 도취되어 있듯이, 란발은 여인과의 약속을 지키지 못한 자신의 성급함에 조금은 미안한지 (그래도 다시는 못 볼 줄 알았던 애인과의 재회에 너무 감격하여) 아무 말 없이 여인이 타고 있던 승마용 말(palfrey)에 훌쩍 올라타는 경박한 모습을 보인다.

> 추한 노파가 젊고 아름다운 모습으로
> 변신하게 된 것을 두 눈으로 보았을 때,
> 예상치 않았던 기쁨에 부인을 부둥켜 안았다.
> 그의 마음은 그렇게 감격에 들떠 있었다.
> 수천 번 계속하여 그녀에게 키스를 퍼부었고
> 그녀 또한 남편이 하고자 하는 대로
> 모든 일에 조용히 따를 뿐이었다.

And whan the knyght saugh verraily al this,

That she so fair was, and so yong therto,

For joye he hente hire in his armes two.

His herte bathed in a bath of blisse.

A thousand tyme a-rewe he gan hire kisse,

And she obeyed hym in every thyng

That myght doon hym plesance or likyng.

(The Wife of Bath's Tale, 1250-56)

아서왕 궁전을 떠날 때에

덩치가 큰 사람들이 말을 타라고

궁전 외곽에 놓아두었던

거대한 대리석 바위가 있었는데,

어느새 란발이 그 위로 올라가 있었다.

요정 애인이 대문을 나왔을 때,

기다렸다는 듯 한번에 껑충 뛰어서

그녀의 뒤쪽 안장위로 올라탔다.

Outside the hall stood

a great stone of dark marble

where heavy men mounted

when they left the king's court:

Lanval climbed on it.

when the girl came through the gate

Lanval leapt, in one bound,

onto the palfrey, behind her.   (633-40)

사실상 이 두 기사가 저지른 파렴치한 잘못은 중세의 궁정식 사랑과 기사도 규
범에 아주 크게 어긋나는 것들이다. 여성을 숭배하고 보호해야 하는 기사가(Power
20)⁹⁾ 길 가던 처녀를 겁탈한 바쓰댁의 기사의 행위, 자신이 섬기는 귀부인의 명

예를 끝까지 보호해야할 기사로서 그 비밀의 관계를 먼저 누설한 란발의 행위는 그 규범에 있어 중대한 위반인 것이다(Power 24).10) 다행스러운 결말에만 만족하여 자신들이 저지른 잘못은 까마득히 잊은 채, 자신들의 여인들에게 모든 것을 의지하며 그 뒤에서 안도의 한숨을 쉬고있는 두 기사의 모습에서 전통적으로 강조되었던 가부장제의 영웅적인 면은 전혀 보이지 않는다.

V.

『란발』의 세계에서도 여느 로망스에서 볼 수 있듯이 여성인물들은 선과 악의 전형적인 이분법적 여성상으로 나뉘게 되며 란발의 여인과 귀네비어 여왕은 각기 전형화된 두 여성상을 대표하는 선녀(Mary)와 악녀(Eve)의 전통적인 인물로 재현된다. 그러나 시수를 비롯한 많은 페미니스트 비평가들이 의심하는 것과는 달리, 이 작품 속에서는 선녀에 대한 찬양과 악녀에 대한 비난으로 단순화되는 은근하면서도 노골적인 여성 억압이 이야기의 중심에서 두드러지게 나타나지 않는다. 오히려 이 두 여인은 수동적인 여성상에서 벗어날 뿐만 아니라 적극적인 몸짓으로 허울뿐인 영웅적 남성 세계를 뒤흔들며 보통 인간들의 세계로 격하시킨다. 이들이 주도한 한바탕 소극이 쓸고 지나간 자리엔 폐허가 된 상처뿐인 가부장제 사회의 초라한 모습만이 독자들의 가슴속에 자리하는 것이다. 『바쓰댁의 이야기』처럼 『란발』도 여성인물 재현의 문제에 있어 남성인물의 조력자로서 비록 전형화된 초자연적 힘을 지닌 여성인물(supernatural woman)을 앞세웠지만, 이러한 전통적인 재현은 무기력한 "멍청이 기사"(booby knights)로 전락한 남성인물들과 그들 세계의 허장성세와 묘한 대조를 이루게 된다.

마리 드 프랑스는 『로망스 작품집』(*Lais*)의 프롤로그에서 자신이 글을 쓴 동기가 "하나님의 위대한 선 (a great good)"을 전파하기 위함이라고 주장했는데, 『란

---

9) "In chivalry the romantic worship of a woman is as necessary a quality of the perfect knight as the worship of God: or as Gibbon puts it, 'The knight was the champion of God and the ladies--I blush to unite such discordant terms'"(Power 20).

10) "Love was, as it were, feudalised: the lover served his lady as humbly as the vassal served his lord. He had to keep her identity secret from the world, concealing it under some fictitious name when he praised her in song"(Power 24).

발』의 이야기가 모두 끝났을 때, 과연 독자들은 그 어떤 "위대한 선"을 배우게 되었는지도 모를 정도로 이 작품은 혼란스럽게 결말을 맺는다. 남녀 작가를 불문하고 과거에 쓰여진 모든 담론이 여성을 억압하는 "장소"라고 식수가 의심했듯이 이 역시 해석의 문제로 귀착된다 할 것이다. 그러나 야우스가 주장하듯이, 모든 담론은 시대와 공간을 달리하는 독자들에 의해 상이한 해석이 나올 수도 있다. 과거 수 천 년 동안 남성들에 의해 왜곡되어 흉측한 여성 진면목의 상징인물로 자리잡은 메두사가 오랜 잠에서 깨어나 위선적인 남성들의 장엄한 세계와 그 하찮은 영웅상에 대해 웃음을 터뜨리고, 그녀의 비웃음이 가당치 않다는 듯이 아서왕의 카멜롯 궁전에 울려 퍼지고 있는 것은 아닌지. 란발은 남성성이 거세된 채 신비의 여성에 이끌려 아발론(Avalon)으로 자진 납치되어 더 이상 인간 세계에서는 그 모습을 볼 수 없게 되었고, 급히 떠난 신비의 여인에 대한 아쉬움으로 가득한 아서왕과 원탁의 기사들, 그리고 분을 삭이지 못한 귀네비어 왕비에 대해서는 아무 말도 없이 이 이야기는 그렇게 끝을 맺는다.

Western View of Love and Woman through the Literary History of *Crideida* Stories.

12세기 중엽 프랑스의 버느와 드 상모르(Benoit de Sainte-Maure)가 브리세이다 (Briseida)의 사랑과 배신을 다룬 이야기를 처음으로 쓴 이래 크리세이다(Criseid a)[11]는 지조가 없는 요부(*femme fatale*)로서 유럽 문학의 가장 가증스러운 여주인공 의 하나로 자리를 잡게 되었다. 특히 14세기부터 17세기까지의 영국문학에서 크 리세이다는 그 오명을 크게 떨치게 되어 당시의 작가들에 의해 "지조가 없는 여 성의 표상(standard example for an unfaithful woman)" (Mieskowski 73)으로 즐겨 표현되었다. 롤린스(Hyder E. Rollins)와 미즈코우스키(Gretchen Mieszkowski)의 크 리세이다 평판에 관한 연구에 의하면 크리세이다는 문학 인물로서의 데뷔 때부터 "여성 변절의 반 여성주의 교훈(an antifeminist lesson in woman's inconstancy)"(미 즈코우스키 87), 셰익스피어 시대에는 "도덕적으로 헤픈 여자(a woman of loose morals)"(롤린스 383)로 완전히 인식되었다.

그러나 이러한 전통적인 요부에 대한 문학작품을 다루는데 있어 우리는 하나 의 커다란 문제점을 발견할 수 있다. 이것은 즉 해석의 문제로서, 반 여성주의 (antifeminism) 또는 여성혐오주의 (misogyny)가 하나의 시대정신(zeitgeist)으로 여 겨졌던 중세 및 르네상스 영국사회에서 전통적인 요부의 표상이었던 크리세이다 에 대한 글쓰기 그 자체가 그 시대정신의 발로라고 치부하는 것은 한 문학작품 을 해석하는데 있어 너무도 단순하다는 것이다. 한 시대의 시대정신으로 그 시대 전체를 판단할 수 없다고 주장하는 어트리(Francis Lee Utley)의 연구에 의하면, "중세의 여성에 대한 시대정신, 즉, 여성에 대한 풍자는, 중세의 특별한 산물이라 는 가정은 아마도 가장 근거 없는 억측이다"라는 것이다. 본 논문은 버느와, 기 도(Guido delle Colonne), 복카치오(Giovanni Boccaccio)등 대륙작가들의 작품 속에 서 형성된 반여성적인 크리세이다 이야기를 네 명의 영국 작가들이 어떻게 읽고

---

11) 이 여성인물의 명칭이 각 작가마다 조금씩 다르기 때문에 이 이름이 통칭적으로 사용 될 때는 "크리세이다"를 이 논문의 표준이름으로 사용한다.

또 그것에 대해 각 작가 자신 나름대로의 이야기를 다시 썼는지 안 썼는지를 해석의 측면에서 조사 연구하는데 그 초점을 맞추었다.

우리는 이 네 편의 작품 속에 나타나는 흥미로운 하나의 패턴을 볼 수 있다. 즉 초서(Geoffrey Chaucer)의 『트로일러스와 크리세이드(*Troilus and Criseyde*)』는 대륙의 반여성적 크리세이다 이야기, 특히 복카치오의 『일 필로스트라토(*Il Filostrato*)』에 대한 쵸서 자신의 반응을 나타낸 것이고 스코틀랜드 작가인 헨리슨(Robert Henryson)의 『크레세이드의 유언(*The Testament of Cresseid*)』은 초서의 시에 대한 직접적인 반응이다. 셰익스피어의 『트로일러스와 크레시다(*Troilus and Cressida*)』는 일견 크리세이다 이야기의 반 여성주의 전통에 적극적으로 동참하는듯 보이나 실제로는 그 전통과 상당한 거리를 두고 있는 작품이고 드라이든의 『트로일러스와 크레시다 또는 너무도 늦게 알려진 진실(*Troilus and Cressida or Truth Found Too Late*)』은 셰익스피어 작품을 약간의 수정만을 가하고 개작한 것으로써 전통적인 크리세이다 이야기와는 아주 다른 새로운 양태의 반 여성주의 희곡이다. 야우스(Hans Robert Jauss)의 문학역사관에서 보면 이 네 편의 작품들은 하나의 사슬(chain)을 이루고 있다. 즉 이 네 명의 작가들은 계속되는 크리세이다 이야기의 독자일 뿐만 아니라 그 이야기에 대한 비평가요, 작가요 또한 문학 역사가들이라고 할 수 있다. 그들은 기존의 크리세이다 이야기를 비평하고, 그 이야기의 전통속에서 자신이 새로이 품었던 생각들을 자신들의 이야기 속에 펼쳐 보였다. 즉, 그들은 역사적인 맥락에서 기존의 크리세이다 이야기들을 재해석 했다고 볼 수 있다.

문학의 이해에 있어 역사와 독자의 중요성을 강조하는 야우스는 문학이란 과거와 현재의 대화를 필요로 한다고 주장한다. "【이 대화 속에서】 과거의 작품은 현재의 독자가 그 작품속에 숨겨져 있던 어떤 의문점을 찾아내 제시할 때 그 작품은 현재의 독자에게 그 대답을 줄 수 있다"(32). 즉, 과거의 독자들이 당시의 문학 작품 속에서 발견하지 못했던 문제점들을 현재의 독자들이, 과거의 잣대로만이 아니고 현대의 잣대도 동시에 갖고 찾아내어 그 해답을 그 작품 속에서 얻을 수 있다는 것이다. 즉, 야우스의 수용이론에 의하면 "새로운 작품을 판단하는 비평가, 기존 작품의 긍정적인 면과 부정적인 기준들을 참조하여 자신의 작품을 표현하는 작가, 그리고 한 작품의 전통 속에서 그 작품을 분류하고 그것을 역사적으로 설명하는 문학 역사가는 일단은 단순히 독자들(19)"이라는 것이다.

이러한 야우스의 이론에서 볼 때, 이 네 명의 영국작가들은 전통적으로 내려오는 크리세이다 이야기의 독자들이다. 야우스가 언급했듯이 문학작품이란 어떤 기념물(monument) 처럼 "각 시대의 각 독자에게 똑 같은 견해를 주는 것"(21)이 아니기 때문에, 오랜 시간에 걸쳐 수용된 이러한 크리세이다 이야기의 여러 양태들을 분명히 볼 수 있다. 즉, "새로운 작품은 기존의 작품이 남긴 형식적, 도덕적 문제들을 풀 수 있고 그리고는 새로운 문제점들을 또한 제시할 수 있다"(야우스 32)는 주장처럼 크리세이다 이야기 사슬 속에서 각 작가는 크리세이다 글쓰기를 통하여 그 여성인물의 "요부상"에 대한 자신들의 반응을 보임과 동시에 그 반응에서 파생 가능한 문제점들을 후세작가에게 제시했다고 할 수 있다. 본 논문은 크리세이다를 둘러싸고 일어나고 있는 각 작가들의 상호반응을 각 작자의 입장에서 보는 동시에 오늘의 우리의 입장에서 보고자 하는 것이다.

오늘날 우리에게 알려진 크리세이다 이야기는 비록 그 배경이 고대의 트로이-그리스(Troy-Greece) 전쟁이지만 12세기 중엽 버느와의 장편시(Le Roman de Troie)에서 처음으로 다루어 졌다고 한다. 이 이야기는 단순히 한 영웅과 한 미녀의 낭만적인 사랑을 다루지 않고 한 "요부"의 배신으로 인한 젊은 영웅의 비극적인 최후를 그린, 트로이 전쟁의 외중에서 파생된 단편적인 에피소드이다. 이 "요부"의 사랑과 배신 이야기를 전 유럽에 널리 전파시킨 것은 13세기 시대의 이탈리아 판사 출신인 기도가 버느와의 운문을 산문(Latin)으로 번역한 『트로이 파멸의 역사』(Historia Destructionis Troiae)에서 크리세이다를 전형적인 요사한 간부로 표현하면서 부터이다. 기도의 작품은, 당시는 물론 17세기 까지도 트로이 전쟁의 정사로 오인되어 그 인기도와 권위가 무척이나 높았는데 믹(Mary Elizabeth Meek)의 조사에 의하면 1392년부터 1665년까지 프랑스어, 영어, 독일어, 스페인어, 이탈리아어 등으로 여러차례 번역된 필사본들이 150여 편이나 된다고 한다(xi).

복카치오의 『일 필로스트라토』는 기존의 단편적인 크리세이다 이야기를 크게 확대하여 오늘날 우리가 알고 있는 크리세이다 이야기의 근간을 완성시킨 작품이다. 이 작품은 그 제목이 시사하듯[12] 비극의 남자 주인공 트로일로(Troilo)의 사랑과 그 고통에 초점이 맞추어져 있다. 여주인공 크리세이다는, 사랑의 배신으로, 용맹지만 순진한 영웅을 파멸시키는 그리고 자신만의 명예를 소중히 하는 관능적인 요부로 표현되고 있다. 그녀의 독백에서 보이는 한 극명한 예를 들면, 크리

---

12) "필로스트라토"는 이 이야기의 나레이터로 그 뜻은 "사랑의 배신으로 큰 슬픔에 빠져 있는 남자(a man vanquished and laid prostate by love)"를 의미한다.

세이다는 자신이 젊고 아름답다는 자부심에 차 있고, 남을 사랑하고 남에게서 사랑을 받을 권리와 자격이 충분하며, 그리고 늙어서 뭇 시선들을 더 이상 끌지 못할 때 후회하는 것은 바보 같은 일이라고 말한다(Part II. 69-71). 그러나 여기에서 크리세이다는 2마리의 토끼를 쫓고 있다. 즉, 과부의 입장에서 자신의 명예를 지켜야만 하는 동시에 정신적이 아닌 관능적인 사랑의 쾌락을 즐겨야 하기 때문이다. 결과적으로 그녀는 내밀한 사랑의 흥분된 즐거움을 추구하기로 한다:

> 훔친 물이 넘치는 술보다 훨씬 달콤한 것처럼 은밀한 사랑의 쾌락은 항상 가능한 남편의 사랑을 훨씬 능가한다.   (2. 74)

이러한 여주인공의 관능적 사랑의 추구는 성(sex) 그 자체를 금기시 했을 당시의 사회 분위기에서 볼 때 (현재의 우리들에게는 신선하게도 보이지만) 여성의 성에 대한 솔직한 고백은 결국 크리세이다를 성의 쾌락만을 좇는, 그리하여 이러한 욕구 때문에 한 남자를 버린 요부로 오인케 했을 가능성이 더욱 크다 하겠다.

이 점에 대해 우드(Chauncey Wood) 같은 비평가는 복카치오의 크리세이다 이야기를 지배하는 관능성(sexsuality)은 "이 작품이 보여주고자 하는 모든 불행들의 수단"으로 등장하며 이 관능성이 악녀의 전형인 크리세이다를 대표한다고 주장한다(30).

더욱이 문제가 되는 것은 이 작품의 끝 부분(Part VIII)에서 나레이터가 외치는 여성의 지조 없음에 대한 교화(moralization)이다. 즉, 트로일로의 비극적 최후는 "크리세이다에 대한 트로일로의 잘못 품은 사랑(The ill-conceived love of Troilo for Criseida)"과 "비열한 크리세이다에 대한 헛된 희망(Troilo's vain hope in the base Criseida)"(8. 28)에서 야기된 것이라고 나레이터는 주장한다. 그리하여 사랑의 배신으로 낙담한 필로스트라토는 마지막으로 세상의 젊은 남성들에 여자를 조심하라("beware of women")고 경고한다.

> 성숙해 짐에 따라 사랑의 욕구가 분출되는 젊은이들이여, 내 그대들에게 기원하노니 그릇된 성욕의 유혹에 자신을 자제하고 내가 이야기 했던 트로일로의 사랑에서 교훈을 얻기를! 왜냐하면 이 작품을 제대로 이해했다면 그대들은 이 세상의 모든 여성들을 쉽사리 믿으려 하지 않았을 터이니.

"무릇 젊은 여자란 변덕스럽고 또한 많은 애인들을 원하며 그녀는 자신이 실제 보이는 것보다도 더 아름답다고 여긴다. 그리고 자신의 젊음에 대한 헛된 자만심으로 우쭐하여 있고, 보다 상냥하고 매력적일 때 그녀는 더욱 더 그 자만심에 빠져 있는다. 바람에 흔들리는 나뭇잎처럼 항상 변하기 쉬운 젊은 여성이란 미덕도 이성도 느끼지 않는다." (8. 29 - 30)

이러한 여성변절에 대한 공개적이고도 직접적인 경고는 버느와 기도의 작품 속에서도 명백히 보여 지는데 이 세 명의 대륙작가들은 크리세이다의 단 한 번의 배신에서 전체 여성의 속성을 추론하고 있다.

초서의 『트로일러스와 크리세이드』는 비록 기존의 작품 속에서 보여 지는 가부장적 패러다임(patriarchal paradigm)에서는 크게 벗어나지 않으나 그 여주인공의 성격 묘사에 있어서는 대륙전통의 그것과는 아주 다른 극히 새로운 면을 보여준다. 초서의 크리세이드는 비록 기존의 크리세이다와는 아주 다른 인물로 등장하였지만, 오랫동안 여성 변절의 심볼로 여겨져 왔으며 심지어 셰익스피어 시대에는 "바람둥이 (wanton)" (Tatlock 764)로 20세기에 들어와서도 "치밀한 사랑의 모험가 (a scheming adventuress)" (Kittredge 133) 정도로 치부되었다. 그러나 크리세이드의 성격을 이처럼 간단하게 결론내릴 수 없다. 왜냐하면 초서의 작품 속에서 "그녀의 모호성은 그녀의 의미 (her ambiguity is her meaning)" (Muscatine 164) 라고 정의될 정도로 크리세이드는 아주 모호하게 표출되어 있기 때문이다. 그리하여 도날드슨(E. Talbot Donaldson)은 크리세이드를 가리켜 "초서가 그려낸 인물 중에서 가장 비평적으로 고문당한 인물(perhaps the most critically tortured of Chaucer's characters)"(9) 이라고 칭했고 "영원한 미스터리(a perpetual mystery)"(12)라고 까지 말했다. 실제로 작품 속에서 크리세이드는 한편으로는 전통적인 요부의 모습으로, 또 한편으로는 당시 가부장적 사회 속에서 희생된 가련한 비운의 여인상으로 동시에 표출된다. 크리세이드의 이러한 모호성은 전통적인 반 여성주의 이야기를 초서가 어떻게 받아들였는가를 가늠하는 한 척도일 것이다. 『트로일러스와 크리세이드』의 나레이터는 자신의 전통적인 요부의 이야기 서두에서 자신은 단지 롤리우스 (Lollius) 라는 [허구의]작가가 라틴어로 쓴 고대의 사랑이야기를 충실하게 직역하고 있다고 주장하면서 자신의 작품에 나타나는 원전과의 몇몇 차이점은 언어적, 문화적, 그리고 역사적 차이 때문에 불가피했다고 변명하고 있다.(2. 12-49)

이러한 주장은 역으로 생각하면, 첫째, 일개 충실한 번역가로서, 자신의 번역이 표현하는 전통적 요부상과 나레이터 자신의 의지와는 전혀 관계가 없기 때문에 그는 요부에 대한 자신의 글쓰기에 책임이 없다는 것이고, 둘째, 자신이 표출하는 크리세이드의 모습과 전통적인 크리세이다의 모습이 다른 것은 시대가 다르기 때문이라고 발뺌하고 있다. 첫 번 째 변명은 『트로일러스와 크리세이드』의 끝부분에서 (5. 1772-78) 다시 언급이 되어, 나레이터는 자신의 크리세이드 글쓰기에 대해 여성독자들에게 사과하고는 선녀(good women)에 대한 글을 쓸 것을 맹세한다.13) 우리가 주목해야 할 것은 두 번째 주장인 데, 이 주장은 은연중에 크리세이드의 차별성을 부각시키고 있다. 실제 초서의 작품 속에서 크리세이드는 기존의 적극적, 능동적, 그리고 뇌쇄적인 요부의 모습이 아니라 소극적, 수동적, 그리고 가련한 전쟁의 피해자로 그려지고 있다. 물론 초서의 시에서 크리세이드는 전통적 선녀(good woman)의 모습만을 보여주고 있지는 않다. 그녀는 과부로서 자신의 몸은 자기 것("I am my owene womman")이므로 당시의 여자로서는 쉽게 얻을 수 없는 독립된 여성으로 그 삶을 향유하고 있고14) 또한 자신은 수녀가 아니기 때문에 ("I am naught religious") 사랑하고 사랑받는 것에 대해 개의 할 것이 없다는 태도를 취한다(2. 750-63). 그러나 초서의 나레이터는 시종일관 크리세이드를 주로 수동적인 가련한 여인으로 그리려 애쓰고 있다.

남편과 사별하고 아버지 Calchas의 보호아래 살고 있던 크리세이드는 이야기의 처음부터 아버지마저 적진(Greek진영)으로 도망침으로써 트로이(Troy) 땅에서 의지할 곳이 없는 외로운 청상과부로 등장한다:

【크리세이드는】 어떻게 해야 할지를 몰랐다. 왜냐하면 그녀는 남편없는 과부였고 하소연 할 친구도 없는 외톨이였기 때문에. (1.96-98)

이러한 상황설정은 처음부터 끝까지 크리세이드가 초서의 이야기 속에서 처한 입장을 극명하게 표출한다. 크리세이드가 그리스 군대에 의해 포로가 된 안테노 (Antenor)와 맞교환 될 때도 그녀의 의사는 전혀 반영이 되지 못한 채 피동적으로 전쟁이라는 운명의 소용돌이 속에 자신의 몸을 내 맡겨야만 했고 트로일러스

---

13) 『선녀전 The Legend of Good Women』의 서문에서 나레이터는 다시 한 번 자신의 『트로이러스와 크리세이드』에 대해 사과한다.
14) A. Abramson에 의하면 중세의 여성들은 과부가 됨으로서 당시의 가부장적 사회 체제가 여성들에게만 부당하게 부과된 여러 가지 제약들로 부터 해방될 수 있었다고 주장한다(33).

와의 사랑관계에서도 그녀는 모든 것을 트로일러스와 판다루스(Pandarus)의 처분에 맡겨야만 했다.

　　그리고 사랑의 신께 맹세컨대, 내 당신들 두사람【트로일러스와 판다루스】을 믿기 에 그리고 당신들은 현명하기 때문에, 신중하게 일을 추진하여서 나는 내 명예를 지키고 그 【트로일러스】는 즐거움을 얻게끔 하여 주십시요 나는 여기에서 전적으로 당신들의 손안에 놓여 있으니까요(3. 941-45)

비록 크리세이드는 트로이 진영엔 숙부인 판다루스가 그리고 그리스 진영에 아버지인 칼카스가 있었으나 그들은 크리세이드가 곤란할 때는 아무런 도움도 되지 못하고 다만 판다루스는 친구인 트로일러스의 입장만 생각하는 "뚜쟁이"로, 그리고 칼카스는 자신의 예언만을 고집하는 "폭군아버지"의 역할 만을 담당한다.

　물론 전통적인 요부를 수동적이고 소극적인 한 가냘픈 여성으로 표현했다하여 초서의 작품이 이 이야기의 반 여성주의 전통에서 벗어나 있다고는 단언 할 수 없을 것이다. 왜냐하면, 그 과정이야 어떻든 간에 크리세이드는 이야기의 마지막에 한 남자를 버리고 다른 남자를 택한 또 하나의 크리세이다로 되었기 때문이다. 그러나 전통적인 antifeminist text인 크리세이다와 초서의 크리세이드 사이에는 상당한 차이가 있음을 우리는 발견한다. 초서의 여주인공은 뇌쇄적인 눈으로 한 순진한 청년을 유혹하는, 이기적이고, 본능적이며, 계산적인 "요부"가 아니라 어쩌다 그렇게 되어버린, 전적으로 운명에 의해 "지조 없는 여자"로 되어버린 한 비련의 "미녀"로 남는다. 특히 그녀의 배신에 대해 나레이터가 궁색하게 변명한 "연약한 마음, 용기의 부족(Tendre-herted, slydynge of corage)"(5. 825)에 대해서 비평가들 사이에서 많은 논란이 있어왔다.

　예를 들어 로렌스(William W. Lawrence)는 "크리세이드에 동정적인 초서는 그녀가 트로일러스를 배신했음에도 그녀를 비난하지 않고 다만 그녀의 마음이 여림(weaknss)을 가엾게 여긴다"(146)라고 평했으며, 따라서 코그힐(Nevill Coghill)은 『트로일러스와 크리세이드』는 "마음이 여린 한 젊은 여성의, 또는 아마도 전체 젊은 여성의 변절(fickleness)을 동정적으로 다루는 작품"(67)이라고 주장한다. 그러나 최근의 친여성주의(pro-feminist) 또는 여성주의 비평가들은 크리세이드의 연약함은 여자이기 때문에 그런 것이 아니라 전쟁 등 그 사회의 사회 정치적 상황에서 직접적으로 연유되었다고 주장한다. 예를 들어 에어스(David Aers)는 "【크리세이드의】 연약함은 그녀 자신이 만들어 낸 것이 아니라 그 사회 현실이 진정으로 보여주는 한 단면"(181)이라고 주장한다. 딘쇼(Carolyn Dinshaw)는 더 나아가 주장하기를 "여성의 몸(body)은 하나의 텍스트(text)로써 남성들에 의해 씌어지고, 읽혔고, 해석 되어졌으며"(17), 이것은 오로지 가부장적 사회 내에서의 "조화로운 평안(harmonious rest)"(51)을 위한 것이라는 것이다. 이러한 관점에서 보면, 크리세이드의 연약함은(그녀의 배신을 낳게하여) 트로일러스를 파멸시킴으로써 가부장적 사회의 질서와 조화를 깨는, 반드시 배제 시켜야할 하나의 악덕이며 그 사회의 구성원들을 교화 시키고 그 사회의 화합을 위해선 반드시 규탄되어야 할 악덕인 것이다. 본 논문은 비록 이러한 페미니스트 입장을 전적으로 지지하지는 않지만 그녀가 속해있는 부당한 사회의(여성에 대한) 희생자라는 주장에는 동감하고 있으며, 크리세이드를 희생자로 크게 부각시키는 면이 초서의 작품에 나타난, 기존의 반 여성주의 전통과는 아주 다른 한 특색이라 생각한다.

초서의 크리세이드 이야기의 또 하나의 특징(기존의 이야기들과는 다른)은 작품의 어느 곳에서도 공개적인 반 여성주의 교훈(antifeminist lesson)이 보이지 않는다는 것이다. 오히려 초서의 나레이터는 변절한 크리세이드의 이야기를 쓴 것에 대해 여성독자들에게 사과하고 나서는 (5. 1772-78), 복카치오의『일 필로스트라토』처럼 배신당한 남자들만을 위해 쓴 것이 아니라 오히려 "나쁜 남성들에 의해 배신당한 여성들을 위해 쓴 것"(5. 1780-81)이며 부디 "남자들을 조심하라 (Beth war of men)"(5. 1785)고 여성들에게 경고한다. 마지막으로 초서는 트로일러스의 유령을 통하여 하나의 교화(moralization)를 내세우는데, 허공에 퍼지는 트로일러스의 공허한 웃음은 여성의 변절에 대한 것이 아니라 인간사의 덧없음을 ("Swych fyn hath false worldes bretelnesse!")(5. 1832) 질타하기 위한 것이었다.

초서의 『트로일러스와 크리세이드』가 여주인공의 전통적인 모습인 "요부상"을 상당부분 퇴색시키고 한 가련한 "희생자"로 부각시키는데 상당한 효과를 거두긴 했지만, 그러나 트로일러스를 배신하고 디오메드(Diomede)를 새로운 애인으로 삼았던 크리세이드의 그 후 행적에는 버느와, 기도, 그리고 복카치오와 마찬가지로 침묵을 지키고 있다. 헨리슨의 『크레세이드의 유언』은 바로 이 침묵의 시점에서 출발한다. 초서가 롤리우스라는 가상의 작가를 내세워 크리세이다 이야기의 전통적인 권위를 암시적으로 부정했다면 헨리슨은 직접적으로 자신의 이야기의 출발인 초서의 권위를 정면으로 반박함으로써 크리세이다 이야기의 전통에서 급격히

탈피한다:

> 초서가 쓴 이야기가 모두 사실이라는 것을 누가 알겠는가? 나도 이 이야기 【『크
> 리세이드의 유언』】가 신뢰할 수 있는 것인지 또는 어떤 시인이 자신의 창작으로
> 써 새롭게 가장된 것인지 모른다(64-67)

초서의 크리세이다 글쓰기에 대한 불만을 이렇듯 토로하고는 헨리슨은 "비참한 최후를 맞이한, 아름다운 크레세이드의 저주받은 운명(the fatall desteny/ Of fair Cresseid, that endit wretchitly)"(62-63)을 서술한다. 크레세이드의 죽음을 다룬 헨리슨의 시는 크리세이다 이야기의 전통에서 보면 아주 특이한 작품이다. 왜냐하면 "고전문학과 그 문학에 직·간접적으로 영향을 받은 중세 문학의 전통이 공히 관심을 갖는 것은 트로일러스의 죽음"(Boitani 2)이기 때문이다. 헨리슨의 이야기에서는 크리세이다의 배신으로 인하여 영웅의 표상이라 할 수 있는 트로일러스가 비참한 최후를 맞이하는 것이 아니라 악녀의 표상인 크레세이드가 죄로 가득 찬 육신을 죽이고 참다운 인간상을 보여준다. 헨리슨의 이야기는 아주 간단하다. 즉, 크레세이드의 새 애인이었던 디오메드는 곧 그녀에게 싫증을 느끼고는 다른 여자에게 눈을 돌려 크레세이드를 쫓아내며, 디오메드에게 버림받은 크레세이드는 점점 타락하여 곧 거리의 여인이 되고 르네상스시대의 매독(syphilis)이라 할 수 있는 문둥병(leprosy)에 걸려 비참한 최후를 맞이한다는 줄거리이다. 그러나 헨리슨의 작품을 단순히 인과응보의 이야기로 여기는 것은, 롤린스가 지적한 것처럼, 상당수의 르네상스 작가들이 "매춘부(harlot)"를 지칭할 때 "크레세이드 족속(Cresseid's kind)"이라는 완곡적인 표현을 쓴 것(423)과 비슷하다 하겠다.

비록 몇몇 비평가들은 헨리슨의 시는 "화려한 수사(rhetoric)의 기법을 사용하여" 그의 지나치게 엄격한 도덕성을 위장하기 위한 것(Sklute 190)이었고, "비도덕적인 목적을 위해 자신들의 아름다움을 사용하는 여성들에 대한 섬뜩한 경고"요 크레세이드의 파멸로 부터 "일종의 가학성 쾌락(sadistic pleasure)"을 작가가 얻고자 했던 것(Moran 23)이라고 주장하지만, 이같은 견해들은 나무만 보고 숲을 보지 못한 단견에서 나온 소치라 할 수 있다.

『크레세이드의 유언』이 초서의 『트로일러스와 크리세이드』의 연장이듯이[15] 헨리

---

15) 실제로 헨리슨의 크레세이드 이야기는 르네상스 시대에 쵸서의 크리세이드에 대한 "최

슨의 작품은 이 이야기의 전통에서 보아야만 그 참된 의미를 파악 할 수 있다.
왜냐하면, 많은 독자들이 르네상스 시대부터 현재까지 그러했듯이, 헨리슨의 시를
따로 떼어놓고 본다면 이 이야기는 단순히 로버트슨(D. W. Robertson, Jr.)이 생각
했던 것처럼 "여성 Everyman"의 최후심판과 반성의 단순한 교훈 밖에 되지 않기
때문이다. 또한 수 많은 비평가들이 크레세이드의 자기 성찰과 구원의 문제에 시
시비비를 가리기 위해 열띤 논쟁을 지금도 하고 있지만, 크리세이다 이야기의 반
여성주의 전통에서 본다면 헨리슨의 시는 단순히 한 죄인의 반성과 구원의 문제
에 관한 것이 아니다. 즉 크레세이드의 반성과 구원은 기독교적인 면을 강하게
풍기고 있으나 결국은 수백년 동안 이어온 독자들의 크레세이드에 대한 고정관념
을 탈색시키려 한 것이라 할 수 있다.

  앞서 언급했지만 크리세이다는 단 한 번의 배신으로 "여성 변절의 상징"이라는
오명을 썼고, 그 후 그녀가 자기의 실수 혹은 잘못을 뉘우쳤는지에 대한 여부를
떠나 단순히 한 잊혀진 여인으로 버느와, 기도, 복카지오, 심지어는 초서의 작품
에서 조차 방임, 표출되었다. 우리는 수많은 위대한 문학 작품 속에서 남성인물들
이 처절한 자기반성을 통해 작품 속에서 또는 독자들에게 구원되고, 위대한 인간
의 표상으로 표출되는 경우를 많이 보아왔다. 헨리슨의 여주인공도 그들 중의 하
나이다. 크레세이드는 처절한 육체적, 정신적 방황과 고통을 통하여 성(sex)을 떠
난 한 참다운 인간으로 다시 태어나는 것이다. 헨리슨은 아마도 수 백 년 동안
지속된 크리세이다에 대한 지나친 비난과 야유(Criseida-bashing)에 대해 이같은 적
극적 방법으로 종지부를 찍고 싶어 했는지도 모른다: "【크레세이드】가 죽었으
므로, 나는 더 이상 그녀에 대해 말하지 않겠다(Sen sho is deid, I speik of hir
no moir)"(616). 이러한 마지막 논평을 남기고 헨리슨의 크레세이드 이야기는 끝
이 난다. 즉, 크레세이드는 자신의 잘못을 진정으로 뉘우치고 마음의 평온을 가지
고 죽었고, 시인 자신은 세상의 여성들에게 그녀의 고난과 죽음에서 교훈을 얻으
라고 했으니, 자신으로서는 더 이상 그녀에 대해 할 말이 없다는 것이다. 또한
지금까지의 크리세이다 이야기 작가들에 의해 방임되어 오명(infamy)의 바다위에
정처 없이 떠돌던 크리세이다를 철저한 자기성찰을 통하여 영원한 안식처를 헨리
슨 자신이 마련해 주었으니 후세 작가들이 더 이상 그녀에 대해 왈가왈부하지

  후의 심판"(Miskimin 208)으로 오해 되었으며, 르네상스 편집인들에 의해 헨리슨의 작
  품은 쵸서의 『트로일러스와 크리세이드』의 맨 마지막에 (Book VI로) 삽입되어 출판되
  었다.

말라는 뜻도 가능하다. 『크레세이드의 유언』은 초서의 시가 보여준 전통적 요부에 대한 소극적 변호보다는 적극적인 방법을 택했다고 할 수 있다.

그러나 르네상스시대에도 크리세이다에 관한 이야기는 계속되었고 오히려 그녀의 오명은 더욱 심화되었는데, 아이러니컬하게도 헨리슨의 크레세이드 이야기가 "그녀를 헤픈 여자로 영원히 저주받게 했다"(Rollins 397)는 것이다. 그러나 르네상스 작가들의 크리세이다에 대한 말의 폭력(Criseida-bashing)은, 젠토프트(C.W. Jentoft)가 언급했듯이 "헨리슨이 초서를 잘못 해석한 것이 아니라 후세사람들이 헨리슨을 그릇되게 해석하여 생긴 결과였다"(99-100)고도 할 수 있다. 그러나 셰익스피어의 『트로일러스와 크레시다』와 드라이든의 『트로일러스와 크레시다 또는 너무도 늦게 알려진 진실』같은 작품에서 우리가 볼 수 있듯이 크리세이다는 또한 번 간접적이고도 교묘한 방법으로 변호 또는 왜곡된다.

초서의 간접적인, 모호한(ambiguous) 크리세이드와 헨리슨의 직접적인, 구원받은 크레세이드와는 달리, 셰익스피어의 크레시다는 일견 "발가벗겨진"(naked) 반여성주의 텍스트처럼 보인다. "명멸하는 불빛과도 같은, 초서의 크리세이드에 보이는 모호성은, 【셰익스피어의 크레시다가】 우리의 안전에서 유혹하는 장면을 우리가 볼때, 더이상 상상이 되지 않는다"(Miskimin 167). 다른 크리세이다와 마찬가지로 셰익스피어의 여주인공에 대한 비평가들의 태도는 날카롭게 양분되어 있는데 주로 전통적인 비평가들은 그녀를 "바람둥이"(wanton)로 치부하고 있으며 심하게는 "여느 직업적인 창녀의 전형처럼 모질고 계산적이며 호색적인"(Pitt 143-144) 인물이라고 크레시다의 의미를 크게 격하시킨다. 그러나 최근의 페미니스트 비평가들은 주로 크레시다를 그렇게 밖에 될 수 없었던, 타락한 사회, 전쟁 등의 다양한 원인에 의한 "희생자"로 본다. 그러나 대부분의 비평가들이 간과하고 있는 것은 크레시다를 극중의 다른 모든 인물들과 비교할 때 그녀는 결코 "거리의 여자"라고까지 할 정도로 비난받을 인물이 아니라는 것이다. 비록 우리는 셰익스피어의 여주인공으로 부터, 크레시다가 전통적으로 비난받는 속성들 – 관능성(sensuality), 뻔뻔스러움(audacity), 위선(hypocrisy), 뇌쇄적 유혹(aggressive seduction)등등 – 을 모두 다 가진 "요부"로 등장하는 듯싶지만, 그녀야말로 자신의 내면의 세계를 청중 또는 독자에게 솔직하게 보여주는, 서시테스(Thersites)와 함께, 극중의 유일한 인물이다.

크레시다는 극의 서두부터 초서나 헨리슨의 여주인공과는 전혀 다른 모습으로 등장한다. 1막2장 판다루스와의 대화에서 우리는 신랄하고(sharp-tongued) 재치가 있으며 관능적이고 또한 초서의 Wife of Bath와 같이 외설스러운 말을 거침없이 쓰는 크레시다를 목도하게 된다. 이러한 모습은 반여성주의 전통에서 비판하던 "순진한 척하는 위선자"의 그것과는 전혀 다른, 순진함의 위선을 벗어버린 "벌거숭이 요녀"의 모습인 것이다. 그러나 그녀는 3막2장에서 트로일러스를 만날 때는 그야말로 진지한 연인의 모습으로 나타난다. 이러한 변화에 대해 우리는 그녀가 위선자라고 비난할 수만은 없다. 아델만(Janet Adelman)은 크레시다가 트로일러스의 "환상(fantasies)"에 희생되고 "그녀는 【트로일러스】를 순수(pure)하게 하기위해 매춘부(whore)가 된다"(138)고 주장하지만, 크레시다는, 엄격한 가부장적 사회에서의 여자로서, 그리고 반역자의 딸로서, 트로일러스와의 신분차이에서 올 수 있는 불이익을 예방하기위해 트로일러스의 마음을 확실히 자신한테 흠뻑 기울일 필요가 있었던 것이다.: "취득한 물건은 끝난 것이다. ─ 기쁨의 정수는 행위에 놓여있다. /.../ 남자들은 얻지못한 것에 더 많은 가치를 둔다"(1. 2. 272-74). 또한, 보다 중요한 것은 크레시다가 트로일러스를 진정으로 사랑한다는 것이다: "트로일러스 왕자님, 저는 수많은 지루한 나날들을 밤이나 낮이나 당신을 사랑하는 마음으로 보냈지요."(3. 2. 107-108). 이러한 크레시다의 사랑의 고백은 그녀가 트로일러스의 사랑을 확신한 연후에 토로한 것이며, 첫 순간에 반했으면서도 감히 이러한 고백을 못하고 냉담한 체 한 것은 오로지 남자인 트로일러스가 당시의 다른 남자들이 그러하듯, 주인 행세(tyrant)를 하지 않을까 하는 우려에서라고 고백한다(3. 2. 110-112). 그리고 무엇보다도 크레시다의 트로일러스에 대한 진실한 사랑을 보여주는 것은, 판다루스가 암시하듯, 그녀가 아버지가 도망칠 때 같이 따라가지 않았다는 사실이다(1. 1. 77-80).

크레시다의 이러한 솔직한 모습은 소위 위대한 영웅들이라고 칭송받는 다른 남성인물들의 위선으로 가득 찬 행동과는 크게 대조가 된다. 율리시즈(Ulysses)가 웅장한 톤으로 내뿜는 우주의 질서와 무질서에 대한 사자후는, 그의 위선적 행동으로 한낱 장광설이 되어버리고, "트로이의 기둥"이라 일컫는 헥터(Hector)의 영웅상은 그의 갑옷에 대한 욕심으로 여지없이 무너져 버린다. 제 2의 헥터라는 트로일러스는 그의 눈먼 애정에 사랑을 보채는 어린아이로, 그리스의 제 1의 장수 아킬레스(Achilles)는 동성연애자, 전투기피자, 무방비의 헥터를 비겁하게 죽이는 졸장으로 전락하며, 호머(Homer)같은 문호들이 위대한 전쟁이라 일컫는 트로이 전쟁은 한낱 위선으로 가득 찬 장수들이 오쟁이 진 메네라우스(Menelaus)를 위한 한풀이 전쟁으로 전락하게 되었다. 서시테스의 신랄한 호색(lechery)론(5. 2. 192-194)은 이 전쟁의 성격, 더 나아가 이 세계의 성격을 명확히 진단하고 있다. 이렇듯 타락한 세계에서 크레시다의 솔직한 처신은 비난보다는 현명의 찬사를 받을 수 있다할 수 있으며, 오히려 그녀의 반항적인 활력(the revolting vitality)과 솔직함으로 크레시다는 어쩌면 이 위선으로 가득한 영웅들의 세계와 그들의 어리석은 전쟁을 비웃고 있는지도 모른다. 즉, 수 백 년 동안 위선과 색욕과 거짓으로 가득 찬 악녀의 표본으로 비난받았던 크레시다는 자신의 "벌거벗은 몸(naked body)"으로 가부장적 사회의 이상으로 여겼던 고대의 영웅시대를 철저히 발가벗겨 놓았던 것이다. 결국, 『트로일러스와 크레시다』는 크레시다가 트로일러스의 이상적 미인(an ideal beauty)이었듯이 고대의 영웅시대는 한낱 청중이나 독자의 상상 속에서 이상화 된 것이라는 것을 보여주고 있다 하겠다.

이렇듯 셰익스피어의 극은 당시 가부장적 사회의 독자나 청중들에게 큰 실망 감을 주었을 것이며, 비평가들도 단순히 이 극을 문제극 또는 풍자극 정도로 여기고 있다. 몇몇 비평가들은 이 극이 당시 런던의 4개의 법조학원(the Inns of Court)중의 한 곳에서 그리고 글로브(the Globe) 극장에서 상연되었으리라고 추측하고 있으나 공식적으로는 19세기까지 전혀 무대에 올려 졌다는 기록이 없다. 반면에 드라이든이 1679년에 개작한 『트로일러스와 크레시다 또는 너무도 늦게 알려진 진실』은 여러 차례 공연이 되었는바, 이것은 당시 가부장적 사회의 청중들이 셰익스피어의 극을 어떻게 생각했는가를 단적으로 증명해주고 있는 것이다. 드라이든의 크레시다는 그녀의 이야기의 전통에서 보면 충격적인 모습으로 드라이든의 셰익스피어 개작 극에 등장한다. 드라이든이 덧붙인 제목이 암시하듯, 두 주인공의 사랑은 "너무도 늦게 알려진 진실"로 인한 오해로 비극적으로 끝을 맺게 된다는 것이다. 이 극의 마지막에 크레시다가 아버지 판다루스의 지시를 받아 어쩔 수 없이 디오메드를 유혹하는 장면을 제외하면, 우리는 그녀에게서 전통적인 "요부"의 모습을 전혀 볼 수 없다. 즉, 크레시다는 "트로일러스의 불신, 크레시다 자신의 미와 진실성의 순교자"(Miskimin 223)로서 가부장적인 정숙하고 고결한 선녀(good woman)로 다시 태어나는 것이다.

그러면, 왜 드라이든은 전통적인 요부를 고결한 선녀로 탈바꿈 시켰는가? 그 해답은 드라이든 극의 서문에서 잘 나타난다. 드라이든의 주장에 따르면 그는 셰익스피어의 "문제극"에서 만연하고 있는 혼돈함을 정리하기 위하여 새로이 개작했다고 한다. 즉, 셰익스피어의 극을 비극으로 인식한 드라이든은 비극은 비극다워야 하는데 셰익스피어 극은 "가장 부정확한 사본"에 의하여 "위대한 셰익스피어의 생각들이 쓰레기 더미위에 통째로 묻혀있다."(226:17-19)는 것이다. 따라서 그가 해야 할 일은 이러한 쓰레기 더미를 치우고 "셰익스피어의 탁월한 생각"(the beauties of Shakespeare's thought)을 발굴해내야 한다는 것이다. 이 말은 즉, 셰익스피어의 혼돈된 세계를 극복하여 고대의 찬란한 가부장적 사회의 질서(order)와 영웅주의(heroism)를 회복시켜야 한다는 것이다. 따라서 영웅적(heroic) 크레시다의 변형은 작가의 이러한 의도에 수반되는 필연적 결과에서 나온다. 즉, 드라이든의 크레시다는 오명으로 얼룩진 반 여성주의 텍스트(크레시다)의 구제(salvation)를 위한 것이 아니라 오랫동안 잊혀진 가부장적 영웅주의의 부활을 지향한 것이다. 왜냐하면, 셰익스피어 극에서 크레시다는 그녀의 전통적 오명을 통하여 타락한 사회의 중심에 위치하여 있고, 그리하여 그녀의 구제는 곧 그녀가 속해있는 타락한 사회의 구제를 의미하는 것이기 때문이다.

  가부장적 사회의 질서와 고귀한 영웅주의로 채색된 드라이든의 세계에서 그 사회의 각 구성원들은 자기들의 본래 위치를 되찾는다. 따라서 트로이와 그리스의 귀족장수들은 그들의 지위에 걸맞게 명분과 명예를 좇아 "영광스러운" 전쟁을 수행하고 있고, 이 극의 "참된 중심(real center)"(Bernhardt 141)인 트로일러스가 택한 크레시다는 비록 그녀가 수 백 년 동안 요부로 인식되었음에도 불구하고 가부장적 이념에 걸 맞는 정숙하고, 영웅적이며, 아름다운 "꽃"으로 한 영웅과 그가 속해있는 세계를 더욱 빛나게 치장해야만 했다. 그러므로 가장 비천한 신분을 가지고 있는 서시테스의 추락은 능히 예견된 일이다. 셰익스피어 극에서 가장 참된 관찰자, 비평자로 여겨졌던 그는 질서와 영웅주의가 회복된 드라이든의 극에서 가장 추한 비겁자로 전락해야만 했다.

  5막2장에서 자신의 결백을 증명하려는 크레시다의 영웅적 자살행위는 이미 초서의 작품 속(4. 1149-1241)에서 예견되었는데 이러한 행위야말로 가부장적 이념의 구현이요 수 백 년 동안 크리세이다의 "비도덕성"을 규탄하던 가부장적 사회의 독자들에게는 큰 위안을 주었을 것이다.[16] 그러나, 과거 가부장적 사회에서의 여성의 고난을 이해하는 오늘날의 독자의 입장에서 드라이든의 크레시다는 전통

---

16) 드라이든의 개작된 극이 과거에 셰익스피어의 원작 극보다 훨씬 더 인기를 누려 여러 차례 상연되었다는 사실은 이를 증명한 것이다.

적인 모습에서 보이던 그 반항적 활력도, 가련한 희생자의 모습에서 보이던 그 순수함과 운명론적 비련도 모두 빼앗긴 채 가부장적 이념에 순응하는 한 허수아비의 모습만을 본다. 드라이든 극의 한 아이러니컬한 측면은 과거의 작품 속에서 보이던 여성 혐오주의의 희생자의 모습이 그 여성 혐오주의를 탄생시켰던 가부장적 사회의 이상에 희생된다는 것일 것이다. 크레시다가 아무리 영웅적인 최후를 택했다 하더라도, 우리는 그녀를 다른 남성 영웅들과 동격 시 할 수 없으며 그녀가 그 영웅주의의 제물로 바쳐졌다는 사실에서 과거 한 여성이 처했던 고난과 고뇌를 드라이든의 영웅 극(heroic play)에서 우리가 찾아내어 느낄 수밖에 없다.

우리는 이 네 편의 크리세이다 이야기에서 버느와, 기도, 복카치오의 반 여성주의 전통이 끊임없이 이어지는 것을 보는 동시에 그 전통에서 뛰쳐나가는 크리세이다의 성격변화를 볼 수 있다. 물론 시수(Cixous)가 주장했듯이 과거 남자들이 독점했던 글쓰기는 "픽션의 신비로운 매력으로 숨기고 치장하는 놀라운 방법으로, 영속적으로 여성들을 억압하는 장소(locus)"(879)이기 때문에 각 작가가 어떻게 전통적인 요부를 재 표출했는지 또는 그가 이전의 크리세이다 이야기를 어떻게 읽고 해석했는지에 대해 의심을 해야 할 것이다. 왜냐하면 크리세이다에 대한 모든 이야기는 오로지 남성작가들에 의해 쓰어졌기 때문이다. 그러나 이러한 여성주의 입장에서 해석의 문제에 너무 집착하게 되면 이 크리세이다 이야기의 사슬 속에서 명백히 보여 지는 여러 변화들을 간과하게 되며 크리세이다를 단순히 중세와 르네상스 시대의 반 여성주의의 한 산물로 단순히 치부하게 될 것이다. 야우스가 문학은 과거와 현재의 대화를 요한다고 했듯이 문학이란 고인 물처럼 정체되어 있는 것이 아니다. 즉, 문학이란 기념물처럼 그 의미가 확고하게 고정된 것이 아니라 시대를 달리하는 독자들에 의해 그 의미가 변화될 수 있는 것이다. 크리세이다 이야기도 이러한 맥락에서 보아야 할 것이다. 그리하여 단순히 지조 없는 악녀의 표본(stereotype)이었던 크리세이다는 20세기 후반에 들어와 아주 매력적인 여성인물이 되었다. 독자들은 초서의 크리세이드에서 풍기는 신비스러운 매력에 놀라워하고, 헨리슨의 크레세이드가 보여주는 최후의 자기성찰(the final self-knowledge)에 감동한다. 또한 셰익스피어의 크레시다는 자신의 반항적인 활력(the revolting vitality)으로 독자들을 매혹시키지만, 드라이든의 크레시다는 무색무취한 인물로써 독자들을 실망시킨다.

<문제극의 문제: Shakespeare의 *Troilus and Cressida* 연구>

세익스피어(William Shakespeare)의 캐논(canon)에 있어서 『트로일러스와 크레시다 (*Troilus and Cressida*)』, 『끝이 좋으면 다 좋다 (*All's Well that End's Well*)』, 『이척 보척 (*Measure for Measure*)』은 수 백 년 동안 여러 가지 면에서 독자들에게 당혹 감을 주고 있는 "문제극(problem plays)"으로 여겨져 온 작품들이다. 오늘날의 대 다수 비평가들은 이 세 극이 이전의 코미디와 비교했을 때, 세익스피어의 "실험 정신 (experimental frame of mind)"이 보다 더 반영된 작품들이라는 데 일치하고 있는데(Wells 214), 이는 동시대의 보편적인 사고나 이념 체계와는 상이한 이들 극의 현대성을 지적하고 있는 것으로 여겨진다. 이들 극은 공통적으로 "성욕 (sexual desire)에 대처하는 남성인물들의 무력(male inabilities)" 또는 "심각한 사회 도덕의 쇠퇴" 등을 꼬집고 있다고 일반적으로 지적된다(Bevington 5). 아마도 가 부장 사회의 도덕적 해이와 타락, 그리고 이념적 위선과 쇠퇴를 풍자하는 이들 "문제극"들은 남성중심 사회의 독자나 관중들에게 묘한 당혹감을 주었을 것이며, 이런 이유로 세익스피어의 다른 극들에 비해 과거에 그 대중성이 현저히 뒤떨어 지는 경향을 보였던 이유 중의 하나로 추론할 수 있을 것이다.

세익스피어의 극에서 가장 난해하다는 평가를 받고 있는 『트로일러스와 크레시 다』는 이 세 극중에서도 특히 내용이나 형식의 문제에 있어 보다 많은 논란을 불러일으키고 있다. 이 극은 다른 두 극보다도 더 모호하게 소위 "문제극"으로 분류되어 왔으며, 적어도 표면적으로는 이 극이 희극도, 비극도, 역사극도 그리고 풍자극도 아닌 모호한 장르의 문제 때문이었던 것으로 여겨진다. 그러나 심층적인 면에서 『트로일러스와 크레시다』의 문제성은 극의 형식적인 면에서가 아니라 극의 내용에서 나오게 된 것으로 추론된다. 세익스피어 당 시대는 물론 이후 수 백 년 동안 독자나 관객들의 무관심 속에서 방치되어 온 점을 보더라도 이 극의 문제가 내용과 밀접하게 관련되어 있음을 시사한다. 『트로일러스와 크레시다』를 실험극 (experimental play)으로 정의하고 있는 베빙톤(David Bevington)은 극 속에 반영되 어 있는 실험정신으로 인하여 1600년대 이래 환영을 받지 못했던 이 극이 오늘날 많은 호응을 받고 있다고 주장한다(19). 오코너(Garry O'connor) 또한 현대성이 반 영되어 있는 이 극의 실험적인 면이 오늘날 독자나 관중들에게 어필하고 있다고 주장한다. 즉, "이 극 속에 배어있는 혼돈과 냉소주의 속에서 현대의 독자들은 심정적으로 보다 더 낙관적인 이상적 인간상보다는 보다 더 사실적인 인간의 모습을 볼 수 있다"는 것이다(215). 그러나 이 극이 "문제극"으로서 그동안 방치되었던 보다 더 구체적인 이유는 중세시대부터의 전통적인 여성변절의 상징 인물인 크레시다를 앞세워 가부장제의 이상적 영웅 상을 여지없이 해체했다는 데에 있을 것이다.

본 논문은 『트로일러스와 크레시다』를 문제성 있는 극으로 보는, 특히 드라이든의 개작 극에 두드러지게 반영되어 있는, 전통적 비평 시각을 비판함과 동시에 "전쟁과 색욕(war and lechery)"으로 집약되는 서시테스(Thersites)의 시각으로 이 극을 분석하여 크레시다와 다른 남성인물들을 동일시함으로써 극에서의 그녀의 의미를 단순화시키는 현대적 비평과도 차별화 할 것이다. 본 논문은 크레시다의 시각으로 이 극을 분석하여 그녀의 극에서의 의미가 단순히 전통적인 반 여성주의 텍스트로서, 극의 위선적인 남성영웅들과 잘 어울리는, 타락한 사랑의 상징물로 국한되는 것이 아니며, 오히려, 유럽문학의 전통에서 요부의 전형으로 굳혀진 자신의 이미지로 크레시다는 위선과 헛된 명분에 사로잡혀 있는 이상적인 영웅들의 실체를 보여줌으로써 가부장 사회의 허구성을 드러내는 보다 더 적극적인 의미로 해석될 수 있음을 보여주고자 한다.

대다수 비평가들이 일치하듯이 『트로일러스와 크레시다』는 처음부터 그 공연 역사에 있어 미스터리에 쌓인 작품으로 1609년 사절판(Quarto)의 제 1판(first state) 표지에 기록된 대로 글로브 극장(The Globe)에서 상연되었다는 가설이후 적어도 20세기 초까지 공식적인 공연 기록이 없는 작품이다(Adamson 4-6). 이는 이 극이 과거에 인기가 없었다는 점을 시사하며, 이 극을 완전하게 가부장적인 영웅극으로 개작한 드라이든(John Dryden)의 『트로일러스와 크레시다 또는 너무도 늦게 알려진 진실(Troilus and Cressida or Truth Found Too Late)』은 왕정복구 이후 "17세기 말부터 18세기까지 무대에서 또한 일반 독자에게 상당한 인기를 누리며 보여지고 읽혀졌다"는 점과 좋은 대조가 된다(Bernhardt 130). 그러나 셰익스피어의 극과 드라이든의 개작 극에 대한 오늘날의 독자들의 반응은 완전히 역전이 되어 셰익스피어의 극은 공연과 연구가 활발하게 이루어지는데 반해, 드라이든의 작품은 거의 잊혀진 극으로 그 이름만이 남아있을 정도이다. 그러면 왜, 셰익스피어의 『트로일러스와 크레시다』와 비교하여 볼 때, 드라이든의 극이 과거에 인기가 있었던 것인가? 이와 같은 의문을 해결할 수 있는 단서는 바로 『트로일러스와 크레시다 또는 너무도 늦게 알려진 진실』의 서문에서 밝힌 드라이든의 주장에서 찾을 수 있으며, 동시에 왜 셰익스피어의 극이 "문제극"으로 여겨지게 되었는가에 대한 실마리를 얻을 수 있다.

자신의 극 서문에서 드라이든은 셰익스피어의 『트로일러스와 크레시다』에서 "쓰레기 더미에 통째로 묻혀 있는 [셰익스피어의] 훌륭한 생각들을 발굴해 내기" 위하여 이를 개작했다고 밝힌다(226:17-19). 즉, 드라이든에 의하면, 셰익스피어의 "비극"을 "문제극"으로 보이게 한 극 내의 모든 혼돈을 제거하고 정리하여 "셰익스피어의 탁월한 생각들"을 돋보이게 하기 위해서였다는 것이다(247:7-8). 그러나 막상 드라이든의 개작 극을 보게 되면, 극의 처음부터 끝까지 드라이든이 "발굴해 낸 것"은 셰익스피어가 크레시다라는 전통적 요부를 앞세워 신랄하게 풍자했던, 가부장적 사회의 이상향이라 할 수 있는 고대 트로이와 그리스의 영웅적 사회였다. 셰익스피어의 극에서 드라이든이 "문제"가 있다고 생각했던 것은 이상적인 가부장적 사회의 질서가 무너지고 또한 그 사회에 속한 위대한 영웅들이 왜곡되어 있다는 점이다:

> 한 시인이 이미 잘 알려진 인물을 자신의 작품 속에서 그릴 때, 적어도 그 인물의 명성에 걸맞게 표현해야만 한다. 따라서 한 시인은 자기 임의대로 율리시즈를 성 마른 사람으로, 또는 아킬레스를 참을성 있는 사람으로 바꾸어서는 안 된다. 왜냐하면 호머는 이들을 아주 상이한 성격을 가진 인물로 묘사해 놓았기 때문이다. 이러한 사실은 하나의 바위와도 같은 진실인데도 불구하고 무지한 작가들은 이 "바위"를 매일 같이 쪼개고 있다. 이와 같은 어리석음은 아주 창피한 일인데, 이것은 마치 한 화가가 전쟁터에서 도망치는 겁쟁이를 그리고는 알렉산더 대왕의 모습이라 말하는 것과 같다. (235: 28-36)

이 글에서 드러난바, 셰익스피어의 극에 대한 드라이든의 불만은 가부장적 영웅들의 모습이 전통과는 아주 다르게 왜곡되어 있다는 점이다. 『트로일러스와 크레시다』에서 셰익스피어가, 드라이든이 정확히 지적했듯이, 전통적인 요부를 앞세워 가부장적 체제 내에서 위대하다고 칭송했던 고대의 영웅들과 그들이 속했던 이상적인 가부장 세계를 여지없이 무너뜨렸기 때문이다. 서구의 전통적 문학관은 호머(Homer) 등의 고전 서사시에 그려진 고대 그리스 – 트로이 전쟁의 비극적 웅장함과 그 위대한 남성 영웅들의 장엄함을 찬양하고 동경하였으며 동시에 향수를 느꼈다고 한다(Bevington 21). 이러한 전통적 생각에서 드라이든은 자신의 가부장적 글쓰기를 통하여 셰익스피어의 크레시다에 의해 심하게 훼손되었던 고대의 영웅 사회를 복원시키고자 한 것이었다. 따라서 드라이든의 극에서 부각된 것은 바로 셰익스피어의 극에서 철저히 외면당했던 "남성들의 영웅적 절개(heroique Constancy in men)" (1.1.10)였다. 드라이든의 극중 인물들은 지위와 신분의 고하를 막론하고 문학적 예법(decorum)에 맞게 그들의 위치에 걸 맞는 일관된 행동을 하고 있다. 또한 호머의 전통에 충실하여 트로이 전쟁을 위대하다고 여겼기에, 그 전쟁에 대한 풍자나 냉소주의를 전혀 찾아 볼 수 없다. 왜냐하면 트로이 전쟁은 오쟁이 쓴 메네라우스(Menelaus)를 위한 한 풀이의 성격을 띠지 않고, 혼돈과 무질서의 세계에 질서를 되찾아 주기 위한 전쟁이었기 때문이다.

> 이제 평화로운 질서가 이 세상을 평정했으니
> 과거는 새롭게 보이고 자연의 섭리도 거듭난 듯하도다.
> 그리하여, 파멸은 제 토양에서 생성된 분파(당쟁)에서 비롯되니,
> 모든 신하들은 그들의 왕에 대한 복종심을 배우도록 하리라. (5.2. 326 -26)

혼돈이 정리되고 조화로운 질서를 회복하여 이상적인 가부장 사회로 거듭 난 극의 세계에 대한 율리시즈의 질서 예찬론은 드라이든의 극이 보여주는 가장 주된 주제였으며, 이러한 목적을 위해, 셰익스피어의 극에서 극히 부정적으로 격하되었던 고대의 영웅 상을 드라이든이 교정하여 다시 옛 위치로 회복시켜 준 것이다. 따라서 위선으로 가득 찼던 셰익스피어의 "영웅"들은 드라이든의 극에서는 초지일관 가부장제의 남성상에 걸맞게 행동하고 있다. 따라서 전통적으로 위대하다고 칭했던 이 영웅들을 위선 덩어리의 "졸장"들이라 욕하며 그들의 어리석은 전쟁을 맘껏 비웃던 셰익스피어의 서시테스는 드라이든의 극에서는 그 신랄했던 비평가의 위치를 박탈당한 채, 한낱 비천한 겁쟁이 불평분자로 퇴락 할 수밖에 없었다.

이와 같이 드라이든의 『트로일러스와 크레시다 또는 너무도 늦게 알려진 진실』은 가부장적 사회의 조화로운 질서와 영웅주의로 채색이 되었는데, 이 극의 "참된 중심(real center)"(Bernhardt 141)인 트로일러스가 택한 크레시다는 비록 그녀가 수 백 년 동안 반여성적 문학 전통에서 악녀의 전형으로 인식되었음에도 불구하고, 오해로 빚어진 파국 속에서 자신의 결백을 입증하기 위해 전통적 "열녀"

들의 최후 수단인 자결을 택함으로써 영웅적인 트로일러스의 모습에 잘 어울리는 "선녀"로 거듭 태어나야만 했다. 즉, 참된 영웅으로서의 트로일러스의 명예와 가부장적 사회 이념에 걸 맞는 정숙하고, 영웅적이며, 아름다운 "꽃"으로 한 영웅과 그의 세계를 더욱 빛나게 치장해야만 했던 것이다. 결국 가부장적 사회의 반 여성주의 독자들에게 과거 수 백 년 동안 지조 없는 요부로서 조롱과 비난을 받아온 크레시다는 여성혐오적인 문학에서는 반 여성주의 교훈으로 널리 이용되었으며, 영웅적인 선녀로 부각된 드라이든의 극에서조차 교묘하게 성서의 "돌아온 탕아"처럼 개과천선한 가부장 사회의 "꽃"으로 조작되어 가부장적 이념의 전파를 위한 교육용 전시물로 전락하게 되었다.

『트로일러스와 크레시다』에서 셰익스피어의 크레시다는 다른 크레시다 이야기에서 흔히 볼 수 있는 교묘한 수사나 그 어떤 보호막도 없이 적나라한 반 여성주의 텍스트로 독자들 앞에 나서게 됨으로써, 이 이야기의 전통 속에서 볼 수 있는 그 어떤 크레시다보다도 뻔뻔스러운 요부로 인식되는 경향이 우세했다. 따라서 많은 독자들은 그녀를 단순히 "바람둥이(wanton)"로 치부했고 심지어는 "여느 직업적인 창녀의 전형처럼 모질고 계산적이며 호색적인"(Pitt 143-44) 인물로도 크게 격하시키고 있다. 트로이 전쟁의 원인이 되었던 헬렌(Helen)이 트로이를 서서히 파멸의 길로 들어서게 하는 것처럼, 단순히 크레시다도 트로이 제 2의 장수라 일컫는 트러일러스의 영웅 상을 무력화시키며 가부장사회를 뒤흔드는 상징물로 여겨지기도 하는 것이다. 따라서 『트로일러스와 크레시다』에 펼쳐지는 위선과 타락으로 가득 찬 암울한 세계에서 사악한 여성의 전통적인 표상인 크레시다는 뭇 등장인물들과 잘 어울리는, 피상적이며 타락한 인물로 단순화되기도 했던 것이다.

그러나 크레시다 이야기의 전통 속에서도 가장 노골적인 반 여성주의 텍스트로 그려진 셰익스피어의 크레시다는 이 극 속에서 전통적인 악녀 그 이상의 의미를 가지고 있다. 비록 파커(Barbara L. Parker)는 율리시스(Ulysses)가 "그의 명석함으로 해서" 『트로일러스와 크레시다』의 중심(center)이라 주장하고 있지만(132), 많은 비평가들은 서시테스가 유일하게 이 극의 중심이자 "뭇 인물들을 판단하는" 충실한 해설자의 역할을 담당하고 있다고 주장한다(Loggins 514). 트로이와 그리스간의 어리석은 전쟁을 비웃는 서시테스의 "호색론"은 『트로일러스와 크레시다』의 암울한 세계를 적확하게 정의하는 지적으로 많은 독자들의 공감을 얻고 있는

것은 사실이다:

> 온통 색욕뿐이다! 여전히 전쟁과 색욕 뿐, 이것 밖에는 그 어느 것도 인기가 없
> 다. 어떤 놈이고 간에 불타는 악마[매독]에게 붙들려가 버려라! (5.2.192-194)

한 여성으로 인해 벌어진 어리석은 전쟁 속에서 헛된 명예만을 추구하는 고대
영웅들의 부풀려진 허상들을 적나라하게 폭로하는 충실한 해설자로서의 서시테스
의 역할은 이 "문제성" 있는 작품을 이해하는데 중요한 극중 인물이라는 것에 대
해서 이의는 없지만, 이 극의 메시지를 전달하는데 있어 분명히 그 역할의 한계
성은 지니고 있다. 즉, 서시테스는 이 극에서 벌어지는 모든 일에 대한 국외자
또는 방관자로서 그의 날카로운 독설은 독설을 위한 독설 그 자체로 머무를 수
도 있으며, 또한 공식적인 광대(official fool)로서의 재담으로도 여겨질 수 있는 것
이다. 그러나 유럽 문학에서 전통적인 악녀의 전형으로 이미 굳혀진 크레시다는
그 자체의 이미지로서 부풀려진 이상적 가부장 사회의 실상을 보여주고 있다. 이
점에 대해 도날드슨(E. Talbot Donaldson)은 이 극에서의 크레시다의 의미를 다음
과 같이 설명한다:

> 인간의 모순성과 변덕스런 속성이 주요한 주제중의 하나인 이 극에서 변절의 동
> 의어로 지칭되는 이름을 가진 이 여성인물보다 더 적절한 여주인공이 어디 있겠는
> 가? 이 극은 이상화된 관념을 외치는 웅변으로 가득 차 있지만, 그러한 구호는 곧
> 장 그 것들을 외친 인물들의 행동에 의해 묵살이 된다. 이상화된 관념과 전혀 무관
> 한 판다루스와 서시테스를 제외하고, 이 극에 등장하는 모든 남성들은 변덕스러운
> 인물들이다. 고결한 덕목들이 그들의 입에서 밀물처럼 밀려나왔다가 이내 사라지는
> 이 극의 세계에 있어 변절자의 전형인 크레시다보다 더 나은 상징적 인물이 어디
> 있겠는가? 절개를 지키지 않는다는 점에 있어 크레시다는 이 극의 다른 남성들과
> 아주 잘 어울리는 인물이다. (79-80)

오래 동안 부정적 문학인물로서의 오명으로 얼룩진 크레시다의 존재는 『트로일러
스와 크레시다』의 왜곡된 극 세계에 아주 부합되는 인물이다. 이처럼 크레시다의
전통적 이미지는 극의 주제 및 분위기와 아주 잘 어울린다고 평하면서도 도날드
슨은 크레시다의 존재를 지조를 지키지 않는 변덕스러운 극중의 여러 인물들의

하나로만 폄하함으로써 전체 극 속에서 그녀의 진정한 역할과 그 역할이 가지는 보다 더 큰 의미를 간과하고 있다. 크레시다는 단순히 유럽문학 전통에 있어 요부의 전형으로서의 그녀가 지니는 상징성을 뛰어 넘어 과대 포장된 남성영웅상의 실체를 극 속에서 드러내 보여주는 보다 더 포괄적인 역할을 하고 있는 것이다.

『트로일러스와 크레시다』의 극 세계 전체를 지배하는 분위기는 어리석은 전쟁과 그 어리석음을 깨닫지 못하고 헛된 명예욕에 사로잡힌 영웅들에 대한 풍자(satire)라는 것에는 현대의 비평가들 사이에서 이견이 없다. 또한 대부분의 비평가들은 이 풍자의 중심에 서시테스가 있다는 것에도 일치하고 있다. 그러나 린치(Stephen J. Lynch)가 이 극에서 "믿을만한 해설자(trustworthy commentator)의 역할은 크레시다가 하고 있다"고 주장하듯이(357), 헛된 명분과 위선만이 가득 찬 암울한 전시의 트로이와 그리스의 가부장 사회의 참 모습을 적나라하게 보여주는 가장 중심적인 인물은 서시테스라기 보다는 바로 크레시다이다. 헛된 명분을 위한 전쟁과 위선적인 영웅들을 직접적으로 신랄하게 비판하는 해설자적 입장의 서시테스와는 달리, 크레시다는 서시테스의 조롱의 한 대상으로서 단순한 해설자의 역할을 뛰어 넘는다. 크레시다는 직접 그 풍자의 대상이 되는 세계의 중심에 자리하면서, 직접적인 언급보다는 간접적으로 전통적인 기표(signifier)로서의 자신의 몸과 이미지로 그 세계를 풍자하는 것이다. 하인인 알렉산다(Alexander)로부터 에이젝스(Ajax) 때문에 헥터(Hector)가 화를 냈다는 이야기를 듣고 이에 반응하는 크레시다의 말에서 그녀가 이 헛된 명분의 전쟁에 참가한 영웅들을 어떻게 보는가 하는 것이 명확히 드러난다:

> 내가 보기엔 [에이젝스가] 참 우습기만 한 사람인데, 어떻게 이런 인물 때문에 헥터님이 화를 낼 수 있었을까? (1.2.30)

에이젝스와 같은 허풍선이 군인이 루머에 의해 무적의 용사로 둔갑이 되고, 이런 하찮은 인물에 대해 필요 이상의 분노를 표하는 영웅의 표상이라 일컫는 헥터에 대한 크레시다의 반응은 이 위대한 가부장제 사회의 허구를 단적으로 드러낸다. 이와 마찬가지로 4막 5장 그리스 장수들과의 키스장면에서 크레시다는 자신의 미모와 신랄한 재치로 위선적인 그리스의 영웅들을 희화화시키며 또한 부풀려진 이상적인 가부장제의 참모습을 드러나게 한다. 이와 같이 크레시다는 단 한 번도 부조리한 전쟁에 대한 언급이 없이 직접적으로 드러나지 않게 타락한 사회와 영응들을 풍자하고 있으며, 바로 이 점이 크레시다의 존재가 이 극에서 차지하는 중요한 의미를 간과하게 만드는 이유이다.

당시 독자들에게 잘 알려지지 않은 문학적 인물인 서시테스와는 달리, 일부 르네상스 작가들이 "매춘부"를 칭하는 완곡적인 표현으로 "크레시다 부류(Cresseid's kind)"란 말을 사용한데서 알 수 있듯이(롤린스 423), 이미 여성변절의 전형으로 굳어버린 크레시다는, 서시테스의 신랄한 논평과 함께, 자신의 부정적인 이미지로 이 극에서 풍자되고 있는 부조리한 전쟁과 타락한 영웅들의 모습을 대비시키고 있다. 서시테스가 극의 처음부터 마지막까지 변함없이 충실한 해설자로서의 자신의 역할을 담당하는 유일한 인물이라면, 크레시다는 극에서 유일하게 자기 자신의 정체성을 알며 동시에 자신의 지조 없는(inconstant) 행동을 충분히 인식하고 있는 인물이다. 즉, 자신들의 비 영웅적인 행동을 모르는 채, 또는 화려한 명분과 수사로 자신들의 허물과 어리석음을 은폐하려는, 다른 모든 위선적인 남성인물들과는 달리, 크레시다는 비록 사랑의 변절자 또는 요부라는 부정적인 평가를 받으리라는 생각과 자괴심에도 불구하고 어쩔 수 없는 자신의 운명과 이에 대한 저항의 한계를 절감하는 솔직한 현실주의자로서의 처신을 하게 되며 이 점이 다른 남성영웅들과 크게 대조가 되는 점이다. 이와 같은 크레시다의 솔직한 모습과 현실적인 선택은 배신 장면의 독백에서 가장 뚜렷하게 느낄 수 있다:

> 트로일러스님, 안녕! 한 쪽 눈은 아직도 당신을 지켜보고 있는데, 다른 쪽 눈은 마음과 더불어 딴 것을 보고 있군요. 아, 우리 여자들이란 어쩔 수 없나봐요! 그릇된 눈이 마음을 안내하다 보니, 길을 잘못 들 수밖에요. 아! 결국 눈에 좌우되는 마음은 비열함으로 가득 차게 되지요. (5.2.105-110)

이 독백에서 알 수 있듯이, 다른 남성 영웅들과는 달리, 크레시다는 자신이 무슨 일을 하고 있다는 것을 항상 인식하고 있으며 동시에 자신의 부정적인 행동에 대해 자책하고 고뇌하지만 어쩔 수 없다는 나약한 인간적인 내면을 솔직하게 고백하는 모습을 보여준다.

이처럼, 전통적인 요부의 전형을 노골적으로 재현함으로써 셰익스피어의 극이 가장 부각시킨 것은 크레시다라는 반 여성주의 텍스트가 아니라 바로 그녀의 그러한 모습을 대비시켜 보인 극중의 다른 남성 인물들이다. 즉, 소위 위대하다고 칭송 받던 남성 인물들의 영웅 상이 여지없이 무너져 버린 것이다. 극의 서두부

터 크레시다는 가부장적 사회가 추천하는 "정숙한" 여인상과는 아주 거리가 먼
모습으로 등장한다. 1막 2장의 판다루스와의 대화를 통하여 보면 크레시다는 신
랄한 독설과 재치 그리고 외설적인 관능성 등을 유감없이 보여주는 여성으로 등
장한다. 그녀는 마치 수 백 년 동안 이어온 크레시다 이야기의 반 여성주의 전통
에서 비판하던 순진을 가장한 위선자라는 비난을 비웃듯, 거리낌 없이 소위 정숙
한 여자가 해서는 안될 말들을 공개적으로 내뱉고 있는 것이다. 그러면서도 크레
시다는 맹목적이며 어린아이처럼 마냥 보채는 트로일러스와는 달리 사랑에 있어
서 현실적이면서도 성숙된 모습을 보여 준다:

  내 하인 놈 좀 불러주시오 다시 갑옷을 벗어야겠소
  내가 왜 성 밖으로 나가 싸워야 한단 말이요,
  이 가슴속엔 엄청난 싸움이 벌어지고 있는데 말이요?
  자기 마음을 다스릴 수 있는 자나 나가 싸우라 하시오
  난 전혀 싸우고 싶은 마음이 없소이다. (1.1.1-5)

  여자는 구애받는 동안은 천사이지만 일단 응해버리면 끝장 인거야. 구애받을 때
  가 최고 인거지. 이것을 모른다면 남자에게 사랑 받는다고 할 수도 없겠지. 남자들
  이란 손에 넣지 못한 것에 더 많은 가치를 두거든. . . . 결국 남자란 사랑을 얻게
  되면 폭군이 되고, 그렇지 않으면 애원자로 남는 거지. (1.2.271-278)

사랑에 대한 트로일러스의 맹목적성과 크레시다의 현실적인 사고가 이 두 인용문
에서 극명하게 드러나는데, 비현실적이며 미성숙한 트로일러스와 그의 목적성 없
이 공허한 명분과 이상만을 좇는 현학적 태도에서 왜 이 의미 없는 전쟁이 이토
록 오래 계속되는지에 대한 실마리를 찾을 수 있다.
  1막에서 트로일러스의 마음을 확실히 붙잡아두기 위해 사랑에 대해 일종의 게
임을 하듯 철저하게 위장하고 계산적인 태도를 유지하던 크레시다는, 그러나 3막
2장에서 트로일러스와 만날 때, 아주 진지한 "사랑에 빠진 여인"으로 변신한다.
하지만 이러한 변신에 대해 마냥 이 여주인공을 위선자라 비난할 수만은 없다.
크레시다는 엄격한 가부장적 사회 체계 안에서 자신의 의지만으로는 어찌할 수
없는 "힘없는" 여인으로서, 그리고 더욱이 반역자의 딸로서, 남자이며 왕자인 트
로일러스의 마음을 확인할 필요가 있었고 또한 그의 마음을 확실히 자신한테 홈

빽 기울이게 할 절실함이 있었던 것이다. 왜냐하면, 위의 두 번째 인용문에서 보여 지듯이, 취득 당한 물건은 상품으로서의 그 가치를 잃은 것이며, 남자들이란 얻지 못한 것에 더 많은 가치를 부여한다는 남성중심사회의 현실적 상황에 대한 인식으로 인하여 어쩔 수 없었기 때문이었다.

비록 셰익스피어의 크레시다가 극의 초반부부터 전통적인 요부의 모습을 적나라하게 보여주고 있긴 하지만 자신의 솔직한 내면의 세계를 청중이나 독자에게 보여주는 유일한 인물이다. 그녀는 3막 2장에서 "트로일러스 왕자님, 저는 수많은 지루한 나날들을 밤이나 낮이나 당신을 사모하는 마음으로 지냈지요."(107-108)라고 고백한다. 5막 2장에서 벌어지는 크레시다의 변절을 염두에 두고 대부분의 독자들은 이 같은 사랑의 고백이 뻔뻔스러운 거짓이라고 몰아붙이고 있으나 실은 가부장 사회에서 한 여성이 행동하기가 얼마나 힘든 일이었는가를 이해하지 않으려는 태도에서 나온 것이라 할 수 있다. 크레시다는 분명히 1막 2장에서부터 5막 2장의 배신 장면까지 트로일러스를 진정으로 사랑했다. 당시의 사회 분위기로 보아 여자로서 먼저 사랑 고백을 한다는 것도 쉬운 일이 아니었을 터이고 또한 첫 순간에 반했으면서도 감히 고백을 못하고 냉담한 체 한 것도 오로지 "남자"인 트로일러스가 당시의 다른 "남자"들이 그러하듯 억압적인 "주인 행세(tyrant)"를 하지 않을까 하는 우려 때문이었다(3.2.110-12). 그녀는 트로일러스가 진정으로 자신을 사랑한다는 것을 확인한 연후에 비로소 자신의 속마음을 내보인 것이다. 그리고, 무엇보다도 크레시다의 진실한 마음을 보여주는 것은, 판다루스가 암시했듯, 그녀가 아버지인 칼카스(Kalchas)가 도망칠 때 따라가지 않았다는 사실이다:

> 그 애가 지 애비를 쫓아서 그리스로 떠나지 않은 것이 불찰이었지요. 냉큼 그리스로 가버리면 좋을 것을. 요담에 만나면 내 그렇게 하도록 일러두지요
>
> (1.1.77-80).

판다루스의 언급에서 보면, 크레시다가 아버지를 따라 트로이를 떠나지 않은 것은 바로 트로일러스에 대한 사랑 때문이라는 것을 알 수 있다. "내 사랑을 얻기가 힘든 것처럼 보였을 뿐이지, 처음 당신을 본 순간부터 당신은 내 마음을 빼앗아 간 셈이지요." (3.2.110-111)라는 크레시다의 고백에서 독자들은 그녀가 홀로 트로이에 남아있게 된 사유가 바로 트로일러스에 대한 사랑 때문이라는 것을 유추할 수 있다.

　5막 2장에서 독자들은 크레시다의 배신을 당연하다는 듯 비난하고 있는데, 이역시 가부장 사회에서 한 여성의 험난한 삶을 이해하지 않으려는 태도에서 나온다. 적군과 아군의 이분법적 세계에서 "자신만의 방"을 갖지 않은 이 여성 인물이 그 세계 안에서나마 살아남기 위해 어떻게 해야 하는가? 그녀가 자신의 의지로 트로이와 트로일러스를 떠난 것도 아닌데, 이와 같은 그녀의 생존의 노력을 비웃기만 할 것인가? 가부장 사회에서 귀감이 될 여인상을 보여줄 수 있는 유일한 길은 바로 드라이든이 제시했던 "영웅적 행위" 즉, 자결을 행하는 일이고, 또한 당시의 반 여성주의 독자들도 이를 원했는지도 모른다. 그러나 극의 전체 분위기로 보아서 셰익스피어의 크레시다는 그와 같은 "장엄한" 선택을 하지 않아도되었다. 왜냐하면 그녀의 처신은 극중의 다른 남성영웅들과 비교하여 볼 때 결코더 비난받지 않을 그러한 행동이었기 때문이다.

　크레시다의 솔직하고도 현실적인 생존모색은 소위 영웅들이라 칭송 받는 뭇남성 인물들의 위선으로 가득 찬, 헛된 명분만을 좇는 행동과 크게 대조가 된다. 셰익스피어 극의 고대 세계는 호머(Homer)의 그 것처럼 결코 웅장하지도 또한결코 영웅적이지도 않다. 화려한 수사(rhetoric)만이 그 남성 인물들의 영웅상을 "바람 과자"처럼 부풀려 놓았기 때문이다. 화려한 수사의 겉포장으로 붕괴되어 가는 가부장 사회의 재건을 외치는 대표적 인물은 바로 율리시즈이다. 오랫동안 엘리자베스 시대의 세계 질서관의 핵심으로 여겨졌던 율리시즈의 웅장한 사자후(1.3.74-136)는 그의 위선적 행동으로 한낱 한 "교묘한 책략가"(Ornstein 246), 판다루스와 같이 모든 일에 끼어드는 "참견꾼"(Burns 120), 또는 한 "바보"(Loggins 512)의 장광설이 되어 버린다. 패트로클로스의 죽음이 계기가 되어 아킬레스(Achilles)가 전쟁에 참여하게 된 소식을 전하는 율리시즈의 지나칠 정도로 흥분된모습을 보면 이 또한 실소를 짓게 한다:

　　용기를 내시오, 용기를, 장군들이여! 위대한 아킬레스가 복수의 칼날을 들었소이다. 지금 미친 듯이 울부짖으며 갑옷을 입고 있소. 패트로클로스의 죽음이 잠자는그의 투혼을 불러냈소이다. (5.5.30-33)

마치 고귀한 우정을 위해 아킬레스가 복수의 칼날을 들었다는 식의 화려한 포장속에는 가부장적 관점에서 보면 부도덕한 두 사람간의 동성애적인 관계와 트로이의 공주 폴리세나(Polyxena)와의 비밀스런 사랑의 약속 때문에 전쟁을 회피했던

(5.1.36ff) 아킬레스의 위선 등이 담겨 있는 것이다. 이와 같이 비 영웅적인 이면의 동기에는 아랑곳없이 그저 아킬레스의 참전 소식에만 흥분해 있는 율리시즈의 장엄한 웅변에서 공허함과 쓸쓸함만을 느끼게 되는 것이다.

그 외에 모든 남성영웅들도 풍자의 대상에서 벗어나지 못한다. 이상적인 영웅의 사표로서 "트로이의 기둥"이라 불리던 헥터의 화려한 명성과 그 위상은 그의 화려한 갑옷에 대한 욕심으로 우스꽝스럽게 축소되고 망가진다:

거기 서라, 이 그리스 놈아! 너 잘 만났다.
냉큼 서지 못하겠느냐! 네 갑옷이 맘에 드는구나.
아니, 어딜 도망가. 기어코 네 놈의 갑옷을 벗겨내어
내 것으로 만들고 말리라. (5.6.27-30)

헥터는 다른 인물들에 비해 비교적 일관된 행동과 이성을 지닌 인물로 묘사되었으나, 이 시점에서 우연히 만난 한 그리스 병사의 멋진 갑옷에 순간적으로 현혹되어 지금까지 그가 보여줬던 인물성격의 고결함(integrity)을 한 순간에 잃고 만다.

속은 썩어 있는 것이 겉만 번지르르 했구나.
네게 어울리지 않는 이 멋진 갑옷이 네 목숨을 앗아간 거다. (5.8.1-2)

결국 헥터도 분수에 맞지 않는 갑옷을 입은 이 병사와 같이, 또는 역사와 신화 속에서 "겉만 번지르르" 했던 다른 모든 위선적인 영웅들처럼, 그 허구의 실체를 드러내고 있으며, 그 자신 화려한 갑옷에 대한 욕심으로 인해 독자들에겐 명예를, 극에서는 자신의 목숨을 잃게 된다.

"제 2의 헥터"라는 트로일러스는 그의 눈먼 애정에 전쟁 기피자 또는 위선자 그리고 사랑을 보채는 철없는 애송이로 비춰지며, 따라서 사랑 투정만 하고 있는 그를 "진정한 기사(a true knight)"로 칭하는 율리시즈의 찬사(4.5.96-109)는 그저 아무런 의미가 없는 공허한 말 그 자체라 할 수 있을 것이다. 그리스 제1의 장수라 일컫는 아킬레스 또한 동성연애자, 적국 공주와의 사랑으로 인한 전쟁 기피자, 그리고 갑옷을 벗고 있었던 무방비의 헥터를 여럿이서 공격하여 죽이는 (5.8.10-22) 비겁한 졸장으로 전락하게 된다. 이처럼, 고전 문학에서 위대한 영웅적 전쟁이라 일컫던 트로이 전쟁은 서시테스의 표현을 빌리면 한낱 오쟁이 진

"바보"(5.7.a.10-11)를 위한 한 풀이로 그 의미가 극도로 퇴색되었다.

태트로크(John S. P. Tatlock)에 의하면, 트로이 전쟁에 대한 호머 등의 초기 고전 작가들의 작품들이 지니는 문학적 가치의 그 영원한 명성과 위대함, 그리고 영국민들이 트로이의 후손이라는 사실 때문에, 엘리자베스 시대에 트로이 전쟁을 둘러 싼 일화만큼 인기 있었던 전통적인 이야기는 없었다고 한다(673). 그러나 전통적인 트로이 전쟁에 관한 이야기와는 전혀 다르게 셰익스피어의 『트로일러스와 크레시다』는 탈 신비화된 반 영웅적 세계를 보여주고 있으며, 아마도 이런 점으로 해서 수 백 년 동안 이 작품이 독자들의 무관심 속에 있었던 이유라 할 수 있다. 또한 전통적인 악녀의 전형에 의해 이상적 가부장 사회의 모델이라 믿었던 그리스-트로이 영웅사회의 그 허구적인 모습이 드러나는 것에 대해 심각한 문제점이 있다고 생각했을 수도 있다. 그러나 현대적인 관점에서 분명한 것은, 이러한 허세와 위선으로 얼룩진 무질서의 세계에서 절개를 지키기 위해 스스로 자신의 목숨을 버리는, 드라이든의 크레시다가 행했던, "영웅적 행위"를 무시하고 자기 생존의 길을 모색했던 크레시다를 비난할 수는 없다는 것이다. 오히려 그녀의 반항적인 활력과 솔직함으로 이 위선으로 가득 찬 "영웅"들의 "전쟁 놀음"을 크레시다는 어쩌면 비웃고 있는 것인지도 모른다. 그리고 어쩌면 "발가벗겨진" 반 여성주의 텍스트 뒤에 아련히 보이는 붕괴된 영웅시대를 크레시다의 "비웃음"을 통해 감지했던 과거의 가부장적 독자들이 "문제극" 정도로 치부하고 등을 돌려 셰익스피어의 『트로일러스와 크레시다』는 단 한번의 공식적인 공연 기록도 갖고 있지 않은 것인지도 모른다. 결국, 『트로일러스와 크레시다』는 크레시다가 트로일러스의 환상 속의 이상적 미인(an ideal beauty)이었듯이 고대의 영웅시대는 한낱 청중이나 독자의 상상 속에서 이상화 된 것이라는 것을 보여주고 있다 하겠다.

<크리세이다 이야기의 전통에서 본 드라이든의 가부장적 글쓰기>

드라이든의 『트로일러스와 크레시다 또는 너무도 늦게 알려진 진실(*Troilus and Cressida or Truth Found Too Late*)』은 일견 고대 트로이 전쟁의 영웅적 상황을 배경으로 자신의 결백을 증명하기 위해 스스로 목숨을 끊는 한 열녀(loyal woman)의 장엄한 행위에 그 초점이 맞추어져 있다. 그러나 이러한 드라이든의 극을 따로 떼어놓지 않고 400여년 지속된 크리세이다(Criseida)이야기의 전통에서 놓고 보면, 드라이든이 자신의 극에서 재현했던 크레시다의 모습은 그 이전의 크리세이다들과는 전혀 다른, 전통적 요부(femme fatale)가 아닌 선녀(good woman)로서 독자들 앞에 나서게 된다. 본 논문은 드라이든의 크레시다에서 보이는 이러한 커다란 성격변형을 역사적 맥락에서 고찰하고자 한다. 즉, 본 논문의 주제를 여성의 문제에 국한시켜 왜 드라이든이 전통적으로 "제 2의 이브(the second Eve)"로 치부되었던 악녀의 표상(stereotype)을 마치 『선녀전(*The Legend of Good women*)』의 한 인물처럼 미화시켜 독자나 청중들에게 보여주고 있는가 하는 것이다.

드라이든의 『트로일러스와 크레시다 또는 너무도 늦게 알려진 진실』은 드라이든이 셰익스피어 작품에 덧붙인 부제가 암시하듯 두 남녀 주인공의 사랑은 "너무도 늦게 알려진 진실"로 인한 오해로 비극적인 끝을 맺게 된다. 드라이든의 작품은 버느와 이래의 크리세이다 이야기 전통에서 크게 벗어나게 되는데, 이는 주로 드라이든이 전통적인 요부인 크레시다를 "트로일러스의 불신, 크레시다 자신의 미와 진실성의 순교자"(Miskimin 223)로 그려, 당시 가부장적 사회에서 본받아야 할, 사랑의 진퇴양난에 빠진 한 여성의 "영웅적 행진"(즉, 자신의 진실을 보여주기 위한 장엄한 자살)의 실천자인 선녀로 미화했기 때문이다.

현재 우리의 눈으로 드라이든의 "영웅적" 크레시다를 다른 크리세이다, 특히 셰익스피어의 여주인공과 비교하여 볼 때 그 문제점은 바로 드라이든이 전통적 요부로 그 이름이 드높았던 크레시다를 트로이와 그리스의 뭇 남성 영웅들과 잘 어울리는 인물로 완전히 탈바꿈해 놓은 점이다. 이러한 관점에서 많은 비평가들은 드라이든의 극이 실패작이라 주장했는데, 이는 드라이든이 기존의 이야기 속에서 크레시다가 내포하는 전통적 의미를 오해했기 때문이라는 것이다.

『트로일러스와 크레시다』의 청중들은 크레시다가 [끝까지] 진실하지 않을 것이라는 것을 잘 알고 있다. 드라이든 이전의 많은 크리세이다 이야기가 이를 증명하고 있으며, 크리세이다의 배신을 다룬 전래 신화(myth)는 드라이든의 극에서 더 이상 의미가 통하지 않는다. 합리적 구성의 원칙(rational principles of design)에 종속시킴으로써 드라이든은 그 신화를 그 신화가 외적으로 보여주는 도덕성과 일치하게 하였으며, 또한 그렇게 함으로써 그 신화를 회복 불능으로 망쳐 놓았다. 크리세이드의 배신은 설명할 수 없는 것이며, 모든 크리세이다 이야기 속에 이미 주어진 필수 조건이다. (Miskimin 224)

다시 말해서, 미스키민을 위시한 여러 비평가들은 크리세이다의 배신은 이 인물을 다룬 여러 이야기들에서 빼 놓을 수 없는 핵심이라고 주장하며, 드라이든 류의 크레시다 다시쓰기(rewriting)는 곧 문학 인물로서의 크리세이다를 파멸시키는 것이라고 까지 주장한다(Collins 28).

이와 같은 주장은 오늘날 왜 드라이든의 작품이 독자나 청중의 관심밖에 있는가를 잘 설명해 주고 있는데, 그러나 왜 드라이든의 극이 과거에는 인기가 있었는 지에 대한 설명은 미흡한 감이 있다. 뮤어(Kenneth Muir)와 번하르트(W. W. Bernhardt)의 연구에 의하면 셰익스피어의 『트로일러스와 크레시다』의 공식적인 공연 역사에 관한 기록은 19세기까지 전혀 없는데 반하여(Muir 9), 드라이든이 개작한 극은 "17세기 말 부터 18세기까지 무대에서 또한 일반 독자에게 상당한 인기를 누리며 보여지고 읽혀졌다"(Bernhardt 130)고 한다. 셰익스피어극과 드라이든의 개작극에 대한 오늘날의 독자들의 반응은 이와 같은 과거의 현실과 대치되는데, 셰익스피어의 사본은 손쉽게 구할 수 있는 반면에 드라이든의 그것은 캘리포니아 주립 대학(버클리)에서 간행된 드라이든 전집에서밖에 찾을 수 없다는 점이 이를 증명한다. 그러면 왜, 셰익스피어극과 비교하여 볼 때, 드라이든의 『트로일러스와 크레시다』가 과거에 인기가 있었던 것인가? 이와 같은 의문은 두 극을 놓고 비교하여 볼 때 확연히 그 대답을 얻을 수 있는데 이 해결의 과정에서 여주인공인 크레시다가 그 중심에 있다.

『트로일러스와 크레시다 또는 너무도 늦게 알려진 진실』의 서문에 나타난 드라이든의 주장에 따르면, 그는 셰익스피어 극에서 "쓰레기 더미에 통째로 묻혀 있는 [셰익스피어의] 훌륭한 생각들을 발굴해 내기"(226:17-19) 위하여 개작했다고 한다. 즉, 셰익스피어의 "비극"을 "문제극"으로 보이게 한 모든 혼돈을 제거,

정리하여 "셰익스피어의 탁월한 생각들(the beauties of Shakespeare's thought)" (247:7-8)을 돋보이게 해야만 한다는 것이다. 그러나 막상 드라이든의 개작극을 보게 되면, 극의 처음부터 끝까지 드라이든이 "발굴해 낸 것"은 셰익스피어가 크레시다라는 전통적 요부를 앞세워 신랄하게 풍자했던, 과거의 가부장적 사회의 이상향이었던 고대 트로이-그리스의 영웅적 사회였다. 사실상 많은 독자들은 셰익스피어 극이 "문제극"이라 생각했는데, 이는 주로 그 극이 희극도, 비극도, 역사극도 그리고 풍자극도 아닌 모호한 장르의 문제 때문이었던 것이다. 그러나 드라이든이 "문제"가 있다고 생각했던 것은 (한때 셰익스피어 극이 "암울한 희극"이라 했듯이) 이상적인 가부장적 사회의 질서가 무너지고 또한 그 사회에 속한 위대한 영웅들이 왜곡되어 있다는 점이다.

　　한 시인이 이미 잘 알려진 인물을 자신의 작품 속에서 그릴 때, 적어도 그 인물의 명성에 걸맞게 표현해야만 한다. 따라서 한 시인은 자기 임의대로 율리시즈를 성마른 사람으로, 또는 아킬레스를 참을성 있는 사람으로 바꾸어서는 안 된다. 왜냐하면 호머는 이들을 아주 상이한 성격을 가진 인물로 묘사해 놓았기 때문이다. 이러한 사실은 하나의 바위 같은 진실인데도 불구하고 무지한 작가들은 이 "바위"를 매일 같이 쪼개고 있다. 이와 같은 어리석음은 아주 창피한 일인데, 이것은 마치 한 화가가 전쟁터에서 도망치는 겁쟁이를 그리고는 알렉산더 대왕의 모습이라 말하는 것과 같다. (235: 28-36)

　이 말은 일단 자기모순이다. 왜냐하면 드라이든의 크레시다는 전통으로부터의 엄청난 변형이기 때문이다. 그러나 또 한편으로는, 이 말은 드라이든이 셰익스피어 극을 제대로 읽었다는 것을 보여준다. 『트로일러스와 크레시다』에서 셰익스피어는, 드라이든이 말했듯이, 전통적인 요부의 심벌을 앞세워 과거 가부장적 체제 내에서 위대하다고 칭송했던 고대의 영웅들과 그들이 속했던 세계를 여지없이 무너뜨렸기 때문이다. 셰익스피어의 여주인공은 크리세이다 이야기의 사슬 속에서도 가장 "발가벗겨진" 여성 변절의 표상이다. 초서의 모호하고도 신비적인 크리세이드의 매력도 헨리슨이 보여주는 크레세이드의 감동적인 최후 성찰도 거부당한 채, 셰익스피어의 크레시다는 "알몸둥아리"의 반 여성주의 텍스트 인양 독자들 앞에 나선다.

　셰익스피어 극에서 "벌거숭이 요녀"의 모습으로 등장하는 크레시다의 모습은 위선과 가식으로 화려하게 포장되어 있는 극의 다른 남성 인물들과 대비 된다. 크레시다의 이러한 성격화는 소위 위대하다고 칭송 받던 남성 인물들의 영웅상을 여지없이 무너트리는 역할을 하는 것이다. 그러나 비록 셰익스피어의 크레시다가 전통적인 요부의 모습을 보여주고 있긴 하지만 서시테스(Thersites)와 함께, 자신의 솔직한 내면의 세계를 청중이나 독자에게 보여주는 유일한 인물이다. 허식과 불신과 위선으로 가득 찬, 헬렌을 두고 벌이는 명분 없는 전쟁에 몰두하는 영웅들의 부조리한 세계를 그녀는 적나라하게 드러내 보여주고 있는 것이다.

이와 같이 영웅들의 세계에 전혀 어울리지 않는 요부를 순화시켜 가부장 사회에서 귀감이 될 여인상으로 보여줄 수 있는 유일한 길은 바로 드라이든이 제시했던 "영웅적 행위" 즉, 자살을 행하는 일이고, 또한 당시의 반 여성주의 독자들도 이를 원했는지도 모른다. (그리하여 드라이든 같은 독자가 셰익스피어의 "실책"을 수정한 것인지도 모르겠다). 그러나 극의 전체 분위기로 보아서 셰익스피어의 크레시다는 그와 같은 "장엄한" 선택을 하지 않아도 되었다. 왜냐하면 그녀의 솔직한 생존 모색은 소위 영웅들이라 칭송 받는 뭇 남성 인물들의 위선으로 가득 찬, 헛된 명분만을 좇는 행동과는 크게 대조가 되기 때문이다.

셰익스피어극의 고대 세계는 결코 웅장하지도 또한 결코 영웅적이지도 않다. 화려한 수사(rhetoric)만이 그 남성 인물들의 영웅상을 "바람 과자"처럼 부풀려 놓았기 때문이다. 오랫동안 엘리자베스조의 세계 질서관의 핵심으로 여겨졌던 율리시즈의 웅장한 사자후(1.3.74-136)는 그의 위선적 행동으로 한낱 한 "교묘한 책략가" (Ornstein 246) 또는 한 "바보"(Loggins 512)의 장광설이 되어 버리고, 이상적인 영웅의 사표로서 "트로이의 기둥"이라 불리던 헥터의 화려한 명성은 그의 화려한 갑옷에 대한 욕심으로 우스꽝스럽게 수축, 망가진다. "제 2의 헥터"라는 트로일러스는 그의 눈먼 애정에 전쟁에 참가하지 않고 사랑을 보채는 철없는 애송이로,[17] 그리스 제1의 장수라 칭하는 아킬레스는 동성연애자, 전쟁 기피자, 그리고 갑옷을 벗고 있었던 무방비의 헥터를 여럿이서 공격하여 죽이는 비겁한 졸장으로 전락하게 되며, 고전 문학에서 위대한 영웅적 전쟁이라 일컫던 트로이 전쟁은 서시테스의 표현을 빌리면 한낱 오쟁이 진 "바보"(5.7.a.10-11)를 위한 한 풀이

---

17) 트로일러스는 잘 풀리지 않는 크레시다에 대한 사랑 때문에 심통이 나서 전투에 참가하기를 거부하고 있다(1.2).

로 그 의미가 극도로 퇴색되었다. 이러한 허세와 위선으로 얼룩진 무질서의 세계
에서 "영웅적 행위"를 무시하고 자기 생존의 길을 모색했던 크레시다를 비난할
수는 없을 것이다. 오히려 그녀의 반항적인 활력과 솔직함으로 이 위선으로 가득
찬 "영웅"들의 "전쟁 놀음"을 크레시다는 어쩌면 비웃고 있는 것인지도 모른다.
그리고 어쩌면 "발가벗겨진" 반 여성주의 텍스트 뒤에 아련히 보이는 붕괴된 영
웅시대를 크레시다의 "비웃음"을 통해 감지했던 과거의 가부장적 독자들이 "문제
극" 정도로 치부하고 등을 돌려 셰익스피어의 『트로일러스와 크레시다』는 단 한
번의 공식적인 공연 기록도 갖고 있지 않은 것인지도 모른다.

　　당시 가부장적 사회의 대표 독자요 지식인이었을 드라이든은 이와 같이 셰익스
피어 극에서 "쓰레기 더미 속에 통째로 묻혀 버린" 고대의 찬란한 가부장적 사회
의 질서와 영웅주의를 "셰익스피어의 위대한 생각들"이라는 미명하에, 복원시키고
자 셰익스피어의 "문제극"에 손을 댔던 것이다. 따라서 드라이든이 전통적인 요부
를 180도 다르게 그 성격을 변형시킨 것은 당연한 필수 조건이었으며, 이는 셰익
스피어 극에서 자신의 전통적 오명을 통하여 타락한 사회의 바로미터(barometer)역
할을 했던 크레시다의 구제는 곧 그녀가 속해 있던 그 타락한 사회의 구제를 극
명하게 의미하는 것이기 때문이다.

　　크레시다의 구제를 통한 과거 찬란했던 영웅시대의 회복을 위한 드라이든의
의도, 즉 오명의 바다 위에 표류하고 있는 한 여성 인물의 진정한 구제(genuine
salvation)보다는 그녀의 구제를 통한 이상적 남성 중심 사회의 복원을 노린 의도
는 극에 나타난 여성 또는 여성성에 대한 드라이든의 태도에서 분명히 드러난다.
열 네번에 걸친 반 여성주의 표현[18]이 이를 증명하고 있으며, 속빈 허수아비의
모습으로 가부장적 사회 이념에 충실히 따르고 잇는 크레시다의 모습이 바로 그
렇다. 셰익스피어의 여주인공과는 전혀 달리, 드라이든의 크레시다는 관능적이지
도 않고 계산적이지도 않으며 지나치리 만큼 냉정하지도 않다. 또한 복카치오, 초
서, 그리고 셰익스피어의 "뻔뻔스러운(audacious)" 여주인공들과는 달리 드라이든의
"정숙한(loyal and faithful)" 크레시다는 트로일러스와의 사랑 관계에 있어 여성인
자신에게 돌아올지도 모를 불이익과 독립된 여성으로서의 자유침해 등에 대해서
도 전혀 걱정을 하지 않고, 대신에 자신 또는 전체 여성의 연약한 여성성(female

---

18)　1.2.8: 1.2.84-85: 2.242-43: 2.1.64: 2.1.156-57: 2.1.159: 3.2.56-57: 3.2.253:4.2.251:
　　　5.1.81-82: 5.1.133: 5.2.230-31: 5.2.283: *The Epilogue*, 8

weakness)만 강조하고 있다: "우리 여성이란 이상하게도 자신의 본심을 감추려는 속성을 지니고 있지"(1.2.242). 이와 같이 드라이든의 크레시다는 전통적으로 지니고 있던 (그래서 비난을 받았던) 반항적 기질을 (작가에 의해) 빼앗긴 채 남성 중심의 가치관만을 전파하는 아름다운 꼭두각시로 변형되었다.

3막 2장 합방 장면(the consummation scene)에서 크레시다는 또 한 번 가부장제의 가치관을 고양시킨다. 즉, 크레시다는 삼촌 판다루스에게 트로일러스와의 합방 전에 자기들의 특별한 관계를 보증해 줄 (즉, 자신들의 비밀 결혼을 주재할) 성직자를 부르라고 요구한다(3.2.84-96). 비록 성직자에 대한 판다루스의 증오심 때문에[19] 크레시다의 요청은 거부당했지만, 혼전 관계를 죄악시했을 당시의 사회 분위기에 비추어 크레시다의 행동은 가히 만족스러운 것이었을 것이다. 그러나 이 장면에서 한가지 특기할 만한 사항은 여성인 크레시다는 혼전 관계를 매우 두려워하는 반면에 남성인 트로일러스와 판다루스는 아무렇지도 않은 듯 크레시다의 걱정을 기우로 치부하고 웃음으로 넘겨 버렸다는 것이다. 이와 같은 사실은 당시의 사회 모럴에 순응하는 크레시다의 정숙함을 돋보이게 하고 있으며 이점이 바로 크레시다를 이전의 크리세이다들과 다르게 하는 특징이다. 그러나 현대의 독자들은 이러한 에피소드를 통하여 트로일러스와 판다루스같이 크레시다의 소심함을 가볍게 넘기기보다는 당시의 여성에 대한 차별적인 사회 태도를 인지할 수 있으며, 그와 같은 남녀 차별을 도외시하는 드라이든의 무감각함에 냉소를 보내게 된다.

드라이든의 크레시다에 대한 가부장적 글쓰기는 5막 2장에서 벌어지는 크레시다의 "영웅적 행위"에서 그 대미를 장식한다. 사실 크레시다의 "장렬한"자살 행위는 크레시다 이야기의 전통에서 보면 전혀 예상치 않았던 것은 아니다. 이미 초서의 『트로일러스와 크리세이드』 4번째 책(Book)에서 두 연인들이 트로이에서의 마지막 밤을 보낼 때 로미오와 줄리엣이 오해로 인하여 스스로 자신들의 목숨을 끊었던 바로 그러한 상황이 나올 뻔했었다. 비록 초서의 시에서 이러한 상황으로 까지는 가지 않았지만, 항상 반 여성주의 독자들은 이러한 "영웅적 행위"를 기대

---

19) 이상하게도 전 극을 통하여 성직자에 대한 반감이 지배적이다. 트로일러스는 서시테스가 성직자를 저주했기 때문에 그의 목숨을 빼앗지 않았고(5. 2. 164-67), 성직자인 칼라스는 그리스 진영에서조차 "노예처럼 취급당하고 경멸받았다"(5. 2. 217). 아마도 칼라스 같은 배신자는 드라이든이 영웅적인 세계에서 그의 불명예스러운 행동으로 인하여 비난받고 있는지도 모른다.

했었을 것이며 마침내 드라이든에 의해 실현이 된 것이다. 크리세이다에 대해 우호적인 오늘날의 비평가들 중의 대부분은 크리세이다가 그녀를 둘러싸고 있는 상황 때문에 지조를 지킬 수 없었다고 주장한다. 아이러니컬하게도, 드라이든의 크레시다도 바로 자신의 의지와는 상관없는 외적인 요인으로 인하여 오해를 받게 되었으며(Collins 27), 결국 자신의 결백을 보일 수 있는 유일한 방법인 죽음을 강요받은 것이다. 크레시다는 두 남자의 눈먼 욕구 사이에서 진퇴양난의 덫에 빠진 것이다. 즉, 이전의 크리세이다들과 같이 "자신만의 방"을 갖지 못한 채, 드라이든의 여주인공은 디오메데를 유혹하라는 아버지의 강권과 남의 말을 쉽게 믿는 트로일러스의 어리석음 사이에서 결국은 희생이 되는 것이다.

드라이든이 자신의 극에서 이 전통적인 반 여성주의 텍스트를 진정으로 변호했다는 증거는 없다. 오히려 드라이든은 자신의 가부장적 글쓰기를 통하여 셰익스피어의 크레시다에 의해 능멸 당했던 고대의 영웅 사회를 복원시키고자 더 열심이었다. 따라서, 드라이든이 자신의 극에서 부각시키려 했던 것은 바로 셰익스피어 극에서 외면당했던 "남성들의 영웅적 절개(heroique Constancy in men)"(1.1.10)였다. 드라이든의 인물들은 지위와 신분의 고하를 막론하고 그들의 신분에 걸맞게(즉, 장군은 장군답게, 악당은 악당답게) 일관된 행동을 하고 있으며, 트로이 전쟁을 위대하다고 여겼기에, 그 전쟁에 대한 풍자나 냉소주의를 찾아 볼 수 없다. 왜냐하면 트로이 전쟁은 오쟁이 쓴 메네라우스를 위한 한 풀이의 성격을 띠지 않고, 혼돈된 세계에 질서를 되찾아 주기 위한 전쟁이었기 때문이다.

> 이제 평화로운 질서가 이 세상을 평정했으니
> 과거는 새롭게 보이고 자연의 섭리도 거듭난 듯 하도다.
> 그리하여, 파멸은 제 토양에서 생성된 분파(당쟁)에서 비롯되니,
> 모든 신하들은 그들의 왕에 대한 복종심을 배우도록 하리라. (5.2. 326 -26)

율리시즈의 질서 예찬론은 드라이든 극이 보여주는 주된 주제였으며, 이러한 목적을 위해, 셰익스피어가 부정적으로 격하시켰던 고대의 영웅상을 드라이든이 교정하여 다시 옛 위치로 회복시켜 준 것이다. 따라서 위선으로 과대 포장된 셰익스피어의 "영웅"들은 초지일관 가부장제의 영웅상에 걸맞게 행동하였으며, 위선 덩어리의 "졸장"들과 그들의 어리석은 전쟁을 맘껏 비웃던 셰익스피어의 서시테스는 드라이든의 극에서 그 신랄했던 비평가의 위치를 빼앗긴 채, 한낮 비천한

겁쟁이 불평분자로 퇴락 하게 되었다.

　이와 같이 드라이든의 『너무도 늦게 알려진 진실』은 가부장적 사회의 질서와 고귀한 영웅주의로 채색이 되었는데, 이 극의 "참된 중심(real center)" (Bernhardt 141)인 트로일러스가 택한 크레시다는 비록 그녀가 수 백 년 동안 요부로 인식되었음에도 불구하고 트로일러스의 명예와 그가 속한 사회의 가부장적 이념에 걸 맞는 정숙하고, 영웅적이며, 아름다운 "꽃"으로 한 영웅과 그의 세계를 더욱 빛나게 치장해야만 했다. 결국 가부장적 사회의 반 여성주의 독자들에게 과거 수 백 년 동안 지조 없는 요부로서 조소와 조롱을 당했던 크리세이다는 "여성 변절의 반 여성주의 교훈"으로 널리 이용되었으며, 영웅적인 선녀로 부각된 드라이든의 극에서 조차 성서의 "돌아온 탕아"처럼 개과천선한 가부장 사회의 "꽃"으로 조작되어 가부장적 이념의 전파를 위한 교육용 전시물로 전락하게 되었다. 왜냐하면, 반 여성주의와 여성주의를 동시에 이해할 수 있는 오늘날의 우리에게 드라이든의 크레시다는, 과거에도 그러했듯이, 가부장적 사회의 한 '희생자'로 보이기 때문이다. 즉, 드라이든의 극에서 크레시다는 전통적인 모습에서 보이던 그 반항적 활력(the revolting vitality)도, 가련한 희생자의 모습에서 보이던 그 순수함과 운명론적 비련도 모두 빼앗긴 채 가부장적 이념에 순응하는 한 허수아비의 모습만을 보여준다. 그리하여 과거에 단순히 지조 없는 악녀의 상징으로 그 오명을 드높였던, 다른 작가들에 의해 재현되었던 크리세이다는 20세기 후반에 아주 매력적인 여성 인물이 된 것과는 크게 달리, 유독 드라이든의 크레시다는 무색무취한 인물로서 오늘날의 독자들을 실망시킨다.

Love Poems

Sappho (c. 615 BC)

　Sappho는 기원전 615년경에 그리스의 Lesbos섬에서 태어난 여류시인이다. 그녀의 생애에 관한 역사적 기록은 많이 남아있지 않지만 그녀는 여러 남자 형제들이 있었고 Cercylas라는 이름의 부유층 남자와 결혼해 Cleis라는 딸을 둔 것으로 추정된다. 그녀는 평생 동안 Lesbos섬에 머물며 젊은 미혼 여성들을 위한 기숙학교를 운영하면서 뛰어난 서정 시인이며 선생으로 명성을 떨쳤다고 한다. Ovid에 따르면 Sappho는 Phaon이라는 선원에게 배신당해 절벽에서 투신하여 젊은 나이로 생을 마감했다고도 하며 또는 기원전 550년경에 자연사했다고 주장하는 역사가들도 있다.

　Plato가 "the tenth Muse"라고까지 했고 동전에 그녀의 모습이 새겨지는 등 Sappho는 고대시대에 위대한 시인으로 칭송을 받았다. 그러나 위대한 시인으로서의 그녀의 평판은 사후 3세기가 지난 후 로마의 코미디 작가들에 의해 난잡한 성생활을 즐겼던 여성 동성애자("lesbian"이란 용어는 그녀가 살았던 Lesbos섬에서 기원)로 조롱을 당했고, 이런 연유로 1073년 Pope Gregory가 그녀의 작품을 불사르라는 명령을 내리게끔 하였다고 한다. 기원전 3세기경에 9권의 시집이 발간되는 등 Sappho는 많은 작품들을 남겼지만 이후 거의 없어지고, 1898년과 1914년에 이집트 등지에서 발굴된 파피루스에 남겨진 몇몇 시 단편들이 현존하는 그녀의 작품 전부이다.

　Homer 등의 당시 남성 서사 시인들과는 달리 위대한 서정 여류시인으로서 Sappho는 자신의 시에서 주로 개인적인 주제를 다루었으며, 다른 여성들과의 우정이나 반목 그리고 사랑에 빠진 한 화자의 달콤쌉쌀한(bittersweet) 사랑의 어려움을 문어가 아닌 일상 속어로 소박, 간결하면서도 직선적이며 사실적으로 표현한다.

Without warning

Without warning
as a whirlwind
swoops on an oak   (기습적으로) 휘몰아치다
Love shakes my heart

[Note]
＊ 사랑의 속성을 갑작스레 나무에 몰아치는 회오리바람에 비유하고 있다.

No Word

I have had not one word from her
Frankly I wish I were dead.
When she left, she wept

a great deal: she said to
me, "This parting must be   5
endured, Sappho. I go unwillingly."

I said, "Go, and be happy
but remember (you know
well) whom you leave shackled by love

"If you forget me, think   10
of our gifts to **Aphrodite**
and all the loveliness that we shared

"all the violet **tiaras,**   (여자용) 관, 머리 장식

braided rosebuds, dill and
crocus twined around your young neck   15

"**myrrh** poured on your head   미르라, 몰약(沒藥)
and on soft mats girls with
all that they most wished for beside them

"while no voices chanted
choruses without ours,   20
no woodlot bloomed in spring without song..."

[Notes]

* Sappho와 다른 여성 간에 헤어짐을 아쉬워하는 장면으로 같이 나누었던 과거의 즐거운 경험들을 서술하고 있다. 여성 사이의 우정 또는 동성애적인 맥락에서도 읽힐 수 있다.

11] Aphrodite: 그리스신화의 아프로디테 (사랑과 미의 여신 : 로마신화의 Venus).
15] crocus: [식물] 크로커스(사프란속(屬) : 적황색, 사프란색).

Blame Aphrodite

It's no use
Mother dear, I
can't finish my
weaving
You may   5
blame Aphrodite

soft as she is

she has almost
killed me with
love for that boy   10

[Notes]
* 베틀 일을 소홀히 하는 딸을 나무라는 어머니에게 자신이 사랑에 빠졌음을 고
백하고 있다. 일상적인 분위기에서 사랑의 힘에 대한 속성이 소박하면서도 직설
적으로 잘 드러나 있음.

He is more than a hero

He is more than a hero
he is a god in my eyes—
the man who is allowed
to sit beside you—he

who listens intimately   5
to the sweet murmur of
your voice, the enticing

laughter that makes my own
heart beat fast. If I meet
you suddenly, I can't   10

speak—my tongue is broken:
a thin flame runs under
my skin: seeing nothing,

hearing only my own ears

drumming, I drip with sweat: 15
trembling shakes my body

and I turn paler than
dry grass. At such times
death isn't far from me...

[Notes]

* 이 시에는 화자 'I,' 'he,' 그리고 그 옆의 여성으로 추정되는 인물 등 3인이 등
장한다. 4행의 'you'는 'he' 옆에서 정담을 나누는 다른 여성을 의미 하고 10행의
'you'는 화자가 사랑하는 'he'를 의미한다고 볼 수 있다. 마음속으로 사랑하는 이
를 갑작스레 만났을 때의 당황해하는 여성 화자의 모습이 구체적으로 표현되어
있으며 사랑에 빠진 여성 화자라는 점이 특히 흥미롭다.

12-13] a thin flame runs under / my skin: 즉, 얼굴이 빨개지다, 홍조를 띠다.

Of course I love you

Of course I love you
but if you love me,
marry a young woman!

I couldn't stand it
to live with a young
man, I being older...

[Notes]

* 결혼해달라고 조르는 연하의 남자를 달래는 모습이 코믹하기까지 하다.

With his venom

With his venom
irresistible
and bittersweet

that loosener
of limbs, Love   5

reptile-like
strikes me down

[Notes]
* 사랑에 빠진 자신의 모습을 뱀의 독에 마비된 것으로 묘사함으로써 달콤쌉쓸한 (bittersweet) 사랑의 속성을 잘 드러내고 있다.

Ovid (Publius Ovidius Naso) (March 20, 43 BC - AD 17)

Ovid는 Virgil, Horace 등과 함께 라틴문학의 3대 시인으로서 그의 대표작으로는 *Ars Amatoria* (The Art of Love)와 *Metamorphoses*가 있다. 시에서 그가 주로 다루는 주제로는 그리스 − 로마 신화, 사랑, 버림받은 여인들이다. Ovid는 사랑이라는 주제를 감정적이라기보다는 지적으로 접근하였으며, 따라서 그의 사랑에 관한 시는 연애시라는 장르를 익살로서 은근히 희롱한 것으로도 볼 수 있다. BC 1년경에 발표된 *Ars Amatoria*는 여자를 유혹하여 밀통하는 기술을 메시지로 담고 있는 노골적인 시편들로 이루어져 있으나 익살과 함께 풍부한 상상력과 독창력이 배어있다. 그의 우아한 스타일과 수사학적 기법의 시풍 − 쾌활함, 동정심, 생기발랄함, 그림처럼 생생하고 감각적인 묘사 − 은 중세 서양문학에 절대적인 영향력을 미쳤다. 그는 2행 연구(聯句 : couplet)를 완성했고, 6보격 운율을 시의 주요한 메시지 전달수단으로 만들었다.

Love and War

Lovers all are soldiers, and Cupid has his **campaigns**: wars
I tell you, Atticus, lovers all are soldiers.
Youth is fit for war, and also fit for Venus.
Imagine an aged soldier, an elderly lover!
A general looks for spirit in his brave soldiery: 5
a pretty girl wants spirit in her companions.
Both stay up all night long, and each sleeps on the ground:
one guards his mistress's doorway, one his general's.
The soldier's lot requires far journeys: send his girl,
the zealous lover will follow her anywhere.   10
He'll cross the glowering mountains, the rivers swollen with storm:
he'll tread a pathway through the heaped-up snows:
and never whine of raging **Eurus** when he sets sail
or wait for stars propitious for his voyage.
Who but lovers and soldiers endure the chill of night,   15
and blizzards interspersed with driving rain?
The soldier reconnoiters among the dangerous foe:
the lover spies to learn his rival's plans.
Soldiers besiege strong cities: lovers, a **harsh** girl's home: (남자에게) 가혹한
one storms town gates, the other storms house doors.   20
It's clever strategy to raid a sleeping foe
and slay an unarmed host by force of arms.
(That's how the troops of Thracian **Rhesus** met their doom,
and you, O captive steeds, forsook your master.)
Well, lovers take advantage of husbands when they sleep,   25
launching surprise attacks while the enemy snores.
To slip through bands of guards and watchful sentinels
is always the soldier's mission—and the lover's.

Mars wavers: Venus flutters: the conquered rise again,

and those you'd think could never fall, lie low.   30

So those who like to say that love is indolent

should stop: Love is the soul of **enterprise**.   campaign, undertaking

Sad Achilles **burns** for **Briseis**, his lost darling: (속이) 타다, 애타다

Trojans, smash the Greeks' power while you may!

From **Andromache**'s embrace **Hector** went to war: 35

his own wife set the helmet on his head:

and High King **Agamemnon**, looking on **Priam's child**,   i.e. Hector

was stunned (they say) by the **Maenad's** flowing hair.

And Mars himself was trapped in The Artificer's bonds:

no tale was more notorious in heaven.   40

I too was once an idler, born for careless ease:

my shady couch had made my spirit soft.

But care for a lovely girl aroused me from my sloth

and bid me to enlist in her campaign.

So now you see me forceful, in combat all night long.   45

If you want a life of action, fall in love.

[Notes]

* 군인(Mars)과 연인(Venus)의 삶과 행동이 비슷하다는 논리로 사랑을 설명하고
있다. 나태한 사람은 결코 사랑을 할 수 없으며, 따라서 적극적이며 저돌적인 군
인의 정신을 가져야만 사랑을 쟁취할 수 있다는 메시지를 담고 있다.

13] **Eurus:** 남동풍의 신. a child of Eos and Astraeus. Eurus was the wind who
　　brought warmth and rain from the east. His Roman equivalent is Vulturnus.
23] **Rhesus:** 트라케의 왕으로(Thracian king), 트로이전쟁에서 트로이 편을 들어
　　싸우다가 Odysseus와 Diomedes에게 죽임을 당했다. 본국의 사정으로 아주 뒤
　　늦게 이 전쟁에 참가한 레수스는 도착 당일 싸워 보지도 못하고 죽은 것으
　　로 유명하다—밤중에 트로이 진영을 습격한 디오메데스와 오디세우스가 잠든

그를 기습하여 죽이고 눈처럼 희고 바람처럼 **빠른** 그의 유명한 말들을 훔쳐
갔다고 한다.

33] **Briseis**: 브리세이스는 남편 Mynes가 Achilles에 의해 살해당한 트로이의 과부
로 그녀 또한 Achilles에 의해 납치되어 그가 가장 아끼고 사랑하는 포로가
되었다. 그러나 어느 날 Agamemnon에게 포로로 잡힌 Chryseis의 송환 문제
를 다루는 지휘관 회의에서 아가멤논에게 크리세이스를 트로이로 돌려보내라
고 종용하자, 아가멤논은 그 대가로 아킬레우스의 포로인 브리세이스를 자신
에게 줄 것을 요구했다. 분노와 고통에 **빠진** 아킬레우스는 전쟁에 나가지 않
았고 그리스 최고의 장수인 아킬레우스가 **빠진** 전투에서 Hector가 이끄는 트
로이군대는 연전연승할 수밖에 없었다.

35] **Andromache**: 트로이 최고의 장수이자 Priam왕의 아들인 Hector의 아내.

37] **Agamemnon**: 아가멤논은 트로이전쟁에서 그리스 연합군의 최고사령관이었다.
　　　Priam: 트로이의 왕으로 Hector와 Paris의 아버지.

38] **Maenad**: Maenads were female worshippers of Dionysus, the Greek god of
mystery, wine and intoxication, and the Roman god Bacchus. The word
literally translates as "raving ones." They were known as wild, insane women
who could not be reasoned with.

From *The Art of Love*: Book Two

...Short partings do best, though: time **wears out** affections, 　닳아 없어지게 하다
The absent love fades, a new one takes its place.
With **Menelaus** away, Helen's disinclination for sleeping
Alone led her into her guest's
Warm bed at night. Were you crazy, Menelaus?　　　　　　　5
Why go off leaving your wife
With a stranger in the house? Do you **trust** doves to falcons, 　…에게 맡기다
Full sheepfolds to mountain wolves?
Here Helen's not at fault, **the adulterer's** blameless—　　　　i.e. Paris

He did no more than you, or any man else,   15

Would do yourself. By providing place and occasion

You **precipitated** the act. What else did she do   촉진시키다

But act on your clear advice? Husband gone: this stylish stranger

Here on the spot: too scared to sleep alone—

Oh, Helen wins my acquittal, the blame's **her husband's**:   20   Menelaus

All she did was take advantage of a man's

Human complaisance. And yet, more savage than the tawny

Boar in his rage, as he tosses the maddened dogs

On lightening tusks, or a lioness suckling her unweaned

Cubs, or the tiny adder crushed   25

By some careless foot, is a woman's wrath, when some rival

Is caught in the bed she shares. Her feelings show

On her face. Decorum's flung to the wind, a maenadic

Frenzy grips her, she rushes headlong off

After fire and steel... .   30

[Notes]

* 남편 Menelaus가 부재중에 트로이의 Paris와 정분을 나누고 결국은 그와 함께 트로이로 야반도주한 Helen의 전설을 인용하면서 [마음이 연약하고 배신을 잘하는] 여자를 결코 오래 동안 혼자 있게 하지 말라는 교훈조의 여성 혐오적인 메시지를 담고 있다.

3] **Menelaus**: 아가멤논의 형제이고 트로이 전쟁의 원인이 되었던 Helen의 남편

Dante Alighieri (1265 - 1321)

Dante는 중세 Florentine에서 활동한 이탈리아 최고의 시인, 나아가 서양문학의 최고봉에 속하는 문호이다. W. B. Yeats는 단테를 "the chief imagination of

Christendom (그리스도교 세계에서의 최고의 상상력)"이라 칭했으며, T. S. Eliot 또한 "Dante and Shakespeare divide the modern world between them. There is no third(근대세계는 셰익스피어와 단테가 양분한다. 제3자는 존재하지 않는다)"라고 높이 평가했다. 그의 대표작은 *La divina commedia* (*The Divine Comedy* : 신곡)로서 이 작품은 라틴어가 아닌 이탈리아 모국어로 씌어졌고 따라서 어학적으로도 현대 이탈리아어의 기본을 이루는데 공헌하였다. 단테에 관한 유명한 일화는 그가 아홉 살 때에 "첫눈에" 사랑에 빠졌다는 Beatrice Portinari와의 관계이다. 베아트리체는 단테가 "그때[처음 보았을 때]부터 사랑이 내 영혼을 압도했네"라고 토로했을 정도로 죽을 때까지 자신의 생애 대부분과 시 작품을 바치며 사모한 여인이었으며 40년에 걸쳐 완성한 *La divina commedia*에서도 베아트리체를 찬미했다. 불행히도 이 사랑은 단테의 일방적인 짝사랑으로 아무런 결실을 맺지는 못했지만 (1290년에 Beatrice 사망), 보다 더 중요한 것은 단테의 Beatrice에 대한 열정이 문학으로 전이되어, 당시 주목을 받지 못하던 "사랑"의 주제가 문학 전면에서 강조되었다는 점이다.

Sonnet: Gentle Thought

There is **a gentle thought** that often springs		
to life in me, because **it** speaks of you.		i.e. gentle thought
Its reasoning about love's so sweet and true,		
the heart is conquered, and accepts these things.		
'Who is **this**' the mind enquires of the heart,	5	i.e. gentle thought
'who comes here to seduce our intellect?		
Is his power so great we must reject		
every other intellectual art?		
The heart replies 'O, meditative mind		
this is **love's messenger** and newly sent	10	i.e. gentle thought
to bring me all Love's words and desires.		
His life, and all the strength that he can find,		

from **her** sweet eyes are mercifully lent,
who feels compassion for our inner fires.'

[Notes]
* 이성(또는 지성)을 상징하는 'mind'와 감성을 상징하는 'heart'의 대화를 통해
달콤하고 진실한 사랑의 속성을 논하고 있다.

1] **a gentle thought**: 긍정적인 의미에서 달콤하고 진실한 사랑의 힘을 생각해보
   는 행위. 6행의 동사 'seduce'가 나타내는 전통적인 사랑에 대한 부정적인 태
   도와는 달리 'gentle,' 'sweet.' 'true' 등이 의미하듯이 사랑을 긍정적으로 묘사
   한다고 볼 수 있다.
13] **her**: 사랑의 마음을 불러일으키는 여성. 전통적인 'eye topos'에서 드러나듯이
   아름다운 여인의 눈은 뭇 남성들에게 갑작스런 사랑의 마음을 불러일으킨다.
   즉, 여인의 눈에서 나오는 광선에 Cupid가 화살을 쏘아 남자의 눈을 통해 심
   장에 명중하게 되면 그 남자는 소위 '첫눈'에 사랑에 빠지게 된다.

Sonnet: My Lady

My lady carries love within her eyes:
All that she looks on is made pleasanter:
Upon her path men turn to gaze at her:
He whom she greeteth feels his heart to rise,
And droops his troubled **visage**, full of sighs,   5   countenance
And of his evil heart is then aware:
Hate loves, and pride becomes his worshiper.
O women, help to praise her **in somewise**.   어떻게든 하여
Humbleness, and the hope that hopeth well,
By speech of hers into the mind are brought,   10
And who beholds is blessed **oftenwhiles**.   oftentimes=often

The look she hath when she a little smiles
Cannot be said, nor holden in the thought:
'Tis such a new and gracious miracle.

[Notes]
* 사랑은 여인의 눈으로부터 나온다는 전통적인 'eye topos'를 기반으로 하여, 마치 기적과도 같이, 사랑이 남자들의 사악한 마음을 순화시킨다는 내용을 담고 있다.

9-10] "Humbleness, and the hope are brought into the mind By speech of hers."

12-13] "The look she has, when she smiles a little, cannot be said or cannot be hold in thought."

Sonnet: Love and the Gentle Heart

Love and the gentle heart are one thing,
just as the poet says in his verse,
each from the other one as well divorced
as reason from the mind's reasoning.
Nature craves love, and then creates love king,   5
and makes the heart a palace where he'll stay,   i.e. love as "king"
perhaps a shorter or a longer day,
breathing quietly, gently slumbering.
Then beauty in a virtuous woman's face
makes the eyes yearn, and strikes the heart,   10
so that the eyes' desire's reborn again,
and often, **rooting** there with longing, stays,   정착하다
Till love, at last, out of its dreaming starts.
Woman's moved likewise by a virtuous man.   i.e. woman's heart

[Notes]

* "Sonnet: My Lady"와 비슷한 내용의 시로서 사랑과 고결함은 결합되어 있다는 것을 주장하고 있다. 사랑에 빠지는 과정을 전통적인 'eye topos'로 보여주고 있으며, 다만 궁정풍 사랑(courtly love)을 다루는 다른 연가와는 달리 이 시에서 특이한 점은 여자들도 남자들과 같은 과정을 거쳐 사랑에 빠지게 된다는 것을 마지막 2행(the couplet)에서 부연했다는 점이다.

Bernart de Ventadorn(c. 1150-c. 1180)

Bernart는 중세 프랑스(프로방스 지방)의 Eleanor of Aquitaine의 궁정에서 활동하던 대표적인 courtly love troubadour(서정시인)로서, 사랑에 관한 세속적인 시와 음악을 창작했다. 그의 대표작은 *La Dousa Votz*로서 전형적인 12세기 궁정풍 사랑의 노래를 담고 있다. 베르나르는 1152-55년에 영국을 여행한 것으로도 알려져 있다. 그는 주로 짧은 사랑의 서정시를 썼는데 서정적인 섬세함과 수수함으로 꾸밈없는 사랑의 감정이 잘 나타나 있다.

When I See the Lark That Moves (2nd stanza)

Alas! how much I knew of love,
I thought, but so little know of it!
For now I cannot **check** my love   control
For her, who'll give me little profit.
She has my heart and all of me,   5
Herself and all the world: and nothing
Leaves to me, when thus she takes me,
Except desire and heartfelt longing.

[Notes]

*사랑에 빠진 남성화자가 사랑의 괴로움을 토로하는 전형적인 궁정풍 사랑의 시로서 자신이 사랑하는 여인(the lady)에게 완전히 예속된 남성 ("she has my heart and all of me"), 자신의 어찌할 수 없는 사랑에 조금의 관심도 보이지 않는 냉혹한(cold, cruel and ungenerous) 여인("and nothing/ Leaves to me"), 그리고 끝없는 사랑의 욕망에 괴로워하는 남성 ("except desire and heartfelt longing") 등 궁정풍 사랑의 전형적인 특징들이 드러난다.

Amics Bernart de Ventadorn

Amics Bernartz de Ventadorn,
com vos podetz de chant sofrir,
can aissi auzetz esbaudir
lo rossinholet noih e jorn?
Auyatz lo joi que demena!
Tota noih chanta sotz la flor,
melhs s'enten que vos en amor.

Peire, lo dormir e.l sojorn
am mais que.l rossinhol auvir:
ni ja tan no.m sabriatz dir
que mais en la folia torn.
Deu lau, fors sui de chadena,
e vos e tuih l'autr' amador
etz remazut en la folor.

(—Friend Bernard de Ventadorn, how can you refrain from singing when thus you hear the nightingale rejoicing day and night? Listen to the joy he manifests. Every night he sings under the flowers: he is wiser in the ways of love than you.

—Pierre, I prefer sleep and rest to the nightingale's voice. And you can speak this way to me for a long time before I relapse into folly. God be praised, I am free of the chains, while you and the other lovers remain in folly.)

Bernartz, greu er pros ni cortes
que ab amor no.s sap tener:
ni j tan no.us fara doler
que mai no valha c'autre bes,
car, si fai mal, pois abena.
Greu a om gran be ses dolor:
mas ades vens lo jois lo plor.

Peire, si fos dos ans o tres
lo segles faihz al meu plazer,
de domnas vos dic eu lo ver:
non foran mais preyadas ges,
ans sostengran tan greu pena
qu'elas nos feiran tan d'onor
c'ans nos prejaran que nos lor.

(—Bernard, it is difficult to be courtly and successful for him who does not persevere in love. Neither can love cause us such sorrow that it is not worth more than any other good. For if it hurts, later it consoles. It's hard to have a great boon without suffering: but joy conquers tears.

—Pierre, if for two or three years the world were made as I would like, the ladies (I tell you the truth) would no longer be pursued. Instead they would undergo such extreme pain that they would do us the honor of bring suit, rather than us to them.)

Bernatz, so non es d'avinen
que domnas preyon: ans cove
c'om las prec e lor clam merce:
et es plus fols, mon escien,
que cel qui semn' en l'arena,
qui las blasma ni lor valor:
e mou de mal ensenhador.

Peire, mout ai lo cor dolen,
can d'una faussa me sove,
que m'a mort, e no sai per que,
mas car l'amava finamen.
Faih ai lonja carantena,
e sai, si la fezes lonhorn,
ades la trobara pejor.

(—Bernard, it is not seeming for women to court, it is rather the man who pursues and asks for mercy. Madder than he who sows in the sand, in my opinion, is he who denigrates their virtue, and such a man is badly educated.

—Pierre, my heart is very sad when I remember that false one who killed me, I know not why, unless it was because I loved her truly. I have long been in quarantine, and if I prolonged it, I would find her worse still.)

Bernartz,　foudatz vos amena,
car aissi vos partetz d'amor,
per cui a om pretz e valor.
Peire, qui ama, desena,
car las trichairitz entre lor
an tout joi e pretz e valor.

(—Bernard, folly has gained you, for you leave off love, through which one gains worth and valor.

—Pierre, he who loves is mad, for the traitresses among them have undone joy and worth and valor.)

[Notes]

* 이 시는 시인 Bernard와 그의 친구 Pierre 간의 대화를 통해 사랑의 가치에 대한 찬반 토론 벌이고 있는 논쟁시(debate poem)이다. 친구는 사랑에 관심을 두지 않는 시인의 태도를 어리석은 것으로 나무라며 사랑에 전념할 것을 권유하고 있으나, 진실한 마음으로 한 여자를 사랑했지만 되돌아 온 것은 결국 배신이었다고 주장하는 시인은 사랑을 가치 없는 어리석음으로 단정하고 있으며 따라서 본인은 다시는 사랑의 노예가 되지 않겠다고 다짐한다. 왜 남자들만, 결국 배신당할 사랑을 위해, 구애를 하고 그 결과로 인해 고통을 받아야만 하냐면서 여성들도 그 고통을 받아보아야만 한다고 주장하는 시인의 항변은 궁정풍 사랑의 공식에서 벗어나는 흥미로운 점이다. 또한 여성은 결국 배신하게 되어있다는 시인의 믿음은 여러 문학작품에서 계속하여 되풀이되는 전형적인 반여성주의 생각이다.

Francesco Petrarca (1304-1374)

이탈리아의 학자, 시인, 인문주의자로서 Boccaccio와 함께 이탈리아 문예부흥(Renaissance)을 이끌었던 선구자이다. 페트라르카는 학식과 우아한 교양으로 명성을 얻었으며, 고전에 대한 깊은 관심으로 유럽을 널리 여행하면서 각 지역의 학식 있는 사람들을 만나고 왕실과 수도원 등의 서고를 뒤져 잊혀진 그리스-로마시대의 고전 필사본들을 찾아냈다. 학자로서의 그의 명성은 널리 퍼져 1341년 4월 8일 카피톨리누스(Capitol) 언덕 위에서 계관시인의 관을 받았다. 특히 페트라르카는 영국 엘리자베스 조의 영국시인들 등 유럽문학에 큰 영향을 미쳤는데 이는 sonnet라는 새로운 형식의 사랑시를 통해서였다. 라우라(Laura)라는 이름으로만 알려진 여인에 대한 페트라르카의 순결한 사랑은 그의 *The Canzoniere*에 담겨있는데 라우라의 신분에 대해서는 알려진 바가 없고 페트라르카 자신도 이에 대해 전혀 언급한 일이 없다. 페트라르카는 1327년 4월 6일 아비뇽에 있는 한 교회 교회에서 처음 기혼여성이었던 라우라를 보았다고 하는데 아마도 그들은 한 번도 만난 적이 없었을 지도 모른다는 주장도 있다. 따라서 20여년 넘게 썼던 이탈리아 풍의 소네트에 담긴 라우라라는 여성에 대한 페트라르카의 사랑의 열정은 라우라라는 한 특정한 인물이 아니라 일반 여성들의 추상화된 개념을 향한 것이라는 주장도 있다. 다수의 Italian sonnet에 담긴 페트라르카의 완벽한 테크닉과 미학적인 아름다움은 인간의 사랑과 슬픔, 환희와 비애 등을 가장 명확하면서도 열정적으로 표현했을 뿐만 아니라 놀라운 감수성과 비유법으로 르네상스 이후 근대 서정시의 형식과 언어를 개발하고 발전시키는데 지대한 영향을 미쳤다.

Poems from *The Canzoniere*

I.

You who hear the sound, in **scattered** rhymes,	흐트러진
of those sighs on which I fed my heart,	
in my first **vagrant** youthfulness,	방황하는
when I was partly other than I am,	
I hope to find pity, and forgiveness, 5	
for all the modes in which I talk and weep,	
between vain hope and vain sadness,	
in those who understand love through its **trials**.	시련
But now when I reflect how I became	
a common tale to all, it brings me grief, 10	
so that I grow ashamed that now it seems	
the fruit of all my **wandering** is shame,	(사랑의) 방황
and true repentance, and the clear belief	
that what the world adores are **fleeting** dreams.	덧없는(transient)

[Notes]

* courtly lady의 냉정함과 매몰참으로 인해 이루어지지도 않을 사랑에 너무 괴로워했던 자신의 젊은 시절을 부끄러워하며 사랑이란 결국 덧없는 세상사의 하나라는 것을 깨닫는 화자의 모습을 그린다. 동시에 자신의 쓰라린 경험을 교훈 삼아 결국은 아무런 의미도 없을 사랑의 유혹에 넘어가지 말 것을 독자들(젊은 남성들)에게 당부하는 메시지를 담고 있다.

1] you: 이 시의 화자가 말하는 대상은 일반적인 독자, 즉 Cupid의 화살을 맞은 사람들(맹목적으로 사랑에 빠진 남자들)이다. '흐트러진 운(韻),' 즉 시(詩) 속에 메아리치는 한숨 소리는 사랑에 괴로워하는 화자의 젊은 날의 모습을 나타낸다.

3-4] 정신적으로 성숙하지 못했던 젊은 시절 맹목적으로 사랑에 빠져있던 '나.'

5] pity, forgiveness: 궁정풍 사랑에서 흔히 나타나는 시어(diction)들임.

10] a common tale: 자기 나름대로는 굉장하다고 생각되었던 love story가 모든 젊은이들이 겪는 흔한 일임을 깨닫게 되어 부끄럽게 생각하는 장면.

II.

To make a graceful act of revenge,	
and punish a thousand **wrongs** in a single day,	과실, 과오
Love secretly took up his bow again,	i.e. Cupid (God of Love)
like a man who waits the time and place to **strike**.	일격을 가하다
My power was constricted in my heart,	5
making defence there, and **in my eyes**,	
when the **mortal** blow descended there,	치명적인
where all other arrows had been blunted.	
So, confused by the first assault,	
it had no opportunity or strength	10 My power
to take up arms when **they** were needed,	arms
or withdraw me shrewdly to the high,	

steep hill, out of the torment,

from which it wishes to save me now but cannot.

[Notes]

* 무방비의 상태로 Cupid의 화살을 맞고 갑작스레 사랑의 소용돌이와 그 고통 ('torment')에 빠지는 화자의 모습을 그린다.

1-2] 시의 화자가 그동안 사랑에 대해 저질렀던 수많은 과오('wrongs')를 '하루아 침에 (in a single day)' 벌주기 위해 사랑의 신인 큐피드가 잔인한 복수가 아 니라 사랑을 통한 '우아한 복수'를 행한다는 의미.

  6] in my eyes: 눈을 통한 화살의 공격. (eye topos)

XI

I have not seen you, lady,

leave off your veil in sun or shadow,

since you knew that great desire in myself

that all other wishes in the heart desert me.   (나의 마음속에서) 사라지다

While I held the lovely thoughts concealed,   5

that make the mind desire death,

I saw your face adorned with pity:

but when Love made you **wary** of me,   cautious

then blonde hair was veiled,

and loving glances gathered to themselves.   10

That which I most desired in you is taken from me:

the veil so governs me

that to my death, and by heat and cold,

the sweet light of your lovely eyes is shadowed.

[Notes]

* 금발을 가진 여인에 대한 사랑이 너무도 지극하고 절박한 화자의 심정을 알게 된 그녀가 연민(pity)의 정을 갖게 되었으나 곧 사랑함에 있어 '나'(남자)에 대한 경계심으로 얼굴을 가리우니 이 화자가 그토록 보고 싶어 했던 그녀의 사랑스러운 눈과 얼굴을 볼 수 있게 해달라고 애원하는 시.

XII

If my life find strength enough to fight
The grievous battle of each passing day   매일 매일의
That I may meet your gaze, years from today,
Lady, when your eyes have lost their light,
And when your golden curls have turned to white,   5
And vanished are your wreaths and green array,   화관 / clothing
And when your youthful hue has fled away,   젊음의 색조
Whose beauty makes me tremble in its sight,
Perhaps then love will overcome my fears
Enough that I may let my secret rise   10   나타나다
And tell you what I've suffered all these years: 그 동안의 세월들
And if no flame be kindled in your eyes,
At least I may be granted for my tears
The comfort of a few belated sighs.   뒤늦은

[Notes]

* 사랑하는 여인에게 자신의 사랑을 감히 토로하지 못하는 화자가 먼 훗날, 그녀의 아름다움이 모두 사라졌을 때, 두려움에 고백하지 못했던 자신의 사랑을 나타내리라는 간절한 내용의 시.

4-7] 즉, 그녀가 나이를 먹어 아름다움을 잃었을 때.

XXVIII.

Alone, and lost in thought, the desert glade
Measuring I roam with **lingering** steps and slow: 망설이는
And still a watchful glance around me throw,   계속해서
Anxious to shun the print of human tread:
No other means I find, no surer aid   5
From the world's **prying** eye to hide my woe: 응시하는, 흘끔흘끔 보는
So well my wild disordered gestures show,
And love-**lorn** looks, the fire within me bred,   버려진(abandoned), 고독한
That well I think each mountain, wood and plain,
And river knows, what I from man conceal,   10
What dreary hues my life's fool **chances** dim.   어쩌다가 …하다
Yet whatever wild or savage paths I've taken,
Wherever I wander, love attends me still,
Soft whispering to my soul, and I to **him**.   love

[Notes]
* 한 여인에 대한 사랑을 세상 사람들에게 알리지 않기 위해 홀로 외롭게 지내
는 화자의 심정(오로지 자연만이 알고 있는 그 심정)을 애처로운 톤으로 서술한
시. 비록 자연 속에서 홀로 고립되어 있지만 사랑은 항상 자신과 함께 있다는 위
안으로 시가 끝난다.

Jean Froissart(1337-1405)

중세 프랑스의 연대기 작가, 시인, 궁정인이며, 공식적으로는 성직자였지만
Froissart는 문학에 전념한 시인이었다. 중세 로망스, 시, 역사서 등을 저술했지만
그의 작품 속에는 종교적 색채가 드러나지 않는다. 그의 대표적 역사서로서 『연
대기』(*Chronicles*)가 있는데, 이는 중세봉건시대에 관한 가장 중요하고 자세한 기록

이며 15세기 기사도적 궁정연애의 이상을 가장 잘 보여주는 자료이다. 이외에도 그는 사랑과 모험을 다룬 많은 시가를 남겼으며, 개인적인 친분을 가졌던 것으로 추정되는 영국의 Geoffrey Chaucer에게도 영향을 미쳤다.

Invitation to Return

Return, my love: too long thy stay:
Sorrow for thee my soul has stung:
My spirit calls thee ev'ry day,—
Return my love, thou stay'st too long.

For nothing, wanting thee, consoles,   5
Or can console till thou art **nigh**:   (고어) near
Return, my love, thou stay'st too long,
And grief is mine till thou be by.

[Notes]
* 오래된 사랑의 부재로 인해 고통 받고 있는 화자가 사랑하는 이에게 다시 돌아오라고 애원하는 시.

Parting

The body goes, the spirit stays:
Dear lady, till we meet, farewell!
Too far from thee my home must be:
The body goes, the soul delays:—
Dearest of ladies, fare thee well!   5

But sweeter thoughts that in me dwell
The anguish of my grief **outweigh**:—   …보다 가치가 있다
Dearest of ladies, fare thee well!
The body goes, the soul may stay.

[Notes]

* 몸은 떠나지만 마음만은 항상 사랑하는 당신과 같이 있다는 이별시.

6] **sweeter thoughts**: 함께했던 사랑에 대한 달콤한 생각
7] **anguish of my grief**: 헤어짐의 고통

Anonymous - Middle English

Alison   (c. 1300)

Bitweene **Merch** and **Averil**,		March / April
When spray biginneth to **springe**,		grow
The litel fowl hath hire **wil**		pleasure
On hire leod to singe.		In her language
Ich libbe in love-longinge	5	I live
For **semlokest** of alle thinge.		seemliest, fairest
Heo may me blisse bringe:		she
Ich am in hire **baundoun**.		power

An hendy hap ich habbe yhent,		
Ichoot from hevene it is me sent:	10	I know
From **alle** wommen my love is **lent**,		all other / removed, departed
And **light** on Alisoun.		alights / settles

On **hew** hire **heer** is fair ynough,   hue, color / hair
Hire browe browne, hire **yen** blake: eyes
With lossum cheere heo on me lough: 15
With **middel** smal and wel ymake.   waist
But heo me **wolle** to hire take   Unless / will
For to been hire owen **make**,   mate
Longe to liven **ichulle forsake**,   I will refuse
And **feye** fallen adown.   20   dead

(An hendy hap, etc.)

Nightes when I **wende** and wake,   at night / turn
Forthy mine wonges waxeth wan:
Levedy, al for thine sake   lady
Longinge is ylent me on.
In world nis noon so **witer** man   25   clever
That al **hire bountee** telle can: her excellence
Hire **swire** is **whittere** than the swan,   neck / whiter
And fairest **may** in town.   maid

(An hendy hap, etc.)

Ich am for wowing al forwake,
Wery so water in wore.   30
Lest **any reve** me my make   any one / deprive me
Ich habbe y-yerned yore.
Bettere is tholien while sore
Than mournen evermore.
Geinest under gore,   35
Herkne to my **roun**:   song

(An hendy hap, etc.)

[Notes]

* "An hendy hap, ..."으로 시작하는 후렴구가 붙어 있는, 지은이를 알 수 없는 1300년경의 중세 영국 연가. Alison 이라는 마을에서 가장 아름다운 처녀를 사랑 하는 화자의 기쁨과 고통, 그리고 미래에의 희망이 소박한 어조로 표현되어 있다.

9] A fair fortune have I won.

9-12] 이 시의 후렴구(refrain)임. 화자가 사랑하는 여인의 이름인 'Alison'은 중세 영국사회에서 흔히 여성에게 사용되던 이름이었다고 한다.

15] With lovely face she on me smiled

22] Therefore my cheeks become pale.

24] Longing has come upon me.

29] I am for wooing all sleepless.

30] Weary as water in a troubled pool.

32] I have been worrying long since.

33] It is better to suffer sorely for a time

34] Than feel sorry forever.

35] Fairest beneath clothing

My Lief Is Faren in Londe   (1380)

My lief is faren in londe—
Allas, why is she so?
And I am so sore **bonde**   bound
I may nat **come** her to.   walk
She hath myn herte **in holde**   imprisoned
Wherever she ride or go—
With trewe love a thousand **folde**.   times

[Notes]

* 멀리 떨어져 있는 애인을 그리워하며 변하지 않는 사랑을 노래하고 있다.

1] My beloved has gone away

Geoffrey Chaucer (1340-1400)

　근대 영시의 창시자로, John Dryden은 그를 '영시의 아버지'라고 불렀다. 부유한 포도주 상인 가문의 중산층 출신이지만 어려서부터 시동(侍童 : page)으로서 궁정에 보내져 그곳에서 성장하여 군인, 외교관, 세관 감사관 등의 공직을 거쳤다. 이러한 경력과 더불어 외교관으로서 프랑스와 이탈리아 등 당시 유럽의 선진 국가들을 방문한 경험에서 얻은 다양한 인간 이해의 넓이와 깊이가, 그의 후기 작품, 특히 *The Canterbury Tales*에 보이는 따뜻하면서도 사실적인 인간군상의 묘사에 잘 나타나 있다. 그의 유일한 완성작이라 할 수 있는 *Troilus and Criseyde*는 Boccaccio의 *Filostrato*를 원전으로 한 작품으로, 사랑의 정열, 환희, 고뇌, 그리고 배신을 다룬 걸작이다. 영문학사에 있어서 초서의 가장 큰 공헌은 르네상스 유럽 대륙의 고도로 발달되었던 시작법(詩作法)을 중세영시에 본격적으로 도입했던 것 이외에도 라틴어나 프랑스어가 아닌 모국어인 영어를 근간으로 하는 문학작품을 생산하기 시작했다는 점이다. 따라서 초서는 런던 부근의 중세영어를 표준어로 하는 근대영어의 성립에 결정적인 역할을 했다는 점에서 순수 문학적인 면에서의 공헌 못지않게 영어발달에도 큰 역할을 한 것이다.

Against Women Unconstant

Madame, for youre **newefangelnesse**,	instability
Many a **servant** have ye put out of grace.	
I take my leve **of** your unstedefastnesse,	from
For wel I **woot**, whil ye have lives space,	know

Ye can not love ful half yeer in a place,   5   one

To newe thing youre lust is ay so keene: pleasure, desire / always

In stede of blew, thus may ye were al greene.

Right as a mirour nothing may enpresse,   engrave(make a permanent mark on)

But, lightly as it cometh, so mote it pace,   may, must/go, proceed

So fareth youre love, youre werkes bereth witnesse. 10

Ther is no faith that may your herte enbrace:

But, as a wedercok, that turneth his face   weathercock

With every wind, ye fare, and this is seene:

In stede of blew, thus may ye were al greene.

Ye might be shrined, for youre brothelnesse,   15   brittleness, instability

Bet that Dalida, Criseide or Candace: better

For ever in chaunging stant youre sikernesse:

That tache may no wight fro yuor herte arace.   blemish, defect / person

If ye lese oon, ye can wel twain purchace:

Al light for somer, ye woot wel what I mene,   20

In stede of blew, thus may ye were al greene.

[Notes]

* 거침없이 여러 남자 애인들('servants')을 울리는 'cruel lady'의 변덕과 지조 없음을 지적하는 시. 중세, 르네상스의 courtly love poems에서 흔히 볼 수 있는 주제를 다루고 있다.

2] servant: courtly love 문학에 흔히 등장하는 'cruel lady'를 섬기는 남성 애인.

4] lives space: time in your life. i.e. while you live

7] blew(blue) - the color of fidelity: greene - the color of unfaithfulness

10] youre werkes bereth witnesse: 당신이 [그 동안] 한 일을 보면 안다.

12] weathercock: 바람 따라 이리저리 움직이는 지붕 위에 설치하는 수탉 모양의

풍향계는 거리낌 없이 변절하는 여성들을 상징하는 당시의 대표적인 비유법
이다.

16] **Dalida, Criseide or Candace:** notorious temptresses in western literature

A Rondel of Merciless Beauty

(Captivity)
Your two eyes will slay me suddenly,
I cannot endure **their** beauty,   two eyes'
So deeply does it wound my eager heart.

And unless your word will heal, without delay,
My heart's wound while it is new—   5
   Your two eyes will slay me suddenly,
   I cannot endure their beauty.

On my oath, I tell you faithfully
That you're the queen of my life and death,
And in my dying will that truth be seen.   10
   Your two eyes will slay me suddenly,
   I cannot endure their beauty,
   So deeply does it wound my eager heart.

(Rejection)
So has your beauty driven pity from your heart
That there's no good in me complaining,   15
So does disdain in his chain bind your mercy.

Just in this way you've paid for my innocent death,

I'm telling you the truth, I don't need to pretend.
　So has your beauty driven pity from your heart
　That there's no good in me complaining.　　　　　20

Alas, how nature has drawn with compasses
In you such great beauty that no man may find
Mercy, even though he dies in pain.
　So has your beauty driven pity from your heart
　That there's no good in me complaining,　　　　　25
　So does disdain in his chain bind your mercy.

(Escape)
Because I've escaped so plump from love,
I don't expect to be in his lean prison.
Being free, I don't give a pea for **him**.　　　　　　　　　　i.e. love

He may reply and say this and that,　　　　　30
I don't care, I'm saying what I think.
　Because I've escaped so plump from love,
　I don't expect to be in his lean prison.

Love has struck my name from his **slate**,　　　　deleted/석판(石板), 명부
And he is stricken utterly from my books.　　　　35
For evermore there is no other way.
　Because I've escaped so plump from love,
　I don't expect to be in his lean prison.
　Being free, I don't give a pea for him.

[Notes]
* 첫 stanza가 점증적으로 후렴구로 사용되는 론델체의 이 시는 사랑의 포로, 거

절, 탈출 등 3 부분으로 이루어져 있다. 뇌쇄적인 그녀의 두 눈에 의해 사랑의 포로가 되었던 화자는 자신의 진정한 마음을 호소하지만 결국 자비라고는 조금도 찾아볼 수 없는 냉담한 그녀에 의해 그 사랑이 철저히 거부당하고, 결국은 맹목적인 사랑에 빠졌던 화자는 현실을 직시하여 사랑의 노예상태로부터 탈출한다는 내용의 시다.

Sir Thomas Wyatt (1503-1542)

  Sir Thomas Wyatt는 Henry Howard, Earl of Surrey와 함께 이탈리아로부터 Petrarchan sonnet 양식을 영국에 도입함으로써 이탈리아 인문주의 시의 문체와 운율, 그리고 비유법 등을 영국에 소개하여 르네상스 시대 이후 영시의 눈부신 발달에 그 기초를 다졌다. 그의 작품은 1557년에 Richard Tottel에 의해 발간된 『토텔 시문집』(Tottel's Miscellany)에 수록되어 있다.

Whoso List to Hunt   (A translation of Petrarch's sonnet)

Whoso list to hunt, I know where is an hind,	whoever wishes/female deer
But as for me, helas, I may no more:	alas
The vain travail hath wearied me so sore,	futile or idle labor
I am of them that furthest come behind.	
Yet may I by no means my wearied mind 5	
Draw from the deer, but as she fleeth afore	i.e. forget
Fainting I follow: I leave off therefore,	기진맥진하여
Since in a net I seek to hold the wind.	
Who list her hunt, I put him out of doubt,	
As well as I, may spend his time in vain. 10	
And graven with diamonds in letters plain,	engraven
There is written her fair neck round about,	

"Noli me tangere, for Caesar's I am,   touch me not
And wild for to hold, though I seem tame."

[Notes]

* 여성에게서 사랑을 구하는 것은 그물에 바람을 채워 넣으려는 어리석은 행위와 같다는 전제 하에 여성을 도저히 길들일 수 없는 야생의 암사슴에 비유하고 있다. 즉, 여성이란 존재는 천성적으로 자유분방하여 그 마음을 얻기가 불가능하다는 반여성적인 메시지를 담고 있다.

2] **I may no more**: 나는 더 이상 사슴을 추적하지 않겠다.

14] **for Caesar's I am**: 나는 시저의 여인이기에. 즉, 황제에게나 어울리는 고귀한 존재이기에.

My Galley (A translation of Petrarch's sonnet)

My galley, **charged** with forgetfulness,   loaded
Thorough sharp seas in winter nights doth pass   through
'Tween rock and rock: and **eke** mine en'my, alas,   also / i.e. Cupid
That is my lord, steereth with cruelness:
And every **owre** a thought in readiness,   5   oar or hour
As though that death were **light** in such a case.   unimportant
An endless wind doth tear the sail apace
Of forced sighs and **trusty fearfulness**.   fear to trust
A rain of tears, a cloud of dark disdain,
Hath done the **wearied** cords great hinderance: 10   worn rigging
Wreathed with error and eke with ignorance.
The **stars** be hid that led me to this pain: i.e. her eyes
Drowned is Reason that should me comfort,
And I remain despairing of the port.

[Notes]

* '갤리선'(옛날 노예나 죄수들에게 노를 젓게 한 돛배)이라는 제목이 암시하듯,
이 시는 자신의 의지와는 관계없이 맹목적이고 무모한 사랑의 노예가 된 화자의
절망적인 심정을 보여주고 있다.

4] **lord, steereth**: lord who steers...

8] "Of forced sighs" modifies "An endless wind" in line 7. ("신뢰하기엔 두려운
강요된 한숨의 끝없는 폭풍이 배의 돛을 순식간에 찢는다.")

9] **A rain of tears**: 눈물의 홍수. '한숨의 폭풍'과 함께 전형적인 Petrarchan 비
유법이다.

10] **cords**: tackle, lines holding the sails in place.

The Long Love   (A translation of Petrarch's sonnet)

The **longe** love that in my thought doth **harbour**	lasting / temporarily reside
And in mine heart doth keep his residence,	
Into my face presseth with **bold pretence**	making bold claims
And therein campeth, spreading his banner.	
She that me **learneth** to love and suffer 5	i.e. teaches
And **will** that my trust and lustes negligence	wishes, makes sure that
Be rayned by reason, **shame**, and reverence,	shamefastness, modesty
With his **hardiness** taketh displeasure.	boldness
Wherewithall unto the heart's forest he fleeth,	
Leaving his enterprise with pain and cry, 10	
And **there** him hideth and not appeareth.	i.e. in the heart's forest
What may I do when my master feareth	
But in the **field** with him to live and die?	battle field
For good is the life ending faithfully.	

[Notes]
* 마음속에서만 오랫동안 품어오던 그녀에 대한 사랑이 그녀를 본 순간 자신도 모르게 불시에 밖으로 표출됨으로써 그녀(cruel lady)의 분노를 사게 되고 결국은 너무도 당황한 나머지 전장에서 참패한 군인과 같이 참담한 심정이 되어버린 화자의 고통스러운 순간을 표현하고 있다. 'camp,' 'press,' 'banner,' 'field' 등의 시어들이 의미하듯이 군사적인 이미지가 지배적인 시다.

1] longe: the final 'e' was probably sounded.

3] presseth into: …에 침입하다, 진군하다.

4] spreading his banner: the look of someone in love, displayed unashamedly (a lord showing himself openly on the field of battle).

6] trust and lustes negligence: (public) confidence (in her love) and the neglect (of propriety in showing) sexual desire (for her).

8] his: the god of Love's.

13] in the field with him: inconsistent with line 9 (the lord has fled to the forest).

I Find No Peace

I find no peace, and all my war is done:		
I fear, and hope: I burn, and freeze like ice:		
I fly above the wind, yet can I not arise:		
And **nought** I have, and all the world I seize on:		nothing
That locketh nor loseth holdeth me in prison,	5	that which(presumably love)
And holdeth me not, yet can I **'scape** nowise:		escape
Nor **letteth** me live, nor die at my devise,		prevents
And yet of death it giveth me occasion.		
Without **eyen** I see, and without tongue I **'plain**:		eyes / complain
I desire to **perish**, and yet I ask health:	10	die

I love another, and thus I hate myself:
I feed me in sorrow, and laugh in all my pain.
Likewise displeaseth me both death and life,
And my delight is causer of this strife.

[Notes]
* 수사학적으로 모순어법(oxymoron - 보기 : crowded solitude, cruel kindness)이 과도하게 사용됨으로써 맹목적인 사랑에 빠진 화자의 극도로 불안정한 정신상태가 두드러지게 표출되어 있다.

9] 'plain: 자신의 사랑을 받아주지 않는 그녀, 또는 잘 이루어지지 않는 사랑을 한탄하다.
14] delight: (사랑에 빠짐으로써 느끼는) '희열'이 이 모든 상반된 극과극의 감정을 불러 일으켰다..

And Wilt Thou Leave Me Thus

And wilt thou leave me thus?
Say nay, say nay, for shame!
To save thee from the **blame**   (세상으로부터의) 비난
Of all my grief and **grame**.   sorrow
And wilt thou leave me thus?   5
Say nay! Say nay!

And wilt thou leave me thus,
That hath loved thee so long
In wealth and woe **among**?   all the while
And is thy heart so strong   10
As for to leave me thus?

Say nay! Say nay!

And wilt thou leave me thus,
That hath given thee my heart
Never for to depart   15
Neither for pain nor **smart**:   sharp pain
And wilt thou leave me thus?
Say nay! Say nay!

And wilt thou leave me thus,
And have no more pity   20
Of him that loveth thee?
Helas! thy cruelty!   alas
And wilt thou leave me thus?
Say nay! Say nay!

[Notes]

* 22행의 "thy cruelty"가 나타내듯이 이 시는 courtly love 전통에서 끊임없이 보이는 cruel lady에 대한 원망을 담고 있다.

3-4] "나의 모든 슬픔보다도 먼저 비난으로부터 당신을 보호하려했는데." 이 구절에서 'blame'의 의미는 궁정풍 사랑의 중요한 규칙 중 하나인 '사랑의 비밀'(clandestine love)을 지키지 못함으로써 그들의 사랑이 공개되어졌을 때 나올 수 있는 세상으로부터의 비난을 의미한다. 이 사랑의 비밀을 지켜 사랑하는 여인의 평판을 해치지 않기 위해 남자는 남몰래 한숨의 폭풍과 눈물의 홍수를 쏟아내야만 하는 것이다.

9] "행복할 때나 슬플 때나 죽[한결같이]"

Farewell Love

Farewell, Love, and all **thy laws** for ever:	사랑의 법
Thy baited hooks shall **tangle** me no more.	올가미에 걸려들게 하다.
Senec and Plato call me from thy **lore**,	고리
To perfect **wealth** my wit for to endeavour.	well-being in mind (not in money)
In blind error when I did persever, 5	
Thy sharp repulse, that pricketh **aye** so sore,	always
Hath taught me to **set** in trifles no **store**,	…을 중히 여기다
And **scape** forth, since liberty is **lever**.	escape / dearer
Therefore farewell, go trouble younger hearts,	
And in me claim no more authority: 10	
With idle youth go use thy property,	
And thereon spend thy many brittle **darts**.	사랑의 화살
For, **hitherto** though I've lost my time,	지금까지(는)
Me lusteth no longer rotten boughs to climb.	I want

[Notes]

* 과거에 사랑에 빠져 고통을 받았으리라고 추정되는 화자가 이제는 정신적으로 성숙한 사람이 되어 더 이상 무모한 사랑의 게임에 빠져 사랑의 노예가 되지 않을 것임을 다짐하고 있다.

3] **Senec**: Lucius Annaeus Seneca (ca. 4 BC-AD 65): Roman stoic philosopher, rhetorician, and tragedian.

5-6] Love is traditionally blind and shoots arrows at or "pricketh" its victims (cf. line 12).

11] **use thy property**: "be yourself": exhibit your distinguishing quality.

14] **lenger**: Middle English comparative of "long."
rotten boughs to climb: 사랑에 빠지는 것을 썩은 나뭇가지에 올라가는 무모한 행위로 묘사하고 있다.

Henry Howard, Earl of Surrey (1516-47)

친구인 Sir Thomas Wyatt와 함께 Petrarchan sonnet 양식을 영국에 도입하고 발전시켰던 시인으로서, Richard Tottel에 의해 편집된 『토텔 시문집』(Tottel's Miscellany)의 타이틀 표지에 유일하게 이름이 들어 있다 (Songes and Sonettes, Written by the Ryght Honorable Lorde Henry Haward Late Earle of Surrey and Other). 와이엇을 스승으로까지 인정했던 서리는 와이엇과 함께 영시에 이탈리아 시의 형식을 적용했다. 와이엇이 영어로 번역했던 이탈리아의 페트라르카 소네트를 서리가 다시 번역했으며 나중에 셰익스피어가 사용한 소네트 형식, 즉 English (or Shakespearean) Sonnet를 개발한 시인이기도 하다.

The Frailty and Hurtfulness of Beauty

Brittle **beauty**, that nature made so frail,		여인의 아름다움
Whereof the gift is small, and short the season:		
Flow'ring today, tomorrow apt to **fail**,		시들다
Tickle treasure, abhorred of reason:		delicate
Dangerous to deal with, vain, of **none avail**,	5	쓸모없는
Costly in keeping, past not worth two **peason**:		peas (가치 없는 것)
Slipper in sliding, as is an eeles tail,		slippery
Hard to obtain, once gotten, not **geason**:		rare
Jewel of jeopardy that peril doth assail,		
False and untrue, **enticed oft to treason**,	10	
Enemy to youth: that most may I bewail.		
Ah, bitter sweet, infecting as the poison,		
Thou **farest as** fruit that with the frost is taken,		are like
Today ready ripe, tomorrow all **to-shaken**.	(과일 등이 후두둑) 떨어지다	

[Notes]

* 모순 어법(oxymoron: 보기: "bitter sweet")과 상반된 대조를 통하여 여인의 아름다움을 평가절하고 있다. 마치 위험이 가득 도사리고 있는 보물처럼 여인의 아름다움은 젊은이들을 파멸시키고, 피었다 곧 지고 마는 화사한 꽃과도 같이 이 지상의 덧없고(vain) 가치 없는 존재이다. 따라서 얻기는 무척이나 힘들고 막상 성취하면 전혀 지킬만한 가치조차 없는 이 아름다움에 현혹되어 자신을 스스로 파멸시키는 젊은 남성들에 대한 반여성주의적인 조언을 담고 있다고 볼 수 있다.

6] 지키는 데에는 많은 비용이 들어가지만 전혀 가치가 없는 (완두콩 두 알 가치도 넘지 않는).

8] 얻기는 무척 힘들지만 얻고 나면 귀하지도 않은.

10] enticed oft to treason: 배신의 유혹에 쉽게 넘어가는.

11] Enemy to youth: 젊은이들의 적 (젊은 남성들을 파멸시키는 존재).

The Soote Season

The **soote** season, that bud and bloom forth brings,	sweet
With green hath **clad** the hill and **eke** the vale:	clothed / also
The nightingale with feathers new she sings:	
The turtle to her **make** hath told her tale.	mate
Summer is come, for every spray now springs: 5	
The **hart** hath hung his old **head** on the **pale**:	stag / horns / stake
The buck in **brake** his winter coat he flings:	thicket
The fishes **flete** with new repaired scale.	float
The adder all her slough away she slings:	
The swift swallow pursueth the flies **smale**: 10	small
The busy bee her honey now she **mings**:	mingles, mixes
Winter is **worn** that was the flowers' **bale**.	passed / destroyer, harm
And thus I see among these pleasant things	

Each care decays, and yet my sorrow springs.

[Notes]

* 일종의 reverdie(봄을 맞이하는 노래)로서 새 옷으로 갈아입은 모든 자연의 만물이 근심걱정 없이 부활의 기운으로 생동하는 봄에 왜 '나(화자)만 슬퍼지는지 모르겠다며 봄기운과 함께 마음속에 싹 트는 사랑의 감정을 자연스럽게 보여주고 있다.

4] turtle: turtledove. 산비둘기의 일종인 호도애는 암수가 사이좋기로 유명한 새로서 변치 않는 사랑의 emblem으로 연가에 자주 나온다.

Nicholas Grimald (1519-62)

영국의 시인으로서 *Tottel's Miscellany*에 40편의 시가 수록되어 있으며, 그 중 "A Funeral Song upon the Decease of Annes, His Mother"가 가장 유명하다. 그는 두 편의 Latin drama를 썼으며 Vergil과 Cicero의 작품을 번역했다.

A True Love

What sweet relief the showers to thirsty plants we see,
What dear delight the blooms to bees, my true love is to me!
As fresh and lusty **Ver** foul Winter doth exceed?   Spring
As morning bright, with scarlet sky, doth pass the evening's **weed**?   garment
As mellow pears above the **crabs** esteemed be?   5   crap apple(능금)
So doth my love surmount them all, whom yet I **hap to see**!   우연히 보다
The oak shall olives bear, the lamb the lion **fray**,   affright
The owl shall match the nightingale in tuning of her **lay**,   song
Or I my love let slip out of mine entire heart,

So deep reposed in my breast is she for her **desart**!   10   desert(merit)

For many blessed gifts, O happy, happy land!

Where Mars and Pallas strive to make their glory most to stand!

Yet, land, more is thy bliss that, in this cruel age,

A Venus' **imp** thou hast brought forth, so steadfast and so sage.   아이

Among the Muses Nine a tenth if Jove would make,   15

And to the Graces Three a fourth, her would Apollo take.

Let some for honour hunt, and **hoard** the massy gold: 저장하다

With her so I may live and die, my **weal** cannot be told.   행복

[Notes]

* 진정한 사랑은 봄날 대지를 적시는 소나기와 같이 달콤하며 이 세상 그 무엇
보다도 소중하고 아름답다. 이 고귀한 사랑은 오크나무에 올리브가 열리고 양이
사자를 놀라게 하듯이 기적도 일으킬 수 있다. 화자가 사랑하는 그녀는 열 번째
뮤즈여신이요 미의 제4 여신이 될 만큼 고귀하여 그는 이 사랑에 모든 것을 걸
겠다는 다짐을 한다. 비록 '진정한(true)'이라는 단서가 붙어 있지만 사랑의 고귀함
과 그 기쁨을 찬양하는 시이다.

   4] **doth pass the evening's weed**: 저녁 황혼의 아름다움을 능가한다. ('pass'=
      surpass)

12] **Mars**: 마르스(군신(軍神)): 그리스의 Ares에 해당.

     Pallas: 팔라스(Athena 여신의 이름: 지혜 · 공예의 여신).

16] **Graces**: 미(美)의 3여신.

     Apollo: 태양신: 음악 · 시 · 건강 · 예언 등을 주관함: (시어) 태양.

A Rondel of Love

Lo, **quhat** it is to love   what

  Learn ye that **list** to prove,   incline, want

By me, I say, that no ways may
   The ground of grief remove,
But still **decay** both **nicht** and day: 5   쇠약해지다 / night
   Lo, quhat it is to love!

   Love is ane **fervent** fire   작열하는
   Kindlit without desire,   kindled
Short pleasure, long displeasure,
   Repentance is the **hire**:   10   payment
Ane pure tressour **without measour**:   과도하게
   Love is ane fervent fire.

   To love and to be wise,
   To rage with good advice:
Now thus, now than, so gois the game,   15
   Incertain is the dice: uncertain
There is no man, I say, that can
   Both love and to be wise.

   Flee always from the snare,
   Learn at me to beware: 20
It is ane pain, and double **trane**   train(행렬)
   Of endless woe and care:
For to refrain that danger plain,
   Flee always from the snare.

[Notes]

* 아마도 순조롭게 이루어지지 않는 사랑에 고통 받고 있는 화자가 사랑에 호기심이 많은 신참들에게 충고하는 내용의 시다.

   제 1연 - 사랑이 무엇인지를 테스트해보고 싶은 사람은 밤낮으로 계속해서 사

랑의 고통으로 괴로워하는 '나'를 예로 삼으라.

　제 2연 - 사랑은 [원하든 원하지 않든 간에] 저절로 타오르는 불로서 희열은 짧고 고통은 길며, 결국 돌아오는 것은 후회뿐이다.

　제 3연 - 사랑은 이성이 배제된 맹목적인 것으로 사랑의 행로는 불확실한 주사위처럼 운에 의해 이끌린다.

　제 4연 - 따라서 끝없는 고통과 근심이 이어지는 사랑의 덫으로부터 빠져나오기 위해서는 '나'의 예를 잘 보고 무조건 사랑으로부터 도망치는 것이 최선이다.

8] Kindlit without desire: 원하지 않고서도[저절로] 타오르는. 즉 Cupid의 화살을 맞고 갑자기 사랑에 빠지는 사랑의 수동성을 의미한다.

Elizabeth I (1533-1603)

　영국 여왕. 이른바 엘리자베스 시대라고 불리는 그의 통치기에 영국은 정치, 군사, 상업 및 예술 분야에서 유럽 열강의 지위로 올라섰다. 여느 남성 왕 못지 않게 용감하고 당당했던 엘리자베스여왕은 현명한 통치술과 정치력을 발휘하여 심각한 내분을 극복하면서 유럽의 중심무대에서 변방으로 알려졌던 이 작은 왕국을 유럽의 중심국가로 만드는데 이바지했다. 엘리자베스여왕은 여성으로서 왕의 권위와 위엄 및 국가의 자존심을 상징하는 강력한 이미지를 영국역사에 심어 놓았다.

When I was Young and Fair

When I was fair and young, and favor graced me,
Of many was I sought their mistress for to be.
But I did scorn them all, and said to them therefore,
"Go, go, go, seek some otherwhere: **importune** me no more."　　성가시게 조르다

How many weeping eyes I made to **pine** in woe: 5   파리[수척]해지다
How many sighing hearts I have not skill to show,
But I the prouder grew, and still this **spake** therefore: spoke
"Go, go, go, seek some otherwhere, importune me no more."

Then spake fair **Venus' son**, that brave victorious boy,   Cupid
Saying: You **dainty** dame, for that you be so coy,   10   우아한
I will so pluck your **plumes** as you shall say no more: 깃털(명예의 표상)
"Go, go, go, seek some otherwhere, importune me no more."

As soon as he had said, such change grew in my breast
That neither night nor day I could take any rest.
Wherefore I did repent that I had said before: 15
"Go, go, go, seek some otherwhere, importune me no more."

[Notes]

* 많은 남성들의 한숨과 눈물을 자아내게 하면서 점점 도도해져가던 한 젊고 아름다운 여성이 사랑의 신에 의해 자신이 직접 사랑의 덫에 빠지게 됨으로써 사랑의 고통을 받게 되고 그 결과 지난날 자신의 언행을 후회하게 된다는 내용의 시다.

1] favor graced me: 운명의 혜택을 받을 때에.
2] 많은 남자들로부터 자신의 연인이 되어달라는 간청을 받았다.
13-14] 사랑의 감정을 갖게 됨으로써 밤이나 낮이나 잠을 이룰 수가 없다.

Isabella Whitney (ca. 1540-after 1580)

18세부터 문학 활동을 시작한 것으로 알려진 Isabella Whitney는 여성으로서는 최초로 시를 발간하였고 또한 최초로 종교적인 작품이 아닌 세속적인 작품을 출

판한 영국 시인이다. 정규적인 교육을 받지 못한 중산층 출신 여성으로서 Isabella Whitney는 문학적으로, 또한 역사적으로 오늘날 크게 주목을 받고 있다. 그녀의 작품으로는 *Copy of a Letter . . . in Meter by a Young Gentlewoman to her Unconstant Lover*와 *A Sweet Nosegay, or Pleasant Posy*가 있다.

The Admonition by the Author to all Young Gentlewomen: And to all other Maids being in Love

Ye Virgins, ye from Cupid's tents
     do bear away the foil,   펜싱 검(劍)
Whose hearts as yet with raging love
     most painfully do boil.

To you I speak: for you be they   5
     that good advice do lack:
Oh, if I could good counsell **get**,   produce
     my tongue should not be **slack**.   태만한(idle)

But such as I can give, I will
     here in few words express,   10
Which, if you do observe, it will
     some of your care redress.

Beware of fair and **painted** talk,   flattering
     beware of flattering tongues:
The **Mermaids** do pretend no good   15   *Sirens*
     for all their pleasant songs.

Some use the tears of crocodiles,

contrary to their heart:
And if they cannot always weep,
    they wet their cheeks by art.   20

Ovid, within his *Art of Love*,
    doth teach them this same **knack**   교묘한 솜씨
To wet their hand and touch their eyes,
    so oft as tears they lack.

Why have ye such deceit in store?   25   men
    have you such crafty wile?
Less craft than this, God knows, would soon
    us simple souls beguile.   women

And will ye not leave off? but still
    delude us in this wise?   30
Sith it is so, we trust we shall   Since
    take heed to fained lies.

Trust not a man at the first sight
    but try him well before:
I wish all maids within their breasts   35
    to keep this thing in store.

For trial shall declare his truth
    and show what he doth think,
Whether he be a lover true,
    or do intend to **shrink**.   40   leave off

If Scilla had not trust too much

before that she did try,
She could not have been clean forsake
when she for help did cry.

Or if she had had good advice,   45
Nisus had lived long:
How durst she trust a stranger and
do her dear father wrong.

King Nisus had a hair by fate,
which hair, while he did kepe,   50
He never should be overcome,
neither on land nor deep.

The stranger that the daughter lou'd   loved
did war against the King
And always sought how that he might   55
them in subjection bring.

This Scylla stole away the hair,
for to obtain her will,
And gave it to the stranger that
did straight her father kill.   60

Then she, who thought her self most sure
to have her whole desire,
Was clean reject and left behind
when he did home retire.

Or if such falsehood had been once   65

                    unto Oenone known,
About the fields of Ida wood,
                    Paris had walkt alone.

Or if Demophoon's deceit
                    to Phillis had been told,   70
She had not been transformed so,
                    as Poets tell of old.

Hero did try Leander's truth
                    before that she did trust:
Therefore she found him unto her   75
                    both constant, true, and just.

For he always did swim the sea
                    when stars in sky did glide
Till he was drowned by the way
                    near hand unto the side.   80

She scrat her face, she tare her hair
                    (it grieveth me to tell)
When she did know the end of him
                    that she did love so well.

But like Leander there be few,   85
                    therefore in time take heed
And always try before ye trust,
                    so shall you better speed.

The little fish that careless is

within the water clear,   90
How glad is he, when he doth see,
a bait for to appear.

He thinks his **hap** right good to be,   fortune
that he the same could spy,
And so the simple fool doth trust   95
too much before he try.

O little fish, what hap hadst thou?
to have such spiteful fate,
To come into one's cruel hands
out of so happy state?   100

Thou didst suspect no harm when thou
upon the bait didst look:
O that thou hadst had Linceus' eyes
for to have seen the hook.

Then hadst thou with thy pretty mates   105
been playing in the streams
Whereas sir Phoebus daily doth
shew forth his golden beams.

But sith thy fortune is so ill
to end thy life on shore,   110
Of this thy most unhappy end
I mind to speak no more.

But of thy fellow's chance that late

```
            such pretty shift did make,
That he from fishers' hook did sprit              115
            before he could him take,

And now he pries on euery bait,
            suspecting still that prick
(for to lie hid in every thing)
            wherewith the fishers strick,         120

And since the fish that reason lacks
            once warnèd doth beware,
Why should not we take heed to that
            that turneth us to care?

And I who was deceived late                       125
            by one's unfaithful tears
Trust now for to beware, if that
            I live this hundreth years.
```

[Notes]

* 이 시에서 화자인 Isabella Whitney는 애인(아마도 약혼자)에게 버림받은 자신의 예를 들어 '악어의 눈물'같이 위험한 남자들의 간계(奸計)로부터 자신들의 마음과 명예를 지킬 것을 여러 미혼 여성들에게 경고하고 있다. "It has been speculated that Whitney's motivation for writing this piece was a broken engagement. With four daughters in the family, Isabella's dowry probably fell short of what was promised, and, thus, she may have been jilted by her fiancé" (Schleiner 7).

1] **Cupid**: Roman god of love, and son of Venus, whose bow and arrows make for the sharp pains of love. tents: probes that keep wounds open.

2] **foil**: small-sword, fencing weapon (OED "foil" 5). (끝을 둥글고 뭉툭하게 만든) 연습용 펜싱 검(劍)

15] **Mermaids**: Sirens (아름다운 노랫소리로 근처를 지나는 뱃사람을 유혹하여 파선시켰다는 바다의 요정들).

21] **Publius Ovidius Naso (43 B.C.-A.D. 18)**: Roman poet. "Tears too are useful: with tears you can move iron: let her see, if possible, your moistened cheeks. If tears fail (for they do not always come at need), touch your eyes with a wet hand." See Ovid, *The Art of Love, and Other Poems*, trans. J. H. Mozley, Loeb Classical Library (London: William Heineman, 1969): 59 [I.659-662].

41] **Scilla**: daughter of Nisus, king of Megara, whose purple locks safeguarded his kingdom against defeat. Falling in love with Minos, who was invading her father's lands, she cut off his magic hair and offered it to Minos. When he refused, in contempt, she leapt into the sea to follow his ships and, after her father was changed into a sea-eagle, she became a ciris bird. See Ovid's *Metamorphoses*, VIII.

64] **home**: "whom" in the original text.

66] **Oenone**: a Greek nymph who lived on Mount Ida and fell in love and lived with Paris, Priam's son. Rejected by him for Helen, she in the end denied him knowledge of how to heal himself from a mortal wound. After he died, she committed suicide.

69] **Demophoon**: the son of Theseus and the lover of Phyllis, daughter of the king of Thrace, Sithon. When Demophoon went away for a long time, she committed suicide and was transformed into a tree. See Ovid's *Heroides*, II.

73] **Hero did try Leander**: Hero of Sestos, loved by Leander of Abydos, who would swim nightly across the Hellespont to her. When he drowned, she committed suicide, joining him in the sea. See Ovid's *Heroides*, XIX.

103] **Linceus**: also known as Argus, a monster with a hundred eyes.

107] **Phoebus**: Apollo, the sun god.

I. W. To her Unconstant Lover

As close as you your wedding kept,   secret
    yet now the truth I hear,
Which you (ere now) might me have told—   before
    what need you nay to swear?

You know I always wisht you well,   5
    so will I during life:
But sith you shall a husband be,   since
    God send you a good wife.

And this (where so you shall become)
    full boldly may you boast: 10
That once you had as true a love,
    as dwelt in any coast.

Whose constantness had never quailed   failed
    if you had not begon: taken off
And yet it is not so far past   15
    but might again be won.

If you so would, yea, and not change
    so long as life would last,
But if that needs you marry must?
    then farewell—hope is past.   20

And if you cannot be content
    to lead a single life?

(Although the same right quiet be)
       then take me to your wife.

So shall the promises be kept   25
       that you so firmly made:
Now choose whether ye will be true,
       or be of Sinon's trade.

Whose trade if that you long shall use,
       it shall your kindred stain: 30
Example take by many a one
       whose falsehood now is plain.

As by Aeneas first of all,
       who did poor Dido leave,
Causing the Queen by his untruth   35
       with sword her heart to cleave.

Also I find that Theseus did
       his faithful love forsake,
Stealing away within the night,
       before she did awake.   40

Jason that came of noble race,
       two ladies did begile.
I muse how he durst shew his face,
       to them that knew his wile.

For when he by Medea's art   45
       had got the Fleece of Gold

And also had of her that time,
    all kind of things he **wold**.   would

He took his ship and fled away
    regarding not the vows   50
That he did make so faithfully
    unto his loving spouse.

How durst he trust the surging seas
    knowing himself forsworn?
Why did he scape safe to the land   55
    before the ship was torn?

I think king Aeolus stayed the winds
    and Neptune ruled the sea:
Then might he boldly pass the waves
    no perils could him **slee**.   60   slay

But if his **falsehed** had to them   falsehood
    been manifest before,
They would have rent the ship as soon
    as he had gone from shore.

Now may you hear how falseness is   65
    made manifest in time:
Although they that commit the same
    think it a venial crime.

For they, for their unfaithfulness,
    did get perpetual fame: 70

Fame? wherefore did I term it so?
        I should have called it shame.

Let Theseus be, let Jason pass,
        let Paris also scape
That brought destruction unto Troy   75
        all through the Grecian rape,

And unto me a Troylus be,
        if not you may compare
With any of these persons that
        aboue expressed are.   80

But if I can not please your mind
        for **wants** that rest in me,   deficiencies
Wed whom you list, I am content,
        your **refuse** for to be.   rubbish

It shall suffice me, simple soul,   85
        of thee to be forsaken:
And it may chance, although not yet,
        you wish you had me taken.

But rather than you should have cause
        to wish this through your wife,   90
I wish to her, **ere** you her have,   before
        no more but love of life.

For she that shall so happy be,
        of thee to be elect,

I wish her virtues to be such,   95
      she need not be suspect.

I rather wish her Helen's face
      than one of **Helen's trade**:   seductress
With chasteness of Penelope
      the which did never fade.   100

A Lucres for her constancy,
      and Thisbie for her truth:
If such thou have, then Peto be,
      not Paris, that were **ruth**.   pity

Perchance ye will think this thing rare   105
      in one woman to find:
Save Helen's beauty, all the rest
      the Gods have me assigned.

These words I do not speak, thinking
      from thy new love to turn thee: 110
Thou know'st by proof what I deserve—
      I need not to inform thee.

But let that pass: would God I had
      Cassandra's gift me lent:
Then either thy ill chance or mine   115
      my foresight might prevent.

But all in vain for this I seek:
      wishes may not attain it.

Therefore may hap to me what shall,
      and I cannot **refrain** it.   120   check, prevent

Wherefore I pray God be my guide
      and also thee defend,
No worser than I wish my self,
      until thy life shall end.

Which life, I pray God, may again   125
      King Nestor's life renew:
And after that your soul may rest
      amongst the heavenly crew.

Thereto I wish King Xerxes' wealth
      or else King Cressus' gold,   130
With as much rest and quietness
      as man may have on **mould**.   earth

And when you shall this letter have,
      let it be kept in store,
For she that sent the same hath sworn   135
      as yet to send no more.

And now farewell, for why at large
      my mind is here exprest,
The which you may perceive if that
      you do peruse the rest.   140

[Notes]

* 편지 형식으로 된 이 시는 여성 화자가 전 남자 애인이 다른 여자와 결혼한다

는 소식을 듣고 잘 살기를 바라는 마음을 전하면서도 그가 전에 했던 사랑의 맹세를 상기시키면서 자신과의 관계에서 언행이 불일치한 그의 과거의 행적을 직접적으로 그리고 우회적으로 비난하고 있다. 나아가 지조와 사랑의 맹세 등에 대한 과거의 여러 사례들을 열거하면서, 특히 여자를 버린 수많은 남자 영웅들에 초점을 맞추어 그 진정(眞正)성에 대해 의문을 제시하고 있다. 그러면서도 이 여성 화자는 자신을 버리고 다른 여자와 결혼하려는 남자에게 예전 사랑의 맹세를 지켜 자신과 결혼해 줄 것을 당당하게 요구하며 다시 한 번 재고해 줄 것을 담담한 톤으로 말하고 있다.

21-28]: Whitney's female persona, in popular ballad metre, addresses a former lover who she has heard is to marry another. The poet seems to want to test the authenticity of the lover's vows made to her and to others

28] Sinon: Greek secret agent who betrayed Troy in the Trojan War.

33] Aeneas: son of Priam who escaped the ruin of Troy and founded of Rome in Virgil's *Aeneid*

34] Dido: queen of Carthage, seduced and then abandoned by Aeneus.

37] Theseus: He killed the Minotaur and took away King Minos' daughter Ariadne, whom he left behind at Naxos.

41] Jason: He got the Golden Fleece with the aid of Medea, whom he then left to marry Glaucë (Creusa), later killed by Medea in revenge.

48] i.e., Jason had his "will" of her.

57] Greek Aeolus: god of the winds.

58] Neptune: Greek god of the oceans.

74] Paris: son of Priam, king of Troy, and seducer of Menelaus' wife Helen, whom Paris took away to Troy and to recover whom the Greeks successfully fought the Trojan war.

77] Troilus: son of Priam, who died faithful to the love of Greek Criseid, who betrayed his love for Diomede. This is the subject of Chaucer's love epic, *Troilus and Criseyde*.

99] Penelope: wife of Odysseus who remained faithful to him through his wanderings in Homer's Odyssey, despite the persistent suitors who laid siege to her for her wealth.

101] **Lucres:** Lucretia, a Roman lady who killed herself to protect her chastity.

102] **Thisbie:** beloved of Pyramus who committed suicide, believing him dead.

103] **Peto:** the Greenwich friar William Peto who opposed Henry VIII's divorce of Catherine of Aragon.

108] Whitney means that, although no beauty, she has the faithfulness and virtue of Lucres and Thisbie.

114] **Cassandra:** daughter of Priam, king of Troy, and a clairvoyant who prophesied the fall of Troy.

126] **Nestor:** a Greek king well-known for his great age and wisdom.

129] **Xerxes:** rich king of Persia, defeater of the Greeks at Thermopylae in 480 B.C.

130] **Cressus:** wealthy king of Lydia.

140] **the rest:** perhaps the other poems in the published book.

Sir Walter Raleigh (1554?-1618)

영국의 군인, 작가, 인문주의자, 아메리카 초기 식민 개척자, 모험가로서의 랠리의 이미지는 그를 전형적인 "Renaissance Man"(a universal well-rounded man: 팔방미인)으로 인식하기에 충분했다. 엘리자베스 1세 여왕의 총신으로 1585년에 기사작위를 받았으나 제임스 1세 때 반역 혐의로 런던탑에 투옥되었다가 결국 처형당했다. 담배와 감자를 영국으로 도입했으며, 처형 직전의 죄인에게 마지막 담배를 권하는 사형 풍습이 그로부터 시작되었다고 할 정도로 랠리는 격동의 시대에 파란만장한 삶을 살다간 풍운아였으며 사랑에 관한 그의 여러 시는 오늘날에도 많은 이들의 공감을 얻고 있다.

The Silent Lover I

Passions are **liken'd** best to floods and streams: (…에) 비유하다, 견주다(to)
The shallow murmur, but the deep are dumb: 얕은   시내
So, when affection yields discourse, it seems
    The bottom is but shallow whence they come.
They that are rich in words, in words discover   5
That they are poor in that which makes a lover.

[Notes]
* 빈 수레가 요란하듯이 진정한 사랑의 열정은 깊은 강물처럼 묵묵히 흐른다.

The Silent Lover II

Wrong not, sweet empress of my heart,   오해하지 마시오
    The merit of true passion,
With thinking that he feels no **smart**,   deep pain
    That **sues for** no compassion.   간청하다

Silence in love **bewrays** more woe   5   reveals
    Than words, though ne'er so witty:
A beggar that is dumb, you know,
    May challenge double pity.

Then **wrong** not, dearest to my heart,
    My true, though secret passion: 10
He **smarteth** most **that** hides his **smart**,   고통을 받다 / who
    And sues for no compassion.

[Notes]

* 사랑의 고통을 말로 드러내지 않고 침묵한다는 것은 그 고통을 전혀 느끼지 않는다는 것이 아니라 내적으로 더 한 고통을 받고 있으니 자신의 침묵을 제발 오해하지 말아달라고 간청하는 내용의 시다.

1] sweet empress of my heart: 화자의 마음을 지배하는 여왕.

6] though ne'er so witty: 결코 재치 있는 것은 아니지만. 즉, 말을 하지 않아 재치 있는 행동은 아닐지라도 침묵은 더 한 내적 고통을 표현한다는 것.

8] double pity: 두 배의 동정심. 비굴하게 애원하는 거지보다 침묵하는 거지가 더 많은 동정심을 유도(또는 의도)할 수 있다는 의미.

9-10] 비록 [밖으로] 내 보이지는 않지만 진정한 나의 열정을 오해하지는 말아주시오, 내 마음 속 가장 소중한 이여!

11] And he smarteth most that [who] sues for no compassion.

The Nymph's Reply to the Shepherd

If all the world and love were young,
And truth in every shepherd's tongue,
These **pretty** pleasures might me move   작은, 소박한
To live with **thee** and be thy love.   i.e. Marlowe's shepherd

Time drives the flocks from field to **fold**   5   (양)우리
When rivers **rage** and rocks grow cold,   물결이 사납게 일다
And **Philomel** becometh dumb: the nightingale
The rest complains of cares to come.

The flowers do fade, and **wanton** fields   홍겨운, 화려한
To **wayward** winter **reckoning** yields: 10   변덕스러운 / 셈을 치르다
A honey tongue, a heart of **gall**,   쓴 맛, 불쾌

Is **fancy**'s spring, but sorrow's fall.   imagination

The gowns, thy shoes, thy beds of roses,
Thy cap, thy **kirtle**, and thy posies   skirt, outer pettycoat
Soon break, soon wither, soon forgotten,   15
In folly ripe, in reason rotten.

Thy belt of straw and ivy buds,
Thy coral clasps and amber studs,   buckles / 장식 단추
All these in me no means can move
To come to thee and be thy love.   20

But could youth last and love still **breed**,   번식하다
Had joys no **date** nor age no need,   ending
Then these delights my mind might move
To live with thee and be thy love.

[Notes]

* 이 시는 Marlowe의 "The Passionate Shepherd to His Love"에 대한 응답가로
유명하다. 화자인 Nymph는 제1연과 마지막 연에서 반복하여 말하듯이 젊음과
사랑의 기쁨이 영원히 지속된다면, 또한 모든 목동들의 말이 거짓이 아니라면 기
꺼이 사랑의 초대(즉, 결혼)에 응하겠노라고 답한다.

13-20] Marlowe의 "The Passionate Shepherd to His Love"에서 화자인 Shepherd가
　　　자신의 애인이 되어줄 Nymph에게 약속했던 여러 물품들. 그러나 Raleigh
　　　의 응답에서 화자인 Nymph는 이러한 물품만으로는 자신의 마음을 음직일
　　　수 없다고 잘라 말한다.

A Description of Love

Now what is love? I pray thee, tell.
It is that fountain and that well
Where pleasure and repentance dwell.
It is perhaps the **sauncing bell**   미사 중에 [여러 번] 치는 종소리
That tolls all into heaven or hell: 5
And this is love, as I hear tell.

Yet what is love? I pray thee say.
It is a work on holy-day:
It is December matched with May:
When lusty bloods, in fresh array,   10
Hear ten months after of the play:
And this is love, as I hear say.

Yet what is love? I pray thee sain.
It is a sunshine mixed with rain:
It is a tooth-ache, or like pain: 15
It is a game where none hath gain:
The lass saith no, and would full **fain**:   with joy, gladly
And this is love, as I hear sain.   said

Yet what is love? I pray thee say.
It is a yea, it is a nay,   20
A pretty kind of **sporting fray**:   경쟁적인 논쟁, 싸움
It is a thing will soon away:
Then take the vantage while you may:
And this is love, as I hear say.

Yet what is love, I pray thee show. 25

A thing that creeps, it cannot go:

A prize that passeth to and fro:

A thing for one, a thing for **mo**:   more

And he that proves must find it so:

And this is love, sweet friend, I **trow**.   30   believe

[Notes]

* 사랑을 동시에 기쁨과 후회의 원천으로 묘사하고 있는 이 시는 사랑의 역설적인(paradoxical) 면을 강조한다.

Sir Philip Sidney (1554-86)

엘리자베스 시대의 궁정인, 정치가, 외교관, 군인, 시인으로서 그 자신 작품 활동을 하면서 동시대 학자, 시인들을 후원하기도 했으며 르네상스 시대의 이상적인 기사도를 대표하는 신사(Renaissance Man)로 여겨졌다. 대표작으로는 산문으로 연결된 목가적 전원시 *Arcadia*가 있으며, 비록 결혼까지는 이르지 못했지만 열렬히 사랑했던 Penelope Devereux에게서 영감을 받고 쓴 *Astrophel and Stella*("star lover and star")는 Philip Sydney의 *Amoretti*("little love"), 그리고 셰익스피어의 *The Sonnets*과 함께 엘리자베스 시대 최고의 소네트 연작으로 평가받는다. *The Defence of Poesie*(시의 변호)에서는 르네상스 시대의 비평개념을 영국에 소개했다.

Astrophel and Stella (1598)

[*시드니 사후 1589년 여동생에 의해 출판된 이 소네트 연작집은 그가 사랑했던 Penelope Devereux와의 사랑을 다룬다. 'star-lover'의 의미인 Astrophel은 시인 자신을 가리키고, 'star'의 의미인 Stella는 Penelope Devereux를 나타낸다.]

Sonnet I ("Loving in Truth")

Loving in truth, and **fain** in verse my love to show,	wishing
That she, dear she, might take some pleasure of my pain,	
Pleasure might cause her read, reading might make her know,	
Knowledge might pity win, and pity grace obtain,	
I sought fit words to paint the blackest face of woe,	5
Studying inventions fine, her wits to entertain,	
Oft turning **others' leaves** to see if thence would flow	other poet's poems
Some fresh and fruitful showers upon my sun-burned brain.	
But words came halting forth, wanting invention's **stay**,	support
Invention, nature's child, fled step-dame Study's blows,	10
And **others' feet** still seemed but strangers in my way.	other poet's poems
Thus, great with child to speak, and helpless in my **throes**,	agonies
Biting my truant pen, beating myself for spite,	
Fool, said my muse to me, look in thy heart and write.	

[Notes]

* 이 sonnet는 Petrarchan 형식을 따르고 있으나 iambic pentameter 대신에 iambic hexameter를 취하고 있다. 시인은 처음 8행(octet: octave)에서 시로서 사랑하는 여인의 호의(grace)를 받고자 다른 시인들의 작품 속에서 시적 영감을 얻으려고 하는 등 무진 노력을 하며 시를 쓰고자 한다. 그러나 마지막 6행(sestet)에서 이러한 노력은 좀처럼 결실을 맺지 못하고 결국은 마지막 행에서 뮤즈 여신으로부터 시적 영감을 받게 된다: '네 마음을 들여다보고 그 것을 써라.'

6] **Inventions**: consulting lists of acceptable figures of speech, as recommended by classical rhetoric manuals as an alternative for creating something new.

10] **Invention**: imagination

11] **feet**: 'metrical feet'(즉, 시)를 의미하면서 동시에 다른 시인들의 족적을 좇는다(즉, 모방한다)는 이중적인 의미를 가지고 있음.

12] great with child: 할 말이 많은 데 표현할 수 없음을 임신과 산통에 비유하고 있음.

Sonnet XXXI ("This Lady's Cruelty")

With how sad steps, O moon, thou climb'st the skies!	
How silently, and with how **wan** a face!	pale
What! may it be that even in heavenly place	
That **busy archer** his sharp arrows tries?	i.e. Cupid
Sure, if that long-with-love-acquainted eyes 5	
Can judge of love, thou feel'st a **lover's case**:	상사병
I read it in thy looks: thy languish'd grace	
To me, that feel the like, thy state **descries**.	reveals
Then, even of fellowship, O Moon, tell me,	
Is constant love deem'd **there** but want of wit? 10	in heaven
Are beauties there as proud as **here** they be?	in this world
Do they above love to be loved, and yet	
Those lovers scorn whom that love doth possess?	
Do they call virtue there—ungratefulness?	

[Notes]

* Italian/ Petrarchan Sonnet로서 돈호법(頓呼法 : Apostrophe) — 시행(詩行)·연설 따위 도중에 그곳에 없는 사람, 의인화한 것, 관념 등을 부르기 — 을 사용하여 이루어지지 않는 사랑의 괴로움을 의인화한 달에게 하소연하고 있다. octave에서 시인은 슬픈 표정의 달이 마치 사랑의 슬픔을 겪고 있다고 생각한다. 이어 sestet 에서 시인은 아름다운 여인들의 변덕스러움을 웅변적으로 달에게 묻고 있다.

11] beauties there: 천상의 미녀들.

Sonnet XXXIX ("Sleep")

Come, Sleep: O Sleep! the certain knot of peace,
The **baiting**-place of wit, the balm of woe,   resting
The poor man's wealth, the prisoner's release,
Th' indifferent judge between the high and low: impartial
With **shield of proof** shield me from out the **prease** 5   proven shield/press, crowd
Of those fierce darts Despair at me doth throw:
O make in me those civil wars to cease:
I will good tribute pay, if **thou** do so.   sleep
Take thou of me smooth pillows, sweetest bed,   from
A chamber deaf to noise and blind of light,   10
A rosy garland and a weary head:
And if these things, as being thine by right,
  Move not thy heavy grace, thou shalt in me,   impel not thy drowsy favour
  Livelier than elsewhere, Stella's image see.

[Notes]

* Stella와의 이루어지지 않는 사랑으로 밤을 지새우며 낙담과 한숨에 고통 받고 있는 화자(Astrophil)가 꿈속에서라도 그토록 보고 싶은 스텔라의 이미지라도 볼 수 있게끔 잠을 자게 해달라고 호소하고 있다.

4] the high and low: 신분이 높고 낮은 사람들.
7] those civil wars: 마음속에서 벌어지고 있는 낙담과 갈등, 그리고 그 고통을 내전으로 비유.

Lady Mary Wroth (c.1586-1640)

Sir Philip Sidney의 조카로서 장편 산문 로맨스 *The Countess of Montgomery's Urania*

와 소네트 연작집(sonnet sequence) *From Phamphilia to Amphilantus*를 쓴 여류시인이다. 특히 103편의 소네트와 노래로 이루어진 그녀의 sonnet sequence는 여성의 입장에서 이중적 사랑을 즐기는 Amphilantus("dual-affections")의 배신과 이에도 불구하고 지조를 지키는 정숙한 Phamphilia("All-loving")의 질책과 변명을 소네트 형식으로 표현한다.

Love What Art Thou?　(from *Urania*)

Love what art thou? A vain thought
　　In our minds by fant'sy **wrought**.　　　　　　worked
　　Idle smiles did thee beget,
　　While **fond** wishes made the net　　　　　　foolish
　　Which so many fools have caught.　　　　5

Love what art thou? Light and fair,
　　Fresh as morning, clear as th' air.
　　But too soon thy evening change
　　Makes thy worth with coldness range:
　　Still thy joy is mixt with care.　　　　10

Love what art thou? A sweet flower
　　Once full blown, dead in an hour.
　　Dust in wind as staid remains
　　As thy pleasure or our gains,
　　If thy humor change, to **lour**.　　　　15　얼굴을 찌푸리다

Love what art thou? Childish, vain,
　　Firm as bubbles made by rain,
　　Wantonness thy greatest pride.　　　　　　변덕

These foul faults thy virtues hide—
But babes can no **staidness** gain.   20   soberness

Love what art thou? Causeless cursed,
    Yet alas these not the worst:
    Much more of thee may be said.
    But thy law I once obeyed,
    Therefore say no more at first.   25

[Notes]

* 과거 사랑에 빠졌었던 화자가 사랑의 덫으로부터 빠져나와 덧없는 사랑의 여러 부정적인 속성을 열거하고 있다.

In This Strange Labyrinth (from *A Crowne of Sonnets Dedicated to Love*)

In this strange Labyrinth how shall I turn,
Ways are on all sides while the way I miss:
If to the right hand, there, in love I burn,
Let me go forward, therein danger is.
If to the left, suspicion hinders bliss: 5
Let me turn back, shame cries I ought return:
Nor faint, though crosses my fortunes kiss,
Stand still is harder, allthough sure to mourn.
Thus let me take the right, or left-hand way,
Go forward, or stand still, or back retire: 10
I must these doubts endure without **allay**   완화
Or help, but travel finde for my best hire.
Yet that which most my troubled sense doth move,
Is to leave all, and take the thread of Love.

[Notes]

* 아마도 [사랑에 빠짐으로써] 사랑의 순례에 나선 화자가 수많은 갈림길에서 어떤 길을 선택해야할지 고민하다가 결국은 모든 판단을 중단하고 가르다란 사랑의 줄에 가냘프게나마 의지해야겠다고 결정하고 있다. 즉 사랑의 신에 자신의 운명을 맡기겠다는 의미로 해석될 수 있음.

3] in love I burn: 지나친 사랑의 열정에 푹 빠지게 된다.

5] suspicion hinders bliss: [아마도 사람들의] 의심이 사랑의 축복을 방해한다.

6] shame cries I ought return: 사랑의 순례를 그만두고 원래의 자리로 되돌아간다면 수치의 늪에 빠지게 된다.

7] Stand still is harder: [한탄만 하며] 그 자리에 머무는 것은 더욱 힘든 일이다.

Forbear dark night (*From Pamphilia to Amphilanthus*)

Forbear dark night, my joys now bud again,   삼가라, 물러가거라
Lately grown dead, while **cold aspects** did chill   냉담한 태도
The root at heart, and my chief hope quite kill,
And thunders struck me in my pleasures' **wane**   (달의) 이지러짐: 쇠퇴
Then I alas with bitter sobs, and pain,   5
Privately groan'd, my Fortunes present ill:
All light of comfort dimm'd, woes in prides fill,
With strange increase of grief, I griev'd in vain.
And most, when as a memory too good
Molested me, which still as witness stood,   10   괴롭히다
Of those best days, in former time I knew:
Late gone as wonders past, like the great Snow,
Melted and wasted, with what, change must know:
Now back the life comes where as once it grew.

[Notes]

* 거대한 눈이 다 녹아 없어지듯이 사라졌던 과거의 행복했던 사랑의 기억들이
자신을 가장 괴롭힌다는 한탄을 *ubi sunt* motif를 사용하여 표현한 화자는 소멸했
던 과거 사랑의 기쁨이 이제 다시 그 자리에서 새롭게 솟아나고 있다고 그 즐거
움을 노래하고 있다.

Am I thus conquer'd?   (*From Pamphilia to Amphilanthus*)

Am I thus conquer'd? have I lost the powers,

That to withstand **which** joyes to ruine me?   Love's

Must I bee still, while it my strength devoures,   Love

And captive leads me prisoner bound, unfree?

Love first shall leane mens fant'sies to **them** free,   5   men

Desire shall quench loves flames, Spring, hate sweet showers,

Love shall loose all his Darts, have sight, and see

His shame and wishings, hinder happy houres.

Why should we not Loves purblinde charmes resist?

Must we be servile, doing what he **list**?   10   바라다

No, seeke some host to **harbour** thee: I flye   피난처를 제공하다

Thy Babish tricks, and freedome doe professe:

But O, my hurt makes my lost heart confesse:

I love, and must: so farewell liberty.

[Notes]

* 눈 먼 Cupid(사랑)의 마력에 저항하지 못하고 정복당할 수밖에 없는 자신의 무
능력함에 대한 한탄을 화자는 이성적으로는 토로하지만 결국 감성이 지배하는 마
음은 사랑을 택할 수밖에 없다는 결론을 내리고 있다.

7] **loose all his Darts, have sight**: Cupid가 자신의 강력한 무기인 사랑의 화살을

다 쏘아버린 후 시력을 되찾게 되면 [자신의 수치스런 일들을 보게 될 것이다]

9] Loves purblinde charmes: the prevailing sense of "purblind" was shifting in the 16C. and 17C. from totally blind to partially blind, dim-sighted, or by analogy, dim-witted.

11-12] I flye / Thy Babish tricks: 그대[사랑]의 유치한 트릭으로부터 달아난다.

14] so farewell liberty: 사랑의 덫에서 빠져나온 후의 자유를 포기하고 다시 사랑의 예속 하에 들어갈 수밖에 없는 심정을 토로함.

How like a fire doth Love increase in me? (*From Pamphilia to Amphilanthus*)

How like a fire doth Love increase in me?
The longer that it lasts the stronger still:
The greater, purer, brighter: and doth fill
No eye with wonder more than hopes still bee.
Bred in my breast, when fires of Love are free   5
To use that part to their best pleasing will,
And now unpossible it is to kill
The heate so great where Love his strength doth see.
Mine eyes can scarce sustaine the flames, my heart
Doth trust in them my passions to impart,   10   give
And languishingly strive to shew my love.
My breath not able is to breath least part
Of that increasing fuell of my smart: 고통
Yet love I will, till I but ashes prove.

[Notes]
* 자신의 사랑을 사랑하는 이에게 보여주지 못하고 가슴 속에서만 타오르는 맹렬한 사랑의 불길을 감당하지 못하는 화자의 고통을 토로하지만 결국 자신은 비록 그 불길로 인해 재가 된다 하더라도 사랑할 수밖에 없음을 고백하고 있다.

Sir Edmund Spenser (1552-99)

Edmund Spenser는 영국 르네상스 시대의 최고 시인 중 한 명이고 Elizabeth 여왕을 찬양한 *The Faerie Queene*은 그의 최대 걸작이다. Arthur왕 전설과 결합된 이 긴 기독교 우화시(allegory)는 로마 가톨릭교를 비판하고 신교와 청교도 정신을 옹호하고 있으며 서사시(epic)의 형식 또한 취하고 있다. 이 시에 적용된 시 형식은 스펜서가 독창적으로 개발한 "Spenserian stanza"(약강 5보격 8행과 약강 6보격 1행을 합해 총 9행으로 이루어지며, 압운 형식은 ababbcbcc인 시형)이다. 이외 스펜서의 대표작으로는 전원적 목가시인 *The Shepheardes Calender*, 자신과 Elizabeth Boyle과의 결혼을 축하하는 결혼축가 *Epithalamion*, 그리고 사랑의 기쁨과 슬픔을 노래하는, Spenserian Sonnet 형식으로 씌여진, 소네트 연작집 *Amoretti* 등이 있다. 스펜서의 작품에서 주목해야할 점은 종종 흠으로 지적되는 고어체(antique language)의 사용이다. 의도적인 고어체의 사용은 Virgil과 Homer, 그리고 그가 몹시 존경했던 Chaucer처럼 고전 영시 전통을 잇겠다는 스펜서의 소망에서 나왔다고 볼 수도 있다.

From *Amoretti*

[*"little love"라는 뜻을 가진 *Amoretti*는 89편의 소네트로 이루어진 소네트 연작집으로 그의 두 번째 부인인 Elizabeth Boyle과 사랑을 주고받을 때 씌어졌다고 한다. 그러나 이 소네트 연작집에서 시인이 흠모하는 상대방 여인이 Elizabeth Boyle 이라는 증거는 없다. 왜냐하면 이 작품은 초반에 사랑을 성취한 시인의 기쁨이 표현되었지만 후반에는 그 사랑을 상실한 슬픔을 노래하고 있기 때문이다.]

Sonnet I

Happy ye **leaues** when as those lilly hands,
which hold my life in their **dead doing** might   death-dealing
shall handle you and hold in loues soft **bands**,   bonds
lyke captiues trembling at the victors sight.
And happy lines, on which with starry light,   5

those **lamping** eyes will deigne sometimes to look   flashing

and reade the sorrowes of my dying **spright**,   spirit

written with teares in harts **close** bleeding book.   secret

And happy rymes bath'd in the sacred brooke,

of Helicon whence she deriued is,   10

when ye behold that **Angels** blessed looke,   Angel's

my soules long lacked foode, my heauens blis.

Leaues, lines, and rymes, seeke her to please alone,

whom if ye please, I care for other none.

[Notes]

* 시인 자신이 흠모하는 여인에게 자신의 절실한 마음이 담긴 사랑의 시를 보내면서 그녀를 부디 기쁘게 해달라고 [그럼으로써 사랑이 결실을 맺을 수 있게끔] 기원하는 시다. 그녀가 읽을 때 그녀의 품안에 안겨있을 자신이 쓴 시편들에 대한 부러움이 묻어있다.

1] leaf: (책의) 한 장(2페이지).

10] Helicon: 그리스신화의 헬리콘 산(山)(Apollo와 Muses가 살았다는 그리스 남부의 산): 시상(詩想)의 원천(源泉).

Sonnet XXX

My loue is **lyke** to yse, and I to fyre: like

how comes it then **that** this her cold so great   왜 그렇게 (…하게) 되었나

is not dissolu'd through my so hot desyre,

but harder growes the more I her intreat?

Or how comes it that my exceeding heat   5

is not **delayd** by her hart frosen cold: allayed

but that I burne much more in boyling sweat,

and feel my flames augmented manifold?

What more miraculous thing may be told

that fire which all things melts, should harden yse: 10

and yse which is congeald with **sencelesse** cold,   senseless

should kindle fyre by wonderfull deuyse.

Such is the powre of loue in **gentle** mind,   noble

that it can alter all the course of **kynd**.   nature

[Notes]

* 사랑하는 여인의 냉담함에도 불구하고 뜨거운 사랑의 불길은 점점 더 거세지고, 이 뜨거운 사랑의 열정으로도 그녀의 얼음처럼 차가운 마음을 녹이지 못하니 사랑의 힘은 불변의 자연 법칙도 바꿀 수 있는 강력한 힘이라는 것을 표면적으로 시사하고 있다. 그러나 내면으로는 그녀의 마음을 얻지 못하는 답답함을 표하고 있다.

Sonnet LXVII

Lyke as a huntsman after weary chace,

Seeing the game from him escapt away:

sits downe to rest him in some shady place,

with panting hounds beguiled of their **pray**.   prey

So after long pursuit and vaine **assay**,   5   try

when I **all weary** had the chace forsooke,   being completely weary

the **gentle deare** returnd the selfe-same way,   noble deer

thinking to quench her thirst at the next brooke.

There she beholding me with mylder looke,

sought not to fly, but **fearelesse still did bide**:   10   still stayed fearlessly

till I in hand her yet halfe trembling tooke,

and with her owne goodwill **hir fyrmely tyde**.   tied her firmly

Strange thing me seemed to see a beast so wyld,
so **goodly wonne** with her owne will beguyld.   easily won

[Notes]
* 사슴사냥에 비유하여 사랑의 어려움을 이야기하면서도 포기했던 사슴이 스스로
돌아와 잡혀준다는 비유를 통해 예측할 수 없는 사랑의 가변성을 강조하고 있다.

4] **panting hounds**: 사냥감인 사슴에게 농락당하고 숨을 헐떡이고 있는 사냥개들.

Sonnet LXXV

One day I wrote her name upon the strand,
But came the waves and washed it away:
Again I wrote it with a second hand,
But came the tide, and made my pains his prey.
"Vain man," said she, "that dost in vain **assay**,   5   try
A mortal thing so to immortalize:
For I myself shall **like to** this decay,   like
And **eke** my name be wiped out likewise."   also
"Not so," (**quod** I) "let baser things devise   said
To die in dust, but you shall live by fame: 10
My verse your **vertues rare** shall eternize,   extraordinary virtues
And in the heavens write your glorious name:
Where **whenas** death shall all the world subdue,   when
Our love shall live, and later life renew."

[Notes]
* 사랑의 불변함과 영원함을 노래하고 있다. 모래밭에 써 놓은 이름이 파도에 의
해 쓸려가 버리듯이 유한한 이 지상에서 영원한 것은 없다는 여인의 말에 당신

의 이름은 나의 시 속에 영원할 것이라고 시인은 확신의 답을 한다.

3] with a second hand: 2번째로, 다시
4] made my pains his prey: 내 노력을 물거품으로 만들었다. 즉, 2번째 쓴 것도 파도 때문에 지워졌다.

Samuel Daniel (1562?-1619)

영국 시인이며 역사가인 Samuel Daniel은 자신의 시와 산문에서 철학적 역사관을 보여주는 것이 특징이다. 그의 대표작은 *Delia* (1592)로서 50여 편의 소네트가 수록되어 있다. 이 외에도 다니엘은 이야기 시인 *The Complaint of Rosamond*, 장미 전쟁을 다룬 서사시 *The Civil Wars between the Two Houses of Lancaster and York*, 그리고 다수의 궁정 가면극(court masque), 세네카 풍의 비극, 역사서 등을 썼다. 특히 그 시어의 순수함(the purity of diction) 때문에 다니엘은 19세기 낭만주의 작가들에게 많은 존경을 받았다.

From *Delia* -- Sonnets
[*50여 편의 소네트와 끝맺음을 하는 송시(頌詩) (ode: 특정 인물이나 사물을 읊은 고상한 서정시)로 이루어져 있는 소네트 연작집이다. 이 작품의 타이틀인 "Delia"는 Sir Philip Sidney의 여동생인 the Countess of Pembroke를 가리킨다고 추정하는데 이는 그녀가 다니엘의 후원자이고 이 시집을 그녀에게 헌정했기 때문이다.]

VI

Fair is my Love and cruel as she's fair:
Her brow-shades frown, although her eyes are sunny.
Her smiles are **lightning**, though her pride despair,   illuminating

And her disdains are **gall**, her favours honey: 쓸개즙
A modest maid, deck'd with a blush of honour,   5
Whose feet do tread green paths of youth and love:
The wonder of all eyes that look upon her,
Sacred on earth, design'd a Saint above.
Chastity and Beauty, which were deadly foes,
Live reconciled friends within her brow: 10
And had she Pity to conjoin with **those**,   Chastity and Beauty
Then who had heard the **plaints** I utter now?   complaints
   For had she not been fair, and thus unkind,
   My Muse had slept, and none had known my mind.

[Notes]

* 전형적인 궁정풍 사랑을 담은 시로서 '담즙'과 '벌꿀' 등의 극명한 예를 들어 'cruel lady'의 아름다움과 매정함을 대조하는 동시에 그 정숙함까지 찬미하고 있다. 이 소네트의 마지막 부분에서 시인은 아름다움과 정숙함을 다 같이 지닌 그녀가 몰인정하지 않았더라면 자신이 이러한 시를 쓸 수 있겠냐면서 시를 쓰는 이유와 그 사랑의 고통을 시로 승화하는 동기를 밝히고 있다.

  9] 어떤 여성이라도 아름다움과 정숙함을 동시에 소유한다는 것은 불가능하다는
     당시 반여성주의적인 생각.
14] Muse: 뮤즈(시·음악 학예를 주관하는 9여신 중의 하나): 시적영감, 시상, 시혼.

XLVI

Let others sing of Knights and Paladines
In aged accents and untimely words,
Paint shadows in imaginary lines,
Which well the reach of their high wit records:

But I must sing of thee, and those fair eyes   5
Authentic shall my verse in time to come: authenticate
When yet th' unborn shall say, **Lo**, where she lies!   See
Whose beauty made him speak, that else was dumb!
These are the **arcs**, the trophies I erect,   shrines
That fortify thy name against old age: 10
And these thy sacred virtues must protect
Against the Dark, and Time's consuming rage.
    Though th' error of my youth in them appear,
    Suffice, they show I lived, and loved thee dear.

[Notes]
* 그녀의 아름다움이 자신의 시 속에서 영원할 것이며, 그리하여 후세 사람들은
세월이 흘러 낡은 것이 되어버린 중세 로망스의 세계와는 달리 영원히 살아있는
아름다움과 진정한 자신의 사랑을 이 시에서 볼 수 있으리라는 희망을 담고 있다.

1-4] 웅장한 중세 로망스의 세계를 일컬음.
2] aged accents and untimely words: 고풍(古風)의 강세와 시어들.

Michael Drayton (1563-1631)

    Michael Drayton은 일찍이 Sir Henry Goodere 집안에서 시동(page) 일하며 그
의 도움으로 교육을 받았다. 그 곳에서 구디어 경의 막내딸 Anne과 오랜 기간
이어지는 교분을 쌓게 되었는데 그의 시에서 "Idea"로 칭송되었다. 드레이튼은
Horatian ode의 형식을 모방하여 *Poems Lyric and Pastoral*에서 새로운 시 형태의
송시(頌詩)를 영시에 도입했다. *The Ballad of Agincourt*는 순수한 서술체에서의 재
능을 보여주기도 했으며, 그의 대표작은 1619년의 *Poems*인데, 그의 주요시와 소네
트 작품이 수록되어 있다. 드레이튼의 야심작인 *Poly-Olbion*(다양한 영국)은 15,000

행의 장편시로서 영어로 씌어진 가장 긴 작품 중의 하나이다. *Poly-Olbion*은 파노라마식으로 영국 각 지역의 지리와 자연을 묘사한 작품으로 낭만적인 상상력으로 영국 전역의 산, 강, 숲, 그리고 시골의 아름다움과 쇠락한 수도원 등을 당대 영국 고유의 시각으로 그리고 있다.

From *Idea*

[*소네트 연작집으로 1594년에 *Ideas Mirrour*라는 타이틀로 처음 출판되었으나 이후 수정, 보강되어 1619년 64편의 소네트가 수록된 최종판이 나왔다. Sir Henry Goodere의 딸 Anne이 이 소네트집의 "Idea"로 추정된다. 프랑스 소네트 연작집의 제목에서 따온 이 타이틀은 Plato의 divine idea of beauty를 상징한다.]

To the Reader of these Sonnets

Into these loves, who but for passion looks,	only
At this first sight here let him lay them by	
And seek elsewhere in turning other books,	poetry books
Which better may his labour satisfy.	love's labour
No far-fetch'd sigh shall ever wound my breast: 5	forced
Love from mine eye a tear shall never wring:	
Nor in "Ah me's!" my whining sonnets drest:	한탄: 아, 이런
A libertine, fantasticly I sing.	
My verse is the true image of my mind,	
Ever in motion, still desiring change: 10	
And as thus to variety inclin'd,	
So in all humours sportively I range:	
My Muse is rightly of the English strain,	
That cannot long one fashion entertain.	마음에 품다

[Notes]
* 이 소네트 집에 수록되어 있는 시들은 변함없는 사랑의 마음을 거부하고 항상 변화를 추구하며 바뀌는 사랑을 추구하는 자신의 마음이 반영된 시들이라고 시인은 밝힌다. 따라서 여느 궁정풍 시에서 흔히 나타나는 눈물 흘리고, 한숨 쉬는 등, 그런 애처로운 남성 연인의 모습은 볼 수 없으리라 밝힌다.

6] Love shall never wring a tear from mine eye.

12] **the four hours:** 4체액(體液)(blood, phlegm, choler, melancholy: 옛날에는 그 배합으로 체질·기질이 정해지는 것으로 생각했음).

LXI   The Parting

Since there's no help, come let us kiss and part.
Nay, I have done, you get no more of me:
And I am glad, yea, glad with all my heart,
That thus so cleanly I myself can free.
Shake hands for ever, cancel all our vows,   5
And when we meet at any time again,
Be it not seen in either of our brows
That we one jot of former love retain.
Now at the last gasp of Love's latest breath,
When, his pulse failing, Passion speechless lies,   10
When Faith is kneeling by his bed of death,
And Innocence is closing up his eyes—
   Now if thou wouldst, when all have given **him** over,   i.e. Love
   From death to life thou might'st him yet recover.

[Notes]
* 우리의 사랑을 지속시키기에는 어쩔 수 없이 불가능하기 때문에 마지막 이별의

키스를 나누고 지난 우리의 사랑을 잊자는 이별의 시다.

9] at the last gasp of Love's latest breath: [최근 우리] 사랑의 마지막 순간에.

To His Coy Love

I pray thee, leave, love me no more,
    Call home the heart you gave me!
I but in vain that saint adore
    That can but will not save me.
These poor half-kisses kill me **quite** —   5   completely
    Was ever man thus served?
Amidst an ocean of delight
    For pleasure to be starved?

Show me no more those snowy breasts
    With **azure riverets** branched,   10   푸른 잔 핏줄
Where, whilst mine eye with plenty feasts,
    Yet is my thirst not **stanched**:   멎다
O Tantalus, thy pains ne'er tell!
    By me thou art prevented:
'Tis nothing to be plagued in Hell,   15
    But thus in Heaven tormented.

Clip me no more in those dear arms,
    Nor thy life's comfort call me,
O these are but too powerful charms,
    And do but more enthral me!   20
But see how patient I am grown

In all this **coil** about thee: 혼란, 소용돌이
Come, nice thing, let my heart alone,
   I cannot live without thee!

[Notes]
* 사랑의 열정을 불태우려 해도 애만 태우는 수줍은 여인 때문에 괴로워하는 화
자의 심정을 토로하는 시. 지옥에서의 고통보다 천국에서의 고통이 더욱 참기 어
려운 고통이라는 아이러니컬한 메시지가 지배적이다.

6] 어느 누가 이렇게 대접받은 적이 있는가?
11] 눈요기는 많이 하지만.
13] Tantalus: Zeus의 아들. 아들 Pelops을 잡아 요리하여 신들에게 바친 벌로 호
    수에 턱까지 잠기어 물을 마시려 하면 물이 빠지고, 머리 위의 나무열매를
    따려 하면 가지가 뒤로 물러났다 함.

Christopher Marlowe (1564-1593)

영국 극작가이며 시인인 Christopher Marlowe는 소위 "University Wits"의 대표
작가로 비극 장르에서 셰익스피어에 중요한 영향을 주었으며 특히 Ben Jonson이
"Marlowe's mighty lines"라고 찬양했던 무운시(blank verse)로 씌어진 극의 개척으
로 유명하다. 그의 대표작으로는 *Tamburlaine the Great* 2부작, *Dr. Faustus*, *The Jew
of Malta*, 그리고 사극 *Edward II* 등이 있다. 대표적인 시 작품으로는 그의 사후
George Chapman에 의해 완성된 장편 시 *Hero and Leander*가 있다.

The Passionate Shepherd to His Love

Come **live** with me and be my Love,   Come and live
And we will all the pleasures **prove**   test, experience

That hills and valleys, dale and field,
And all the craggy mountains yield.

There will we sit upon the rocks   5
And see the shepherds feed their flocks,
By shallow rivers, to whose falls
Melodious birds sing madrigals.   songs

There will I make thee beds of roses
And a thousand fragrant posies,   10
A cap of flowers, and a kirtle   skirt, petticoat
Embroider'd all with leaves of myrtle.

A gown made of the finest wool
Which from our pretty lambs we pull,
Fair lined slippers for the cold,   15
With buckles of the purest gold.

A belt of straw and ivy buds
With coral clasps and amber studs:
And if these pleasures may thee move,
Come live with me and be my Love.   20

Thy silver dishes for thy meat
As precious as the gods do eat,
Shall on an ivory table be
Prepared each day for thee and me.

The shepherd swains shall dance and sing   25
For thy delight each May-morning:

If these delights thy mind may move,
Then live with me and be my Love.

[Notes]
* 한 목동이 숲속의 요정(nymph: 여느 아름답고 소박한 시골 처자)에게 자신의 애인의 되어 목가적인 삶을 즐기며 지내자고 초대하는 시. 이 시에 대해 여러 답가가 씌어졌는데 그중 Sir Walter Raleigh의 "Her Reply"가 가장 유명하다.

7] to whose falls: 얕은 강물이 떨어지는 소리에 맞추어.

William Shakespeare (1564-1616)

William Shakespeare는 극작가로서 뿐만 아니라 시인으로서도 여러 뛰어난 작품을 남겼다. *Venus and Adonis*와 *The Rape of Lucrece*는 시인으로서 셰익스피어의 가능성을 유감없이 보여준다. 셰익스피어의 최고 시 작품은 154편의 소네트로 이루어진 소네트 연작집 *The Sonnets*이다. 이 154편의 소네트 연작집에는 시인, 'young man,' 그리고 'dark lady' 등 세 인물이 등장하는데, 전체적으로 두 그룹으로 분류된다. 1번부터 126번까지의 소네트는 시인이 몹시도 사랑하는 멋진 귀족인 'young man'에게 보내는 시들이고, 127번부터 152번까지의 소네트는 신비로운 인물인 'dark lady'에 보내는 시들이다. 그리고 마지막 2편의 소네트는 연작 소네트의 흐름에서 벗어난 독립적인 시들이다. 셰익스피어의 거의 모든 소네트들은 시간의 흐름에 따라 불가피하게 일어나는 쇠락(decay)과 이에 반해 시 속에서 영원히 지속되는 아름다움과 사랑의 문제를 다룬다.

Sonnet XVIII

Shall I compare thee to a summer's day?
Thou art more lovely and more temperate:

Rough winds do shake the darling buds of May,

And summer's **lease** hath all too short a date: duration, period

Sometime too hot **the eye of heaven** shines,   5   the sun

And often is his gold complexion dimm'd:

And every **fair** from fair sometime declines,   beauty

By chance or nature's changing course **untrimm'd**:   stripped of its ornament

But thy eternal summer shall not fade

Nor lose possession of that fair thou **owest**:   10   own, possessest

Nor shall Death brag thou wander'st in his **shade**,   underworld

When in eternal lines to time thou growest:

    So long as men can breathe or eyes can see,

    So long lives **this** and this gives life to thee.   the poem

[Notes]

* 이 소네트는 자연의 일시적인 아름다움에 비하여 '당신'의 아름다움은 '나의 시' 안에서 영원할 것이라고 노래하고 있다.

1-4] Shall I compare you to the beauty of nature which you better by being milder and lasting longer?

5-8] Nature is imperfect, with too hot a sun, too low a light.

9-12] But you are an eternal and perfect shining summer who will keep that beauty you have been leased by nature that will live evermore in my verse.

13-14] Forever you will be remembered in my verse.

Sonnet LV

Not marble, nor the gilded monuments

Of princes, shall outlive this powerful **rhyme**:   poem

But you shall shine more bright in these contents
Than unswept stone besmear'd with **sluttish** time.   dirty
When wasteful war shall statues overturn,   5
And **broils** root out the work of masonry,   uprisings
Nor Mars his sword nor war's quick fire shall burn   Neither
The **living** record of your memory.   살아 있는, 생생한
'Gainst death and **all-oblivious enmity**   the enmity of oblivion
Shall you pace forth: your praise shall still find room   10
Even in the eyes of all posterity
That wear this world out to **the ending doom.**   the Judgment Day
So, till the judgment **that yourself** arise,   when you yourself
You live in this, and dwell in lover's eyes.

[Notes]
* Sonnet 18과 같이 '당신'의 아름다움은 '나의 시' 안에서 영원할 것이라는 주제
를 갖고 있다. 그리하여 시 안에 표현된 '당신'의 아름다움과 그 고귀한 사랑은
후대의 모든 연인들의 귀감이 될 것이라는 확신을 표하고 있다. 시 안에 정신적
으로 승화된 영원한 아름다움과 사랑이 유한한 물질적인 기념물에 대비하여 시간
의 개념을 뛰어 넘고 있다.

7] **Mars:** 로마신화의 마르스(군신(軍神) : 그리스의 Ares에 해당 : 전쟁

Sonnet LXXI

No longer mourn for me when I am dead
Then you shall hear the surly sullen bell
Give warning to the world that I am fled
From this vile world, **with vilest worms to dwell:**
Nay, if you read this **line**, remember not   5   poem

The hand that **writ** it: for I love you so   wrote
That I in your sweet thoughts would be forgot
If thinking on me then should make you woe.
O, if, I say, you look upon this verse
When I perhaps compounded am with clay,   10
Do not so much as my poor name **rehearse**.   repeat, recall
But let your love **even** with my life decay,   just
Lest the **wise** world should look into your moan   약삭빠른
And mock you with me after I am gone.

[Notes]

* 자신이 죽은 후에 혼자 남을 사랑하는 이의 행복과 안위를 걱정하는 시. 시인은 자신이 죽은 후에 애인이 공개적으로 슬퍼하지 말고 단지 교회의 조종 소리를 들어주는 것으로 자신과의 사랑을 끝맺어주기를 희망하며, 이는 약삭빠른 세상 사람들이 그들의 사랑을 눈치 채게 되면 사랑하는 사람이 세상의 조롱을 받게 될지도 모르기 때문이다.

1-4] Lover, mourn for me for no longer than it takes for my funeral bell to toll.

4] **with vilest worms to dwell:** 즉, 시체가 썩어 구더기들과 함께 있다는 의미.

5-8] Lover, don't be hurt by grieving for me.

9-12] Don't grieve for me when I've gone.

Sonnet LXXIII

That time of year thou mayst in me behold
When yellow leaves, or none, or few, do hang
Upon those boughs which shake against the cold,
Bare ruin'd choirs, where late the sweet birds sang.   i.e. those boughs

In me thou seest the twilight of such day   5

As after sunset fadeth in the west,

Which by and by black night doth take away,

Death's second self, that seals up all in rest.   i.e. black night

In me thou see'st the glowing of such fire

That on the ashes of **his** youth doth lie,   10   its

As the death-bed whereon it must expire

Consumed with that which it was nourish'd by.

This thou perceivest, which makes thy love more strong,

To love that well which thou must leave **ere** long.   before

[Notes]

* 인생의 조락기(凋落期)에서 자신의 삶과 열정에 대한 슬프지만 생생한 회상을 통하여 화자는 사랑하는 이에 대한 마지막 사랑의 호소를 하고 있다.

 1-4] I'm in the Autumn of my years where I feel the cold more.

 5-8] I'm in my twilight years, at the end of my day.

 9-12] I'm equivalent to the dying embers of a fire.

13-14] You know I won't be here much longer so treasure my final days—final encouragement for his lover to make the most of what little time he has remaining.

 12] that: i.e., the ashes of what was formerly the fuel.

 14] that: 조만간 헤어져야만 하는 대상, 즉 인생의 황혼기에 들어선 화자의 마지막 사랑의 열정.

Sonnet CIX

O, never say that I was false of heart,

Though absence seem'd my flame to **qualify**.   soften

As easy might I from myself depart

As from my soul, which in thy breast doth lie:

That is my home of love: if I have ranged,   5

Like **him** that travels I return again,   i.e. love

Just to the time, not with the time exchanged,

So that myself bring water for my **stain**.   오점, 죄

Never believe, though in my nature reign'd

All frailties that besiege all kinds of blood,   · 10

That it could so preposterously be stain'd,

To leave for nothing all thy sum of good:

For nothing this wide universe I call,

Save thou, my rose: in it thou art my all.

[Notes]

* 사랑하는 이에게 자신의 부재를 변명하는 시로서 이 우주에서 당신이 전부이기에 나는 다시 돌아갈 것이라 다짐하고 있다.

2] my flame: 나의 사랑의 불꽃, 열정.

8] "**bring water for my stain**" may refer to the author weeping for upsetting his beloved with his absence, which he classifies as a stain.

13] Pun on universe in that the author's verse unifies all of his beloved.

Sonnet CXVI

Let me not to the marriage of true minds

Admit impediments. Love is not love

Which alters when it **alteration** finds,   alteration in the beloved

Or bends with **the remover** to remove: the one who departs from love

O no! it is an ever-fixed **mark**   5   landmark(sea-mark)

That looks on tempests and is never shaken:

It is the star to every wandering bark,

Whose **worth's** unknown, although his **height** be taken.   value/altitude

Love's not Time's **fool**, though rosy lips and cheeks   victim, slave

Within **his** bending sickle's **compass** come: 10   Time's/range

Love alters not with his brief hours and weeks,

But bears it out even to **the edge of doom**.   the brink of Doomsday

If this be error and upon me proved,

I never writ, nor no man ever loved.

[Notes]

* 상대방이 변했다하여 같이 따라 변하는 사랑은 본래부터 진실한 두 마음의 결합이라 할 수 없다는 이 소네트는 진정한 사랑의 지조(constancy)를 강조하고 있다. 즉 진정한 사랑은 그 어떤 외부의 유혹이나 압력, 심지어는 죽음의 압력까지에도 흔들리지 않는 영원한 것이라는 것을 강조한다.

1-4] Let me not allow external factors come between us—love doesn't waver when faced with pressures to alter and bend.

5-8] True love is an unshakeable constant, but realistically out of reach.

8] **worth's unknown**: man cannot grasp the star's heavenly worth and astrological influence.

9-12] True love outlasts time itself in spite of physical beauty being diminished by time.

13-14] This is as true as me having written these words and that no man has ever loved—my assertion cannot be wrong.

Sonnet CXXXVIII

When my love swears that she is made of truth

I do believe her, though I know she lies,
That she might think me some **untutor'd** youth,   inexperienced
Unlearned in the world's false subtleties.
Thus vainly thinking that she thinks me young,   5
Although she knows my days are **past the best**,   past the prime
Simply I credit her false speaking tongue: like a simpleton
On both sides thus is simple truth suppress'd.
But wherefore says she not she is **unjust**?   unfaithful
And wherefore say not I that I am old?   10
O, love's best **habit** is in **seeming** trust,   appearance/apparent
And age in love loves not to have years **told**:   counted
Therefore I lie with her and she with me,
And in our faults by lies we flatter'd be.

[Notes]

* 서로가 서로를 속이면서도 이를 마치 모르는 듯이 그냥 넘기며 사랑을 유지하는 두 연인 간의 이야기를 담은 소네트이다. 자신의 연인이 정숙하지 않음을 알면서도 믿고 있는 체 하는 시인과 자신의 남자가 실제로는 나이가 많음을 알면서도 젊다고 생각하는 체 하는 여인, 그러면서도 서로의 속임에 애써 무심한 체 하면서 사랑을 지속하는 두 연인의 모습이 그려져 있다.

1-2] Paradox between the truth and dishonesty of the poet's beloved: she lies by saying she is made of truth.

9-10] "she is unjust" and "I am old" are the essence of the truth—they both pretend these statements are not the case by their lies but they are in fact the reality.

13] Pun on "I lie with her" as in the poet tells untruths with his beloved and he sleeps with her.

Thomas Campion (1567?-1619)

영국의 시인, 작곡가, 문학과 음악 이론가, 내과 의사였던 Thomas Campion은 자신의 *Observations in the Art of English Poesie*(1602)에서 시의 운율에 대한 자신의 이론을 피력하면서 압운과 강세가 주어진 운율을 공박하고, 대신 시의 구조에서 시간과 소리의 지속이 기본적인 요소임을 주장했다. 서정 시인으로서 그는 정적인 장면을 묘사하기 위해 시각적인 상을 사용하기 보다는 소리와 음악, 움직임과 변화에 의해 자연 세계의 기쁨을 표현했고, 이러한 방법과 유려하면서도 불규칙적인 말의 리듬으로 전통적인 진부한 주제에 신선함을 불어넣었다.

My Sweetest Lesbia

My sweetest Lesbia, let us live and love,
And though the **sager sort** our deeds reprove,   현명한 척 하는 사람들
Let us not weigh them. **Heaven's great lamps** do dive   i.e. the Sun
Into their west, and straight again revive,
But soon as once set is our little light,   5
Then must we sleep one ever-during night.

If all would lead their lives in love like me,
Then bloody swords and armor should not be:
No drum nor trumpet peaceful sleeps should move,
Unless alarm came from the camp of love.   10
But fools do live, and waste their little light,
And seek with pain their ever-during night.

When timely death my life and fortune ends,
Let not my hearse be vexed with mourning friends,
But let all lovers, rich in triumph, come   15

And with sweet pastimes **grace** my happy tomb: 빛내어 주다
And Lesbia, close up thou my little light,
And **crown** with love my ever-during night.   …의 최후를 장식하다

[Notes]
* 짧은 우리 인생을 헛되이 보내지 말고 세속적인 사랑의 행위에 전념하자는 쾌락주의적 시. 다시 떠오르는 태양과는 달리 한번 지면 영원히 지속되는 어둠에 묻히는 우리의 "little light"를 전쟁에서의 명예나 영광을 위해 소비하지 말고 쾌락적인 사랑에 몰두하자는 내용의 시이다. 모든 인간들이 죽음을 맞이할 때, '현명한 사람들(sager sorts)'의 가르침에 따라 살았던 삶보다 사랑의 행위에 전념했던 삶이 더 가치가 있고 더 찬양받을만한 삶이라고 시인은 주장한다.

5] **our little light**: (태양의 빛에 비해) 작은 빛. 인간의 짧은 삶.
11] **fools**: 시인의 입장에서 볼 때, 사랑의 기쁨을 추구하지 않고 전쟁에서 헛된 명예나 영광만을 좇는, 자신들의 짧은 삶을 의미 없이 소비하는 어리석은 자들.

There Is a Garden in Her Face

There is a garden in her face
  Where roses and white lilies blow:
A heavenly paradise is that place,
  Wherein all pleasant fruits do flow:
    There **cherries** grow which none may buy   5   i.e. lady's lips
    Till "Cherry-ripe!" themselves do cry.

Those cherries fairly do enclose
  Of **orient** pearl a double row,   bright
Which when her lovely laughter shows,
  They look like rose-buds fill'd with snow: 10

       Yet them nor peer nor prince can buy
       Till "Cherry-ripe!" themselves do cry.

Her eyes like angels watch them **still**:   continuously
   Her brows like bended bows do stand,
Threat'ning with piercing frowns to kill   15
   All that attempt with eye or hand
      Those sacred cherries to come nigh,
       Till "Cherry-ripe!" themselves do cry.

[Notes]

* 뭇 남성들의 접근을 절대 허용치 않는 'cruel lady'에 대한 묘사이다.

6] "Cherry-ripe!": "익은 체리 사시오"라고 외치는 행상의 외침소리.
13] angels: 천국[그녀의 얼굴]을 지키는 천사들. 즉, 접근을 경계하면서 노려보듯 날카로운 그녀의 눈매.
14] bended bows: 화살을 날릴 때의 휘어져 있는 활. 즉, 날카롭게 찡그리고 있는 그녀의 눈썹.

Sleep, Angry Beauty

 Sleep, angry beauty, sleep, and feare not me.
For who a sleeping Lyon dares provoke?
It shall suffice me here to sit and see
Those lips shut vp that never kindly spoke.
     What sight can more content a lover's mind   5
     Then beauty seeming harmless, if not kind?

My words have charm'd her, for **secure** she sleeps: careless

Though guilty much of wrong done to my love:
And in her slumber, see, she close-ey'd weeps:
Dreams often more than waking passions move.   10
    Plead, sleep, my cause, and make her soft like **thee**,   i.e. sleep
    That she in peace may wake and pity me.

[Notes]

* 사랑하는 여인의 잠든 모습을 보며 평온한 잠에서 깨어나면 자신의 애타는 마음에 연민의 마음을 가져달라는 애절한 기원을 담고 있다.

6] [화자의 구애에] 다정하게 대하지는 않았어도 '사자'처럼 해를 끼칠 것 같지는 않게 평온하게 잠들어 있는 미인.
7] **My words have charm'd her**: 그녀에게 주문을 걸어 잠들게 했다는 의미.
12] **pity me**: 사랑을 그토록 갈구하는 나를 가엾이 여겨 동정심을 가져달라는 기원.

Beauty Is But A Painted Hell

    Beauty is but a painted hell:
      Aye me, aye me,   그렇고말고
She wounds **them** that admire it,   men
She kills them that desire it.
      Give her pride but fuel,   5
      No fire is more cruel.

Pity from ev'ry heart is fled:
      Aye me, aye me,
Since false desire could borrow
Tears of **dissembled** sorrow,   10   disguised
      Constant vows turn truthless,

Love cruel, Beauty ruthless.

Sorrow can laugh, and Fury sing:

      Aye me, aye me,

My raving griefs discover   15

I liv'd too true a lover:

      The first step to madness

      Is the excess of sadness.

[Notes]

* 아름다운 여인은 화려하게 치장을 한 지옥과도 같다는 비유를 통해 사랑의 맹세를 헌신짝처럼 버리고 진실한 연인으로서의 자신의 마음을 철저히 무시한 미인의 냉정함과 지조 없음을 한탄하는 동시에 이러한 사랑의 덫에 빠진 자신의 무지에 대한 후회를 담고 있는 시다.

7] **Pity from ev'ry heart is fled**: 그녀의 마음에서 연민이 다 달아났다는 의미. 즉, 'cruel lady'를 묘사하는 전형적인 수사법.

Ben Jonson (1573-1637)

영국 제임스 1세 시대의 극작가·서정시인·문학비평가로서 Shakespeare와 동시대에 활약했던 Ben Jonson의 대표작으로는 *Every Man In his Humour*, *Volpone*, *The Alchemist*, *Every Man Out of his Humour*, *Sejanus*, *Epicoene*, 그리고 *Bartholomew Fair* 등이 있다. 영국 최초의 계관시인이었으며 수많은 젊은이들이 그의 밑에서 문학 수업을 받았고, 그를 따르는 사람들을 "the Tribe of Ben," 또는 "Sons of Ben"이라 불렀다. 가장 잘 알려진 그의 시 작품으로는 Shakespeare, John Donne, 그리고 Francis Bacon 등의 친구들에게 바친 헌시 등이 있다.

To Celia

Drink to me only with thine eyes,
    And I will pledge with mine:
Or leave a kiss but in the cup
    And I'll not look for wine.
The thirst that from the soul doth rise   5
    Doth ask a drink divine:
But might I of Jove's **nectar** sup,   신주(神酒)
    I would not **change** for thine.   give in exchange

I sent thee late a rosy wreath,
    Not so much honouring thee   10
As giving it a hope that there
    It could not wither'd be:
But thou thereon didst only breathe,
    And sent'st it back to me:
Since when it grows, and smells, I swear,   15
    Not of itself but thee!

[Notes]

* Celia라는 여인에게 보내는 달콤한 연시. 이 시는 그리스의 소피스트(sophist)인 Philostratus의 연애편지들을 참고로 하였다.

    1] Cf. Philostratus, Letter XXIV: "Drink to me with thine eyes only. Or, if thou wilt, putting the cup to thy lips, fill it with kisses, and so bestow it upon me."

9-12] Cf. Letter XXX: "I sent thee a rosy wreath, not so much honouring thee (though this also is in my thoughts) as bestowing favour upon the roses, that so they might not be withered."

13-16] Cf. Letter XXXI: "If thou wouldst do a kindness to thy lover, send back the reliques of the roses I gave thee, no longer smelling of themselves only, but of thee."

Volpone: Come my Celia, let us prove

Come my Celia, let us prove,
While we may, the sports of love.
Time will not be ours for ever:
He at length our good will sever.   i.e. Time
Spend not then his gifts in vain: 5
Suns that set may rise again,
But if once we lose this light
'Tis, with us, perpetual night.
Why should we defer our joys?
Fame and rumour are but **toys**.   10   하찮은 것들
Cannot we delude the eyes
Of a few poor household spies?
Or **his easier ears** beguile,   귀가 얇은 사람
So removed by our wile?
'Tis no sin love's fruit to steal,   15
But the sweet theft to reveal:
To be taken, to be seen,
These have crimes accounted been.

[Notes]

* From *Volpone*, III, vii, 166-83. 돌팔이 약장수로 극중 변장한 Volpone가 창가에서 구경하던 Celia에게 구애하는 장면에서 Volpone가 부르는 유혹의 연가. 유한한 인간의 짧은 삶에서 젊을 때 쾌락적인 인생을 즐기자는 *carpe diem* ("seize the

day") motif가 지배적인 시로서, 즐길 수 있을 때 사랑의 쾌락을 탐닉하고 달콤한 사랑의 쾌락을 훔치는 것이 죄가 아니라 들키는 것이 죄라며 유부녀인 Celia를 유혹한다.

Still to be Neat

Still to be neat, still to be drest,
As you were going to a feast:
Still to be powder'd, still perfum'd:
Lady, it is to be presum'd,
Though art's hid causes are not found,   5
All is not sweet, all is not sound.

Give me a look, give me a face,
That make simplicity a grace:
Robes loosely flowing, hair as free:
Such sweet neglect more **taketh** me   10   매혹시키다
Than all th'adulteries of art.
They strike mine eyes, but not my heart.

[Notes]
* 여인들의 화장과 치장을 비판하는 시로서 이 시의 화자는 눈이 아니라 마음에 감동을 줄 수 있는 소박한 자연의 미를 보여주기를 원하고 있다.

11] th'adulteries of art: 인공적인 가꿈. 화장과 치장.

John Fletcher (1579-1625)

제임스 1세 때 활약한 영국의 극작가로서 프랜시스 보몬트 (Francis Beaumont) 등 다른 극작가들과 합작으로 많은 희극과 비극 작품들을 남겼다. 보몬트와 플레처가 협력하여 쓴 작품 가운데 대표적인 희곡들은 대체적으로 romance tragicomedy 로 분류되는데 *Philaster*, *A Maid's Tragedy*, *A King and No King*, 그리고 *The Scornful Lady* 등이 이에 속한다.

Hear, Ye Ladies

Hear, ye ladies that despise
   What the mighty Love has done:
Fear examples and be wise:
   Fair Callisto was a nun:
Leda, sailing on the stream   5
   To deceive the hopes of man,
Love accounting but a dream,
    Doted on a silver **swan**:   i.e. Zeus
     Danae, in a brazen tower,
     Where no love was, loved a shower.   10

Hear, ye ladies that are coy,
   What the mighty Love can do:
Fear the fierceness of **the boy**:   i.e. Cupid
   The chaste Moon he makes to woo:
Vesta, kindling holy fires,   15
   Circled round about with spies,
Never dreaming loose desires,
   Doting at the altar dies:

Ilion, in a short hour, higher

He can build, and once more fire.   20   i.e. Cupid

[Notes]

* 사랑의 신의 위대한 능력을 보여주는 여러 예들을 들음으로써 사랑을 경멸하거
나 소극적인 수줍은 여인들을 설득하고 있다.

4] **Callisto:**   Zeus에게 사랑받은 탓으로 Zeus의 부인 Hera에 의해 곰이 된 여인.

5] **Leda:** 레다(Castor, Pollux, Helen, Clytemnestra 의 어머니: Zeus가 백조의 모
습으로 변신하여 사랑을 나누었다고 함).

9] **Danae:** Argos의 왕 Acrisius의 딸. Danae의 아들이 자신을 죽이게 될 것이라
는 예언이 있었기 때문에, 왕은 Danae를 청동의 탑에 가두었는데 Zeus가 하
늘에서 Danae를 보고 반하여 황금의 비로 변신하여 그녀에게 내려갔고 그
결과 Danae는 Zeus의 아들 Perseus를 낳게 되었다.

15] **Vesta:** 베스타(벽난로와 불의 여신: 그리스 신화의 Hestia). 로마신화의 여신
으로, 가정의 화롯불(hearth)을 주재한다. 그녀에게 속하는 신성한 동물은 당
나귀인데 그 울음소리로 음탕한 Priapus가 순결한 베스타 여신에게 접근하지
못하게 했다고 한다.

19] **Ilion:** Ilium in Latin, or Troy.

Lay a Garland on My Hearse

Lay a garland on my hearse,

　　Of the dismal **yew**,

Maidens, willow branches bear,

　　Say I died **true**.   faithful

My love was false, but I was firm   5   his beloved

　　From my hour of birth:

Upon my buried body lie

Lightly, gentle earth.

[Notes]

* 진정으로 사랑했던 애인에게 배신당한 한 남자의 한탄을 다루는 시.

2] yew: 주목(朱木)(속(屬)의 나무)(흔히 묘지에 심는 상록수)

William Browne, of Tavistock (1588-1643)

Spenser 풍을 모방하여 목가적 시(pastoral poetry)를 쓴 영국시인으로, *Britannia's Pastorals*과 *The Shepherd's Pipe* (with George Wither et al.,) 등이 대표작이다.

Gentle Nymphs, Be Not Refusing

Gentle nymphs, be not refusing,
Love's neglect is Time's abusing,
   They and Beauty are but lent you,   Love and Time
Take the one and keep the other:
Love keeps fresh what age doth smother: 5
   Beauty gone, you will repent you.

'Twill be said when ye have proved,
Never swains more truly loved:
   Oh then, fly all **nice** behaviour.   foolish
Pity fain would, as her duty,   10
Be attending **still** on Beauty,   continually
   Let her not be out of favour.

[Notes]

* 나이가 든 뒤에 후회하지 말고 젊고 아름다운 시기에 사랑을 하고 또한 사랑을 주는 데에 [그녀들의 사랑을 애타게 갈구하는 젊은이들을 불쌍하게 여기는 데에] 인색하지 말 것을 머뭇거리는 처녀들에게 충고하는 전형적인 *carpe diem* motif를 가진 시이다.

1] nymph: (시어) 아름다운 처녀
8] swain: (시어) 멋진 젊은이 (shepherd)

Shall I Love Again

Shall I love again, and try
   If I still must love to lose,
And make weak **mortality**   offspring
   Give new birth unto my woes?
No, let me ever live from Love's enclosing,   5
Rather than love to live in fear of losing.

One whom hasty Nature gives
   To the world without his sight,
Not so discontented lives,
   As a man deprived of light: 10
'Tis knowledge that gives vigour to our woe,
And not the want but loss that pains us so.

With the Arabian bird then be   i.e. Phoenix
   Both the lover and beloved:
Be thy **lines** thy progeny   15   혈통
   By some gracious **fair** approved: 아름다운 여인

So may'st thou live, and be beloved of many,
Without the fear of loss or want of any.

[Notes]

* 사랑에 빠지게 됨으로써 가장 고통스러운 것은 사랑의 과정에서 필연적으로 발생하는 그 상실에서 연유하기 때문에 이 시의 화자는 다시는 사랑에 의해 속박당하지 않으리라 다짐한다. 그러면서도 스스로 타 죽고, 그 재 속에서 다시 태어난다는 피닉스의 전설을 언급하면서 아무런 부족함도 없고 상실의 두려움도 없이 우아한 미인과의 결합으로 혈통을 잇고 사랑하고 사랑받는 연인으로 거듭나기를 기원하고 있다.

7-10] 주어 'One'의 동사는 'lives'임. 태어날 때부터 시각장애자인 사람은 후천적으로 시력을 빼앗긴 사람보다 덜 불만족스럽게 산다는 의미. 사랑의 신인 Cupid가 시각장애자이듯 사랑에 빠지면 눈이 멀게 된다는 의미도 암시하고 있음.

13] the Arabian bird: Phoenix, (이집트 신화의) 불사조(500년 또는 600년에 한 번씩 스스로 타 죽고, 그 재 속에서 다시 태어난다는 영조(靈鳥)) : 불사의 상징.

George Wither (1588-1667)

영국의 시인이며 후에 청교도 논객으로 Cromwell의 공화정 시대(the Commonwealth)에는 정치가로 활동했다. 그의 시의 특징은 꾸밈없는 언어와 평범한 운율을 사용하여 단조로우면서도 다양한 효과를 자아내는 것이다. 그의 시의 대표작으로는 The Shepherd's Hunting, Fidelia, 그리고 Fair Virtue 등이 있다.

The Lover's Resolution

Shall I, wasting in despair,

Die because a woman's fair?

Or make pale my cheeks with care

'Cause another's rosy are?   i.e. the woman's cheeks

Be she fairer than the day,   5

Or the flow'ry meads in May,

   If she think not well of me,

   What care I how fair she be?

Shall my silly heart be pined   수척해지다

'Cause I see a woman kind?   10

Or a well disposed nature

Joined with a lovely feature?

Be she meeker, kinder, than

Turtle-dove or pelican,

   If she be not so to me,   15

   What care I how kind she be?

Shall a woman's virtues move

Me to perish for her love?

Or her well-deservings known

Make me quite forget my own?   20

Be she with that goodness blest

Which may merit name of Best,

   If she be not such to me,

   What care I how good she be?

'Cause her fortune seems too high,   25

Shall I play the fool and die?
She that bears a noble mind,
If not outward helps she find,
Thinks what with them he would do
That without them dares her woo: 30
   And unless that mind I see,
   What care I how great she be?

Great, or good, or kind, or fair,
I will ne'er the more despair:
If she love me, this believe,   35
I will die **ere** she shall grieve: before
If she slight me when I woo,
I can scorn and let her go:
   For if she be not for me,
   What care I for whom she be?   40

[Notes]

* 마지막 stanza에 요약되어 있듯이 한 여인이 아무리 고상하고, 훌륭하고, 다정하고 아름다워도 '나'에게 그러지 않으면 그녀를 사랑하게 됨으로써 결국 돌아오는 것은 참을 수 없는 사랑의 고통뿐이라는 것을 말하고 있다.

14] **Turtle-dove or pelican:** turtledove(호도애)는 암수가 사이좋기로 유명하며 변치 않는 사랑을 상징하는 새이며, pelican은 자신의 피로 새끼들에게 먹이를 줄 정도로 끝없는 자기희생(self-sacrifice)을 상징하는 새이며 인간의 죄를 대속하기 위해 십자가에서 피를 흘리신 예수님의 열정(the Passion of Jesus)을 상징하기도 한다.

Robert Herrick (1591-1674)

영국의 목사이며 Ben Jonson을 따르는 왕당파(the Cavalier) 시인그룹에 속한다. 그는 "Gather ye rosebuds while ye may"라는 *carpe diem* motif의 시구로 유명하다. 헤릭은 평생 동안 결혼을 하지 않은 성직자였지만 그는 상상의 여인들에게 바치는 연시, 비가, 목가적 전원시 등 세속적인 서정시로 일관했다. 헤릭이 쓴 1200편의 짧은 시들이 *Hesperides: or, the Works Both Human and Divine of Robert Herrick, Esq.*에 수록되어 있는데 그가 후년에 썼던 종교시들도 *His Noble Numbers*라는 타이틀로 같은 책에 포함되어 있다. 헤릭의 시는 완벽한 형식미를 바탕으로 인간의 감정을 진솔하게 표현하고 있으며 시골생활의 즐거움과 마을 풍속을 노래한 서정시부터 삶의 기쁨, 사랑의 무상함, 미의 덧없음에 이르기까지 광범위한 주제와 감정을 노래하고 있다.

Comfort to a Youth that had lost his Love

What needs complaints,
When she a place
Has with the race
  Of saints?

In endless mirth   5
She thinks not on
What 's said or done
  In Earth.

She sees no tears,
Or any tone   10
Of thy deep groan
  She hears:

Nor does she mind
Or think on 't now
That ever thou   15
    Wast kind:

But changed **above**,   i.e. in the heaven
She likes not there,
As she did **here**,   i.e. in the earth
    Thy love.   20

Forbear therefore,
And lull asleep
Thy woes, and weep
    No more.

[Notes]
* 죽은 애인 때문에 상심하는 한 젊은이를 위로하는 시. 천국에서 성인(聖人)들과
어울려 지낼 그대의 애인은 그대와의 사랑 등 이미 지상에서의 모든 일을 잊었
을 것이기 때문에 더 이상 슬퍼하지 말라고 위로하고 있다.

Love Dislikes Nothing

Whatsoever thing I see,
Rich or poor although it be,
—'Tis a mistress unto me.

Be my girl or fair or brown,
Does she smile, or does she frown: 5
Still I write a sweet-heart down.

Be she rough, or smooth of skin:
When I touch, I then begin
For to let affection in.

Be she bald, or does she wear   10
Locks incurl'd of other hair: i.e. false hair(가발)
I shall find enchantment there.

Be she whole, or be she **rent**,   crippled
So my fancy be content,
She's to me most excellent.   15

Be she fat, or be she lean:
Be she sluttish, be she **clean**:   순결한(chaste)
I'm a man for every scene.

[Notes]

* 내가 사랑하는 여인은 그 누가 뭐래도, 그 어떤 결점이 있다 할지라도, 나에게 가장 소중한 사람이라는 메시지를 담고 있다.

4] **fair or brown:** 살이 희거나 검거나. cf. Shakespeare's Dark Lady.

Counsel to Girls

Gather ye rosebuds while ye may,
  Old Time is **still** a-flying: always
And this same flower that smiles to-day,
  To-morrow will be dying.

The glorious Lamp of Heaven, the Sun,   5
    The higher he's a-getting
The sooner will his race be run,
    And nearer he's to setting.

That age is best which is the first,
    When youth and **blood** are warmer: 10   passions
But being spent, the worse, and worst
    Times, still succeed the former.

Then be not coy, but use your time:
    And while ye may, go marry:
For having lost but once your prime,   15
    You may for ever **tarry**.   stay

[Notes]

* 전형적인 *carpe diem* motif를 가진 시. 사랑에 수줍어하는 처녀들에게 망설이는데 젊음과 시간을 소비하지 말고 할 수 있을 때 사랑을 하고 결혼을 하라는 시다.

To Anthea Who May Command Him Anything

Bid me to live, and I will live,
    Thy Protestant to be:
Or bid me love, and I will give
    A loving heart to thee.

A heart as soft, a heart as kind,   5
    A heart as sound and free
As in the whole world thou canst find,

That heart I'll give to thee.

Bid that heart stay, and it will stay,
   To honour thy decree: 10
Or bid it languish quite away,
   And't shall do so for thee.

Bid me to weep, and I will weep
   While I have eyes to see:
And having none, yet I will keep   15
   A heart to weep for thee.

Bid me despair, and I'll despair,
   Under that cypress tree:
Or bid me die, and I will dare
   E'en Death, to die for thee.   20

Thou art my life, my love, my heart,
   The very eyes of me,
And hast command of every part,
   To live and die for thee.

[Notes]

* 오로지 사랑하는 여인(courtly lady)을 위해 살고 죽겠다는 courtly lover의 다짐을 보여주는 시. courtly lady의 servant로서 자신이 사랑하고 모시는 lady에 대한 철저한 복종과 정절을 맹세하고 있다.

What Kind of Mistress He would Have

Be the mistress of my choice,
Clean in manners, clear in voice:
Be she witty, more than wise,
Pure enough, though not precise:
Be she showing in her dress,   5
Like a **civil** wilderness,   mannerly
That the curious may detect
Order in a sweet neglect:
Be she rolling in her eye,
Tempting all the passers by: 10
And each **ringlet** of her hair,   물결 모양 머리의 작은 고리
An enchantment, or a snare,
For to catch the lookers on:
But herself held fast by none.
Let her **Lucrece** all day be,   15
Thais in the night, to me.
Be she such, as neither will
Famish me, nor overfill.

[Notes]

* 이 시의 화자는 자신의 애인의 조건으로서 억지스럽고 부자연스러운 소위 '정숙한 여인'이 아니라 자유분방하며 솔직하고도 자연스럽게 자기표현을 하는, 그러면서도 아무 남자에게도 고정되어 있지 않은 그런 여인을 내세운다.

5-8] 화려하고 사치스러우며 인공적으로 완벽한 옷매무새는 아니더라도 남들이 보기에 예의에 어긋나지 않는 은근히 그리고 자연스럽게 세련된 복장.

15] Lucrece or Lucretia: 고대 로마 전설에 나오는 정숙한 여성을 상징하는 여주인공. 그녀는 Lucius Tarquinius Collatinus라는 귀족의 아름답고 덕망 있는

아내로 서, 로마 폭군 Tarquinius Superbus의 아들인 Sextus에게 성폭력을 당한 후 칼로 자결한다. 결국 이 사건에 격노한 군중들이 반란을 일으켜 Tarquinius 가문을 로마에서 몰아냈다. 이 사건(BC 509년에 일어났던 것으로 전함)을 계기로 로마 공화국이 세워지게 되었다.

16] **Thais**: BC 4세기말 아테네의 창녀. Alexander 대왕이 페르시아를 침공할 때 원정군과 함께 돌아다녔으며 술잔치가 벌어진 자리에서 Alexander 대왕을 부추겨 Persia의 수도인 Persepolis에 불을 지르도록 했다는 일화가 있다.

Upon Julia's Clothes

Whenas in silks my Julia goes,
Then, then (methinks) how sweetly flows
That **liquefaction** of her clothes.　　　　　　　　　　물결, 움직임

Next, when I cast mine eyes, and see
That **brave** vibration each way free,　　　5　　　　화려한: 멋진
O how that glittering **taketh** me!　　　　마음을 빼앗다, 황홀케 하다

[Notes]
* 화자가 사랑하는 Julia라는 여성이 비단옷을 입고 지나는 모습을 보면서 그 비단옷의 유려한 움직임에 찰나적으로 황홀해진 마음을 표현하고 있다.

John Donne (1572-1631)

세속시와 종교시를 포함한 John Donne의 모든 시는 열정(passion)과 이성(reason)의 놀라운 결합으로 특징지어 진다. 그의 연가는 폭넓은 사랑의 양태를 다루고 있고 육체적인 사랑의 근저에 자리하고 있는 정신적 사랑의 뿌리를 동시에 강조하고 있다. 또한 그의 종교시와 설교는 육체적 죽음(death)과 정신적 부패

(decay), 그리고 파멸(damnation)과 구원(redemption)의 문제를 심도 있게 다루고 있다. Donne의 시는 독창적이며 재치가 있고, 동시에 광범위한 지식과 주제를 다루고 있어 때로는 난해하다. 그의 시적 스타일 역시 역설법(paradox)과 과장법(hyperbole), 그리고 복잡하면서도 생소한 이미저리(imagery)로 점철되어 있다. 그의 유명한 시로는 "A Valediction: Forbidding Mourning," "Go and Catch a Falling Star," "Hymn to God the Father," "Holy Sonnet 18" 등이 있다. 영시의 전통과는 동떨어진 시적 특징으로 인하여 Donne은 거의 200여년 동안 소홀히 다루어졌으나 20세기에 들어와 재발굴 되었다. 그의 작품은 W. B. Yeats, T. S. Eliot, 그리고 W. H. Auden 등의 20세기 시인들에게 심대한 영향을 주었다.

The Bait

Come live with me, and be my love,		
And we will some new pleasures **prove**		experience
Of golden sands, and crystal brooks,		
With silken lines, and silver hooks.		
There will the river whispering run	5	
Warm'd by **thy** eyes, more than the sun:		i.e. the bait's
And there the enamour'd fish will stay,		
Begging themselves they may betray.		
When thou wilt swim in that **live bath,**		자연적인 목욕탕, 즉 강
Each fish, which every channel hath,	10	
Will amorously to thee swim,		
Gladder to catch thee, than thou him.		
If thou, to be so seen, be'st **loth,**		loath
By sun or moon, thou dark'nest both,		

And if **myself have leave** to see,　　　　15　　　　if I have permission
I need not their light having thee.

Let others freeze with **angling reeds,**　　　　　　　　　　fishing rods
And **cut** their legs with shells and weeds,　　　　　　　상처 내다
Or treacherously poor fish **beset,**　　　　　　　　　try to catch
With strangling snare, or **windowy** net.　　20　　창문 같은 구멍이 많은

Let coarse bold hands from slimy nest
The bedded fish in banks **out-wrest:**　　　　　　　　　　pull out
Or curious traitors, **sleeve-silk flies,**　　Artificial flies made from silk threads.
Bewitch poor fishes' wand'ring eyes.

For thee, thou need'st no such deceit,　　　　25
For thou thyself art thine own bait:
That fish, that is not catch'd thereby,
Alas, is wiser far than I.

[Notes]
* 낚시의 현란한 인조 미끼를 비유로 들어 사랑의 유혹을 설명하고 있으며, 보다
현명한 사람만이 사랑의 유혹에 견딜 수 있다는 메시지를 주고 있다. 이 시는
Marlowe의 "The Passionate Shepherd to His Love"와 Raleigh의 "The Nymph's
Reply to the Shepherd"를 패러디하고 있다.

The Flea

Mark but this flea, and mark in this,
How little that which thou deny'st me is:
It sucked me first, and now sucks thee,

And in this flea our two bloods mingled be:

Thou know'st that **this** cannot be said   5

A sin, nor shame, nor loss of maidenhead:

   Yet this enjoys before it woo,

    And **pampered** swells with one blood made of two,   지나치게 먹어서

    And this, alas, is more than we would do.

Oh stay, three lives in one flea spare,   10

Where we almost, yea, more than married are.

This flea is you and I, and this

Our marriage bed, and marriage temple is:

Though parents grudge, and you, **w'are met**,   신랑신부가 되다

And **cloistered** in these living walls of jet.   15   secluded

   Though use make you apt to kill me,

   Let not to that, self-murder added be,

   And sacrilege, three sins in killing three.

Cruel and **sudden**, hast   thou since   violent

Purpled thy nail in blood of innocence?   20

Wherein could this flea guilty be,

Except in **that drop** which it sucked from thee?   핏방울

Yet thou triumph'st and say'st that thou

Find'st not thyself, nor me the weaker now:

   'Tis true, then learn how false **fears** be: 25   처녀성 상실의 공포

   Just so much **honor**, when thou **yield'st** to me,   순결/몸을 허락하다

   Will waste, as this flea's death took **life** from thee.   i.e. life-blood

[Notes]

* 르네상스 시대 육욕적인 사랑을 주제로 하는 가벼운 시에서 즐겨 다루던 소재
중의 하나인 '빈대'를 예로 삼아 그토록 소중히 하는 처녀성이란 것이 얼마나 보

잘 것 없는 가를 상대방 여인에게 유머러스하게 설명하는 시. 이 시의 구조는 다음과 같다:

Plot - a) the speaker points to a flea that has jumped from him to the woman and bites both: **b)** she has hunted down and caught the flea: the speaker tries to dissuade her from killing it: **c)** she disregards his pleas and kills it. The speaker has argued that their being bitten by the flea is tantamount to having had sex without even touching each other so that they might as well go all the way. She kills the flea, it seems, to vindicate the moral law the speaker puts in question by his argument about the flea bite—in essence she kills an offender against her chastity. Afterwards the speaker tries to "clear the memory" of the flea and in so doing completely contradicts his former argument by arguing that the flea is totally innocent: then from the flea's innocence he passes to the "harmlessness" of his own designs on the woman. In essence he says she can keep her honour while losing her virtue.

> 1] **flea:** 빈대는 Renaissance시대 유럽의 유머러스하고 호색적인 시에서 즐겨 다루던 소재였다.
>
> 4] **our two bloods mingled be:** in Donne's time, the sex act was thought to be a "mingling of the bloods" - so the line is both lewd and playful, especially as it is followed by the teasing "And this, alas, is more than wee would doe."
>
> 5] **this:** 빈대의 몸 안에서 두 사람의 피가 섞이는 일.
>
> 6] **three lives:** '그대'와 '나'와 빈대.
>
> 15] **Jet:** 흑석(黑石), 즉 검은 빈대를 상징함. This is especially strong imagery when one compares the lifeless stone with the "living walls."
>
> 16] "Though you[a cruel lady] are used to killing me with your coldness."
>
> 17] **self-murder:** 자신의 피가 섞인 빈대를 죽이는 일이기 때문에.
>
> 19-20] Donne is arguing that the death of the flea is more important than the loss of virginity. Also note the role of the female in this poem - her

objections are never noted, just reacted to, and she makes the most powerful statement in the poem, yet it is a non-verbal statement (her crushing of the flea).

24] the weaker now: 피를 빈대에게 빼앗겼는데도 몸이 전혀 약해지지 않았다는 뜻.

The Cannonization

The making of saints

For God's sake hold your tongue, and let me love,	제발
Or chide my palsy, or my gout,	Either
My five grey hairs, or ruin'd fortune flout,	새치/조롱[모욕]하다
With wealth your state, your mind with arts improve,	신분/learning
Take you a course, get you a place, 5	career/job
Observe his Honour, or his Grace,	be attentive to
Or the King's real, or his stamped face	stamped on coins
Contemplate, what you will, approve,	try, experience
So you will let me love.	

Alas, alas, who's injur'd by my love? 10	
What merchant's ships have my sighs drown'd?	i.e. 한숨의 폭풍
Who says my tears have overflow'd his ground?	i.e. 눈물의 홍수
When did my colds a forward spring remove?	감기
When did the heats which my veins fill	열병
Add one more to the plaguy bill? 15	
Soldiers find wars, and lawyers find out still	always
Litigious men, which quarrels move,	stir up
Though she and I do love.	

Call us what you will, we are made such by love:

Call her one, me another fly,   20

We are **tapers** too, and at our own cost die,   candles

And we in us find the **eagle** and the **dove**.   symbols of fierceness and gentleness

The phoenix riddle hath more **wit**   sense, meaning

By us: we two being one, are it.

So, to one neutral thing both sexes fit,   25

We die and rise the same, and prove

Mysterious by this love.

We can die by it, if not live by love,

And if unfit for tombs and hearse

Our legend be, it will be fit for verse: 30   우리 사랑의 전설

And if no piece of chronicle we prove,

We'll build in **sonnets** pretty **rooms**:   i.e. in love poems/stanzas

As well a well-wrought urn **becomes**   befits, suits

The **greatest ashes**, as half-acre tombs,   위대한 사람들의 화장한 재

And by these hymns all shall **approve**   35   accept, confirm

Us canoniz'd for **love**:   love-saints

And thus invoke us: "**You**, whom reverend love   i.e. the two lovers

Made one another's **hermitage**:   refuge, retreat

You, to whom love was peace, that now is rage:

Who did the whole world's soul **contract**, and drove   40   crammed

Into the **glasses** of your eyes   lenses

(So made such mirrors, and such **spies**,   spy-glasses

That they did all to you epitomize)

Countries, towns, courts: beg from above

A pattern of your love!"   45

[Notes]

* 비록 젊은 청춘남녀의 지고지순한 사랑은 아닐지라도 자신들의 사랑은 사랑의 성인으로 되기에 충분하며, 따라서 주위에서 이러쿵저러쿵 자신들의 사랑에 대해 왈가왈부하지 말라는 한 나이 먹은 연인의 항변이 담겨 있다.

6-7] Observe . . . the King's real: 진짜(직접) 왕을 알현하든지.

10-15] Petrarchan conceit에서 전형적으로 묘사되는 비유법을 일종의 패러디로서 사용하고 있다: "한숨의 폭풍," "눈물의 홍수," "사랑의 열병" 등.

15] the plaguy bill: 전염병으로 죽은 사망자 명단.

21] A hint of old superstition that every act of sexual intercourse subtracts a day from one's life. to 'die': to experience orgasm

23] phoenix: a symbol of perfection

32] rooms: *stanzas* (Italian for 'rooms')

35] hymns: Donne's own poems, transformed into hymns to a new love religion

44] "The canonized lovers ... are asked to beg from above a pattern of their love for those below."

Song ("Go and Catch a Falling Star")

Go and catch a falling star,
Get with child a mandrake root,   임신시키다
Tell me where all past years are,
Or who cleft the devil's foot,
Teach me to hear mermaids singing,   5   Sirens
Or to keep off envy's stinging,
And find
What wind
Serves to advance an honest mind.

If thou be'st born to strange sights,   10   be (are) accustomed to

Things invisible to see,
Ride ten thousand days and nights,
Till age snow white hairs on thee,
Thou, when thou return'st, wilt tell me,
All strange wonders that befell thee,   15
And swear,
No where
Lives a woman true, and fair.   faithful

If thou find'st one, let me know,
Such a pilgrimage were sweet: 20   would be
Yet do not, I would not go,   do not let me know
Though at next door we might meet:
Though she were true, when you met her,
And last, till you write your letter,   continue
Yet she   25
Will be
False, ere I come, to two, or three.   unfaithful/before

[Notes]

* 제 1연에서 불가능한 일들만을 열거하고 제 2, 제 3연에서 온 세상을 다 찾아 헤매도 아름다우면서 동시에 정숙한 여성은 발견할 수 없었다는 결론을 도출하듯이 당시 남성중심사회의 여성에 대한 편견이 반영된 시이다.

2] **mandrake root**: a forked root supposed to resemble the human shape.
9] **to advance an honest mind**: 정직한 사람을 출세시키다.

The Good-Morrow

I wonder, by my troth, what thou and I

Did till we loved. Were we not weaned till then,
But sucked on **country** pleasures, childishly?   rustic
Or snorted we in the seven sleepers' den?
'Twas so: **but this**, all pleasures fancies be.   5   except for this
If ever any beauty I did see,
Which I desired and got, 'twas but a dream of thee.

And now good-morrow to our waking souls,
Which watch not one another out of fear
For love all love of other sights **controls**   10   inhibits
And makes one little **room** an everywhere.   place
Let sea-discoverers to new worlds have gone,
Let maps to other worlds on worlds have shown,   others
Let us possess one world, each hath one, and is one.

My face in thine eye, thine in mine appears,   15
And true **plain** hearts do in the faces rest   숨김없는
Where can we find two better **hemispheres**   lovers' eyes
Without sharp North, without declining West?
Whatever dies was not mixed equally:
If our two loves be one, or thou and I   20
Love so alike that none do slacken, none can die.

[Notes]

* 늦게나마 비로소 참다운 사랑을 만난 것에 대한 기쁨을 담고 있는 이 시는 오랜 잠에서 깨어난 영혼에 대한 아침 인사('good morning')로 새로운 삶의 시작을 축하하고 있다. 또한 두 사람이 똑같은 마음으로 똑같이 사랑한다면 그 사랑은 깨지지 않고 영원할 것이라는 믿음을 보여준다.

4] **The seven sleepers den**: According to a popular Roman legend, seven young Christians of Ephesus, in the second century, took refuge from Roman persecution in a cave, and miraculously slept for some two hundred years when the entrance of their cave was walled up by their pursuers.

20] **If our two loves be one:** If our two loves are one, dissolution is impossible: and the same is true if though two they are always alike. What is simple, as God or the soul, cannot be dissolved: nor compounds, e. g. the heavenly bodies, between whose elements there is no contrariety.

19-21] The scholastic doctrine is that what is simple (that is, one, or though two, always alike, not a compound) cannot be dissolved or die: "equally" means qualitatively the same.

The Sun Rising

Busy old fool, unruly Sun,
Why dost thou thus,
Through windows, and through curtains, call on us?
Must to thy motions lovers' seasons run?
Saucy pedantic wretch, **go chide**　　　　　　　5　　　go and chide
Late schoolboys, and **sour prentices,**　　　　　　bad-tempered apprentices
Go tell court-huntsmen that the king will ride,
Call country ants to harvest **offices,**　　　　　　duties, tasks
Love, **all alike,** no season knows, nor **clime,**　　which is unchanging/climate
Nor hours, days, months, which are the rags of time.　10

Thy **beams,** so reverend and strong　　　　　　　　　　　　　　　　빛
Why shouldst thou think?
I could eclipse and cloud them with a wink,

But that I would not lose her sight so long: unless
If her eyes have not blinded thine,   15
Look, and tomorrow late, tell me   i.e. the Sun gets up too early.
Whether both th' Indias of spice and mine
Be where thou leftst them, or lie here with me.
Ask for those kings whom thou saw'st yesterday,
And thou shalt hear: "All here in one bed lay."   20

She is all states, and all princes I,
Nothing else is.
Princes do but **play** us: compar'd to this,   흉내 내다
All honour's mimic, all wealth **alchemy**.   counterfeit gold
Thou, sun, art half as happy as we,   25
In that the world's contracted thus:
Thine age **asks** ease, and since thy duties be   requires
To warm the world, that's done in warming us.
Shine here to us, and thou art everywhere:
This bed thy centre is, these walls, thy sphere.   30

[Notes]

* 아침 늦게까지 사랑을 나누던 두 연인의 침실에 아침 햇살이 비추자 이를 못 마땅하게 여기는 화자가 연인들의 시간은 자연적인 시간과는 다르다는 점을 내세워 의인화된 태양을 나무라고 있는 상황이다. 나아가 화자는 애인과 함께하는 그 침실은 온 세상이 축약되어 있는 곳이기 때문에 나이 들은 태양이 굳이 힘들게 돌아다니지 않고 편안하게 이 침실 주변만을 돌며 비추고 있기만 하면 온 세상을 다 비추는 것과 같다고 과장되게 꾸짖고 있는 장면이다.

1] **unruly Sun**: the poet has been woken by the Sun. Donne shocks from the start—the first line conveys arrogance and rudeness, but it is directed at the Sun. 1-3행은 창문과 커튼 사이로 새어드는 아침햇살을 마치 주제넘게

남의 일에 참견하기 좋아하는 노인의 행동에 비유하고 있다.

4] 태양의 움직임에 연인들의 시간도 같이 따라야만 하는가. 즉, 연인들의 시간은 일상적인 시간과는 다르다고 반문함.

5-8] In these lines, Donne puts the sun in its place—its job is with the boring, bad-tempered, ordinary people, not with the lovers. Note that the lovers are already at a celestial level at this stage—they are above the "country ants" the poet refers to.

17] **both the'Indias:** the East Indies and the West Indies, one famous for perfumes and spices, the other for gold and mines. This is the beginning of a conceit that lasts the rest of the poem—Donne and his lover, and the room they are in, expand to become the whole world—at least, they have by the last stanza. In these two lines Donne says his lover is the East and West Indias—in Donne's day, the source of the world's most precious materials: spices, metals, and jewels.

13-14] 눈을 감으면 [화자의 입장에서는 안보이니까] 태양을 일식시킬 수도 있다는 과장법을 사용하고 있으며, 그러나 그 짧은 윙크의 순간도 아까워 [즉, 사랑하는 이의 얼굴을 그동안이라도 놓치고 싶지 않아] 그러지 않는다는 의미.

22] **Nothing else is:** 그 밖의 다른 어떠한 것도 존재하지 않는다. 즉, 이세상의 모든 것이 이 침실에 축약되어 있기 때문에 태양도 힘들게 여기저기 다닐 것 없이 이 침실만을 비추고 있으면 온 세상을 다 비추는 것과 같다고 과장적으로 말함.

23-24] Everything is false, apart from Donne and his lover.

27] **Thine age asks ease:** the tone is arrogant but playful. Donne decides that the Sun must be tired continually journeying around the world—and since the rest of the world is false, there's really no need to. To illuminate the only true, real world, the Sun need only shine in the room containing Donne and his lover.

A Valediction: forbidding mourning

As virtuous men passe mildly away,   just as
    And whisper to their souls, to go,
Whilst some of their sad friends doe say,
    The breath goes now, and some say, no:

So let us melt, and make no noise,   5
    No tear-floods, nor sigh-tempests **move**,   stir up
T'were **profanation** of our joys   sacreligious
    To tell the **layety** our love.   common people

Moving of th'earth brings harms and fears,   i.e. earthquake
    Men reckon what it did and meant,   10   earthquake
But trepidation of the spheres,
    Though greater far, is **innocent**.   harmless

Dull **sublunary** lovers love   i.e. earthly
    (Whose soul is sense) cannot **admit**   stand
Absence, because it doth remove   15   absence
    Those things which **elemented** it.   started, constructed

But we by a love, so much refin'd,
    That our selves know not what it is,   i.e. absence
Inter-assured of the mind,
    Care less, eyes, lips, and hands to miss.   20

Our two souls therefore, which are one,
    Though I must go, endure not yet
A breach, but an expansion,

Like gold to airy thinness beat.

If they be two, they are two so 25
 As stiff twin compasses are two,
Thy soul the fixt foot, makes no show
 To move, but doth, if the'other doe.

And though it in the center sit,
 Yet when the other far doth rome, 30
It leans, and hearkens after it,
 And grows erect, as **that** comes home.   the other foot

Such wilt thou be to mee, who must
 Like th'other foot, obliquely run:
Thy firmness makes my circle **just**, 35   complete
 And makes me end, where I begun.

[Notes]

* 화자가 잠시 동안의 헤어짐에 눈물에 젖어 이별하지 말자고 자신의 애인을 설득하고 있는 상황이다. 이처럼 이 시는 여느 이별의 사랑 시와는 달리 두 연인의 일시적인 이별에 지나친 감정표현을 삼가는 과묵함과 절제를 강조하고 있다. 특히 "dull, sublunary lovers"와의 차별성을 강조하는 John Donne 사랑 시 특유의 "us vs them"[다른 세속적인 연인들과 우리는 그 사랑의 차원이 다르다는 생각] 심리가 잘 표현되어 있다. 그러면서도 Compass의 비유를 통해 혼자 남겨질 애인의 변치 않는 마음과 변함없는 사랑을 당부하는 모습에서 이별의 불안함을 내심 드러내고 있기도 하다.

*]Valediction: 일반적으로 단순히 고별(farewell)을 의미하지만 장례식에서의 고별사를 의미하기도 한다. 이 시의 첫 stanza는 후자의 의미를 강화시킨다.

11] **trepidation of the spheres:** The precession of the equinoxes under the Ptolemaic system was explained as caused by the shaking or trepidation of the outermost, crystalline sphere of the universe.

13] **sublunary:** earthly: everything below the moon was thought subject to change: above it was "unchangeable firmament," as Donne says in "The Fever," playing with the same metaphor.

14] W **hose soul is sense:** Souls owe bodies thanks because bodies convey (bring together) bodies and souls and are not dross (scum thrown off from metals in melting) but alloy, mixture. In scholastic philosophy the force or function of the soul is perception: "sense" is the function of the body, which has been yielded.

19] **Inter-assured of the mind:** "For we consist of three parts, a Soul and Body, and Minde: which [mind] I call those affections and thoughts and passions which neither soul nor body hath alone but have been begotten by their communication, as Musique results out of our breath and a cornet" (Donne).

22] **endure not yet:** nevertheless do not suffer

Thomas Carew (1595?-1639?)

Charles I세의 총애를 받아 궁정관리로 일하면서 작품 활동을 하였던 왕당파시인의 일원. Thomas Carew는 Ben Jonson과 John Donne의 영향을 받아 그의 시에는 쉬운 언어를 바탕으로 하는 꼼꼼하고 우아한 고전적 시풍과 탁월한 기지 및 뛰어난 기교 등이 결합되어 있다. 가장 잘 알려진 그의 시 작품은 주로 궁정풍의 우아한 연가인데, "Ask me no more where Jove bestows," "He that loves a rosy cheek," 그리고 비가인 "Elegy on the Death of Dr. Donne"와 상당히 색정적(erotic)인 시인 "A Rapture" 등이 있다.

Song ("Ask me no more where Jove bestows")

Ask me no more where Jove bestows,
When June is past, the fading rose:
For in your beauty's **orient deep**   lustrous depth
These flowers, as in their **causes**, sleep.   the roots, seeds

Ask me no more whither do stray   5
The golden atoms of the day:
For in pure love heaven did prepare
Those powders to enrich your hair.

Ask me no more whither doth haste
The nightingale when May is past: 10
For in your sweet **dividing** throat   harmonious
She **winters** and keeps warm her note.   겨울을 지내다

Ask me no more where those stars 'light
That downwards fall in dead of night:
For in your eyes they sit, and there   15
Fixed become as in their sphere.

Ask me no more if east or west
The Phoenix builds her spicy nest:
For unto you at last she flies,
And in your fragrant bosom dies.   20

[Notes]

* 황금빛 머릿결, 나이팅게일처럼 청아한 목소리, 별처럼 영롱한 눈, 불사조가 둥지를 틀고 부활한 향기로운 가슴 등, 사랑하는 여인의 아름다움을 묘사하는 시.

1] Jove: =JUPITER 주피터(고대 로마 최고의 신으로 하늘의 지배자; 그리스의 Zeus에 해당)

18] Phoenix: Said to live for 500 or for 1461 years, the phoenix is a male bird with beautiful gold and red plumage. At the end of its life-cycle the phoenix builds itself a nest of cinnamon twigs that it then ignites: both nest and bird burn fiercely and are reduced to ashes, from which a new, young phoenix would arise. The new phoenix will embalm the ashes of the old phoenix in an egg made of myrrh and deposit it in Heliopolis ("the city of the sun" in Greek), located in Egypt. Although descriptions (and life-span) vary, the phoenix became popular in early Christian art and literature as a symbol of the resurrection, of immortality, and of life-after-death.

Persuasions to Joy: a Song

If the quick spirits in your eye
Now languish and anon must die:
If every sweet and every grace
Must fly from that forsaken face:
    Then, Celia, let us reap our joys   5
    Ere Time such goodly fruit destroys.

Or if that **golden fleece** must grow   i.e. 금발
For ever free from **aged snow**:   i.e. 백발
If those bright suns must know no shade,
Nor your fresh beauties ever fade: 10
    Then fear not, Celia, to bestow
    What, still being gather'd, still must grow.

Thus either Time his sickle brings

In vain, or else in vain his wings.

[Notes]
* 시간에 의해 곧 훼손되어질 그 아름다움을 유지하는 젊은 시절에 사랑의 기쁨을 즐기자는 전형적인 carpe diem("seize the day") motif의 시.

To His Inconstant Mistress

When thou, poor Excommunicate
   From all the joys of **Love**, shalt see   사랑의 신, Cupid
The full reward and glorious fate
   Which my strong faith shall **purchase** me,   (노력·희생을 치르고) 획득하다
   Then curse thine own inconstancy!   5

A fairer hand than thine shall cure
   That heart which thy false oaths did wound:
And to my soul a soul more pure
   Than thine shall by Love's hand be bound,
   And both with equal glory crown'd.   10

Then shalt thou weep, entreat, complain
   To Love, as I did once to thee:
When all thy tears shall be as vain
   As mine were then: for thou shalt be
   Damn'd for thy false apostasy.   15

[Notes]
* 자신을 버리고 변절한 애인에 대한 원망을 담은 시.

1] **Excommunicate**: 변절로 인해 사랑의 신으로부터 파문당한 자.

Ingrateful Beauty Threatened

Know Celia, since thou art so proud,
    'Twas I that gave thee thy renown:
Thou hadst, in the forgotten crowd
    Of common beauties, liv'd unknown,
Had not my verse exhal'd thy name,   5
And with it **imp'd** the wings of fame.

That killing power is none of thine,
    I gave it to thy voice, and eyes:
Thy sweets, thy graces, all are mine:
    Thou art my star, shin'st in my skies: 10
Then dart not from thy borrow'd sphere
Lightning on him that fix'd thee there.

Tempt me with such **affrights** no more,   협박
    Lest what I made, I uncreate:
Let fools thy mystic forms adore,   15
    I'll know thee in thy mortal state:
Wise poets that wrapp'd Truth in tales,
Knew her themselves, through all her veils.

[Notes]
* 자신의 시 속에서 미녀의 화신으로 재탄생한 Celia라는 애인에게 변절의 가능성
에 대해 일종의 경고를 하는 시. 그녀의 모든 것을 속속들이 알고 있는 화자는 그
녀의 아름다움과 명성은 자신의 상상력의 산물이기에 자신을 버리고 다른 남자를

사랑한다면 그녀의 원래의 '초라한 모습을 밝힐 수도 있다는 경고를 하고 있다.

6] **imp'd**: repaired, from the practice (in falconry) of grafting new feathers to an injured falcon's wing. (매의 상한 날개에) 깃털을 이어붙이다

15] **mystic forms**: i.e., her supernatural soul, the soul being the "form" of the body.

Anonymous - 16th & 17th Centuries

The Time When I First Fell in Love (c. 1593)

The time when first I fell in love,
  Which now I must lament:
The year wherein I lost such time
  To compass my content.

The day wherein I saw too late   5
  The follies of a lover:
The hour wherein I found such loss
  As care cannot recover.

And last, the minute of **mishap**,   misfortune
  Which makes me thus to **plain**   10   불평하다
The doleful fruits of lover's **suits**,   간원
  Which labour lose in vain:

Doth make me solemnly protest,
  As I with pain do prove,
There is no time, year, day, nor hour,   15

Nor minute, good to love.

[Notes]

* 사랑은 후에 반드시 후회하게 되는 시간의 낭비일 뿐이라는 메시지를 담은 시.

13-16] 헛된 사랑에 빠져있던 그 시간["time, day, minute"]이 그 고통을 경험한
'나'로 하여금 사랑의 가치 없음을 강력하게 주장하게 한다.

How can the Heart forget her? (c. 1602)

At her fair hands how have I grace entreated
With prayers oft repeated!
Yet still my love **is thwarted**:   좌절되다
Heart, let her go, for she'll not be converted?
        Say, shall she go?   5
          O no, no, no, no, no!
She is most fair, though she be marble-hearted.

How often have my sighs declared my anguish,
Wherein I daily languish!
Yet still she doth procure it: 10
Heart, let her go, for I can not endure it?
        Say, shall she go?
          O no, no, no, no, no!
She gave the wound, and she alone must cure it.

But shall I still a true affection **owe** her,   15   (어떤 감정을) …에게 품고 있다
Which prayers, sighs, tears do show her,
And shall she still disdain me?

Heart, let her go, if **they** no grace can gain me?   i.e. prayers, sighs, tears
      Say, shall she go?
         O no, no, no, no, no!   20
She made me hers, and hers she will retain me.

But if the love that hath and still doth burn me
No love **at length** return me,   at last
Out of my thoughts I'll set her:
Heart, let her go, O heart I pray thee, let her!   25
      Say, shall she go?
         O no, no, no, no, no!
Fix'd in the heart, how can the heart forget her?

[Notes]
* 극심한 사랑의 고통에 대해 화자인 '나'와 '마음(heart)'이 서로 가벼운 논쟁을 벌이고 있는 시로서, 그 고통을 감내할 수 없는 '나'는 자신의 사랑을 냉정하게 무시하고 있는 '그녀'를 잊자고 하나 '마음(heart)'은 그럴 수 없다고 강력하게 주장하고 있다.

Since First I Saw Your Face   (c. 1607)

Since first I saw your face I resolved to honour and renown ye:
If now I be disdained I wish my heart had never known ye.
What? I that loved and you that liked, shall we begin to wrangle?
No, no, no, my heart is fast, and cannot disentangle.

If I admire or praise you too much, that fault you may forgive me: 5
Or if my hands had stray'd but a touch, then justly might you leave me.
I ask'd you leave, you bade me love: is 't now a time to chide me?

No, no, no, I'll love you still what fortune e'er betide me.

The Sun, whose beams most glorious are, rejecteth no beholder,
And your sweet beauty past compare made my poor eyes the bolder: 10
Where beauty moves and wit delights and signs of kindness bind me,
There, O there! where'er I go I'll leave my heart behind me!

[Notes]
* 처음 본 그녀의 얼굴에 의해 순간적으로 사랑에 빠진 화자가 영원히 그녀를
사랑하겠다고 스스로 마음의 다짐을 하고 있는 시.

Barbara Allen's Cruelty   (mid-seventeenth-century)

In Scarlet towne, where I was borne,
There was a faire maid dwellin,
Made every youth crye, wel-aindaindaway!   아(한탄)
Her name was Barbara Allen.

All in the merrye month of May,   5
When greene buds they were swellin,
Yong Jemmye Grove on his death-bed lay,
For love of Barbara Allen.

He sent his man unto her then,   servant
To the town, where shee was dwellin   10
You must come to my master deare,
Giff your name be Barbara Allen.   if

For death is printed on his face,

And ore his hart is stealin: o'er
Then haste away to comfort him,   15
O lovelye Barbara Allen.

Though death be printed on his face,
And ore his harte is stealin,
Yet little better shall he bee,
For bonny Barbara Allen.   20   아름다운

So slowly, slowly, she came up,
And slowly she came nye him: neigh(가까이)
And all she sayd, when there she came,
Yong man, I think y'are dying.

He turnd his face unto her strait,   25
With deadlye sorrow sighing:
O lovely maid, come pity mee,
Ime on my death-bed lying.   I'm

If on your death-bed you doe lye,
What needs the tale you are tellin: 30
I cannot keep you from your death:
Farewell, sayd Barbara Allen.

He turnd his face unto the wall,
As deadlye pangs he fell in:
Adieu! adieu! adieu to you all,   35
Adieu to Barbara Allen.

As she was walking ore the fields,

She heard the bell a knellin
And every stroke did seem to saye,
Unworthy Barbara Allen.   40

She turnd her bodye round about,
And spied the corps a coming:
Laye downe, laye downe the corps, she sayd,
That I may look upon him.

With scornful eye she looked downe,   45
Her cheeke with laughter swellin
That all her friends cryd out **amaine**,   매우, 심히
Unworthye Barbara Allen.

When he was dead, and laid in grave,
Her harte was struck with sorrowe,   50
O mother, mother, make my bed,
For I shall dye to morrowe.

Hard harted creature him to **slight**,   경멸하다
Who loved me so dearlye:
O that I had beene more kind to him,   55
When he was live and neare me!

She, on her death-bed as she laye,
Beg'd to be buried by him:
And sore repented of the daye,
That she did ere denye him.   60

Farewell, she sayd, ye virgins all,

And shun the fault I fell in:

Henceforth take warning by the **fall**   운명, 몰락

Of cruel Barbara Allen.

[Notes]

* 자신을 그토록 사랑했던 한 젊은이의 죽음 앞에서도 잔인할 정도로 경멸과 무관심을 보였던 한 여인이 아무런 이유 없이 자신의 죄를 뉘우치고 그 양심의 가책으로 임종의 자리에서 참회의 눈물을 흘리며 뭇 여성들에게 자신의 전철을 밟지 말 것을 당부하는 시이다.

3] **Well-a-way!**: a traditional plaint uttered by a mediaeval lover

24] **I think y'are dying**: 이 대사는 Barbara Allen의 cruelty를 단적으로 드러내는 극적인 효과를 만들고 있다.

50] **Her harte was struck with sorrowe**: Jemmye Grove의 시신을 보고도 잔인할 정도로 냉정하게 미소까지 띠어 보였던 cruel Barbara Allen이 갑작스럽게 심경의 변화를 보이고 있는 장면이지만 그 이유는 문맥상 나타나 있지 않다.

Thomas Randolph (1605-1635)

Ben Jonson의 영향을 받은 영국 시인이며 극작가. 그의 가장 잘 알려진 시로는 "A Gratulatory to Ben Jonson," "On the Death of a Nightingale" 등이 있다. *Amyntas*, *The Muses' Looking-Glass*, 그리고 *The Jealous Lovers* 등이 그의 가장 유명한 희극이다.

A Devout Lover

I have a mistress, for perfections rare

In every eye, but in my thoughts most fair.

Like **tapers** on the altar shine her eyes:　　　　　　作은 초

Her breath is the perfume of sacrifice:

And wheresoe'er my fancy would begin,　　　　　5

Still her perfection lets religion in.

We sit and talk, and kiss away the hours

As chastely as the morning dews kiss flowers:

I touch her, like my beads, with devout care,

And come unto my courtship as my prayer.　　　10

[Notes]

* 'altar,' 'sacrifice,' 'beads' 등의 시어(diction)들이 의미하듯이 종교적인 예식의 비유를 통해 애인과의 사랑을 승화된 차원으로 높이고 있다.

Edmund Waller (1606-1687)

17세기의 영국 시인으로서 서정적인 우아함과 형식의 세련미가 뛰어난 시로 유명하다. Waller는 18세기 영시에서 크게 유행했던 2행 영웅시체(heroic couplet)의 발달에 중요한 공헌을 했다. 그의 가장 잘 알려진 서정시로는 "Go, Lovely Rose"와 "On a Girdle"이 있다.

Go, Lovely Rose

Go, lovely Rose—

Tell her that wastes her time and me,

　　That now she knows,

When I **resemble her to** thee,　　　　　　　compare her with [the Rose]

How sweet and fair she seems to be.　　　5

        Tell her that's young,
And shuns to have her **graces** spied,   미점, 매력
        That **hadst thou** sprung   if thou(the Rose) hadst
In deserts where no men abide,
Thou must have **uncommended** died.   10   not praised

        Small is the worth
Of beauty from the light retired:
        Bid her come forth,
Suffer herself to be desired,
And not blush so to be admired.   15

        Then die! **that** she   so that
The common fate of all things rare
        May read in thee:
How small a part of time they share
That are so wondrous sweet and fair!   20

[Notes]

* 영어로 씌어진 가장 유명한 연가 중 하나인 이 작품은 한 아름다운 장미와의 대화[부탁]를 통하여 수줍어하는 소녀에게 자신의 사랑을 고백하는 간접적인 형식으로 되어 있다. 영국 연가, 특히 17세기 영국 서정시의 특징인 *carpe diem* 모티브("Tell her that wastes her time and me")가 지배적이지만 그럼에도 불구하고 서정적이면서도 19세기의 낭만시에서 느낄 수 있는 지극히 낭만적인 분위기가 지배적인 아름다운 시이다.

14-15] 사랑의 대상이 됨을 감내하고 그 아름다움을 찬탄 받음에 부끄러워하지 말라고 수줍어하는 여인에게 말해주기를 장미에게 부탁함.

On a Girdle

That which her slender waist confined   the girdle
Shall now my joyful temples bind:
No monarch but would give his crown
His arms might do what this has done.

It was my Heaven's extremest sphere,   5   i.e. the lady's outermost garment
The pale which held that lovely deer: enclosure, fence encircling a park
My joy, my grief, my hope, my love,
Did all within this circle move.

A narrow compass! and yet there   둘레, 주위(range)
Dwelt all that's good, and all that's fair!   10
Give me but what this ribband bound,
Take all the rest the sun goes round!

[Notes]

* "Go, Lovely Rose"와는 달리 이 시는 천체의 비유를 통한 형이상학파적인 분위기를 일면 느낄 수도 있다. 그러나 girdle이라는 소재와 그것이 감싸고 있는 아름다운 여인의 가느다란 허리 등은 육욕적인 사랑의 노골적인 표현으로서 받아들여질 수 있다. 결국 화자의 기쁨과 고통("My joy, my grief, my hope, my love")은 순수한 정신적인 사랑이 아니라 육욕적인 사랑 때문이라는 것을 드러낸다.

5] extremest sphere: outermost sphere. The metaphor is from the Ptolemaic system of concentric spheres, revolving around the earth.

9-10] [거들이 감싸고 있는 그녀의 허리가] 범위는 좁지만 그 안에 이 세상 모든 좋은 것과 아름다움이 다 들어 있는 장소이다.

William Davenant (1606-1668)

Sir William Davenant (또는 D'Avenant)는 William Shakespeare가 그의 대부인 것으로 유명하며, 1637년 Ben Jonson이 죽자 이듬해인 1638년 그의 뒤를 이어 영국의 계관시인이 되었다. 대버넌트는 르네상스 드라마와 완정복고기의 드라마를 잇는 가교 역할을 하였으며 왕정복고 후에 극장이 다시 문을 열게 되자 영국연극의 부활에 힘썼다. 여성배우를 처음으로 무대에 세우는 등 새로운 공연기법과 오페라 형식을 도입하여 극장 매니저이자 연출가 극작가로서 끊임없이 작품을 제작하고 집필·각색했다.

To a Mistress Dying

Lover. Your beauty, ripe and calm and fresh
As eastern summers are,
Must now, forsaking time and flesh,
Add light to some small star.

Philosopher. Whilst she yet lives, were stars decay'd,   5
Their light by hers relief might find:
But Death will lead her to a shade   underworld
Where Love is cold and Beauty blind.   oblivious

Lover. Lovers, whose priests all poets are,
Think every mistress, when she dies,   10
Is changed at least into a star:
And who dares doubt the poets wise?

Philosopher. But ask not bodies doom'd to die
To what abode they go: dwelling place

Since Knowledge is but Sorrow's spy,   15
It is not safe to know.

[Notes]
* 임종을 앞둔 사랑하는 여인의 사후 운명에 대해 서로 다른 견해를 표명하는
어떤 연인과 철학자의 대화. 그 여인이 죽으면 시인의 상상력에 의해 별이 되리
라는 연인의 낙관적이며 낭만적인 견해에 상반되게 철학자는 죽으면 사랑은 식고
아름다움은 잊혀지게 되는 죽음의 영역인 지하세계에 갈 뿐이라는 비관적인 견해
를 피력한다.

The Coquet

Tis, in good truth, a most wonderful thing
(I am even ashamed to relate it)
That love so many vexations should bring,
And yet few have the wit to hate it.

Love's **weather** in maids should seldom hold fair: 5   change: transition
Like April's **mine** shall quickly alter: my weather
I'll give him to-night a **lock** of my hair,   머리 단
To whom next day I'll send a **halter**.   목 조르는 밧줄

I cannot abide these **malapert** males,   뻔뻔스러운
Pirates of love, who know no duty: 10
Yet love with a storm can take down their sales,
And they must strike to Admiral Beauty.

Farewell to that maid who will be **undone**,   파멸한: 영락(零落)한
Who in markets of men (where plenty

Is cried up and down) will die for even one:　　　15　　단지 한 사람을 위해
I will live to make fools of twenty.

[Notes]
* 제목 "The Coquet(교태: 바람둥이 여자)"에서 드러나듯이 여자들의 변덕과 변심
이 심하여 단지 한 남자만을 위해 자신의 정조를 버리는 그런 바보가 되지 않고
수많은 어리석은 남자들을 유혹하여 우롱하겠다는 한 요부(妖婦)의 심정이 직접화
법으로 드러나 있다.

3-4] 사랑에 의해 수많은 남자들이 고통을 겪고 있지만 그런 줄 알면서도 그 사
　　　랑의 고통을 혐오하는 남자들은 거의 없다는 의미.
14-15] where plenty Is cried up and down: 마치 상품을 팔려고 외치는 상인들
　　　처럼 여기저기서 수많은 남자들이 많이 있는 [시장], 즉, 여자들의 유혹에
　　　넘어갈 남자들이 많이 있다는 의미. 16행의 "fools"가 바로 그 대상들이다.

Sir John Suckling (1609-1642)

　Sir John Suckling은 영국의 왕당파 시인, 극작가, 그리고 Charles I세의 신하로
서 그의 서정시가 유명하다. 번득이는 재기가 넘친 당대의 플레이보이로서 상당
한 염문을 뿌리고 다녔으며 노름에도 일가견이 있어 cribbage라는 카드게임을 고
안해냈다고 한다. Suckling의 가장 잘 알려진 시로는 당시 유행가풍의 문체와 운
율을 담고 있는 "Ballad Upon a Wedding"과 서정시 "Why so pale and wan,
fond lover?"와 "Out upon it, I have loved three whole days together" 등이 있다.

Out Upon It!

Out upon it, I have loved　　　　　　　　　　　　　Let's admit it.
　Three whole days together!

And am like to love three more,
    If it prove fair weather.

Time shall **moult** away his wings   5   털을 갈다(change)
    Ere he shall discover   Before
In the whole wide world again
    Such a constant lover.

But the spite on 't is, no praise
    Is due at all to me: 10
Love with me had made no stays,
    Had it any been but she.

Had it any been but she,
    And that very face,
There had been at least ere this   15
    A dozen in her place.

[Notes]

* 여자와 같이 3일을 지내면 싫증이 난다는 속담에 기초하여 이와 같은 정숙한 애인("Such a constant lover")이 아니었더라면 수많은 여인들을 번갈아 갈아치우며 사랑을 나누었을 것이라고 시의 화자는 과장적으로 말하고 있다.

1-2] 이 시는 다음과 같은 속담에 근거를 둔 것으로 여겨진다: "After three
    days men grow weary of a wench, quest, and weather rainy."

  4] **If it prove fair weather:** If things continue as they are.

 11] Love would not have stayed with me. i.e. I would not have gone on
    loving.

13,14] **Had it any been but she:** If it had been any other women but this
    beloved of the past three days!

Why So Pale and Wan?

Why so pale and wan, **fond** lover?   어리석은(foolish)
     Prithee, why so pale?   (I) pray thee
Will, when looking well can't **move** her,   마음을 움직이다
     Looking ill **prevail**?   효과가 나타나다
     Prithee, why so pale?   5

Why so dull and mute, young sinner?
     Prithee, why so mute?
Will, when speaking well can't win her,
     Saying nothing **do't**?   can win her
     Prithee, why so mute?   10

Quit, quit for shame! This will not move:
     This cannot take her.
If of herself she will not love,
     Nothing can make her:
     The devil take her!   15

[Notes]
* 구차하게 courtly lover의 전형적인 증상들 ― 수척함("Looking ill")과 말이 없음
("Saying nothing") ― 만이 사랑하는 그녀의 마음을 움직일 수 있느냐고 반문하며
그녀가 사랑할 마음이 없으면 아무런 방법도 소용없으니 차라리 때려치우라고 냉
소적으로 조언하고 있다.

Alexander Brome (1620-1666)

변호사로 활동하면서 여러 권주가(drinking song)와 정치적 풍자시를 쓴 것으로

유명하다. 그의 시는 재치와 쾌활함으로 특징을 이룬다.

The Mad Lover

I have been in love, and in debt, and in drink,
This many and many a year:
And those three are plagues enough, one would think,
For one poor mortal to bear.
'Twas drink made me fall in love,   5
And love made me run into debt,
And though I have struggled and struggled and strove,
I cannot get out of **them** yet.   i.e. love, debt, and drink

There's nothing but money can cure me,
        And rid me of all my pain: 10
            'Twill pay all my debts,
                And remove all my **lets**,   장애, 방해
And my mistress, that cannot endure me,
        Will love me and love me again,—
Then I'll fall to loving and drinking **amain**.   15   힘껏

[Notes]
* 오래 동안 술과 사랑과 빚의 – 즉, 술을 마시게 됨으로써 사랑을 하게 되고, 사랑을 함으로써 빚에 빠지게 되는 – 악순환 속에서 고생하고 있는 화자가 돈만이 자신을 치유하여 다시 술과 사랑에 탐닉하게 할 수 있게 하리라고 장난스럽게 표현하고 있는 시.

Courtship

My Lesbia, let us live and love,
   Let **crabbed** Age talk what it will.   심술궂은
The sun when down, returns above,
   But we, once dead, must be so still.

Kiss me a thousand times, and then   5
   Give me a hundred kisses more,
Now kiss a thousand times again,
   Then t'other hundred as before.

Come, a third thousand, and to those,
   Another hundred kisses fix: 10
That done, to make the sweeter **close**,   완결하다
   We'll millions of kisses mix.

And **huddle** them together so,   뒤죽박죽 주워 모으다
   That we ourselves shan't know how many,
And others can't their number know,   15
   If we should envied be by any.

And then, when we have done all this,
   That our pleasures may remain,
We'll continue on our bliss,
   By **unkissing** all again.   20   키스한 것들을 다시 풀어헤치다

Thus we'll love, and thus we'll live,
   While our **posting** minutes fly,   서두르는
We'll have no time to vex or grieve,

But kiss and unkiss till we die.

[Notes]
* 다시 떠오르는 태양과는 달리 한번 죽으면 영원한 고요 속에 머물기에 서둘러 달리는 시간에 맞서 죽을 때까지 끝없는 사랑을 나누자고 애인에게 권유하는 carpe diem motif의 시.

To a Painted Lady

Leave these deluding tricks and shows,
    Be honest and **downright**:   솔직한
What Nature did to view expose,
    Don't you keep out of sight.
The **novice youth** may chance admire   5   풋내기 젊은이들
    Your dressings, paints and **spells**:   마법
But we that are **expert** desire   노련한
    Your sex for somewhat else.

In your adored face and hair,
    What virtue could you find,   10
If women were like angels fair,
    And every man were blind?
You need no **pains** or time to waste   노력, 수고
    To **set** your beauties **forth**,   꾸미다
With oils, and paint, and drugs, that cost   15
    More than the face is worth.

Nature her self, her own work does
    And hates all needless **arts**,   (인공적인) 기교

And all your artificial shows
  Disgrace your nat'ral parts.   20
You're flesh and blood and so are we,
  Let flesh and blood alone,
To love all **compounds** hateful be:
Give me the pure, or none.

[Notes]
* 화자는 여성들에게 화장이나 치장으로 꾸민 인공적인 모습보다는 자연 그대로의 모습을 보여 달라고 요청하면서 여성들의 인공적인 치장을 비판하고 있다.

23] compounds: 합성[혼합]물. simple의 반대 개념으로서.

Andrew Marvell (1621-1678)

   저명한 정치인이자 풍자가였던 Andrew Marvell은 17세기 가장 위대한 영국 시인들 중의 한 명으로 왕당파 시의 아름다운 서정성과 형이상학파 시의 지적 창의성을 가장 성공적으로 융합시킨 시인으로 평가되고 있다. 왕정복고 후에 투옥되었던 John Milton을 석방시켜 결과적으로 Milton으로 하여금 위대한 서사를 쓸 수 있게끔 한 일은 유명한 일화로 남아있다. 그의 시에서 흔히 다루는 주제(themes)는 물질세계와 초월적 세계의 관계, 영혼과 육체의 관계, 그리고 순수상태의 자연과 인간에 의해 손상된 자연과의 관계이다. 그의 가장 유명한 시로는 "To His Coy Mistress," "The Garden," 그리고 "The Bermudas" 등이 있다.

To His Coy Mistress

Had we but World enough, and Time,   If we had only
This coyness Lady were no crime.   would be

We would sit down, and think which way
To walk, and pass our long Loves Day.
Thou by the Indian Ganges side.   5
Should'st Rubies find: I by the Tide
Of Humber would complain. I would
Love you ten years before the Flood:
And you should if you please refuse
Till the Conversion of the Jews.   10
My vegetable Love should grow   that of his "vegetable" soul
Vaster then Empires, and more slow.
An hundred years should go to praise
Thine Eyes, and on thy Forehead Gaze.
Two hundred to adore each Breast.   15
But thirty thousand to the rest.
An Age at least to every part,
And the last Age should show your Heart.
For Lady you deserve this **State**:   dignity, pomp
Nor would I love **at lower rate**.   20   less than you deserve, more cheaply
But at my back I alwaies hear
Times winged Charriot hurrying near:
And yonder all before us lye
Desarts of vast Eternity.
Thy Beauty shall no more be found: 25
Nor, in thy marble Vault, shall sound
My ecchoing Song: then Worms shall **try**   시식하다
That long preserv'd Virginity:
And your **quaint Honour** turn to dust: elegant, artificial, or proud chastity
And into ashes all my Lust.   30
The Grave's a fine and private place,
But none I think do there embrace.

Now therefore, while the youthful hew
Sits on thy skin like morning dew,
And while thy willing Soul **transpires**   35   comes out
At every pore with **instant Fires**,   immediate and urgent (sudden) passions
Now let us **sport** us while we may: enjoy
And now, like am'rous birds of prey,
Rather at once our Time devour,
Than languish in his **slow-chapt pow'r**.   40   i.e., with slow-devouring jaws
Let us roll all our Strength, and all
Our sweetness, up into one Ball:
And tear our Pleasures with rough strife,
Thorough the Iron gates of Life.   Through
Thus, though we cannot make our Sun   45
Stand still, yet we will make him run.

[Notes]

* Dramatic Monologue 형식을 취하고 있는 이 시는 carpe diem motif를 다룬 시 가운데 가장 뛰어난 시로 알려져 있다. 수줍은 여인을 설득하고 자신의 애타는 사랑을 성취하기 위해 이 시는 "if"→"but"→"therefore" 등 3단 논법(syllogism)의 3단계 논리를 사용하고 있다: (1)시간과 공간만 충분히 있다면 나의 애타는 사랑에 대한 당신의 그 수줍음은 사랑의 죄가 될 수 없다: (2)그러나 불행히도 충분한 공간과 시간을 두고 접근하는 그러한 유유자적한 방법은 쏜살같이 쫓아오는 시간에 의해 허용되지 않는다: (3)따라서 우리는 우리의 젊음을 유지할 수 있을 때, 격정적인 육체적 사랑을 나누어 시간의 손아귀에 들어가 시들게 함으로써 우리의 젊음을 그냥 헛되게 하지 말고 오히려 시간을 적극적으로 활용하여 우리의 젊음을 불태우자고 설득한다.

   7] **Humber:** Hull, where Marvell lived as a boy, and which he represented as an M.P. for nearly twenty years from 1659, is on the river Humber.

   10] The conversion of the Jews was to take place just before the end of the world.

11-12] Their love for one and the other may well grow slowly, for what ever reason: but it is a growing thing: deep, complex and vast. A lover is devoted to the loving business of praising his or her lover and is endlessly fascinated with the body and general presence of the other: this is part of being in love. Time is not important to the plant.

22] Marvell demonifies time to be a tyrant, slowly killing us all. He then states that an escape from and method of fighting against time is to love with a passion and defy his aging effect.

29] quaint: *queynte* (Middle English) =cunt(female genitals)

30] And all my Lust turn into ashes. 즉 그녀를 향한 나의 관능적인 욕구는 이루어지지 못한 채 마음속에서 불타게 되어 재가 된다는 의미.

31-31] 무덤은 수줍은 여인이 혼자 있기에는 아주 안성맞춤인 곳이지만 그 누구도 그대를 보듬어 주지 않으리라.

35-36] She is blushing.

The Definition of Love

My love is of a birth as rare
As 'tis for object strange and high: in its object (i.e. the loved one)
It was begotten by Despair
Upon Impossibility.

Magnanimous Despair alone   5
Could show me so divine a thing
Where feeble Hope could ne'er have flown,
But vainly flapp'd its tinsel wing.   번드르르하게 꾸민

And yet I quickly might arrive
Where my extended soul is fixt,   10

But Fate does iron wedges drive,
And always **crowds** itself betwixt.   쑤셔 넣다

For Fate with jealous eye does see
Two perfect loves, nor lets them **close**:   unite, come together
Their union would **her** ruin be,   15   Fate
And her tyrannic pow'r depose.

And therefore her decrees of steel
Us **as the distant poles** have plac'd,   남국과 복극처럼 [떨어지게]
(Though love's whole world on us doth wheel)
Not **by themselves** to be embrac'd: 20   by each other

Unless the giddy heaven fall,
And earth some new **convulsion** tear: earthquake
And, us to join, the world should all
Be cramp'd into a **planisphere**.

As lines, so loves **oblique** may well   25   기울어진
Themselves in every angle greet:
But ours so truly parallel,
Though infinite, can never meet.

Therefore the love which us doth bind,
But Fate so enviously **debars**,   30   방해하다, 금하다
Is the **conjunction** of the mind,   (행성 등의) 합(合)
And **opposition** of the stars.   충(衝) (정반대 위치)

[Notes]
* 마음은 항상 같이 있지만 운명에 의해 물리적으로 결합할 수 없는, 절망

("Despair")과 불가능("Impossibility")이 낳은 사랑으로 엮어진 불행한 두 연인의 비운을 표현하고 있다.

10] my extended soul: 나의 여인에게까지 확장된 나의 영혼.

11-12] 운명이 쇠 쐐기를 박아 두 연인 사이로 밀쳐 넣고 그 결합을 방해 한다는 의미.

15-16] If the lovers came together, they would be triumphing over Fate, which has decreed that they may not.

18] The two lovers are completely separated.

24] planisphere: a map or a flat sphere, describing a kind of astrological projection in which the world was represented in two dimensions and the poles were united

31-32] Conjunction and opposition represent favourable and unfavourable positions of the stars.

29-32] We are star-crossed lovers.

Richard Lovelace (1618-1657)

영국의 군인이며 왕당파 시인으로서 감미롭고 세련된 서정시와 남성다움으로 당시 완벽한 기사 시인의 전형이 되었다. 그의 대표작으로는 지극히 우아하고 선율이 아름다운, 또한 그 동안 수없이 인용되었던 "To Althea, from Prison"과 "To Lucasta, Going to the Wars"가 있다.

To Lucasta, going to the Wars

Tell me not, Sweet, I am unkind,
    That from the nunnery
Of thy chaste breast and quiet mind

in that, because

To war and **arms** I fly.   무기

True, a new mistress now I chase,   5   It is true
   The first foe in the field:
And with a stronger faith embrace
   A sword, a horse, a shield.

Yet this inconstancy is such
   As thou too shalt adore: 10
I could not love thee, Dear, so much,
   Loved I not Honour more.   if I loved

[Notes]
* 전형적인 남자다움(macho)을 강조하는 시로서 애인의 곁을 떠나 전쟁으로 향하는 것은 변심 때문이 아니라는 것을 자신의 애인에게 강조하고 있다.

To Althea, from Prison

When **Love** with unconfined wings   Cupid
   Hovers within my **gates**,   prison gates
And my divine Althea brings
   To whisper at the **grates**:   쇠창살
When I lie tangled in her hair   5
   And fetter'd to her eye,
The birds that **wanton** in the air   sport about
   Know no such liberty.

When flowing cups run swiftly round
   With no allaying Thames,   10

Our **careless** heads with roses bound,   free from care
   Our hearts **with loyal flames**:   왕에 대한 열정으로
When thirsty grief in wine we **steep**,   ⋯에 담그다
   When **healths** and **draughts** go free,   축배(祝杯)/술 마시기
Fishes that **tipple** in the deep   15   술에 젖어 살다
   Know no such liberty.

When, like **committed linnets**, I   imprisoned (caged) songbirds
   With shriller throat shall sing
The sweetness, mercy, majesty,
   And glories of **my King**:   20   Charles I세
When I shall voice aloud how good
   He is, how great should be,
Enlarged winds, that **curl the flood**,   gales/파도를 일으키다
   Know no such liberty.

Stone walls do not a prison make,   25
   Nor iron bars a cage:
Minds innocent and quiet take   교요하고 결백한 마음을 가진 이들
   That for an **hermitage**:   prison/hermit's dwelling
If I have freedom in my love
   And in my soul am free,   30
Angels alone, that soar **above**,   i.e. in heaven
   Enjoy such liberty.

[Notes]

* 이 시는 1642년 Lovelace가 감옥에 수감되어 있을 때 씌어진 그의 가장 유명한 작품으로서 비록 육체적으로는 갇혀 있는 신세이지만 사랑의 힘에 의해 무한한 자유로움을 느끼고 있다고 말한다. Charles I세에 대한 변함없는 충성심에서 알 수 있듯이 영국 연가의 전통에서 볼 때 흔치 않는 정치적인 motif도 담겨 있다.

또한 유죄 판결을 받았다 할지라도 결백한 사람은 감옥을 수도자가 조용히 은거
하는 장소로 여긴다는 표현에서 군인으로서의 기상도 엿볼 수 있다.

3] Love brings my divine Althea.

5-6] "tangled," "fetter'd" 등의 시어는 감옥에 갇혀있는 화자의 현재 상태를 나타내
지만, Althea와의 사랑에 대한 상상이 그를 감옥 속에서도 자유롭게 해준다.

10] no allaying Thames: No mixture of water in the wine. 템스 강의 물로 묽
어지지 않은 술.

Anne Finch (1661-1720)

영국 여류시인으로서 Alexander Pope와 Jonathan Swift 등과 같은 당대의 최고문
인들과 교류가 있었지만 자신의 이름으로 본격적인 작품 활동을 하지는 않았다.
무명씨(anonymous)로 또는 'Ardelia'라는 필명으로 시를 발표하였으며, 이는 당시
의 사회-정치적 환경으로 인하여 여성으로서 나서기를 꺼려했기 때문이다. 그녀의
대표적인 시로는 우울증(depression)에 대한 묘사와 회상을 담은 "The Spleen"이
있다.

A Letter to Daphnis   April: 2d 1685

This is to the crown and blessing of my life,   절정
The much loved husband of a happy wife:
To him whose constant passion found the art
To win a stubborn and ungrateful heart,
And to the world by tenderest proof discovers   5
They err, who say that husbands can't be lovers.
With such return of passion, as is due,
Daphnis I love, Daphinis my thoughts pursue:

Daphnis, my hopes and joys are bounded all in you.

Even I, for Daphnis' and my promise' sake,   10

What I in woman censure, undertake.

But this from love, not vanity proceeds:

You know who writes, and I who 'tis that reads.

Judge not my passion by my want of skill:

Many love well, though they express it ill: 15

And I your censure could with pleasure bear,

Would you but soon return, and speak it here.

To A Husband

Anne Finch

[Notes]

* 화자는 고집 세고 감사할 줄 모르는("stubborn and ungrateful") 자신의 마음을 얻은 변함없는 남편(Heneage Finch)의 애정에 대해 감사하고 있으며 남편에 대한 끝없는 사랑을 결혼 이듬해에 쓴 이 시 편지에 담고 있다. 동시에 남편은 연인이 될 수 없다는 세상의 통념이 잘못되었음을 지적하고 있다.

*]Daphnis: 그리스신화에 나오는 Sicily의 목동으로 목가(牧歌)의 발명자. The "Daphnis" is a substitution for her husband "Mr. Finch," partially erased.

The Unequal Fetters

Cou'd we stop the time that's flying

   Or recall it when 'tis past

Put far off the day of Dying

   Or make Youth for ever last

To Love wou'd then be worth our cost.   5

But since we must loose those **Graces**   미점, 매력
    Which at first your hearts have wonne
And you seek for in **new Faces**   other ladies
    When our Spring of Life is done
It wou'd but urdge our ruine on   10

Free as Nature's first intention
    Was to make us, I'll be found
Nor by subtle Man's invention
    Yeild to be in Fetters bound
By one that walks a freer round.   15

Mariage does but slightly tye Men
    Whil'st **close** Pris'ners we remain   엄중히 감시당하고 있는
They the larger Slaves of Hymen
    Still are begging Love again
At the full length of all their chain.   20

[Notes]

* 이 시는 사랑과 결혼의 문제에 있어 여자들은 남자들과는 달리 불공평한 족쇄
에 채워져 있음을 지적하고 있다.

18] **Hymen**: 그리스·로마신화에 나오는 혼인의 신

Coy Mistress

Sir, I am not a bird of prey:
a Lady does not seize the day.
I trust that brief Time will **unfold**   (봉오리 따위를) 펼치다, 펴다

our youth, before he makes us old.
How could we two write lines of rhyme   5
were we not fond of **numbered** Time   (숫자가) 매겨지는
and grateful to the vast and sweet
trials **his** days will make us meet: Time's
The Grave's not just the body's curse:
no skeleton can pen a verse!   10
So while this numbered World we see,
let's sweeten Time with poetry,
and Time, in turn, may sweeten Love
and give us time our love to prove.
You've praised my eyes, forehead, breast: 15
you've all our lives to praise the rest.

[Notes]

* 이 시는 Andrew Marvell의 "To His Coy Mistress"에 대한 가상의 응답 시이다. Marvell의 시에 대해 조목조목 반박하면서 결국 시를 통한 사랑의 기쁨을 즐기자고 권유함.

1-4] cf. Andrew Marvell's "To His Coy Mistress": "Now therefore, while the youthful hue / Sits on thy skin like morning dew, / And while thy willing soul transpires / At every pore with instant fires, / Now let us sport us while we may, / And now, like amorous birds of prey, / Rather at once our time devour / Than languish in his slow-chapt power"(33-40).

7-8] cf. Andrew Marvell's "To His Coy Mistress": "My vegetable love should grow / Vaster than empires, and more slow"(11-12).

9] cf. Andrew Marvell's "To His Coy Mistress": "The grave 's a fine and private place, / But none, I think, do there embrace"(31-32).

11] **while this numbered World we see**: 즉, 우리가 살아있을 때

15-16] cf. Andrew Marvell's "To His Coy Mistress": "An hundred years should go to praise / Thine eyes and on thy forehead gaze: / Two hundred to adore each breast, / But thirty thousand to the rest"(13-16).

Margaret Cavendish (1623-1673)

Margaret Cavendish (Duchess of Newcastle)는 시인, 철학자, 에세이 작가, 극작가, 등등 여성으로서 다방면에서 활발한 활동을 하였으며, 특히 공작부인으로서 당시의 예법에 어긋나게 자신의 이름을 당당하게 내걸고 자신의 작품을 출판했던 "특이한" 여성인물 이였다. Samuel Pepys같은 이는 "실성한, 우쭐대는 그리고 엉뚱한(mad, conceited and ridiculous)" 여인이라고 그녀를 조롱하기도 했다. 그녀는 자신의 작품 속에 당시 런던 상류사회에서 떠도는 가십(gossip)을 자주 인용했는데 이 때문에 격렬한 반발과 비난에 부닥치기도 했다. 그녀의 *New Blazing World*는 최초의 science fiction 소설로 기록되며 당시 영국에서 책 1권 이상을 출판했던 유일한 여성작가였다. 철학자로서 Cavendish는 또한 당대의 거장들인 Thomas Hobbes, Descartes, 그리고 런던의 Royal Society 회원들의 여러 견해를 무시하기도 하였다. 여성운동의 맥락에서 볼 때 Cavendish는 오늘날 모범적인 본보기였다고 할 수 있다.

Upon the Theam of Love

O love, how thou art Tyred out with **Rhime**!   i.e. poetry
Thou art a Tree, whereon all Poets Clime,
And from thy Tender Branches every one
Doth take some Fruit, which **Fancy** feeds upon: Imagination
But now thy Tree is left so Bare and Poor,   5
That they can hardly gather one Plum more.

[Notes]
* 사랑을 나무에 비유하고 시인을 그 나무에 올라가 imagination에 의해 자란 열매를 따 먹는 존재로 비유하고 있으나, 그 풍성했던 사랑의 나무가 지금은 불모의 모잘 것 없는 상태로 되어 있음을 한탄하고 있다.

A Man to his Mistress

O do not grieve, Dear Heart, nor shed a Tear,
Since in your Eyes my Life doth still appear:
And in your Countenance my Death I find,
I'm Buried in your Melancholy Mind:
But in your Smiles I'm Glorified to Rise,   5
And your pure Love doth me Eternalize:
Thus by your Favour you a God me make,
But by your Hate a Devils Shape I take.

[Notes]
* 한 남자가 슬퍼하는 애인을 위로하면서 자신과의 사랑에 있어서 그녀의 소중한 의미를 이야기하고 있다.

Katherine Fowler Philips ('Orinda') (1631-1664)

Katherine Fowler는 38세 연상인 남편의 격려 속에 남편과 떨어져 런던에서 자유롭게 문학 활동을 할 수 있었다. "The Society of Friendship"이라는 여성만의 단체를 구성하였으며, 이 단체의 구성원들은 각기 고전적인 익명 또는 필명 (pseudonym)을 가지고 있었는데 Fowler는 "Orinda"라는 이름으로 알려졌다. 또한 시 작품 속에서도 자신과 다른 여성 친구들을 언급할 때 이러한 이름들을 사용하였다. Fowler의 시는 "The Matchless Orinda"라고 할 정도로 당대에 아주 훌륭한 평판을 받았다. 그녀의 대부분의 시는 여성 애인들과의 관능적인 관계를 다루고 있으나 그 바탕은 육체적인 사랑이 아니라 순수한 플라톤적 사랑이라고 자신의 시 "To My Excellent Lucasia, On Our Friendship"에서 밝히고 있다.

To One Persuading a Lady to Marriage

Forbear, bold youth: all's heaven here,
   And what you do **aver**   주장하다
To others courtship may appear,
   'Tis **sacrilege** to her.   신성 모독
She is a public deity: 5
   And were 't not very odd
She should **dispose** herself to be   (..할) 마음이 내키게 하다
   A petty household god?

First make the sun in private shine
   And bid the world adieu,   10
That so **he** may his beams confine   the sun
   In compliment to you: …에게 경의를 표하여
But if of that you do despair,
   Think how you **did amiss**   잘못을 저지르다
To strive to fix her beams which are   15
   More bright and large than **his**.   the sun's

[Notes]

* 한 여인에게 결혼할 것을 권유하는 것은 신성모독이라고 화자는 주장한다. 왜냐하면 그녀는 공공의 신이기 때문에 단순히 한 가정의 신으로 한정시키려고 하는 것은 태양을 자기에게만 비추도록 제한시키려는 행위와 동일하기 때문이다. 더욱이 그녀의 빛은 태양 빛보다도 훨씬 더 밝고 더 광범위한데도 말이다.

6] 아주 이상하지 않은가?

Against Love

Hence Cupid! with your cheating toys,   사랑의 신이여, 나가라!
    Your real griefs, and **painted** joys,   허식적인, 가짜의
    Your pleasure which itself destroys.
Lovers like men in fevers burn and rave,
And only what will injure them do crave.   5
    Men's weakness makes love so **severe**,   가혹한(harsh)
    They give **him** power by their fear,   Cupid
    And make the shackles which they wear.
Who to another does his heart submit,
Makes his own idol, and then worships it.   10
    Him whose heart is all his own,
    Peace and liberty does **crown**,   성취하다
    He **apprehends** no killing frown.   감지하다(recognize)
He feels no raptures which are joys diseased,
And **is** not much **transported**, but still pleased.   15   황홀하게 되다

[Notes]
* 사랑이란 가짜 장난감이요 허구의 기쁨이며, 스스로 파괴되어 없어지는 즐거움
으로서 사람[남자]들은 스스로 족쇄를 채우고 자신에게 상처를 입히는 것을 갈구
한다.

John Dryden (1631-1700)

영국 시인, 극작가, 비평가. 1662년에 영국 학술원(the Royal Society)의 창립회

원, 1668년에 계관시인이 되었으며, 1660년 왕정복고 후 1700년까지를 'the Age of Dryden'이라고 부를 만큼 당시의 문학계를 주도한 문인이다. 그의 대표적 영웅극(heroic drama)으로 *The Conquest of Granada* (2 parts), *Aurenz-Zebe* (1675),그리고 Shakespeare의 *Antony and Cleopatra*를 개작한 *All for Love*가 있으며, comedy로는 *Marriage a la Mode*가 있다. 영국 최고의 풍자 시인으로 일컬어질 만큼 Dryden은 또한 풍자에도 능해 정치적 풍자인 *Absalom and Achitophel*, 문학적 풍자인 *MacFlecknoek*와 *Religio Laici* 그리고 종교적 풍자인 *The Hind and the Panther* 등의 작품을 남겼다. 그의 대표적 비평서로는 *Essay of Dramatic Poesy*가 있으며 말년에는 주로 Juvenal과 Vergil 등 고전작가들의 작품을 번역하였다.

Ah, how sweet it is to love!

Ah, how sweet it is to love!
    Ah, how gay is young Desire!
And what pleasing pains we **prove**   experience
    When we first approach Love's fire!
Pains of love be sweeter far   5
Than all other pleasures are.

Sighs which are from lovers blown
    Do but gently **heave** the heart: 부풀리다
Ev'n the tears they shed alone
    Cure, like trickling balm, their **smart**:   10   고통
Lovers, when they lose their breath,
Bleed away in easy death.

Love and Time with reverence use,
    Treat them like a parting friend:
Nor the golden gifts refuse   15

Which in youth sincere they send:
For each year their price is more,
And they less simple than before.

Love, like spring-tides full and high,
   Swells in every youthful vein: 20
But each tide does less supply,
   Till they quite shrink in again:
If a **flow** in age appear,   (나이의) 쇄도
'Tis but rain, and runs not clear.

[Notes]

* 사랑의 고통은 그 무엇보다도 달콤하다는 모순 어법으로 시작하는 사랑의 찬가로서, 한창 때를 놓치지 말라는 사랑과 시간(Time)의 관련성을 강조하는 일종의 carpe diem motif를 가진 시이다.

3] pleasing pains: 사랑의 고통은 달콤하다는 oxymoron(모순 어법)으로서 전통적으로 사랑의 속성을 단적으로 나타내는데 즐겨 사용된 표현.

Can Life Be A Blessing   from *Troilus And Cressida*

Can life be a blessing,
Or worth the possessing,
Can life be a blessing if love were away?
Ah no! though our love all night keep us waking,
And though he torment us with cares all the day,   5
Yet he sweetens, he sweetens our pains in the taking,
There's an hour at the last, there's an hour to repay.

In ev'ry possessing,
The ravishing blessing,
In ev'ry possessing the fruit of our pain,   10
Poor lovers forget long ages of anguish,
Whate'er they have suffer'd and done to obtain:
'Tis a pleasure, a pleasure to sigh and to languish,
When we hope, when we hope to be happy again.

[Notes]

* Shakespeare의 동명 문제극을 개작한 Dryden의 *Troilus And Cressida* 3막2장에 나
오는 사랑의 노래. Cressida와 Troilus가 마침내 사랑의 결합(consumation)을 이룬
날 밤에 이들의 결합을 축하하는 노래로서 사랑의 고통은 그 기쁨으로 보상받는다
는 취지의 노래이다. 그러나 새벽에 Cressida는 그리스 군에 의해 포로로 잡힌
Antenor와 교환되게 됨으로써 이들의 행복은 아주 짧은 시간에 끝나게 된다.

Farewell, Ungrateful Traitor!   From *The Spanish Friar*

Farewell, ungrateful traitor!
Farewell, my perjur'd **swain**!   연인
Let never injur'd woman
Believe a man again.
The pleasure of possessing   5
Surpasses all expressing,
But 'tis too short a blessing,
And love too long a pain.

'Tis easy to deceive us
In pity of your pain,   10
But when we love, you leave us

To rail at you in vain.
Before we have descried it,
There is no joy beside it,
But she that once has tried it   15
Will never love again.

The passion you pretended
Was only **to obtain**,   (여인의 사랑을) 획득하기 위해
But once the charm is ended,
The **charmer** you disdain.   20   (매력적이었던) 상대방 여인
Your love by ours we measure
Till we have lost our treasure,
But dying is a pleasure
When living is a pain.

[Notes]
* 남자의 사랑의 배신으로 인한 여인의 고통을 묘사하고 이 배신을 한탄하는 어느 특정한 인물이 아니라 일반적인 여성 화자의 입장에서 쓴 시. 남자들이란 으레 여자에게서 흥미를 잃으면 곧 배신하고 떠난다는 남자의 속성을 비판하는 시.

9-10] courtly love에서 사랑에 고통스러워하는 남자에게 자비를 베푸는 (즉 그 사랑을 받아주는) lady를 속이는 것은 쉽다.

Sir George Etherege (1636-1692)

영국 극작가. 음탕하면서도 재치가 넘치는 그의 희극들은 왕정복고기 풍습희극(comedy of manners)의 선구적 드라마들이다. 그의 대표작으로는 *The Comical Revenge: or, Love in a Tub*, *She Wou'd If She Cou'd*, *The Man of Mode* 등이 있다.

To a Lady asking him how long he would love her

It is not, Celia, in our power
   To say how long our love will last:
It may be we within this hour
   May lose those joys we now do taste:
The Blessed, that immortal be,   5   천국에 있는 성자들
From change in love are only free.

Then since we mortal lovers are,
   Ask not how long our love will last:
But while it does, let us take care
   Each minute be with pleasure past: 10
Were it not madness to deny
To live because we're sure to die?

[Notes]
* 유한한 인간인 우리의 사랑이 언제까지 지속될 것인지를 묻는 것은 어리석은 일이다. 왜냐면 우리는 언젠가는 죽어야만 하는 유한한 존재이기에 우리의 사랑도 영원히 지속될 수 없기 때문이다. 차라리 우리가 서로 사랑하는 현재의 매 순간에 충실하는 것이 현명한 일이다. 지금의 사랑이 영원히 지속되지 않으리라는 생각에 사랑하기를 포기하는 것은 마치 인간으로서 마땅히 죽어야하는 유한한 존재이기에 삶을 포기하는 미친 짓과 같은 행위이다.

Song

Ladies, though to your conquering eyes
Love owes his chiefest victories,
And borrows **those bright arms** from you   conquering eyes

With which he does the world subdue,
Yet you yourselves are not above   5
The empire nor the griefs of love.

Then **rack** not lovers with disdain,   고통을 주다
Lest Love on you revenge their pain:
You are not free because you're fair:
The Boy did not **his Mother** spare.   10   Cupid/Venus
Beauty 's but an offensive dart:
It is no armour for the heart.

[Notes]
＊ 자신들이 아름답다 하여 사랑의 고통을 받지 않는 것이 아니기에, 그리고 사랑의 신은 남자들을 정복하는데 단지 그들의 아름다움과 뇌쇄적인 눈을 이용하였을 뿐 따라서 큐피드가 어머니인 비너스에 그랬듯 그들도 언제든 사랑의 고통을 받을 수 있으니 남자 연인들을 경멸로서 고통을 주지 말 것을 미인들에게 충고하고 있다.

Aphra Behn (1640-1689)

　　영국의 극작가, 소설가, 시인. 영국 최초의 여성 전문작가로서 Aphra Behn의 출생과 어린 시절의 생애는 신비에 쌓여 있다. Behn이라는 런던 상인과 결혼했으나 남편이 죽자 찰스 2세에게 고용되어 Astrea란 코드명으로 당시 전쟁 중에 있던 네덜란드에서 첩보활동을 했다는 기록이 있다. 그러나 그 활동이 성공적이지 못함으로써 영국으로 귀국한 후 보수를 받지 못하는 바람에 빚을 못 갚아 징역살이를 하게 되었고 바로 이것이 계기가 되어 자신의 생계를 꾸리기 위해 전문적으로 글쓰기를 시작했다. 비록 Aphra Behn은 The Forc'd Marriage, The Rover 등과 같은 희극으로 성공을 거둔 극작가로 출발했지만, 그녀의 문학적 업적은 희곡보다는 소설에서 더욱 더 빛을 발한다. 그녀의 가장 저명한 소설, *Oroonoko*는

영웅적인 러브스토리로서 영국 최초의 철학적 소설로 평가받는다.

　　남성 또는 남성권위에 대한 복종을 거부하고 보헤미안적인 기질과 사치스러운 생활 등의 자유분방한 라이프스타일은 Aphra Behn을 페미니스트 운동의 선구자로서 자리매김하는데 부족함이 없다. 그녀의 사상과 견해는 당시 남성중심사회의 인습에 얽매이지 않았으며 자신의 이러한 파격적인 의견들을 거리낌 없이 자신의 작품에 담았다. 그녀의 시는 이성 간의 낭만적인 사랑뿐만이 아니라 동성 간의 사랑도 다루고 있으며 강간과 임포텐스에 대한 논의, 성적 쾌락에 대한 여성의 권리도 주장하기도 하는 등 당시 사회의 기준으로서는 가히 파격적이었다. 그러나 그녀는 일부에서 명예롭지 못한 평판을 받기도 했지만 또 한편으로는 그녀의 작품은 많은 존경을 받기도 하여 "The Incomparable Astrea"라는 칭호를 얻기도 했다.

The Libertine

A thousand **martyrs** I have made,　　　　　　　　　　　　　　victims
　　All sacrificed to my desire,
A thousand beauties have betray'd
　　That languish in resistless fire:
The untamed heart to hand I brought,　　　　　5
And fix'd the wild and wand'ring thought.

I never vow'd nor sigh'd in vain,
　　But both, tho' false, were well received:
The fair are pleased to give us pain,
　　And what they wish is soon believed:　　　　10
And tho' I talk'd of wounds and **smart**,　　　　　　　　　　　고통
Love's pleasures only touch'd my heart.

Alone the glory and the **spoil**　　　　　　　　　　　　　　　전리품

    I always laughing bore away:
The triumphs without pain or toil,   15
    Without the hell the heaven of joy:
And while I thus at random rove
Despise the fools that whine for love.   한탄하다

[Notes]

* courtly love를 가장하여 수많은 여자들을 능욕한 한 난봉꾼의 고백을 담은 시. 이 시는 courtly love를 배경으로 하는 전통적인 sonnet를 풍자하는 동시에 자신의 사랑을 받아주지 않는 courtly lady의 무자비함과 경멸로 인한 고통을 절절히 호소하는 남성 화자의 이면에 숨어 있는 검은 의도를 낱낱이 폭로한다고도 볼 수 있다.

Song

Oh love! that stronger art than Wine,
Pleasing Delusion, Witchery divine,
Wont to be priz'd above all Wealth,   늘 높이 평가되는
Disease that has more Joys than Health:
Though we blaspheme thee in our Pain,   5
And of Tyranny complain,
We **are** all **better'd** by thy Reign.   나아지다

What Reason never can **bestow**,   grant
We to this useful Passion owe:
Love wakes the dull from sluggish ease,   10
And learns a Clown the Art to please:
Humbles **the Vain**, kindles the Cold,   우쭐대는 사람
Makes Misers free, and Cowards bold:

And teaches airy **Fops** to think.   맵시꾼

When full **brute** Appetite is fed,   15   맹목적인
And choakd the Glutton lies and dead:
Thou new Spirits dost dispense,
And fine'st the gross Delights of Sense.

Virtue's unconquerable Aid
That against Nature can persuade: 20
And makes a roving Mind **retire**   칩거하다
Within the Bounds of just Desire.
Chearer of Age, Youth's kind Unrest,
And half the Heaven of the blest!

[Notes]
* 모순 어법(oxymoron)을 반복하여 사용하면서 상식에 어긋나면서도 오묘하고 위
대한 사랑의 힘을 찬양하고 있다.

5-6] 사랑이 잘 이루어지지 않을 때 사랑의 신을 원망하며 비난하는 행위를 일컬음.
 23] 노년에 원기를 북돋아주고, 젊은 시절에 부단히 고민하게 만드는 것이 사랑
     이다.

Love Arm'd

Love in fantastic triumph sate
   Whilst bleeding hearts around him flow'd,
For whom fresh pains he did create
   And strange tyrannic power he show'd:
From thy bright eyes he took his fires,   5

Which round about **in sport** he hurl'd: 장난으로
But 'twas from mine he took desires
   Enough t' undo the amorous world.

From me he took his sighs and tears,
   From thee his pride and cruelty: 10
From me his languishments and fears,
   And every killing dart from thee.
Thus thou and I the god have arm'd
   And set him up a deity:
But my poor heart alone is harm'd,   15
   Whilst thine the victor is, and free!

[Notes]

* 이 시는 남성 화자의 입장에서 남자와 여자의 사랑의 속성으로 무장한 사랑의
신을 묘사함으로써 사랑함에 있어 아주 상이한 남자와 여자의 입장을 드러내고
있다. 사랑의 신은 마치 전쟁의 승리자인양 의기양양한 가운데 그 주위로 전쟁의
패배자처럼 피를 흘리는 심장들이 떠다니고 있고, 이 심장들은 바로 사랑의 희생
자들인 남자연인들의 고통을 상징하고 있다.

Works Cited

Abram, A. *English Life and Manners in the Late Middle Ages*. London: George Routledge & Sons: New York: E. P. Dutton, 1913.

Adamson, Jane. *Troilus and Cressida*. Boston: Twayne Publishers, 1987.

Adelman, Janet. "'This is and is not Cressid': The Characterization of Cressida." *The (M)other Tongue: Essays in Feminist Psychoanalytic Interpretation*. Eds. Shirley Nelson Garner, Claire Kahane, and Madelon Sprengnether. Ithaca: Cornell UP, 1985. 119-41.

Aers, David. "Criseyde: Woman in Medieval Society." *Chaucer Review* 13 (1979): 177-200.

Bear, R. S., "Introduction." Renascence Editions of From Pamphilia to Amphilanthus. http://darkwing.uoregon.edu/~rbear/mary.html

Benson, Larry D. "Courtly Love and Chivalry in the Later Middle Ages." *Fifteenth-Century Studies: Recent Essays*, Ed. Robert F. Yeager. Hamden, CT: Archon, 1984. 237-257.

Bernhardt, W. W. "Shakespeare's *Troilus and Cressida* and Dryden's *Truth Found Too Late*." *Shakespeare Quarterly* 20 (1969): 129-41.

Bevington, David. Introduction. *Troilus and Cressida*. By William Shakespeare. Surrey, UK: Thomas Nelson and Sons, 1998. 1-117.

Bloch, R. Howard. *Medieval Misogyny and the Invention of Western Romantic Love*. Chicago and London: U of Chicago P, 1991.

Boccaccio, Giovanni. *Il Filostrato*. Ed. Vincenzo Pernicone. Trans. Robert P. apRoberts and Anna Brundi Seldis. New York: London: Garland, 1986.

Boitani, Piero. "Antiquity and Beyond: The Death of Troilus." *The European Tragedy of Troilus*. Ed. Piero Boitani. Oxford: Clarendon, 1989. 1-19.

Burns, M. M. "*Troilus and Cressida*: The Worst of Both Worlds." *Shakespeare Studies* 13(1980): 105-30.

Chaucer, Geoffrey. *The Riverside Chaucer*. Ed. Larry D. Benson. 3rd ed. Boston: Houghton Mifflin, 1987.

Cixous, Héléna. "The Laugh of the Medusa." *Signs* 1 (1975): 875-893. *Feminisms: An Anthology of Literary Theory and Criticism*. Ed. Robin R. Warhol and Diane Price Herndl. New Brunswick, NJ: Rutgers UP, 1991. 334-49.

Clare, Janet. "Women's Writing in the Renaissance and Reformation." http://www.hull.ac.uk/renforum/v1no1/clare.htm

Coghill, Nevill. *The Poet Chaucer*. London: Oxford UP, 1949.

Collins, David. "The Story of Diomede and Criseyde: Changing Relationships in an Evolving Legend." *Publications of the Arkansas Philosophical Association* 7.2 (1981): 9-30

Crispen, Kelly. "Life of Women in Tudor England" http://tudors.crispen.org/tudor_women/

Denomy, Alexander. *The Heresy of Courtly Love*. New York: D. X. McMullen, 1947.

Dinshaw, Carolyn. *Chaucer's Sexual Politics*. Madison: U of Wisconsin P, 1989.

Disse, Dorothy. "Marie de France." http://home.infi.net/~ddisse/marie.html

Donaldson, E. Talbot. "Chaucer in the Twentieth Century." *Studies in the Age of Chaucer* 2 (1980): 7-13.

Donaldson, E. Talbot. *The Swan at the Well: Shakespeare Reading Chaucer*. New Haven: Yale UP, 1985.

Dryden, John. *The Works of John Dryden*. Gen. ed. Alan Roper. Berkeley: Los Angeles: London: U of California P, 1984.

Finke. Laurie A. Women's Writing in English: Medieval England. London and New York: Longman, 1999.

Greene, Gayle. "Shakespeare's Cressida: 'A Kind of Self.'" *The Woman's Part: Feminist Criticism of Shakespeare*. Ed. Carolyn Ruth, Swift Lenz, Gayle Greene, and Carol Thomas Neely. Urbana: Chicago: London: U of Illinois P, 1980. 133-49.

Hansen, Elaine Tuttle. *Chaucer and the Fictions of Gender*. Berkeley, Los Angeles, and London: U of California P, 1992.

Henryson, Robert. *Robert Henryson: Selected Poems*. Ed. W. R. J. Barron. Carcanet, Manchester: Fyfield Books, 1981.

Hutson, Lorna. "The Housewife and the Humanists." *Feminism & Renaissance Studies*. Ed. Lorna Hutson. Oxford: Oxford UP, 1999. 82-105.

Jauss, Hans Robert. *Toward an Aesthetic of Reception*. Trans. Timothy Bahti. Minneapolis: U of Minnesota P, 1982.

Jentoft, C. W. "Henryson as Authentic 'Chaucerian': Narrator, Character and Court Love in *The Testament of Cresseid*." *Studies in Scottish Literature* 10 (1972): 94-102.

Julian of Norwich, *Revelations of Divine Love: The Shorter Version*. Ed. F. Beer. Heidelberg: Carl Winter UP, 1978.

Kelly, Amy. *Eleanor of Aquitaine and the Four Kings* Cambridge, Mass.: Harvard UP, 1950

Kelly-Gadol, Joan, "Did Women Have a Renaissance?" Ed. Renata Bridenthal, Claudia Koonz, Susan Stuard. *Becoming Visible: Women in European History*. Boston: Houghton Mifflin, 1977. 137-164.

Kittredge, George Lyman. *Chaucer and His Poetry*. Cambridge: Harvard UP, 1915.

Lawrence, William W. "Troilus, Cressida and Thersites." *Modern Language Review* 37 (1942): 422-37. Rpt. *Shakespeare's Problem Plays*. 2nd ed. New York: Frederick Ungar, 1960. 118-59.

Loggins, Vernon P. "Perspectives in *Troilus and Cressida.*" *Dalhousie Review* 70(1991): 503-15.

Lynch, Stephen J. "Shakespeare's Cressida: 'A Woman of Quick Sense.'" *Philological Quarterly* 63 (1984): 357-68.

Marie de France, "The Epilogue." *Marie de France: The Fables*. Ed. and trans. Harriet Spiegel. Toronto: U of Toronto P, 1987.

___. *The Lais of Marie de France: A Verse Translation*. Trans. Robert Hanning and Joan Ferrante. Durham, NC: The Labyrinth, 1982.

Marique, P. J. "Marie de France." Trans. Douglas J. Potter. *The Catholic Encyclopedia*. Online Edition. http://www.newadvent.org/cathen/09667a.htm

Meale, C., ed. *Women and Literature in Britain 1150-1500*. Cambridge: Cambridge UP, 1993.

Meek, Mary Elizabeth. Introduction. *Historia Destructionis Troiae*. By Guido delle Colonne. Bloomington: London: Indiana UP, 1974. xi-xxxiv.

Mieszkowski, Gretchen. "The Reputation of Criseyde: 1155-1500." *Transactions of the Connecticut Academy of Arts and Sciences* 43 (1971): 71-153.

Miskimin, Alice S. *The Renaissance Chaucer*. New Haven: London: Yale UP, 1975.

Moran. Tatyana. "*The Testament of Cresseid* and the *Book of Troylus.*" *Litera* 6 (1959): 18-24.

Muir, Kenneth. Introduction. *Troilus and Cressida*. By William Shakespeare. Oxford: Clarendon, 1982. 1-40.

Muscatine, Charles. *Chaucer and the French Tradition: A Study in Style and Meaning*. Berkeley: Los Angeles: U of California P, 1957.

O'Connor, Garry. *William Shakespeare: A Popular Life*. New York and London: Applause, 2000.

Ornstein, Robert. *The Moral Vision of Jacobean Tragedy*. Madison: Milwaukee: U of Wisconsin P, 1965.

Parker, Barbara L. *A Precious Seeing: Love and Reason in Shakespeare's Plays*. New York and London: New York UP, 1987.

Pitt, Angela. *Shakespeare's Women*. Newton Abbot: David & Charles: Totowa, N.J.: Barnes & Noble, 1981.

Power, Eileen. *Medieval Women*. Ed. M. M. Postan. Cambridge, London, New York, and Melbourne: Cambridge UP, 1975.

Rollins, Hyder E. "The Troilus-Cressida Story from Chaucer to Shakespeare." *PMLA* 32 (1917): 383-429.

Schleiner, Louise. *Tudor and Stuart Women Writers*. Bloomington: Indiana UP, 1994.

  Shakespeare, William. *Troilus and Cressida*. Ed. Kenneth Muir. Oxford: Clarendon, 1982.

Sklute, Larry M. "Phoebus Descending: Rhetoric and Moral Vision in Henryson's *Testament of Cresseid*." *ELH* 44 (1977): 189-204.

Tatlock, John S. P. "The Siege of Troy in Elizabethan Literature, Especially in Shakespeare and Heywood." *PMLA* 30 (1915): 673-770.

Tertullian. "On the Pallium." *The Ante-Nicene Fathers*. Ed. Alexander Roberts and James Donaldson. Vol. 4. Buffalo, 1885.

Tertullian, *On the Apparel of Women*.
    http://www.earlychristianwritings.com/text/tertullian27.html

Utley, Francis Lee. *The Crooked Rib: An Analytical Index to the Argument about Women in English and Scots Literature to the End of the Year 1568. Columbus: Ohio State UP, 1944.*

Valency, Maurice. In Praise of Love: An Introduction to the Love Poetry of the Renaissance. New York: Macmillan, 1961.

Waller, Gary F. "'Watch, Gaze, and Marke': The Poetry of Mary Wroth." *The Sidney Family Romance: Mary Wroth, William Herbert, and the Early Modern Construction of Gender*. Wayne State UP, 1993. 190-219.

Warren, Nancy Bradley. "Objects, Possession and Identity in the *Lais* of Marie de France."
http://tell.fll.purdue.edu/RLA-Archive/1994/French-html/Warren,NancyBradley.htm

Weissman, Hope Phyllis. "Antifeminism and Chaucer's Characterizations of Women."*Geoffrey Chaucer*. Ed. George D. Economou. New York: McGraw-Hill, 1975. 93-110

Wells, Stanley. *Shakespeare: A Life in Drama*. New York and London: W. W. Norton, 1995.

Wood. Chauncey. *The Elements of Chaucer's* Troilus. Durham: Duke UP, 1984.

참고문헌

松亭 金赫齋 校閱 : 原本集註 詩傳, 明文堂, 1978
唐詩三百首 : 邱燮友註解, 三民書局印行. 民國62년
杜詩諺解 : 대제각 영인본
仇兆鰲 : 杜詩詳註, 문사철출판사, 민국65년
曹樹銘 : 杜臆增校, 藝文仁書館印行, 민국60년
韓國文集總刊 : 민족문화추진위원회간
大東詩選 : 아세아문화사간
한시집 : 문예출판사, 1985
增刪溓絡風雅(上) : 프린트본
申緯全集 : 태학사간
思庵集・申紫霞詩集・玉峰集・韶濩堂集・芝峰類說
許筠 : 역주 『惺所覆瓿藁』 고전국역총서 227・8, 1967, 3
梁柱東 : 古歌硏究, 박문서관, 1946
　〃　 : 麗謠箋注, 을유문화사, 1962
李丙疇 : 韓國文學上의 杜詩硏究, 이우출판사, 1979
　〃　 : 詩聖杜甫, 믄현사, 1982
　〃　 : 두보와 이백, 대우학술총서 424, 아르케, 1999
　〃　 편 : 杜詩硏究論叢, 이우출판사, 1982
정병욱 : 한국고전시가론, 신구문화사, 1975
沈載完 : 古時調文學千選, 형설출판사, 1969
권두환・김학성편 : 新編古典詩歌論, 새문사, 2003
李泰-*-*-極 : 덜고 더한 시조개설 : 반도출판사, 1992
金時晃 : 益齋硏究(附 益齋亂藁), 中文出版社, 1988
崔範勳 : 韓國女流文學史, 한샘, 1987
林基中 : 한국문학개론, 혜진서관, 1991
　〃　 : 한국고전시가, 태동, 1989
　〃　 : 고전시가의 실증적 연구, 동국대출판부, 1992
　〃　 외 : 경기체가연구, 태학사, 1977
徐庭柱 : 徐庭柱全集, 일지사, 1972
송준호 : 韓國名家漢詩選, 문헌과 해석사, 1989

金甲起 ： 譯註 三韓詩龜鑑, 이우출판사. 1983

    〃 ： 韓國漢詩文學史, 이화문화출판사, 1998년

    〃 ： 松江鄭澈의 詩文學, 이화문화출판사, 1987

    〃 외 ： 國譯 申紫霞詩集「Ⅰ ~ Ⅵ」, 이화문화출판사, 2003~2005

    〃 외 ： 한국문학개론, 새문사2001

    〃 외 ： 한문학사, 새문사, 2000

朴乙洙 ： 時調詩話, 예그린출판사, 1977

鄭後洙 ： 譯註 秋史金正喜詩全集, 풀빛, 1999

정민 ： 한시미학산책, 출판사 솔, 1997.

                                  <以下 脚註 참조>

<저자약력>

김갑기(金甲起)
· 江原 江陵市 詩洞産(별명 : 一步)
· 東國大學校 · 仝 大學院 碩 · 博士 卒業(文學博士)
· 前 淸州大學校 師範大學 漢文敎育學科 敎授
  現 東國大學校 文科大學 國語國文學科 敎授
· 著書 : 松江鄭澈의 時文學
  韓國漢詩文學史論
  譯註 三韓詩龜鑑
  韓譯 甲紫霞詩集[I ~ V]

박윤희(朴允熙)
· 동국대학교 문과대 영어영문학과 교수
· 전공 : 18세기 이전 영문학(중세 및 르네상스 영문학)
· 동국대학교 문과대 영어영문학과 졸업
· 미국 University of North Texas (Ph.D)
· 주요 논문 :
  『가웨인 경과 녹색기사』: 희화화로서의 가능성(2005)
  Politics of Brutality : Tamburlaine, An Asiatic Antihero?(2005)
  크레세이드와 앤 프랭크포드 : 친절로 인해 죽은 여인들에 대한 단상(2004)
  우비 순트(ubi sunt) 모티프와 "상실과 위안"의 패턴 : 『방랑자(The Wanderer)』(2004)
  '소음만이 가득한 사회에서' : 마저리 켐프와 바쓰댁을 통해 본 중세 여성의 외침소리(2003)
  The Images, Devices, and Situations of Secular Love Poetry in George Herbert (2002)
  남성담론과 결혼의 정치학 : 초서의 『옥스포드 서생의 이야기』 연구(2001)
  마리 드 프랑스의 로망스 읽기 : 『란발』 연구(2001)
  문제극의 문제 : 셰익스피어의 『트러일러스와 크레시다』 연구(2000)
  The Wife of Bath's Taming of Romance(1999)
  Religious Theme and Secular Images in Francis Thompson's "The Hound of Heaven"(1999)
  'Wailing' King and 'Silent' Usurper : Shakespeare's Silence in Richard II(1998)
  반여성주의 성서해석과 바쓰댁의 분노(1998)
  The Wife of Bath's Sense and Deafness(1997)

東西古典戀詩

초판인쇄　2006년　6월　11일
초판발행　2006년　6월　20일

저자　김갑기 · 박윤희
발행　(주) 제이앤씨

주소　서울 도봉구 창동 624-1 현대홈시티 102-1206
전화　(02) 992 / 3253　|　팩스　(02) 991 / 1285
e-mail, jncbook@hanmail.net　|　http://www.jncbook.co.kr

등록　제7-220
ISBN 89-5668-359-X 03810
정가 32,000원

* 본 저서는 2004년도 동국대학교 저서번역연구비 지원으로 이루어 졌음.